50 Klassiker
MYTHEN

Die großen Mythen der griechischen Antike
dargestellt von Gerold Dommermuth-Gudrich
unter Mitarbeit von Ulrike Braun

Anaconda

- 6 Zeittafel
- 8 Lebendiger Mythos
- 22 Die Ferse des Achill
- 26 Der schöne Adonis
- 32 Kriegerische Amazonen – Hippolyte und Penthesilea
- 38 Der doppelte Amphitryon
- 44 Antigone und das Recht auf Widerstand
- 50 Apoll
- 54 Atlas: stark und dumm
- 58 Chaos und Kosmos oder die Entstehung der Welt
- 64 Von Circe verzaubert
- 70 Dädalus und Ikarus
- 76 Danaë und der Goldregen oder Zeus' erotische Verwandlungen
- 80 Diana, die jungfräuliche Jägerin
- 84 Gott des Blutrauschs und der Sinnenfreude: Dionysos
- 92 Die Dioskuren
- 98 Erinnyen
- 102 Eulen nach Athen tragen
- 108 Europa
- 112 Hades und Tartarus – die Unterwelt
- 120 Hektor und Andromache
- 124 Die schöne Helena
- 130 Hera und Io
- 134 Herakles und der Stall des Augias
- 140 Hermes, Gott der Diebe und des Handels
- 148 Iphigenie

INHALTSVERZEICHNIS

- 152 Kassandrarufe
- 156 Das Labyrinth oder das Gesellenstück des Theseus
- 162 Medea
- 170 Das Haupt der Medusa
- 176 Die Musen
- 182 Muttergöttinnen
- 190 Narziss
- 194 Ödipus
- 202 Orakel
- 208 Pan, Satyrn und Silene
- 212 Das Urteil des Paris
- 216 Pegasus
- 222 Perseus und Andromeda
- 226 Poseidon und die Gottheiten des Meeres
- 232 Das Prokrustesbett und andere Jugendabenteuer des Theseus
- 238 Prometheus
- 244 Pygmalion
- 248 Sirenengesänge
- 254 Eine Sisyphusarbeit
- 258 Tantalusqualen
- 262 Titanen und Giganten
- 268 Das Trojanische Pferd
- 274 Venus und Amor
- 282 Die Weltalter
- 288 Zentauren
- 294 Zyklopen
- 304 Abweichende Namen wichtiger mythischer Gestalten
- 306 Personenregister

ZEITTAFEL

um 6000 v. Chr.
Jungsteinzeit auf dem Balkan; es entwickeln sich Dorfkulturen, in denen anscheinend ein Mutterrecht herrscht; das heißt, die Sippen, in denen die Menschen leben, werden durch den Bezug auf eine gemeinsame Mutter oder Ahnin zusammengehalten, während die Väter anonym bleiben.

um 2500 v. Chr.
In der Ägäis, aber auch anderenorts im Mittelmeerraum sind weibliche Statuetten verbreitet, die Zeugnisse des Kults von Muttergottheiten oder einer einzigen »Großen Mutter« sein könnten.

um 2000 v. Chr.
»Indoeuropäische Wanderung«: Frühe griechische Dialekte sprechende Einwanderer dringen auf den südlichen Balkan vor.

seit etwa 1700 v. Chr.
Blüte der »minoischen« Kultur auf Kreta; intensive Beziehungen Kretas zu Ägypten und zur syrischen Küste.

um 1600 v. Chr.
Indoeuropäische Streitwagenkrieger dringen nach Griechenland vor und gründen die Königreiche des »mykenischen« Griechenland, das sich kulturell eng an die überlegene Zivilisation Kretas anlehnt. Erste griechische Schriftdenkmäler im aus der altkretischen Schrift entwickelten »Linear B«

um 1450 v. Chr.
Mykenische Krieger erobern Kreta, das jetzt mit Griechenland einen einheitlichen Kulturraum bildet.

um 1200 v. Chr.
»Dorische Wanderung«: Die mykenische Kultur wird binnen der nächsten hundert Jahre durch kriegerische Neueinwanderer aus dem Norden zerstört; Zeit großer Wirren. Die gewaltsame Zerstörung von Troja VIIa, einer von mehreren Siedlungen am selben Ort, könnte das Werk von mykenischen Kriegern sein, die vor den »dorischen« Invasoren nach Kleinasien auswichen.

um 1100 – 700 v. Chr.
Nachmykenische und »geometrische« Kunst der Griechen; allmähliches Verblassen der Erinnerung an die minoisch-mykenische Hochkultur, mündliche Überlieferung

vor 700 v. Chr.
Entstehung der homerischen Epen auf der Grundlage älterer Überlieferungen; Entstehung der griechischen Städte

um 700 v. Chr.
Schriftliche Fassung der homerischen Epen; Hesiod hält die Überlieferungen von der Entstehung der Götter und den Weltaltern fest, wenig später Entstehung der »homerischen Hymnen«.

um 725 – 650 v. Chr.
Der »orientalisierende Stil« der griechischen Kunst zeigt, dass die kulturellen Beziehungen zwischen dem Orient und Griechenland wieder aufgenommen sind. Aus dem Osten importierte Fabelwesen wie die Sphinx werden oft dargestellt und dringen in den Mythos ein.

um 600 v. Chr.
Beginn des philosophischen Denkens und damit auch der Mythenkritik; die »archaische« Vasenmalerei hat vor allem mythische Themen

um 518 – 445
Der konservative Dichter Pindar aus Theben verbindet die mythische Überlieferung mit hoher Dichtkunst; mythische Motive in der Vasenmalerei und Bildhauerei der frühen Klassik.

467 v. Chr.
Mit der Tragödie der *Sieben gegen Theben* des Aischylos wird der Mythos zum Stoff für die klassische griechische Tragödie.

um 430 v. Chr.
Das Werk des Sophokles gipfelt in den Tragödien *Antigone* (442), *Ödipus* (um 428) und *Elektra* (um 413); daran schließen sich die großen Tragödien des Euripides an: *Medea* (431) und *Iphigenie* (408).

425 v. Chr.
Tod des Reiseschriftstellers Herodot, der die griechischen Mythen mit denen Vorderasiens und Ägyptens verglichen hat.

3. – 1. Jahrhundert v. Chr.
Hellenistische Gelehrte, vor allem im ägyptischen Alexandria, beschäftigen sich philologisch mit der Mythenüberlieferung; sie fassen verschiedene Quellen zusammen und versuchen die zahlreichen Widersprüche der Überlieferung zu beseitigen. Der bekannteste unter ihnen ist Apollodor, der im 2. Jahrhundert v. Chr. in Athen und Alexandria lebte. Die ihm zugeschriebene umfangreiche Mythographie stammt allerdings erst aus dem 1. Jahrhundert n. Chr. Der hellenistischen Kunst dieser Zeit sind die Statuen meist nackter Gottheiten zu verdanken, die bis zum 19. Jahrhundert als die größten Kunstwerke überhaupt galten.

Ende 1. Jh. v. Chr./Anfang 1. Jh. n. Chr.
Augustäische Epoche in Rom: Wiederbelebung der Klassik Griechenlands in Kunst und Literatur; Vergil schreibt seine *Äneis*, Ovid seine *Metamorphosen*.

seit dem 5. Jahrhundert
Benediktinermönche schreiben in ihren Klöstern die für sie wichtigsten Werke der Antike ab und bewahren sie so für die Nachwelt. Vor allem die Kenntnis Vergils bleibt im Mittelalter verbreitet.

15. Jahrhundert.
Zuerst in Italien entdeckt die Renaissance die Werke der Kunst und Literatur der Antike wieder. Die Kenntnis des Griechischen verbreitet sich unter den Gelehrten der Zeit.

17.–18. Jahrhundert
Die Kunst des Barock schwelgt in mythologischen Darstellungen heroischen und erotischen Inhalts.

spätes 18. Jahrhundert
Mit dem Klassizismus beginnt eine neue Epoche klassischer Gelehrsamkeit. Kunst und Literatur eifern klassischen Vorbildern nach.

19. Jahrhundert
Die Kenntnis der antiken Kunst und Literatur und damit auch der wichtigsten Mythen wird in ganz Europa zum selbstverständlichen Bildungsgut. Autoren wie Gustav Schwab in Deutschland schreiben populäre Darstellungen der antiken Mythen.

20. Jahrhundert
Die Kenntnis der antiken Mythen verliert in der westlichen Welt allmählich an Bedeutung; wissenschaftlich-technische und nationalistische Mythen treten häufig an ihre Stelle; viele sprachliche Wendungen, die aus dem Mythos stammen, werden nur noch ohne Kenntnis ihrer ursprünglichen Bedeutung benutzt.

Lebendiger Mythos

■ Die Dramatik dieses barocken Gemäldes erschließt sich dem Betrachter erst, wenn er weiß, dass hier Venus dargestellt ist, die ihren Geliebten Adonis von der Jagd abzuhalten versucht, und dass Adonis bei dieser Jagd getötet werden wird.

Ein Mann geht über die Straße, schön wie Adonis, und Amor verschießt seinen Pfeil mitten ins Herz der Frau. Sie selbst ist schön wie Helena, aber der Adonis hat sie an ihrer Achillesferse erwischt. Sie leidet Tantalusqualen, weil er nicht sogleich Feuer und Flamme ist. Vielleicht leidet er unter einem Ödipuskomplex, vielleicht unter Narzissmus? Doch unsere Schöne lehren zu wollen, wie sie jemanden becircen kann, hieße Eulen nach Athen tragen. Ihren Sirenengesängen am Telefon kann er nicht widerstehen, und sie verabreden sich in das Weinlokal »Bacchus«. Nein, eine Sisyphusarbeit ist es für die Schöne jetzt nicht mehr, den Adonis zu verführen, und bald finden wir die

beiden gemeinsam im Strandhotel »Aphrodite« in Griechenland …
Unsere Alltagssprache ist voller Worte und Redewendungen, die dem antiken Mythos entnommen sind. Wie aber ist es zu ihnen gekommen, welche Bedeutungen stecken dahinter, was bedeutet Mythos überhaupt?

Mythisches Denken

Wenn wir heute davon sprechen, dass etwas »ein Mythos« sei, so meinen wir damit oft, dass etwas erfunden, unwahr sei. Mythen sind aber keine Märchen – unterhaltsame erfundene Geschichten aus der Zeit, »da das Wünschen noch geholfen hat«. Zwar enthalten Mythen auch Märchenmotive, so wie sich in unseren Volksmärchen auch Spuren von Mythen finden, doch der Mythos hat eine weit gewichtigere Bedeutung als Märchen. In ihm findet eine ganze Kultur ihren Ausdruck, mit den Erinnerungen, Traditionen und Gebräuchen, die sie ausmachen.

Der Mythos enthält ein vollständiges Weltbild. Mythen geben eine bildliche Erklärung für die Kräfte der Natur: den Wechsel von Tag und Nacht, das Wachsen und Vergehen der Vegetation im Lauf der Jahreszeiten, das Entstehen und Erlöschen des menschlichen Lebens, Blitz und Donner. Der Sonnengott Helios zieht mit seinem Wagen am Himmel seine Bahn und beginnt sie am nächsten Tag von Neuem, Zeus schleudert im Zorn seine Blitze. Mythen erklären auch das Verhalten von einzelnen Menschen und das Schicksal ganzer Völker: Menschen geraten miteinander in Streit, weil Eris, die Göttin des Streits, sie gegeneinander aufgehetzt hat, und die Streitigkeiten der Götter auf dem Olymp geben die Begründung für das wechselnde Kriegsglück von Trojanern und Griechen im Kampf um Troja. Wir mögen über solche »Erklärungen« lächeln, doch sollten wir uns, bevor wir uns über das mythische Denken erheben, daran

> **MYTHOS ODER MYTHUS? GRIECHISCH ODER LATEIN?**
>
> Mythos ist ein griechisches Wort, das ursprünglich so viel wie »Wort, Gesagtes« heißt, so, wie auch das deutsche Wort »Sage« von »sagen« kommt. Die Römer haben das Wort übernommen und mit ihrer lateinischen Endung »-us« versehen. Ähnlich sind viele der Namen, die in den Mythen vorkommen, latinisiert worden. Aus Tantalos wurde Tantalus, aus Achilleus Achilles (und im Deutschen kurz Achill). Manche griechischen Götter haben die Römer auch mit ihren eigenen gleichgesetzt, so dass sie, obwohl dasselbe von ihnen erzählt wird, zwei ganz verschiedene Namen haben, wie Zeus, den die Römer Jupiter, oder Aphrodite, die sie Venus nannten. Im Anhang dieses Buches findet sich eine »Umrechnungstabelle« für solche verschiedenen Namen von mythischen Gestalten; im Register ist neben der griechischen die lateinische Schreibweise aufgeführt, wenn sie stark von der griechischen abweicht.

■ Dieses Frauenbild des frühen 5. Jhs. strömt eine aristokratische Würde aus …

■ … In der klassischen Kunst Griechenlands ist die aristokratische Würde einer psychologischen Durchdringung gewichen. Dies entspricht der Psychologisierung des Mythos in der klassischen Tragödie.

erinnern, dass auch heute ein großer Teil der Menschheit an den Einfluss der Gestirne auf das Schicksal glaubt, ohne dies als Verhältnis von Ursache und Wirkung erklären zu können.

Schon die Griechen des klassischen Zeitalters unterschieden zwischen »Mythos«, den ehrwürdigen Erzählungen aus alter Zeit, und »Logos«, der klaren Sprache der Vernunft. Heute wissen wir, dass das begriffliche, wissenschaftliche Weltbild, das uns zuerst in der griechischen Philosophie entgegentritt, aus dem mythischen entstanden ist. Bevor die Menschen lernten, mit allgemeinen Begriffen wie Recht oder Liebe, wie Ursache und Wirkung umzugehen, erzählten sie sich bilderreiche Geschichten, deren Sinn nicht so festgelegt war wie der von Begriffen, die einen Sachverhalt aber für eine Stammesgesellschaft hinreichend genau beschrieben. Statt zu erklären, dass ein Vater- oder Muttermord quasi rechtlich zwingende Konsequenzen hatte, erzählten sie von den schrecklichen Erinnyen, die den Mörder verfolgten; statt die Liebe psychologisch zu analysieren, erzählten sie von den vielerlei Weisen, wie Aphrodite in das Geschick der Götter und der Sterblichen eingriff. Und mit der Entwicklung der Gesellschaft wurde das mythische Denken präziser, begrifflicher. Schon der Dichter Hesiod, der im 7. Jahrhundert v. Chr. die mythische Überlieferung ordnete, wetterte mithilfe des Mythos gegen die Verantwortungslosigkeit der Reichen; drastisch stellte er dar, wie Dike, die göttliche Verkörperung der Gerechtigkeit, aus dem Land getrieben wird, wenn nicht jeder erhält, was ihm zukommt, wie sie sich zu ihrem Vater Zeus begibt, ihm ihr Leid klagt und Vergeltung fordert. Mit der Gerechtigkeitsgöttin Dike hatte Hesiod eine Gestalt geschaffen, die einerseits mythisch, eine Göttin, war, andererseits aber auch die Verkörperung eines modernen Begriffs: des Rechts, des friedlichen Ausgleichs der Interessen. Der weise Solon, den die Athener im 6. Jahrhundert v. Chr. beauftragt hatten, den sozialen Unfrieden zu schlichten, der ihre Stadt an den Rand des Bürgerkriegs trieb, nutzte die von Hesiod geschaffene Vorstellung von Dike zielbewusst, um

MYTHENVARIANTEN

Die meisten Mythen weisen Varianten auf, die von einer wechselvollen Überlieferungsgeschichte zeugen. In diesem Buch wird jeweils die bekannteste Version wiedergegeben, nur hier und da wird auf Varianten eingegangen. Eine einzige »richtige« Version des Mythos gibt es nicht.

seine Reformen durchzusetzen. Der Mythos wird hier erstmals zur Legitimation einer bewusst geschaffenen Ordnung herangezogen; die Gestalt der Gerechtigkeitsgöttin wandelt sich darüber zu einem politischen Begriff von Gerechtigkeit. Damit steht der Mythos am Anfang der von solchen Begriffen ausgehenden politischen Philosophie der Griechen – und griechische Philosophie war immer auch politische Philosophie.

Überlieferung und Geschichte des Mythos

Mythos heißt so viel wie »Erzähltes«; er beruht auf mündlichen Überlieferungen. Und das erklärt, warum er oft unklar und widersprüchlich ist. Menschen erzählen sich Geschichten, und Geschichten werden weitererzählt. Dabei verändern sie sich. Drei Zeugen eines Verkehrsunfalls erzählen nicht dieselbe Geschichte. Andererseits gilt aber auch: Wenn eine Geschichte oft genug weitererzählt wird, kehren bestimmte Motive, oft sogar Satzwendungen immer wieder. Dies kennen wir alle aus unseren mündlichen Familienüberlieferungen. Ob die Fassung der Geschichte, die immer wiederholt wird, mit der Wirklichkeit des ursprünglich Vorgefallenen übereinstimmt, weiß nach einiger Zeit niemand, und irgendwann spielt es auch keine Rolle mehr. Mythen kommen deshalb in vielen unterschiedlichen Versionen vor, doch weisen diese immer wieder gleiche Motive und sprachliche Formeln auf. Apollodor, ein griechischer Gelehrter, dem ein Werk aus römischer Zeit zugeschrieben wird, das versucht, alle örtlichen Überlieferungen und die verschiedenen schriftlichen Quellen der Mythen zusammenzustellen, konnte immer nur resigniert die verschiedenen Varianten aufzählen: »Die einen sagen … die anderen sagen …«

■ Europa auf dem Stier: Ein Mythos, in dem ein langer geschichtlicher Prozess die Form einer Erzählung angenommen hat.

■ Der Mythos »erklärt« außergewöhnliche Dinge auf seine Weise: Achill war auch deshalb ein solch gewaltiger Held, weil er einen ungewöhnlichen Lehrer hatte, nämlich den weisen Zentauren Chiron, der ihn unter anderem im Bogenschießen unterrichtete.

Die Vielgestaltigkeit und Vieldeutigkeit des Mythos hatte einen gewaltigen Vorteil: Es gab immer eine von vielen Geschichten, die gerade passte. Wie der Mythos erzählt wurde, war abhängig von der Situation und gab dieser Situation einen Sinn. Am deutlichsten sieht man das an den griechischen Göttergestalten: Hermes war der Gott der Händler und Reisenden, aber auch der Diebe, je nachdem, wer gerade seine Hilfe brauchte. Und in jeder Funktion hatte er seine besonderen Heiligtümer an unterschiedlichen Orten. Die Bedeutung der Götter und der Mythen, die von ihnen erzählt wurden, änderte sich also nicht nur entsprechend der Situation, sondern auch von Ort zu Ort. Und sie änderte sich im Lauf der Geschichte.

In der langen Geschichte der mündlichen Überlieferung nahm der Mythos immer neue Elemente auf, die reale geschichtliche Ereignisse, auch langfristige kulturelle Entwicklungen widerspiegeln. Schauen wir uns die Geschichte der schönen Europa an, die von Zeus in Gestalt eines Stiers entführt wird. Zeus, der eigentliche Held der Geschichte, ist ursprünglich ein indoeuropäischer Himmelsgott, den die griechischen Stämme mitbrachten, die zwischen 2000 und 1200 v. Chr. in mehreren Wellen aus den Steppen Südosteuropas in das Gebiet des heutigen Griechenland einwanderten. Auf ihrem Zug nach Süden unterwarfen sie die Völker, die vorher in Griechenland und auf den Inseln in der Ägäis gelebt hatten, und zerstörten deren Kultur, von der sie allerdings auch manches übernahmen. Das gilt vor allem für die minoische Kultur Kretas, in der, wie auch im Vorderen Orient, der Stierkult eine große Rolle spielte. Die Griechen bewahrten die Erinnerung an die einst überlegene Kultur Kretas in ihrer mythischen Überlieferung und erklärten die Insel zur Heimat des Zeus. So verwundert es nicht mehr, dass Zeus im Europa-Mythos in der Gestalt eines Stiers auftritt.

GRIECHISCHER MYTHOS UND BIBEL

Es gibt eine Reihe von mythischen Überlieferungen der Griechen, die an die Bibel erinnern, etwa Teile der Erzählung von der Entstehung der Welt, die Erzählung von der Sintflut, die vom ersten Menschenpaar und vom Paradies oder goldenen Zeitalter. Dies erklärt sich daraus, dass die Griechen eine Reihe von Mythen aus dem vorderasiatischen Kulturkreis entlehnten, zu dem auch Israel gehörte.

Lange nach der Zerstörung der minoischen Kultur begannen die Griechen zur See zu fahren und Handelsbeziehungen mit den Hochkulturen Ägyptens und des Vorderen Orients aufzunehmen. Und das macht den übrigen geschichtlichen Hintergrund der Erzählung vom Raub der Europa aus. Die schöne Europa des Mythos ist nämlich keineswegs eine Europäerin, sondern die Tochter eines gewissen Agenor, der selbst aus Ägypten kam, sich aber an der von den Phöniziern bewohnten syrischen Mittelmeerküste niedergelassen hatte. Europa kam somit aus einer Gegend, von der die Griechen in der Entstehungszeit dieses Mythos zahlreiche kulturelle Errungenschaften übernahmen – nicht zuletzt die Alphabetschrift.

Und so leitet die mythische Erzählung vom verliebten Zeus und der mit List und Gewalt entführten Europa in die nachprüfbare Vorgeschichte Griechenlands über. Sie ist eine zur Erzählung verdichtete Spur der Erinnerung, ein Stück Geschichte, bevor die Menschen anfingen, Geschichte zu schreiben.

Als die Griechen begannen, in Städten zusammenzuleben, und diese miteinander in immer engeren Kontakt traten, mussten sie versuchen, die verschiedenen Überlieferungen, die an bestimmte Orte und Familien gebunden waren, zusammenzufassen und mit den allen Griechen gemeinsamen Vorstellungen abzustimmen. Dies leisteten Dichter, die den

■ Diese klassische Büste Homers als blinder Sänger ist in vielen Kopien im ganzen Mittelmeerraum gefunden worden: ein Beleg dafür, wie hochverehrt der selbst halb mythische Dichter auch in der römischen Zeit war.

Stoff vieler verschiedener Mythen kunstvoll verflochten, voran die Dichter der *Ilias* und der *Odyssee*, die die Griechen mit einer Person, nämlich Homer, identifizierten, und Hesiod, der als erster versuchte, den mythischen Stoff systematisch zu ordnen. Etwa zu Beginn des 7. Jahrhunderts v. Chr. wurden die Werke dieser Dichter schriftlich festgehalten. Damit endet die mündliche Überlieferung, und der Mythos blieb von nun an unverändert.

Die gesellschaftliche Funktion des Mythos

Mündliche Familienüberlieferungen tragen zum Zusammenhalt einer Familie bei. Jede Stammesgesellschaft pflegt ihre Mythen von heldenhaften Vorfahren und großen Häuptlingen, und selbst moderne Nationalstaaten kommen bis heute nicht ohne ihre Mythen von glorreichen Kriegen und Revolutionen, von Nationalhelden und Nationalheiligen aus.

Bei den Griechen gaben Mythen einer Kultstätte, einem Grabmal, einem Tempel eine besondere Bedeutung und machten ihn zu einem gemeinsamen Bezugspunkt für die Bewohner der Umgebung. Dadurch stärkten sie das Gemeinschaftsgefühl. Die Aufgabe, sich um den Kult an einem bestimmten Grab oder einem Tempel zu kümmern und den zugehörigen Mythos von Generation zu Generation weiterzugeben, lag von Alters her in der Hand von bestimmten angesehenen Familien, die dieses Privileg eifersüchtig hüteten. Später übernahm der griechische Stadtstaat, die »Polis«, die wichtigsten dieser Kulte und machte sie zur öffentlichen Angelegenheit.

Religion war bei den Griechen alles andere als Privatsache. Jedes der Kollektive, denen ein freier Bürger angehörte, Familie, Männerbünde, Polis, hatte seine eigenen Kulte, die miteinander verzahnt waren. Und niemand konnte sich der Mitgliedschaft in diesen Kultgemeinschaften, die der politischen Gliederung des Gemeinwesens entsprachen, entziehen.

Umgekehrt hatte alles Religiöse auch eine

■ Antiker Mythos im mittelalterlichen Gewand: das hölzerne Pferd vor den Türmen Trojas auf einer Buchmalerei des 15. Jh.s

gesellschaftliche und politische Bedeutung. Das »Heilige« ist bei den Griechen immer verknüpft mit dem gemeinschaftsstiftenden Kult und hat wenig mit innerlichem Erleben oder individueller Moral zu tun. »Frevelhaft« verhält sich derjenige, der gegen die Normen der Gemeinschaft verstößt, unabhängig von persönlich-moralischer Schuld oder Unschuld. Auch wer durch ein Versehen gegen die Vorschriften des Kults verstößt, muss bestraft oder »entsühnt« werden. Erst in der Zeit der griechischen Klassik entwickelte sich auch ein Gefühl für die moralische Bewertung menschlichen Handelns.
So wie jede griechische Polis durch den gemeinsamen Kult samt der Mythen, die sich um ihn rankten, zusammengehalten wurde, so war auch die griechische Welt eine Kultgemeinschaft. Allen Griechen gemeinsam waren das Orakel von Delphi, die olympischen Spiele und – die homerischen Epen.
Die *Ilias*, die vom Trojanischen Krieg erzählt, und die *Odyssee*, in der von den Irrfahrten des Odysseus gesungen wird, waren die einflussreichsten Werke der antiken Literatur. Auch die Römer bemühten sich, ihre Überlieferung mit der Welt Homers in Einklang zu bringen, und so wurden *Ilias* und *Odyssee* zu gemeinsamen Bezugspunkten der antiken Kultur des ganzen Mittelmeerraums.

Mit dem Wachstum der griechischen Städte und dem Aufblühen der griechischen Zivilisation wuchsen dem Mythos neue Aufgaben zu. Als Athen nach den Perserkriegen zu Beginn des 5. Jahrhunderts v. Chr. zur größten und mächtigsten Stadt Griechenlands wurde, bedeutete dies, dass die Bürger, die zunehmend gleichberechtigt an den politischen Entscheidungen beteiligt waren, eine noch nie da gewesene Verantwortung aufgebürdet bekamen. Sie brauchten neue Maßstäbe für das, was richtig und falsch war, denn ihre oft noch dörflich geprägten Traditionen taugten nicht für das öffentliche Leben in einer Weltstadt. In dieser Situation wurde das Theater für sie zur großen Erfahrungswerkstatt, wo ihnen im Gewand des Mythos ihre Gegenwartsprobleme vor Augen geführt wurden.

■ Das Idealbild eines großen Dichters: Euripides

> **THEATER**
>
> Die Theatervorstellungen in Athen waren Teil eines religiösen Festes, das dem Gott Dionysos geweiht war, und ihr wichtigster Bestandteil waren die Tragödien. Das Wort »Tragödie« heißt eigentlich »Bocksgesang« und zeugt damit vom mythischen Ursprung des griechischen Theaters. Das Athener Dionysos-Theater fasste zehntausend Personen – das war praktisch die ganze Bürgerschaft, also die gesamte waffenfähige Bevölkerung.

In den Jahren 462 und 461 v.Chr. wurde in Athen der Adelsrat, der Areopag, von der Volksversammlung entmachtet. Erregte Diskussionen müssen diesem Umsturz vorausgegangen sein, und nach diesem Ereignis gingen sie weiter. Wussten nicht die angesehenen Männer aus den alten Familien am besten, was richtig war? Waren sie nicht wirklich die von den Göttern bestimmten Staatslenker, wie sie selbst behaupteten? Konnten einfache Leute mitreden, wenn es um Politik ging? Natürlich ging es auch auf dem Theater um diese Fragen.

In Aischylos' Tragödie *Die Bittflehenden* muss der mythische König Pelasgos entscheiden, ob er den fünfzig Töchtern des Danaos, die der Vergewaltigung durch aufgezwungene Ehemänner entgehen wollen, entsprechend dem göttlichen Gebot in Argos Asyl gewährt und damit einen Krieg mit ihren Verfolgern in Kauf nimmt oder nicht – und damit die Strafe der Götter herausfordert. Die Danaostöchter wundern sich, dass Pelasgos nicht allein entscheidet: »Du bist doch die Polis.« Aber der König macht deutlich, dass in einer so existenziellen Frage, in der man sich eigentlich gar nicht richtig verhalten kann, das Volk entscheiden muss: Nicht der König ist die Polis, sondern die Versammlung der Bürger. Die in Athen gerade eingeführte Demokratie, die »Volksherrschaft«, wird von

■ Griechische Theater konnten eine große Zuhörerschaft aufnehmen; trotzdem war von jedem Sitz aus deutlich zu hören, was auf der Bühne gesprochen wurde. Hier das heute noch genutzte antike Theater von Epidauros.

Aischylos als selbstverständliche Tatsache in mythische Vorzeiten verlegt und damit mit religiösen Weihen versehen. Dabei verschweigt der Dichter den Athenern nicht, wie schwierig politische Entscheidungen zu treffen sind: Er erzieht sie zum sorgfältigen Abwägen von Argumenten. Auch die anderen großen Tragödien des Aischylos, des Sophokles und des Euripides nehmen die politischen und gesellschaftlichen Auseinandersetzungen ihrer Entstehungszeit auf und geben den Athenern mithilfe des Mythos Orientierungshilfe.

Der griechische Mythos im Römischen Weltreich – und danach

■ Der römische Kaiser Commodus, als Herakles verkleidet.

Die griechische Kultur verbreitete sich seit den Siegen Alexanders des Großen am Ende des 4. Jahrhunderts v. Chr. über den ganzen Mittelmeerraum. Griechische Sprache, griechische Bildung und natürlich auch die griechischen Mythen musste in dieser Zeit, der Epoche des Hellenismus, jeder kennen, der in Kleinasien, Syrien oder Ägypten zu den Reichen und Mächtigen gehörte. Die hellenistischen Herrscher nutzten den Mythos als Mittel ihrer Herrschaft, indem sie sich in Kulten feiern ließen, wie sie früher nur den Heroen und den Göttern zugestanden hatten. Schriftsteller dichteten die Mythen im Sinne ihres jeweiligen Herrschers um; dieser war nun ein Abkömmling des Zeus oder wenigstens des Herakles. Diese Praxis wurde auch von den römischen Kaisern übernommen. So zeigte der römische Dichter Vergil in seiner nach dem Vorbild Homers gestalteten *Aeneis*, dass Augustus von dem trojanischen Helden Äneas abstammte, der im Mythos ein Sohn der Venus war.

In der römischen Zeit wurden die Tempel, Heiligtümer und Orakel Griechenlands zu Touristenattraktionen, und bei den kultivierten Städtern waren die Mythen allenfalls noch amüsante Geschichten, die man im-

■ Auf dieser Gemme ist der Kaiser Augustus im Kreise der Götter dargestellt: Der Mythos dient der politischen Propaganda.

■ Die Sphinx, eine Löwengestalt mit Menschenkopf, gelangte aus Ägypten über den Vorderen Orient (wo ihr Flügel wuchsen) in den griechischen Mythos und die griechische Kunst.

mer wieder gerne hörte, aber nicht übermäßig ernst nahm. Wissenschaftler beschäftigten sich mit der Überlieferung der Mythen, forschten nach Varianten und versuchten, die »echten« von den »verfälschten« Mythen zu scheiden. Schriftsteller dichteten die alten Geschichten nach dem Geschmack eines gebildeten städtischen Publikums um. Die romanhafte Geschichte von *Amor und Psyche* oder die *Metamorphosen* Ovids sind Beispiele für Mythos als Literatur. Die bildende Kunst der späteren Antike sah Apoll, Athene oder Aphrodite nicht mehr noch als Furcht einflößende Verkörperungen schicksalshafter Mächte, sondern als Idealbilder schöner Menschen.

Als sich Europa tausend Jahre nach dem Ende des Römischen Reiches, in der Zeit der Renaissance, die sich als Wiedergeburt der Antike begriff, wieder mit dem griechischen Mythos beschäftigte, war dies der Mythos in seiner literarischen und künstlerischen, von allem Wilden, Grausamen, und Ungezähmten befreiten Form. Die Gebildeten lernten seit dieser Zeit wieder Griechisch und lasen Homer, die attischen Tragödiendichter und die großen Schriftsteller Roms im Original. »Man« musste die antiken Mythen kennen, um alle Anspielungen auf mythi-

WAS FÜR EINE BEDEUTUNG HAT EIN MYTHOS HEUTE?

Jeder der in diesem Buch wiedergegebenen Mythen wird am Ende der jeweiligen »Faktenseite« kritisch bewertet. Die Kriterien sind »Bildung«: Welche Rolle spielt ein Mythos heute noch für die Allgemeinbildung?, »Unterhaltung«: Wie spannend oder amüsant ist die Geschichte, die in einem Mythos erzählt wird, noch heute?, »Aktualität«: Ist das Thema eines Mythos für uns immer noch aktuell? und »Wirkung«: Wie wichtig war der Mythos für die Geschichte der Literatur, Musik und Kunst?

■ Mythos im modernen Film: Kirk Douglas als Odysseus.

sche Vorbilder bei Dichtern, Komponisten, Malern und Bildhauern verstehen zu können. Und wenn man nicht alles schon wusste, benutzte man, wie Goethe, den »Hederich«: ein Werk mit dem vertrauenerweckenden Titel: *Gründliches Mythologisches Lexikon*, das 1770 in Leipzig erschien. Und für die Minderjährigen gab es bald auch Gustav Schwabs *Sagen des Klassischen Altertums*, Mythos jugendfrei.

Im 20. Jahrhundert wurden die antiken Mythen als »Bildungsgut« weniger wichtig, aber bis heute sind sie aus der Literatur, dem Theater, der Oper oder der bildenden Kunst nicht fortzudenken. Noch der berühmteste Großstadtroman des 20. Jahrhunderts, der *Ulysses* des irischen Schriftstellers James Joyce, ist nach dem Vorbild der *Odyssee* gestaltet. Auch in der Alltagssprache leben die Mythen fort, und so mancher Fantasy-Roman oder Western-Film erweist sich bei näherem Hinsehen als neu eingekleideter Mythos oder in eine neue Umgebung übertragene klassische Tragödie.

Die Ferse des Achill

Achill, der berühmteste unter den griechischen Helden, die gegen Troja kämpften, war kein gewöhnlicher Sterblicher, sondern der Sohn einer Göttin – der Meeresgöttin Thetis und des Königs Peleus, eines Sterblichen. Nach ihm wird Achill auch »der Pelide« genannt. Ihm war ein früher Tod in der Schlacht geweissagt worden, und obwohl seine Mutter als Göttin nur zu gut wusste, dass niemand seinem Schicksal entrinnen kann, setzte sie doch alles daran, dem Lauf seines Schicksals eine andere Wendung zu geben. Und genau das macht die Spannung der Achilles-Geschichte in Homers *Ilias* aus: Kann Achill es schaffen, ist es einem Menschen überhaupt möglich, dem vorbestimmten Los ein Schnippchen zu schlagen?

Thetis, die wusste, dass ein Bad im Styx, dem Fluss der Unterwelt im Reich des Hades, Unverwundbarkeit verleiht, stieg mit Achill, als er noch ein Kind war, in die Unterwelt hinab und tauchte Achill ins Wasser des Styx ein. Doch die Ferse, an der sie ihn festhielt, blieb unbenetzt, also verwundbar.

Und als der große Trojanische Krieg ausbrach, steckte Thetis ihren Sohn in Mädchenkleider, damit er dem Soldatenlos entging. Doch der gerissene Odysseus, der für Agamemnon, den Anführer der Griechen gegen Troja, Truppen sammelte, lockte Achill mit einer List in die Schlacht: Er ließ die Trompete so blasen, wie wenn ein feindlicher Überfall abzuwehren wäre – und schon warf Achill die Mädchenkleider ab und eilte mit Schild und Speer herbei.

Der große Trojanische Krieg wütete bereits zehn Jahre und es hatte Abertausende von Toten gegeben, als es zum Zerwürfnis zwischen Agamemnon, dem Führer der Griechen, und Achill kam. Denn Agamemnon hatte nicht nur ein Auge auf Achills schöne Sklavin Briseis geworfen, sondern nahm sie ihm einfach weg. Daraufhin grollte der entehrte Achill und zog sich vom Kampf zurück. Selbst als es so aussah, als ob die Trojaner die Oberhand gewönnen, blieb Achill beleidigt in seinem Zelt sitzen. Sogar gegenüber Patroklos, seinem besten Freund, blieb er

■ Der weise Zentaur Chiron war Achills Lehrer; hier unterrichtet er ihn im Bogenschießen. Gemälde von Giuseppe Maria Crespi (1665–1747); Wien, Kunsthistorisches Museum

■ Der Streit um die Waffen des gefallenen Achill: Agamemnon versucht die Kampfhähne Ajax und Odysseus zu trennen. Attische rotfigurige Vase, Anfang des 5. Jhs. v. Chr.; Wien, Kunsthistorisches Museum

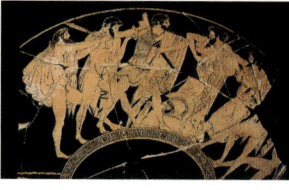

hartnäckig. Nun mischte sich Thetis wieder ein, denn obwohl sie die Weissagung fürchtete, war sie doch um die Ehre ihres Sohnes besorgt und konnte es nicht mit ansehen, dass ihr tapferer Achill tatenlos den Kämpfen der Griechen zusah. Thetis stieg zu Zeus in den Olymp hinauf und flehte ihn an, dafür zu sorgen, dass Agamemnon Briseïs wieder herausgab. Und Zeus, der eine Schwäche für Thetis hatte – immerhin hatte er sie einmal heiraten wollen –, griff ein, indem er weitere militärische Erfolge der Tojaner zuließ und die Griechen damit in so große Bedrängnis brachte, dass nur die Teilnahme Achills am Kampf noch zum Sieg führen könnte. Das Mittel wirkte: Bald bot Agamemnon nicht nur die Rückgabe der Briseis, sondern auch einen großen Teil seines eigenen Anteils an der Kriegsbeute an, damit der heldenhafte Achill wieder am Kampf teilnähme, aber entschuldigen wollte er sich nicht. Also grollte Achill weiter.

Als die Sache der Griechen so schlecht stand, dass eine Niederlage unausweichlich schien, gab Achill seinem Freund Patroklos seine eigene Rüstung, damit alle glauben sollten, er selbst stünde wieder an der Front. Doch Patroklos wurde von dem trojanischen Helden Hektor, Achills großem Gegenspieler und Günstling des Gottes Apoll, getötet. Als Achill vom Tod seines besten Freundes erfuhr, stieß er einen so entsetzlichen Schrei des Kummers und des Zorns aus, dass die Trojaner sofort von der Leiche abließen. Jetzt ging alles sehr schnell. Achill, ganz vom Gedanken der Rache an Hektor erfüllt, schickte eine Nachricht an Agamemnon, er sei bereit, sich zu versöhnen. Agamemnon entschuldigte sich und schickte ihm Briseïs zurück. Nun stürmte

ACHILL UND SIEGFRIED

Dasselbe Problem sollte mehr als 1 000 Jahre später Siegfried, der Drachentöter, bekommen. Er badete im Blut des Drachens, und auch dies verlieh Unverwundbarkeit, doch ein Lindenblatt, das auf seinen Rücken fiel, bescherte ihm seine »Achillesferse«.

■ Achill in Mädchenkleidern unter den Töchtern des Lykomedes. Odysseus und Diomedes bringen Geschenke, und Achill verrät sich, indem er gleich zu einer Waffe greift. Gemälde von Erasmus Quellinus (1607–1643); Vaduz, Fürstliche Sammlung

■ Achill verbindet die Wunden seines Freundes Patroklos, attische rotfigurige Schale; Sammlung antiker Kunst, Berlin

■ Achill opfert sein Haar am Scheiterhaufen des Patroklos und gelobt dem toten Freund damit Rache. Federzeichnung von Johann Heinrich Füssli (1741–1825); Zürich, Kunsthaus

Achill auf das Schlachtfeld und erschlug unzählige Feinde, bis er endlich auf Hektor traf. Ein furchtbarer Kampf zwischen den beiden Helden entbrannte. Da sie gleichwertige Kämpfer waren, musste Zeus eine Entscheidung fällen: Er ließ Achill am Leben und Hektor sterben.

Und nun tat Achill in seiner Wut etwas, das gegen jedes göttliche Gesetz verstieß: Er band den toten Hektor an seinen Wagen und schleifte ihn hundertmal um die ganze Stadt herum. Dann ließ er Hektors zerfetzte Leiche achtlos beim Lager liegen, während er seinen Freund Patroklos mit allem Pomp bestattete. Erst als Hektors Vater, Priamos selbst, der König von Troja, als Bittsteller zu Achills Zelt kam und um den Leichnam seines Sohnes bat, ließ Achill von seinem Zorn ab, erkannte sein unehrenhaftes Verhalten und ließ den Vater mit der Leiche des Sohnes ziehen.

Bevor Achill erneut in den Kampf zog, ließ ihm Thetis vom Schmiedegott Hephaistos eine neue Rüstung anfertigen, die ganz besonderen Schutz verleihen sollte. Aber das Schicksal Achills nahm seinen Lauf: Bei einem Sturm auf die Mauern der Stadt traf Paris, der jüngste Bruder Hektors, der durch den Raub der schönen Helena den ganzen Krieg ausgelöst hatte, mit einem Pfeil die verwundbare Ferse des Helden. Der Gott Apoll, der mächtige Verbündete der Trojaner, hatte persönlich dafür gesorgt, dass das Geschoss sein Ziel nicht verfehlte.

Siebzehn Tage dauerte das Totengedenken für Achill. Thetis und ihre Meerjungfrauen, die Nereiden, überwachten die Trauerfeierlichkeiten, und Athene selbst salbte den Körper des Achill mit Ambrosia. Am achtzehnten Tag wurde er feierlich verbrannt.

Das Motiv von Achills Zorn, seine Starrsinnigkeit, hat Homers *Ilias* eine innere Einheit gegeben; das Wissen um die Weissagung und das Bemühen seiner Mutter, sich gegen das unabwendbare Schicksal aufzulehnen, haben der *Ilias* ihre Spannung gegeben. Eine Spannung, die so nie entstanden wäre, hätte es da nicht diese Achillesferse gegeben.

DIE FERSE DES ACHILL

ÜBERLIEFERUNG

Quellen: Der Zorn des Achill ist das Hauptthema in Homers *Ilias*. Das Epos umfasst über 15000 Verse. Es handelt nur von einem kurzen, aber entscheidenden Zeitraum des Trojanischen Krieges, als er bereits neun Jahre angedauert hat. Die Geschichte beginnt mit einem Streit zwischen dem griechischen Heerführer Agamemnon und Achill. Sie schildert die Entstehung von Achills Zorn, dessen Folgen und wie der Zorn sich schließlich wieder legt. Später schrieb der römische Dichter Publius Papinius Statius (um 45–96 n. Chr.) ein Epos mit dem Titel *Achilleis*. Er hatte sich vorgenommen, das ganze Schicksal dieses Helden zu erzählen, führte aber nur einen kleinen Teil seines Vorhabens aus. Das Werk blieb unvollendet. Wesentlich darin ist die Liebesgeschichte zwischen Achill und Deidameia, der Tochter des Königs von Sykros.

Literatur: Nicht immer wird Achill als strahlender Held dargestellt. In der Tragikomödie *Die Geschichte von Troilus und Cressida* lässt Shakespeare (1564–1616) ihn in einem sehr unvorteilhaften Licht erscheinen. Er sitzt untätig und beleidigt im Lager herum und reißt mit seinem Freund Patroklos Witze. Shakespeare nutzt sein Stück dazu, um den Stoff der *Ilias* zu parodieren. Wieder anders begegnet uns Achill zweihundert Jahre später bei Johann Wolfgang von Goethe (1749–1832) in dem Fragment einer *Achilleis*, die sieben Gesänge umfassen sollte. Goethe schrieb aber nur einen ersten Gesang. Achills Denken und Handeln kreisen um den Tod, der im Krieg allgegenwärtig ist.

Musik: Achills diverse Liebesgeschichten dienten als Vorlage für verschiedene Opern, vor allem in der Barockzeit. Der französische Komponist Jean-Baptiste Lully (1632–1687) schrieb eine Ballettsuite zu diesem Thema, die er *Alcidiane und Polyxandre* nannte. Die bekannteste Oper ist Georg Friedrich Händels (1685–1759) *Deidameia* aus dem Jahre 1739, die die Geschichte ins Grotesk-Komische wendet.

Bildende Kunst: Es gibt eine berühmte Amphore aus dem 5. Jahrhundert v. Chr., die Achill und Briseis zeigt und ihrem Künster seinen Namen verlieh: Achilleus-Maler. Sie ist in den Vatikanischen Sammlungen zu sehen. Peter Paul Rubens (1577–1640) malte die Bilder *Thetis taucht Achill in den Styx* und *Der Zorn Achills gegen Agamemnon* (beide hängen im Museum Boymans-van-Beuningen in Rotterdam), und der französische Maler Jean Auguste Dominique Ingres (1780–1867) die Szene *Achill empfängt die Gesandten Agamemnons*, Musée de l'École des Beaux-Arts, Paris.

EMPFEHLUNG

Lesenswert:
Homer: *Ilias*. Aus dem Griechischen von Johann Heinrich Voss. Zürich 1999.

Walter Jens: *Ilias und Odyssee* (ab 8 Jahre). Ravensburg 1992.

William Shakespeare: *Troilus und Cressida*. Stuttgart 1963.

Johann Wolfgang von Goethe: *Achilleis*. In: Werke. Hamburger Ausgabe in 14 Bänden, Bd. 2: Gedichte und Epen II. München 1998.

Die schöne Helena. Rezeptionsdokumente aus Musik und Film. Göttingen 2000.

Hörenswert:
William Shakespeare: Great Speeches aus *Troylus and Cressida* u.a. Sprecher: Beale, Kohler, Rose, Woodward. 2 Audio-CDs, 1993.

Homer: *Hektors Tod* (aus *Ilias*). In der Übersetzung von Johann Heinrich Voss: Sprecher Manfred Wohlers. Audio-CD.

Jean-Baptiste Lully: *Alcidiane et Polyxandre* (Ballettsuite). Ensemble La Follia/Fuente, 1976.

AUF DEN PUNKT GEBRACHT

Auch der größte Held entgeht nicht seinem Schicksal – das ist die Botschaft des Mythos von der Achillesferse und einer der Schlüssel zum Verständnis von Homers *Ilias*. Die heroische Schicksalsergebenheit Achills ist nicht auf unsere Zeit zu übertragen, aber sie hat die Menschen immer wieder fasziniert.

Der schöne Adonis

Adonis ist der schöne Mann schlechthin, den Frauen gefährlich und sich selbst eine Gefahr. Aphrodite, die Liebesgöttin, verliebt sich in ihn und muss am eigenen Leib erfahren, was Liebe mit sich bringen kann: rasende Eifersucht, unstillbare Sehnsucht und den schrecklichen Schmerz des Verlustes. Adonis aber ist von Anfang an dem Tode, der Unterwelt, geweiht, und nur die Liebe vermag ihn für eine Weile dem düsteren Jenseits zu entreißen. Kann es sein, dass ihn neben seiner Schönheit auch die Todesgefahr, in der er schwebt, so attraktiv macht?

Schon die Zeugung und die Geburt des Adonis stehen unter dunklen Vorzeichen: Kinyras, der König von Zypern, hatte voller Vaterstolz behauptet, seine Tochter Myrrha sei noch weit schöner als Aphrodite, die Schaumgeborene. Diese schäumte vor Wut und rächte sich, indem sie in Myrrha heftiges Verlangen nach ihrem eigenen Vater erweckte. Mit Hilfe einer Dienerin machte Myrrha ihren Vater betrunken, und er schlief mit ihr. Als Kinyras wenig später merkte, dass Myrrha schwanger war, sah er keinen anderen Ausweg aus seiner Schande, als die eigene Tochter zu töten. Sie floh, aber der König holte sie ein und erhob sein Schwert gegen sie. Aphrodite jedoch hatte inzwischen bereut, was sie angerichtet hatte: Rasch verwandelte sie die Unglückliche in einen Myrrhenbaum.

Der Schwerthieb spaltete den Stamm, und das Kind wurde ge-

■ Tizian (um 1476/77–1576), *Venus und Adonis*: Die Göttin versucht den Schönen von der gefährlichen Jagd abzuhalten. Madrid, Prado

boren. Es war wunderschön. Aphrodite legte den kleinen Adonis in einen Kasten und übergab ihn Persephone, der Göttin der Unterwelt. Die zog das Kind in ihrem Palast auf, und als es zum Jüngling herangewachsen war, verliebte sie sich in diesen.
Als Aphrodite erfuhr, dass Adonis der Geliebte der Persephone geworden war, eilte sie in den Tartarus hinunter. Sobald sie den wunderschönen Jüngling erblickt hatte, forderte sie ihn sogleich für sich. Und nun wird der Schöne zum Anlass eines dramatischen Ringens zwischen der Göttin der Lebenskraft und Liebe und der Göttin der Schattenwelt und des Todes.
Da Persephone ihn nicht hergeben will, wendet Aphrodite sich hilfesuchend an den Göttervater

■ Nicolas Poussin (1594–1665), *Das Reich der Flora* mit den Schönen, die in Blumen verwandelt wurden, darunter Adonis. Dresden, Gemäldegalerie

»METAMORPHOSEN«

Die Griechen hatten eine Vielzahl von mythischen Erklärungen für die Namen von Dingen. So wird Myrrha, die Mutter des Adonis, zur Namensgeberin der Myrrhe, eines aus dem Orient oder Nordafrika stammenden bitter schmeckenden Baumharzes, dem große Heilkräfte zugeschrieben wurden. Der römische Dichter Ovid erzählt in seinen *Metamorphosen* – Verwandlungen – eine Reihe solcher Geschichten nach, in denen Menschen zu Dingen werden und ihnen dabei ihren Namen verleihen.

■ Venus und Adonis als Rokoko-Paar auf einem Gemälde von Jacopo Amigoni (1682–1752); Venedig, Accademia

Zeus. Der will sich in diesen Streit nicht einmischen und setzt die Muse Kalliope als Richterin ein. Kalliope fällt ein weises Urteil: Aphrodite und Persephone sollen jeweils ein Drittel des Jahres mit Adonis zusammenleben dürfen; das letzte Drittel darf er für sich allein verbringen. Aphrodite, die in heftiger Liebe entbrannt war, setzte alles daran, das Urteil zu hintertreiben. Ihr Liebreiz und ihr magischer Gürtel halfen ihr zu erreichen, dass Adonis bei ihr blieb und nicht daran dachte, in die Unterwelt zurückzukehren.

Überall hin begleitete Aphrodite nun den geliebten Adonis, auch auf die Jagd, obwohl sie von diesem Männersport sonst nie etwas gehalten hatte. Und stets war sie in Ängsten um den Schönen, denn die Jagd ist gefährlich, genauso gefährlich, wie es ist, die Mächte der Unterwelt herauszufordern.

Die enttäuschte Persephone war inzwischen zu Ares gegangen, dem Kriegsgott und angestammten Liebhaber Aphrodites, und hatte ihm erzählt, dass Aphrodite ihn mit Adonis betrüge. Der eifersüchtige Ares verwandelte sich darauf in einen wilden Eber, stürzte sich auf Adonis, während er in den Bergen des Libanon jagte, und zerriss ihn vor den Augen Aphrodites.

Der Tote musste hinab in die Unterwelt, wo er nun das ganze Jahr bei Persephone verbrachte. Aphrodite war untröstlich und ließ aus dem Blut des Adonis blutrote Anemonen wachsen. Endlich erwirkte sie von ihrem Vater Zeus, dass Adonis wenigstens in den Sommermonaten bei ihr sein durfte.

Die Erzählung von Adonis, der zwischen der Unterwelt und der Oberwelt hin- und herwandert, stammt aus den ältesten, noch vorgriechischen Schichten des Mythos, aus Zeiten, in denen wirklich noch Jahr für Jahr der schönste Mann des Dorfes für die Fruchtbarkeit der Felder sterben musste, den Mächten der Unterwelt geopfert wurde. Doch schon in der antiken Dichtung wird die Sage zu einer Geschichte der tragischen Nähe von Liebe und Tod, so wie die des Sängers Orpheus, dem es nicht gelingt, die geliebte Eurydike der Unterwelt zu entreißen. Mit Romeo und Julia sollte Shakespeare später eine weitere klassische Variante des Dramas einer Liebe schaffen, die so groß ist, dass nur der Tod ihr ebenbürtig sein kann.

URALTE WURZELN DES MYTHOS

In vorgriechischer Zeit wurde im ganzen Mittelmeerraum die »große Mutter« verehrt, deren Kult sich später in dem der Aphrodite und anderer Göttinnen fortsetzte. Es scheint üblich gewesen zu sein, dass die »große Mutter« in Gestalt ihrer Priesterin sich jedes Jahr einen jungen Mann wie Adonis auswählte, mit dem sie auf den Feldern schlief. Diese »heilige Hochzeit« sollte die Fruchtbarkeit der Äcker sicherstellen. Am Ende des Jahres wurde der junge Mann, der König eines einzigen Jahres, getötet. Im Frühjahr erstand er symbolisch wieder auf, in Gestalt eines anderen Jünglings – der Zyklus von Saat und Reifung konnte erneut beginnen.

■ Nicolas Poussin, *Venus beklagt den toten Adonis*; Caen, Musée des Beaux Arts

Für den römischen Dichter Ovid, dem wir die schönste Fassung der Sage von Adonis verdanken, geht es nicht um eine mythische Göttergeschichte, sondern um ein ganz und gar menschliches Liebesdrama, für das der Mythos lediglich den Handlungsrahmen liefert. Bei ihm steigt Aphrodite vom Olymp herab und gibt ihr Leben als Göttin auf, um bei ihrem Geliebten sein zu können, den sie ebenso wenig vor dem Tod zu schützen vermag wie eine Sterbliche: »Von der Schönheit des Mannes angezogen, kümmert Aphrodite sich nicht mehr um die Küsten von Kythera ..., ja sogar vom Olymp hält sie sich fern: Sie zieht den Adonis dem Himmel vor. Ihn hält sie im Arm, mit ihm ist sie ständig zusammen. Und während sie sonst im Schatten ruht und ihre Schönheit pflegt, zieht sie jetzt mit ihm durch Berge und Wälder, Felsen und Dickicht.« Sie versucht ihn zu überreden, Hasen zu jagen, er aber sucht die Gefahr. Hätte sie ihn auch dann so sehr geliebt, wenn er nur ein Hasenjäger gewesen wäre, nur um seiner Schönheit willen? Wohl kaum.

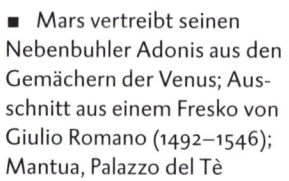

■ Venus und Adonis als lüsternes Paar auf einem Gemälde von Bartholomäus Spranger (1546–1611); Wien, Kunsthistorisches Museum

■ Mars vertreibt seinen Nebenbuhler Adonis aus den Gemächern der Venus; Ausschnitt aus einem Fresko von Giulio Romano (1492–1546); Mantua, Palazzo del Tè

DER SCHÖNE ADONIS

ÜBERLIEFERUNG

Quellen: Vom Mythos des Adonis gibt es in der Antike verschiedene Versionen. So gilt einmal Persephone als verantwortlich für seinen Tod, ein anderes Mal Ares, der eifersüchtige Liebhaber der Aphrodite. In der Gestalt des wilden Ebers soll er Adonis getötet haben – so berichtet es der Dichter Nonnos aus Panopolis in Ägypten (geb. um 400) in seinen Geschichten von Dionysos. Am ausführlichsten erzählt der römische Dichter Ovid (43 v. Chr. – 18 n. Chr.) in den *Metamorphosen* (10. Buch) von Adonis.

Literatur: William Shakespeare (1564–1616) schrieb ein langes Gedicht mit dem Titel *Venus und Adonis*. Ovids Schilderung diente ihm dabei als Vorlage, er erweiterte sie aber noch durch Beschreibungen der Umgebung und durch Tiergeschichten, die das Handeln der Menschen widerspiegeln. Adonis denkt nur an die Jagd und schenkt dem Werben der Göttin Venus kaum Beachtung. Um die Liebe zwischen Adonis und Venus geht es auch in *L'Adone*, einem Gedicht in zwanzig Gesängen aus der Feder des italienischen Dichters Giambattista Marino (1569–1625). Eine Elegie mit dem Titel *Adonais* verfasste der englische Dichter Percy Bysshe Shelley (1792–1822) als Reaktion auf den Tod seines Dichterkollegen John Keats (1795–1821), als dieser mit erst sechsundzwanzig Jahren an Lungenschwindsucht starb. In seinem Gedicht machte Shelley Kritiker und Journalisten für den Tod von Keats verantwortlich. Durch ihre scharfe Kritik an seinem Versepos *Endymion* seien sie zu seinen Mördern geworden. Auch im 20. Jahrhundert begegnet uns Adonis in der Lyrik, wie Gedichte der amerikanischen Lyrikerin Hilda Doolittle (1886–1961) und ihres Landmannes Kenneth Rexroth (1905–1982) sowie des irischen Dichters William Butler Yeats (1865–1939) belegen.

Musik: Der Komponist Igor Strawinsky (1882–1971) verarbeitete den Adonis-Mythos in seiner Oper *Der Wüstling*. Die Handlung spielt im England des 18. Jahrhunderts. Tom Rakewell, der glücklich mit seiner Verlobten Ann Trulove zusammenlebt, wird vom Teufel verführt. Das Stück zeigt, wie Tom immer mehr ins Verderben gezogen wird und schließlich im Irrenhaus endet. Er bildet sich ein, Adonis zu sein, und sieht in Ann die Göttin Venus, die ihn in den Schlaf singen soll.

Bildende Kunst: Tizian (um 1488–1576) bildete *Die Geburt des Adonis* ab, Museo Civico Padua, sowie *Venus und Adonis*, Museo del Prado Madrid. Die Klage der Venus um den toten Adonis malten Paolo Veronese (1528–1588), Nationalmuseum Stockholm, und in zweifacher Ausführung der französische Maler Nicolas Poussin (1594–1665).

EMPFEHLUNG

Lesenswert:
Ovid: *Metamorphosen*. In der Übertragung von Johann Heinrich Voss. Mit Radierungen von Pablo Picasso. Frankfurt/Main 1990.

William Shakespeare: *Sonette/Einer Liebenden Klage/Venus und Adonis*. Düsseldorf 1997.

Hörenswert:
John Blow: *Venus and Adonis*, Age of Enlightenment Orchestra/Jacobs, 1988.

Igor Strawinsky: *The Rake's Progress* (Der Wüstling), London Symphony Orchestra/Gardiner 1997. 2 Audio-CDs.

Othmar Schoeck: *Venus* (Oper in drei Akten), op. 32, Philharmonische Werkstatt Schweiz/Venzago, 2 Audio-CDs, 1991.

Ovid: *Metamorphosen*. Sprecher: Peter Simonischek. 6 Audio-CDs. Düsseldorf 1999.

Sehenwert:
Igor Strawinsky: *The Rake's Progress*, Filmversion der Strawinsky-Oper, Schwedisches Radio-Sinfonieorchester & Chor/Salonen, 1994. Videocassette.

AUF DEN PUNKT GEBRACHT

Um den schönen Mann Adonis rankt sich eine der schönsten Liebesgeschichten der Weltliteratur; dahinter wird eine uralte Tiefenschicht des Mythos sichtbar.

Kriegerische Amazonen – Hippolyte und Penthesilea

Noch heute nennen wir besonders kämpferische oder sportliche Frauen Amazonen, nach einem Volk von Kriegerinnen, das schon die alten Griechen in grauer Vorzeit und am Rand der ihnen bekannten Welt ansiedelten. Obwohl die alten Griechen von diesen tapferen Frauen fasziniert waren, machten sie ihnen jedoch auch Angst.

Zur Zeit der griechischen Klassik schmückten kriegerische Szenen die Friese der Tempel: Fast immer handelte es sich um die Schlacht der Götter mit den Giganten zu Anfang der Welt, um den Kampf von Menschen mit den Zentauren, halb Mensch, halb Pferd – oder aber um den Kampf zwischen Griechen und Amazonen, also zwischen Männern und Frauen. Wenn grobschlächtige Riesen wie die Giganten oder die wilden Zentauren besiegt wurden, so war die Botschaft für den antiken Betrachter klar: Die Zivilisation siegt über die Barbaren. Die Skulpturen der Giganten- und Zentaurenkämpfe beruhigten die Ängste der Griechen vor den Einfällen wilder Völkerschaf-

■ Franz von Stuck (1863–1928), *Verwundete Amazone*

ten. Aber hatten die griechischen Männer Angst vor Frauen? Es mag sein, dass sie es schon als Bedrohung ihrer patriarchalischen Gesellschaftsordnung empfanden, wenn sie auf Völkerschaften stießen, bei denen die Frauen einen aktiveren Anteil am gesellschaftlichen Leben hatten. Doch waren es wohl nicht nur Ängste, die sie dazu brachten, dem Kampf der Geschlechter so große Aufmerksamkeit zu schenken, sondern auch die erotische Verlockung von Frauen, die gleichwertige Gegnerinnen des Mannes sind. Dafür spricht, dass Amazonen in der bildenden Kunst stets als besonders schöne Frauen dargestellt wurden, und dafür spricht auch der Inhalt der mythischen Erzählungen.

Die größten Heroen der Griechen mussten sich mit den Amazonen auseinander setzen. Von Herakles und Theseus heißt es, sie seien gemeinsam gegen die kriegerischen Frauen und ihre Königin Hippolyte ins Feld gezogen. Herakles erbeutete von Hippolyte einen zauberkräftigen Gürtel, der noch in der Zeit des klassischen Griechentums im Heratempel von Argos auf der Peloponnes als Reliquie verehrt wurde. Theseus gelang es, die Amazonenkönigin mit nach Athen zu bringen – als Kriegsgefangene, sagen die einen; weil sie sich ineinander verliebt hatten, die anderen, und wir möchten lieber Letzteren Recht geben. Die Amazonen jedoch zogen nach Attika, um ihre entführte Königin zu befreien, und verwüsteten das Land. Nach langen

■ Herakles tötet die Amazonenkönigin Antiope oder Hippolyte; Metope vom Heratempel in Selinunt (Sizilien), um 460 v. Chr.

ERINNERUNG ANS MATRIARCHAT?

Die Mythenforscher haben immer wieder gerätselt, woher die Griechen die Vorstellung von den Amazonen als kriegerischen Frauen hatten. Aus der Geschichte ist kein weibliches Kriegervolk bekannt. Dennoch gilt es als wahrscheinlich, dass es in den Gegenden, wo die Griechen die Amazonen ansiedelten, in Kleinasien, im Kaukasus oder in den Steppen der Ukraine, Völker gab, in denen Frauen eine wichtige, vielleicht sogar dominierende Rolle spielten.

Kämpfen wurden sie besiegt, sagen die einen – wurde mit ihnen ein Friedensvertrag geschlossen, die anderen, denen wir auch diesmal eher beipflichten möchten, denn immerhin hatte Hippolyte inzwischen ein Kind mit Theseus: den Hippolytos, der ein tragischer Held werden sollte. Trotz Kind und Friedensvertrag wurde Hippolyte von Theseus verlassen. Sie fand ein tragisches Ende: Unabsichtlich wurde sie von einer anderen Anführerin der Amazonen, der Königin Penthesilea, getötet.

Penthesilea ist die strahlendste Amazonengestalt des Mythos, ebenso schön wie stark soll sie gewesen sein, die Tochter des Ares selbst. Zwar heißt es an anderen Stellen, alle Amazonen seien Töchter des Kriegsgotts gewesen, doch dies wird von den meisten bezweifelt, die zu berichten wissen, dass die Amazonen sich wie die anderen Menschen normal fortpflanzen, dass sie sich von Zeit zu Zeit Männer nehmen, allerdings ihre männlichen Nachkommen umbringen, sie kastrieren oder einfach ihren Vätern jenseits der Grenzen des Amazonenreichs überlassen, um unter sich, unter Frauen zu bleiben. Nur die Mädchen zogen sie auf, erzogen sie zum Krieg und brannten ihnen, so wird berichtet, die rechte Brust aus, damit diese ihnen beim Spannen des Bogens nicht hinderlich sei. Ob das stimmt, weiß niemand, doch das Wort »Amazone« bedeutet »die Brustlose«.

Penthesilea hatte durch die Tötung der Hippolyte schwere Schuld auf sich geladen und wandte sich nach Troja, weil es von

■ Eine moderne Amazone, Hinterglasmalerei von Wassily Kandinsky, 1918; Sankt Petersburg, Eremitage

Priamos, dem weisen alten König der Stadt, hieß, er könne den Fluch, der auf ihr lastete, von ihr nehmen. Priamos reinigte sie von ihrer Blutschuld, ließ sich dafür aber von ihr versprechen, dass sie den Trojanern in ihrem Kampf gegen die Griechen beistehen würde. Dies tat sie auch und wurde mit ihrem Gefolge tapferer Frauen zum Schrecken der griechischen Belagerer. Nachdem sie schon viele von ihnen getötet hatte, war allen Beteiligten klar, dass nur der gewaltigste unter den griechischen Helden, der Halbgott Achill, es mit ihr aufnehmen konnte. Penthesilea und Achill waren nicht nur die Stärksten und Gewandtesten ihres jeweiligen Volkes, der Frauen und der Männer, sie waren auch die Schönsten. Und so geschieht es, dass sie sich ineinander verlieben. Doch die unerbittliche Logik des Kampfes und des Stolzes macht es unmöglich, dass sich ihre Liebe erfüllt. Bei Homer, in der *Ilias*, tötet Achill Penthesilea, doch will er nicht von ihrem Leichnam weichen, weil er den Schmerz über ihren Tod nicht verwindet. Ein Grieche namens Thersites, den Homer als widerlichen Menschen charakterisiert, entblödet sich nicht, Achill zu verspotten, als er über seine Feindin, die zudem »nur« eine Frau ist, schier endlos trauert. Voller Trauer und Wut erschlug Achill den Thersites, sagen manche Dichter; Homer dagegen lässt ihn von Odysseus verprügeln und zeigt damit am besten die Verachtung der Griechen für jemanden, der keinen Respekt vor Trauer und Liebe hat.

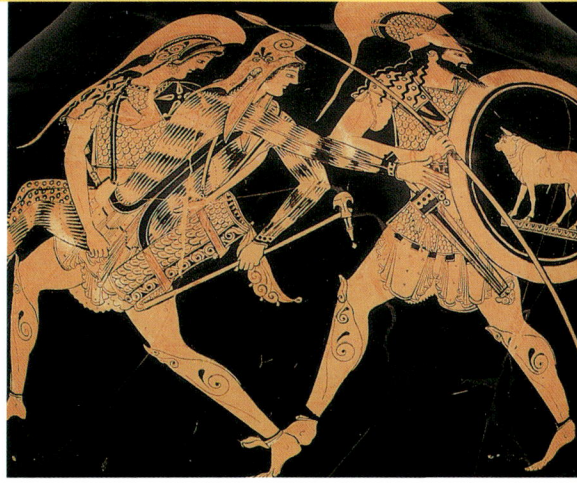

■ Theseus und sein Freund Peirithoos entführen die Amazonenkönigin Hippolyte oder Antiope; attische rotfigurige Vase, um 480 v. Chr.

■ Verwundete Amazone, römische Kopie nach einem Original des griechischen Bildhauers Phidias aus dem 5. Jh.; Rom, Kapitolinisches Museum

Heinrich von Kleist, der große Dramatiker des 19. Jahrhunderts, hat in seiner *Penthesilea* die Liebe als Kampf der Geschlechter und den Kampf der Geschlechter als Liebe großartig dargestellt. Auch bei ihm wissen Achill und Penthesilea, dass sie der kämpferischen Auseinandersetzung nicht ausweichen können; sie sind aber beide doch auch entschlossen, den anderen überleben zu lassen. Vergebens. Am Ende des Stücks phantasiert die todwunde Amazonenkönigin, sie habe den Griechen bezwungen, und will sich dem Unterworfenen unterwerfen: »Ich sage vom Gesetz der Fraun mich los, / Und folge diesem Jüngling hier.«

Wenn Frauen und Männer wissen, dass sie einander ebenbürtig sind, müssen sie nicht mehr gegeneinander kämpfen; folglich brauchen Frauen nicht mehr zu Amazonen zu werden und Männer vor Amazonen keine Angst zu haben.

■ Achilles tötet Penthesilea. Von einer schwarzfigurigen Amphore des Exekias, Athen, um 540 v. Chr.; London, British Museum

KLEIST UND DIE »PENTHESILEA«

Heinrich von Kleist veröffentlichte seine *Penthesilea* 1808. Goethe verriss das Stück, das dennoch eines der erfolgreichsten deutschen Bühnenstücke wurde. Die Inszenierung der Berliner Schaubühne wurde verfilmt und lief mit großem Erfolg in den Kinos. Die Nähe von Liebe und Todessehnsucht, die das Stück zum Thema hat, muss Kleist selbst vertraut gewesen sein: Im Jahre 1811 schied er mit seiner Geliebten Henriette Vogel freiwillig aus dem Leben.

KRIEGERISCHE AMAZONEN

 ÜBERLIEFERUNG

Quellen: Von dem Kampf zwischen Achill und Penthesilea berichtet schon das epische Gedicht *Aithiopis*, das Arktinos von Milet zugeschrieben wird und aus dem 7. Jahrhundert v. Chr. stammt. Es beschreibt die Geschichte von Achills Tod. In der von dem griechischen Dichter Homer (um 700 v. Chr.) verfassten *Ilias* werden die Amazonen mehrfach erwähnt und durch den Zusatz »den Männern gleichwertig« charakterisiert.

Literatur: Die bekannteste Verarbeitung des Mythos in der Neuzeit ist Heinrich von Kleists (1777–1811) Tragödie *Penthesilea*. Die äußere Handlung, das Kriegsgeschehen, tritt zurück. Kleist stellt Penthesileas Gefühle in den Vordergrund. Die Darstellung extremer Gefühlszustände war der Grund dafür, dass das Stück bei Kleists Zeitgenossen auf größte Ablehnung stieß; insbesondere Goethe äußerte scharfe Kritik. Erst die Generation des Expressionismus fand sich in der von Kleist dargestellten Gefühlswelt wieder. Unter dem Titel *Die Amazonenschlacht* veröffentlichte Maria Janitschek (1859–1927) eine Erzählung, die Konflikte zwischen Mann und Frau in der Gesellschaft um die Jahrhundertwende und die Auflehnung der Frauenrechtlerinnen gegen männliche Privilegien thematisiert. Anfang des 20. Jahrhunderts widmete der flämische Lyriker Karel van de Woestijne (1878–1929) der Liebe zwischen Achill und Penthesilea ein Gedicht.

Musik: Als zwei bedeutende musikalische Bearbeitungen der Geschichte von Penthesilea und Achill gelten die symphonische Dichtung *Penthesilea* des österreichischen Komponisten Hugo Wolf (1860–1903) und die gleichnamige Oper des schweizerischen Komponisten Othmar Schoeck (1886–1957), die beide ihren Werken den Text von Kleist zugunde legten. Schoecks Komposition zeichnete sich durch eine ungewöhliche Orchesterbesetzung aus, die keine Streicher vorsah. Nach der Uraufführung in der Dresdener Staatsoper 1927 »normalisierte« er allerdings sein Werk in dieser Hinsicht.

Bildende Kunst: Nach einer Schale aus dem Jahr 460 v. Chr., die den Kampf zwischen Achill und Penthesilea zeigt und heute in der Staatlichen Antikensammlung in München zu sehen ist, erhielt der Penthesilea-Maler, ein attischer Vasenkünstler, seinen Namen. Im selben Jahr, in dem Kleists *Penthesilea* erschien, malte Johann Heinrich Füssli (1741–1825) ein Bild, das die beiden in Liebe Entflammten im Kampf darstellt, wobei in dieser Version Achill sein Leben lässt und Penthesilea darüber tiefste Verzweiflung zeigt. Berühmt ist die Darstellung einer Amazonenschlacht von Peter Paul Rubens (1577–1640). Das Bild hängt in der Alten Pinakothek in München.

 EMPFEHLUNG

Lesenswert:
Heinrich von Kleist: *Penthesilea*. Stuttgart 1994.

Hörenswert:
Hugo Wolf: *Penthesilea* für großes Orchester. Radio-Sinfonieorchester Stuttgart/Fischer-Dieskau, 1997. Audio-CD.

Othmar Schoeck: *Penthesilea* (Oper in einem Akt), ORF-Symphonieorchester/Albrecht, 1982. Audio-CD.

Sehenswert:
Penthesilea. Videofassung einer Theaterinszenierung aus dem Schauspielhaus Frankfurt/Main (Text: Heinrich von Kleist). Deutschland/Österreich/Frankreich 1988 Regie: Hans Jürgen Syberberg. Darstellerin: Edith Clever. Erstmals gezeigt am 21.11.1989 im ZDF.

 AUF DEN PUNKT GEBRACHT

Mit den Amazonen treten im Mythos Frauen auf, die Männern auch als Kriegerinnen gleichwertig sind. Die Griechen waren von dieser Vorstellung ebenso abgestoßen wie fasziniert.

Der doppelte Amphitryon

Die Geschichte von Amphitryon und seiner Frau Alkmene gehört zu den witzigsten Liebesgeschichten der Antike. Eine lange Geschichte, die in einer grandiosen Verwechslungskomödie endet. Eine Geschichte, die von Treue und beharrlicher Liebe, aber auch von versehentlicher Untreue und erschlichener Zuneigung handelt.

■ Szene aus dem *Amphitryon* von Molière, Lithographie aus einer Molière-Werkausgabe von 1885

Lange musste Amphitryon auf seine Alkmene warten. Sein Onkel Elektryon, König von Mykene, gab ihm seine Tochter zwar bereitwillig zur Frau, doch mit einer Auflage: Sie müsse Jungfrau bleiben, bis er, Elektryon, von einem Rachezug gegen die Teleboer zurückgekehrt sei, die seine Söhne erschlagen hatten. Und jetzt gleich, bevor er lospziehe, solle Amphitryon eine Bande von Viehdieben überwältigen, die ihm eine Rinderherde gestohlen hatten.

Amphitryon beeilte sich und brachte die Herde in wenigen Tagen wohlbehalten zurück. Doch als er sie dem Onkel übergeben wollte, geschah das Unglück: Amphitryon warf seine Keule nach einem ungehorsamen Rind und traf – Elektryon. Der König war sofort tot, und Amphitryon musste davon ausgehen, dass Alkmene nie wieder etwas von ihm würde wissen wollen.

Doch Alkmene, die Liebende, verzeiht ihm und geht sogar mit ihm ins Exil nach Theben. Aber diesmal ist sie es, die ihn auf die Probe stellt: Sie will sich ihm nicht eher hingeben, als bis er den letzten Wunsch ihres Vaters erfüllt hat, nämlich dass ihre Brüder an den Teleboern gerächt werden. Amphitryon bittet nun Kreon, den König von Theben, ihm ein Heer für den Kriegszug zur Verfügung zu stellen. Der willigt auch ein, hat aber vorher noch eine Bitte: Amphitryon soll Theben von einem Fuchs befreien, der eine arge Landplage ist. Das hört sich relativ einfach an, aber es handelt sich um keinen gewöhnlichen Fuchs: Ihm ist vorherbestimmt, dass er nie von einem Verfolger gefangen werden wird. Also eine unmögliche Aufgabe? Für Liebende ist nichts unmöglich. Amphitryon sammelt Freiwillige, die ihn unterstützen sollen, und einer der Jagdgefährten, Kephalos aus Athen, bringt tatsächlich einen wunderbaren Jagdhund namens Lailaps mit, der die Gabe besitzt, jedes Tier zu fangen, das er verfolgt. Was nun? Ein Hund, der immer fängt, und ein Fuchs, der nie gefangen wird? Immerhin ist dieser Fall so schwierig, dass Zeus selbst aushelfen muss: Er verwandelt beide Tiere in Steine. Da erhält Amphitryon endlich sein Heer und kann den Krieg gegen die Teleboer führen.

Leider ist Pterelaos, der König der Teleboer, ein ebenso besonderer König wie der thebanische Fuchs ein besonderer Fuchs war: Er ist unsterblich. Hochzeitsnacht ade? Doch auch diesmal hat Amphitryon Glück, denn die Tochter des Königs hat sich in ihn verliebt und reißt ihrem Vater das goldene Haar aus, an dem die Unsterblichkeit hängt. Amphitryon tötet nun den König samt der Tochter, die ihren Vater so schnöde verraten hat.

■ Fita Benkhoff als Andria und Paul Kemp als Jupiter/Amphitryon in der UFA-Komödie *Amphitryon – Aus den Wolken kommt das Glück* nach Heinrich von Kleists Lustspiel

■ Ankündigungsplakat für Jean Giraudoux' *Amphitryon 38*

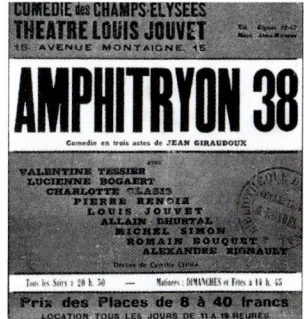

MÄRCHEN IM MYTHOS

Das Motiv von den goldenen Haaren mit magischen Kräften kennt jeder aus dem Grimmschen Märchen vom »Teufel mit den drei goldenen Haaren«. In der Tat ist es ein echtes Märchenmotiv, wie wir es auch im antiken Mythos immer wieder finden. Märchenhaftes unterscheidet sich vom eigentlich Mythischen dadurch, dass es nicht an die Überlieferung von bestimmten Personen, Orten oder Ereignissen gebunden ist, sondern nur der spannenden und phantasievollen Erzählung dient. Es ist immer wieder erstaunlich, wie Märchenmotive die lange Wanderung von der Antike bis zu den Brüdern Grimm unbeschadet überstanden haben.

■ Noch einmal Fita Benkhoff als Andria in *Amphitryon – Aus den Wolken kommt das Glück*

Im Triumph kehrt er nach Theben zurück, wo ihn die schöne Alkmene sehnsüchtig erwartet. Endlich sind alle Hindernisse beseitigt. Die Beschreibung der Ankunft Amphitryons bei Alkmene, wie sie uns durch einen unbekannten Ependichter überliefert ist, widerlegt die Vorstellung, die griechischen Männer hätten nur an außerehelichen oder gleichgeschlechtlichen Beziehungen Geschmack gefunden: »In nämlicher Nacht kehrte Amphitryon, der gewaltige Sieger, heim. / Aber nicht zu den Dienern und zu den Hirten des Feldes eilte er erst, / Um nach dem Rechten zu sehen. Erst bestieg er das Lager der Gattin, / Denn solch heftige Sehnsucht erfüllte den Herrscher des Volkes, / dass er voll Freude und Lust nach Hause zurückkam und lag / Die ganze Nacht der Gattin zur Seite, wonnetrunken / Von Aphrodites herrlichen Gaben ...«
Zunächst allerdings war Am-

phitryon ein wenig enttäuscht gewesen, denn Alkmene war ihm keineswegs aufgeregt entgegengeeilt. Er sei doch schon vor ein paar Stunden dagewesen und habe ausgiebig ihre Liebe genossen, rechtfertigt sie sich am nächsten Tag. Natürlich weckt dies in Amphitryon den fürcherlichen Verdacht, dass sie mit einem anderen geschlafen habe. Und doch will er ihr glauben, schließlich hatte sie von sich aus das Thema aufgebracht. Ratlos und verzweifelt wendet er sich an den blinden Seher Teiresias. Der Weise weiß die Antwort und eröffnet Amphitryon, was geschehen ist: Zeus selbst hatte sich Alkmene in der Gestalt des Amphitryon genähert, um die Liebe der Schönen zu genießen. Und das war so herrlich gewesen, dass der Göttervater den Sonnengott Helios gebeten hatte, den Tagesanbruch zu verzögern; am Ende hatte seine Liebesnacht dreimal so lange gewährt wie eine normale Nacht.

»Um Himmels willen, zwei Amphitryonen!«, ruft Alkmene verzweifelt aus, als sich die Situation klärt. Jedenfalls in einem ebenso schönen wie tiefsinnigen Lustspiel von Heinrich von Kleist, das zu den Evergreens der Theaterspielpläne gehört. Es ist wohl auch das einzige Theaterstück, das mit einem einzigen, vielsagenden »Ach!« endet, aus dem Mund der Alkmene.

Amphitryon war betrogen und doch nicht betrogen worden; schließlich war es für Alkmene Amphitryon, den sie umarmte, und kein anderer. Es kam also zur Versöhnung zwischen ihnen, und Amphitryon und Alkmene blieben ein Paar. Die Folge der

■ Paul Kemp als Merkur, der Bote des Jupiter in *Amphitryon – Aus den Wolken kommt das Glück*

■ In den Augen Alkmenes (Käthe Gold) steht Misstrauen, als sie Amphitryon – diesmal dem wirklichen – wieder begegnet. Filmszene aus *Amphitryon – Aus den Wolken kommt das Glück*

doppelten Brautnacht aber war eine Zwillingsschwangerschaft. Alkmene gebar zwei Kinder; eines war der Sohn des Zeus, das andere der Sohn des Amphitryon. Und der Sohn, den Zeus gezeugt hatte, war Herakles, der berühmteste Held des griechischen Mythos, so berühmt, dass noch die modernen Griechen für ihre hässlichen Neubauten einen Zement mit diesem Markennamen benutzen.

Der Fall Amphitryon ließ die Dichter nicht ruhen: Schon der römische Kömödienschreiber Plautus brachte ihn auf die Bühne, und dann wieder Molière. Kleist schließlich war es, der deutlich herausstellte, dass Zeus der eigentliche Verlierer in der von ihm inszenierten Intrige war, denn für Alkmene war nicht er es, dem sie sich hingab, sondern der geliebte Amphitryon. Liebe lässt sich halt nicht erschleichen, und Untreue aus Versehen gibt es auch nicht.

AMPHITRYON IM KINO

Von Kleists Amphitryon-Komödie war ein UFA-Film inspiriert, der 1935, schon unter den Nazis, in den Kinos erschien, mit ein paar Konzessionen an den Zeitgeist, aber auch einer herzerfrischenden Veralberung des Militarismus. *Amphitryon – aus den Wolken kommt das Glück*, mit Käthe Gold als Alkmene und der unvergesslichen Adele Sandrock als eifersüchtiger Hera, ist ein Filmklassiker geworden.

DER DOPPELTE AMPHITRYON

 ÜBERLIEFERUNG

Quellen: Die älteste erhaltene Quelle, die von der durch Zeus hervorgerufenen Verwechslung erzählt, stammt von dem römischen Dichter Plautus (um 254–184 v. Chr.). Im Prolog seines Stückes bezeichnete er das Werk als Tragikomödie. Er ergänzte die Sage von Amphitryon, Alkmene und Zeus um die Wiederholung der Verwechslung unter den Nebenpersonen, den Dienern Soasis und Mercurius. Dadurch schuf er den eigentlichen Komödienstoff, der das Vorbild für viele Lustspiele der Weltliteratur wurde.

Literatur: Der französische Theaterdichter Molière (1622–1673) verlieh seinem Stück *Amphitryon*, das 1668 in Paris uraufgeführt wurde, ganz den Charakter einer frivolen Gesellschaftskomödie. Etwa zwanzig Jahre später schrieb der englische Dichter John Dryden (1631–1700) die Komödie *Amphitryon, or the two Sosias*, in der die Verwechslung unter den Dienern ins Zentrum rückt. Heinrich von Kleist (1777–1811) hält sich mit seinem *Amphitryon* eng an den Text von Molière, verleiht aber der Tragik der Geschichte stärkeres Gewicht. Alkmene wird durch die Täuschung in Verwirrung und Zweifel gestürzt. Die Komik verlegt Kleist hauptsächlich in die Nebenhandlung um den Diener Sosias und seinen Doppelgänger Merkur. Der französische Schriftsteller Jean Giraudoux nennt seine Version der Geschichte *Amphitryon 38*, da es sich um die 38. Bearbeitung des antiken Stoffs handelt (Uraufführung 1929 in Paris). In seinem Stück setzen sich Amphitryon und Alkmene gegen den Gott zur Wehr. Vergeblich versucht Jupiter Alkmene seine Göttlichkeit in Gestalt des Ehemanns zu beweisen. Sie liebt in ihm nur ihren Mann; der Gott kann an der vertrauten Bindung zwischen den beiden keinen Anteil haben. In jüngerer Zeit greift Peter Hacks die Frage auf, was geschieht, wenn ein Gott sich in das menschliche Leben einmischt. Er versucht, in seinem Stück die bedeutenden vorangegangenen Bearbeitungen zu vereinigen: »Plautus hat den kraftvollsten Amphitryon geschrieben, Molière den geschicktesten, Dryden den frechsten und sinnlichsten, Kleist den tiefsten. Jeder ist in seiner Weise unübertrefflich, aber der Versuch lohnt, ob nicht diese Vorzüge in einem Stück sich vereinigen lassen.« Hacks lässt Amphitryon als einen modernen durchschnittlichen Bürger auftreten, dessen Liebe weniger seiner Frau Alkmene als seinem Beruf und der Karriere gilt. Jupiter, der Alkmene in der Gestalt ihres Mannes besucht, wird von ihr schließlich als Gott erkannt. Sowohl an Amphitryon als auch an den Gott stellt sie Forderungen.

 EMPFEHLUNG

Lesenswert:
Molière: *Amphitryon*, Stuttgart 1982.

Heinrich von Kleist: *Amphitryon*. Anmerkungen und Nachwort von Helmut Bachmeier. Stuttgart 1983.

Jean Giraudoux: *Amphitryon 38*. Stuttgart 1973.

Hörenswert:
Henry Purcell: Musik für das Theater. Amphitryon u.a. 3 Audio-CDs, 1994.

Sehenswert:
Amphitryon – Aus den Wolken kommt das Glück. Deutschland 1935. Regie und Drehbuch: Reinhold Schünzel. Nach dem Theaterstück von Kleist. Darsteller: Willy Fritsch, Käthe Gold, Paul Kemp, Fita Benkhoff, Adele Sandrock, Hilde Hildebrand.

 AUF DEN PUNKT GEBRACHT

Der absolute Klassiker unter den Verwechslungskomödien, und in seiner Moral noch immer aktuell ist die Geschichte von Amphitryon, Zeus und Alkmene.

Antigone und das Recht auf Widerstand

Eine der bemerkenswertesten Frauengestalten des Mythos und der gesamten Weltliteratur ist Antigone, die Tochter des Ödipus, des unglücklichen Königs von Theben. Die großen Tragödiendichter des klassischen Athen haben über sie geschrieben, und die *Antigone* des Sophokles wird bis heute in der ganzen Welt immer wieder inszeniert, weil ihre politische Aussage nach wie vor aktuell ist: Widerstand gegen zu Unrecht ausgeübte Staatsmacht ist erlaubt.

Zunächst scheint es sich mehr um eine königliche Familientragödie als um ein politisches Drama zu handeln: Nach dem Tod des Ödipus übernimmmt Antigones Onkel Kreon die Regierung für Antigones minderjährige Brüder, Eteokles und Polyneikes. Als die beiden mündig geworden sind, geraten sie sogleich über der Frage aneinander, wer von ihnen König sein soll. Sie einigen sich auf einen von vornherein brüchigen Kompromiss, nämlich Jahr um Jahr abwechselnd zu regieren. Eteokles zieht das Los für das erste Jahr, und Polyneikes geht außer Landes. Natürlich denkt Eteokles nicht daran, die Macht jemals wieder abzugeben, und Polyneikes sucht und findet Verbündete, um sie endgültig zu erobern. Sein von sieben Helden geführtes Heer beginnt einen Feldzug, der als der Zug der »Sieben gegen Theben« bekannt ist. Zwischen den Brüdern und ihren Truppen, Belagerern und Belagerten, entbrennt ein lang anhaltender Krieg vor den Mauern Thebens.

Nach vielen Heldentaten – auch die Götter mischen sich in die Kämpfe ein – kommt es zum entscheidenden Zweikampf, und

■ Bevor Ödipus starb, war er nach Kolonos bei Athen ins Exil gegangen; seine Tochter Antigone begleitete ihn: Johann Peter Krafft (1780–1866), *Ödipus und Antigone*; Paris, Louvre

DAS THEATER

In keiner anderen Epoche hat das Theater eine so große Rolle gespielt wie in der Zeit der athenischen Demokratie im 5. Jahrhundert v. Chr. Die Tragödien des Aischylos, dann des Sophokles und schließlich des Euripides stellten dramatische Situationen dar, bei denen sich jeder Zuschauer fragen musste: »Wie hätte ich gehandelt?« Diese Anleitung zum Nachdenken über die eigene freie Entscheidung machte das Theater zu einer Schule der Demokratie.

Eteokles und Polyneikes töten sich gegenseitig. Die Belagerer, die ihren Anführer verloren haben, ziehen ab, und in Theben übernimmt der alte Kreon wieder die Regentschaft. Seine erste Entscheidung ist, dass Eteokles feierlich bestattet werden soll – formell war er ja der rechtmäßige König; Polyneikes aber, der Rebell, soll unbestattet bleiben. Wer dieser Anordnung zuwiderhandelt, soll mit dem Tode bestraft werden.

Das mochte politisch einleuchtend sein, aber es widersprach den moralischen Überzeugungen der Griechen, für die die Verweigerung eines würdigen Totenbegängnisses schlimmer war als der Tod selbst. Und es widersprach den Überzeugungen Antigones, die sich für beide Brüder gleich verantwortlich fühlte.

Antigone bat ihre Schwester Ismene, ihr zu helfen, dem toten Bruder die letzte Ehre zu erweisen, doch Ismene fürchtete sich vor der von Kreon angedrohten Strafe. Antigone musste deshalb ihren schweren Weg alleine gehen. Heimlich schlich sie sich vor die Mauern der Stadt und zog den Leichnam des Polyneikes auf den noch glühenden, für Eteokles errichteten Scheiterhaufen.

Doch kurz darauf wird sie von den Wachen des Königs verhaftet und vor Kreon geschleppt, und damit beginnt das eigentliche, das politische Drama:
Stolz bekennt sich Antigone zu ihrer Tat. Das göttliche Recht ist für sie wichtiger als

■ Antikes Theater in der Sicht des 19. Jhs.: *Aufführung der Antigone des Sophokles im Theater von Taormina*. Radierung nach einem Deckengemälde im Wiener Burgtheater von Franz Matsch, 1889

■ Theseus gewährt dem blinden Ödipus und seinen Töchtern Antigone und Ismene in Kolonos Asyl. Umrissstich nach einer Zeichnung von Jakob Asmus Carstens (1754–1798)

das Recht des Staates, und deshalb nimmt sie für sich ein Recht auf Widerstand gegen die Staatsgewalt in Anspruch. In einem hitzigen Rededuell mit Kreon verteidigt sie ihre Haltung, während der König überzeugt ist, dass der Staat den Gehorsam seiner Bürger notfalls erzwingen muss. Der Chor, der bei Sophokles die thebanischen Bürger vertritt, folgt der Auseinandersetzung mit Unbehagen und kann sich nicht entscheiden, wem er Recht geben soll.

Kreon bleibt hart, und obwohl Antigone seine Nichte ist, verurteilt er sie zum Tode. Doch noch ist nicht das letzte Wort gesprochen, denn da ist noch Kreons Sohn Haimon, der mit Antigone verlobt ist. Er setzt alles daran, Kreon zu einer Revision seines Urteils zu bringen. Wo Antigone vollkommen kompromisslos aufgetreten ist, argumentiert er diplomatisch. Und wo Kreon sich als absoluter Herrscher aufspielt, tritt sein Sohn als demokratischer Politiker auf, dem die Meinung des Volkes wichtig ist. Haimon will mit vernünftigen Argumenten überzeugen. Es geht ihm nicht nur darum, Antigone zu retten; er will auch seinen Vater vor einer verhängnisvollen politischen Fehlentscheidung bewahren.

Das Volk nämlich – Haimon hat eine Art Meinungsumfrage durchgeführt – missbilligt das Bestattungsverbot und ist gegen eine Verurteilung Antigones. Ein Politiker, argumentiert Haimon, muss in der Lage sein, einen Beschluss zu revidieren, der sich als falsch erwiesen hat. Haimon zieht alle Register der politischen Beredsamkeit, und der Chor mahnt Kreon, auf seine vernünftigen Argumente zu hören. Aber Kreon sieht nicht Haimons Sorge um den Staat, sondern nur seine Auflehnung. Verächtlich befindet er, sein Sohn sei vor Liebe blind.

Nachdem Haimon, der kluge Politiker, in Sophokles' Drama an Kreons Starrsinn gescheitert ist, wird er wieder zum ungestümen

> **WIDERSTANDSRECHT**
>
> Die bekannteste unter den Nachdichtungen der *Antigone* des Sophokles ist die des französischen Dramatikers Jean Anouilh. Sie entstand 1942 während der deutschen Besatzung in Paris. Wie die antike Tragödie handelt Anouilhs Stück vom Recht auf Widerstand gegen eine Staatsgewalt, die die Grundlagen menschlicher Moral außer Kraft gesetzt hat.

■ Die Schauspielerin Dorothy Dene als Antigone in der Tragödie des Sophokles; Gemälde von Frederic Leighton (1836–1896)

Ödipus und Antigone, Holzstich nach einem Gemälde von Emil Teschendorff (1833–1894)

Jüngling des Mythos. Er stürzt davon, entschlossen, mit Antigone zu sterben. Mit ihr, die er liebt und deren moralischem Vorbild er nacheifert, lässt er sich in ihrem Kerker einmauern, der so ihr gemeinsames Grab werden soll.

Für die Zuschauer der Tragödie flammt noch einmal Hoffnung auf, als Teiresias auftritt, der blinde Seher, der jedermanns Achtung genießt. Ohne Umschweife verkündet er Kreon, dass er schwere Schuld auf sich geladen habe, und fordert ihn auf, seinen Fehler wieder gutzumachen. Kreon bleibt verstockt und beschuldigt den Seher, er sei von der Opposition gekauft. Erst die Drohungen des erzürnten Teiresias und der dringliche Rat des Chors, also des Volkes, jetzt endlich zu handeln, bringen ihn zur Besinnung. Aber als der vermauerte Kerker geöffnet wird, ist es zu spät. Antigone hat sich im Grab erhängt, und Haimon hat sich selbst mit seinem Schwert über ihrer Leiche getötet. Indem sie den Tod auf sich nehmen, zeigen die Liebenden, dass die Macht des Staates es nicht vermag, ihre Überzeugungen zu zerstören. Ihr Beispiel wird andere zum Widerstand ermutigen.

ANTIGONE UND DAS RECHT AUF WIDERSTAND

ÜBERLIEFERUNG

Quellen: Die maßgebende Darstellung von Antigones Schicksal gibt das Drama von Sophokles (um 496–406 v. Chr.). Es entstand um 442 v. Chr. und ist neben *Elektra* und *König Ödipus* die berühmteste Tragödie des griechischen Dichters.

Literatur: Der tödliche Konflikt zwischen Kreon und seiner Nichte Antigone übte über die Jahrhunderte hinweg eine große Anziehungskraft auf Dichter, Philosophen und Wissenschaftler aus. Der Dichter Martin Opitz (1597–1639) übersetzte Sophokles' Tragödie 1636 erstmals ins Deutsche. Friedrich Hölderlins (1770–1843) Neuübersetzung, die im Jahre 1804 erschien, stieß bei seinen Zeitgenossen, so auch bei Schiller und Goethe, auf vehemente Ablehnung. Erst zu Beginn des 20. Jahrhunderts erfuhr Hölderlins *Antigonä* eine dramatische Umwertung und Anerkennung als große Dichtung. Im 19. Jahrhundert war die Begeisterung für die antike Tragödie groß. Der Philosoph Friedrich Wilhelm Hegel (1770–1831) bezeichnete sie als eines »der allererhobensten, in jeder Rücksicht vortrefflichsten Kunstwerke aller Zeiten«; Antigone nannte er »die herrlichste Gestalt, die je auf Erden erschienen«. In der modernen Rezeption wird Antigone zur Symbolfigur für Zivilcourage und Widerstand gegen die Staatsmacht. Die bekanntesten Beispiele sind die Theaterstücke von Walter Hasenclever (1890–1940), erschienen 1917, und Bertolt Brecht (1898–1956) aus dem Jahre 1948. Vor dem Hintergrund des 1. Weltkriegs gestaltete Hasenclever den antiken Stoff unter Verwendung typisch expressionistischer Ausdrucksmittel zu einem Antikriegsstück um. Auch in Brechts Theaterstück – einer Aktualisierung des Mythos unter dem Eindruck des Faschismus – ist das Verhalten der Personen politisch und gesellschaftlich motiviert. Zwei weitere wichtige Werke sind das Drama *Antigone* von Jean Anouilh (1910–1987), das er während der deutschen Besetzung Frankreichs schrieb, und *Die Berliner Antigone, eine Erzählung* von Rolf Hochhuth (geb. 1931).

Musik: Im 20. Jahrhundert gibt es zwei Opern, die Antigones Schicksal thematisieren. Die eine ist von dem französisch-schweizerischen Komponisten Arthur Honegger (1892–1955) und wurde 1927 in Brüssel uraufgeführt, die andere von dem deutschen Komponisten Carl Orff (1895–1982). Orffs *Antigone*, die bis auf wenige Streichungen fast wörtlich Hölderlins Übersetzung folgt, zeigt durch ihre ungewöhnliche Orchesterbesetzung die Abwendung von der »Oper« im herkömmlichen Sinne. Die Uraufführung fand 1949 in Salzburg statt.

EMPFEHLUNG

Lesenswert:
Sophokles: *Antigone*, Stuttgart 1955.

Bertolt Brecht: *Die Antigone des Sophokles*. In: Stücke VIII. Frankfurt/Main 1992.

Jean Anouilh: *Antigone/Beckett oder die Ehre Gottes*, Schauspiele. Aus dem Französischen von Franz Geiger. Berlin 1996.

Rolf Hochhuth: *Die Berliner Antigone*, Erzählungen und Gedichte. Stuttgart 1992.

Hörenswert:
Rolf Hochhuth: *Die Berliner Antigone*. Gelesen von Donata Höffer. MC, Reinbek 1989.

Carl Orff: *Antigone*, Bayerisches Staatsorchester/Solti, 1951. Audio-CD.

Sehenswert:
Zu dem Film *Deutschland im Herbst* (BRD 1977/78) steuerten Heinrich Böll (1917–1985) und Volker Schlöndorff (geb. 1939) eine Episode mit dem Titel *Antigone heute* bei.

AUF DEN PUNKT GEBRACHT

Eine der größten Tragödien der Antike ist die Antigone des Sophokles; ihr Thema, das Recht des Einzelnen auf Widerstand gegen die Staatsräson, ist heute so aktuell wie in der Antike.

Apoll

»Schön wie ein junger Gott« bedeutet genau genommen: schön wie Apoll, so schön, wie der Gott von den Dichtern beschrieben und von den Künstlern immer wieder dargestellt worden ist.

Was haben wir uns vorzustellen? Einen jungen Mann in voller Blüte, von strahlender Schönheit. Einen, der nicht mehr »Jüngling« ist und noch nicht ganz Mann, sehr gut aussehend, mit athletischem Körperbau, sportlich, kerngesund, selbstbewusst, lässig, mit intensivem und leicht arrogantem Blick. Seine Haut duftet nach Bergkräutern, nach Sonne und Meer. Eine Kraft geht von ihm aus, die alle in ihren Bann schlägt. Ein Spitzensportler. Ein Siegertyp, lorbeerbekränzt. Einer, der lieben, aber auch hassen kann. Dessen Feind niemand sein möchte. Sein Lächeln lässt ahnen, dass er grausam sein kann. Andererseits: Er ist den Musen zugetan und ein großartiger Musiker. Und: Du kannst ihm nichts vormachen. Er schaut dir bis ins Innerste deines Herzens. Er weiß, was mit dir los ist und wie deine Zukunft aussehen wird. Er ist anbetungswürdig und zum Fürchten, kurz: Er ist ein Gott.

Seit zweitausendfünfhundert Jahren verkörpert Apoll im Westen den Idealtyp eines Mannes, und problemlos lässt sich der Weg von den stilisierten Idealmännern Hollywoods, von Robert Redford und Cary Grant, über die mythologischen Gemälde des 19. Jahrhunderts, der Barockzeit und der Renaissance bis zu den Statuen Apolls aus der klassischen Zeit Griechenlands zurückverfolgen.

■ Der *Apoll vom Belvedere* in den Vatikanischen Museen, Rom

Bei genauer Betrachtung haben wir es hier mit einem Macho-Ideal zu tun: Der göttergleiche Mann muss eine Überlegenheit ausstrahlen, die er seinem durchtrainierten Körper, seinem schnellen Verstand, seiner musischen Bildung und – seiner Brutalität verdankt. Und natürlich

> **APOLL UND BUDDHA**
>
> Um festzustellen, dass das in Apoll verkörperte westliche Männerideal keineswegs das einzig mögliche ist, empfiehlt sich der Vergleich mit der asiatischen Idealvorstellung von einem ruhigen, heiteren und freundlichen Wesen, wie es in vielen Buddha-Vorstellungen zum Ausdruck kommt. Der Kontrast ist erstaunlich!

auch der Tatsache, dass ihm schon vieles in die Wiege gelegt wurde. Apoll war immerhin ein Sohn des Zeus, des mächtigsten aller Götter, und der alten Muttergottheit Leto. Mit seiner Zwillingsschwester Artemis wurde er auf der kleinen griechischen Insel Delos geboren; hier sind heute noch die Ruinen seines Heiligtums zu besichtigen.

Seine erste große Wanderung führte ihn aufs Festland nach Delphi, wo er die Schlange tötete, die das dortige Orakel bewachte, einen Ort, wo das Wissen über künftige Dinge gleichsam aus dem Schoß der Erde quoll. Apoll machte sich zum Herrn des Orakels und wurde so zu einem Gott der Weisheit; Götter wie Sterbliche wallfahrteten zu ihm, um sich Rat zu holen.

Der Ratgebergott wurde fast zwangsläufig auch zum Gott der Heilkunst. Seine Kenntnisse gab er an seinen Sohn, den Ärztegott Asklepios – oder Äskulap – weiter, dessen Wahrzeichen, der von einer Schlange umwundene Stab, noch heute das der Ärzte und Apotheker ist.

Apoll hatte aber allen anderen nicht nur manches Wissen voraus; er war auch der größte Virtuose auf der Lyra, dem harfenähnlichen Saiteninstrument der Griechen, mit dem er häufig abgebildet wird. Erfunden hatte die Lyra sein jüngerer Bruder, der Götterbote Hermes, aber dem hatte er sie erfolgreich abgehandelt. Als Lyraspieler führte Apoll den Zug der Musen, der Göttinnen der Künste, an.

Doch der Gott der Künste und der Weisheit konnte auch brutal werden – nämlich dann, wenn jemand seine Überlegenheit nicht anerkennen wollte.

So griff er zusammen mit seiner Schwester Artemis zum Bogen und tötete – auch als Bogenschütze war er unerreicht – die zahlreichen Kinder der Königin Niobe, nur weil diese sich gebrüstet hatte, mehr und vollkommenere Kinder in die Welt gesetzt zu haben als Leto, die Mutter der Göttergeschwister. Und als der Satyr Marsyas, ein hervorragender Flötenspieler, ihn zu einem musikalischen Wettstreit herausforderte, begnügte er sich nicht mit seinem Sieg, sondern zog dem zottigen Feldgott als Strafe

■ Ein finster blickender Apoll steht hier, seine Leier unter dem Arm, vor seinem Herausforderer im musikalischen Wettstreit, dem Satyr Marsyas. Dahinter der sagenhafte König Midas, der auf Seiten des Marsyas gestanden und dafür von Apoll Eselsohren verpasst bekommen haben soll. Gemälde von Paris Bordone (1500–1571); Dresden, Gemäldegalerie

für seine Unverschämtheit bei lebendigem Leibe die Haut ab.

Die Geschichte, in der die Eigenschaften Apolls – seine Raffinesse, sein Charme und seine Brutalität – vielleicht am besten sichtbar werden, ist die seiner Liebe zu der Nymphe Daphne. Daphne gehörte zum Gefolge der jungfräulichen Artemis, das ausschließlich aus Frauen bestand, die wie ihre Herrin von Männern nichts wissen wollten. Und gerade dies reizte so manchen Mann, und so mancher musste mit seinem Leben dafür büßen. Daphne hatte gleich zwei Verehrer: Einer von ihnen war der Sterbliche Leukippos, der andere Apoll selbst. Leukippos verkleidete sich als junge Frau, um seiner Geliebten nahe sein zu können. Der eifersüchtige Apoll gab Daphne den Wunsch ein, mit ihren Freundinnen zu baden, und riet ihnen, dies nackt zu tun, um sicher sein zu können, dass alle Badenden Frauen waren. Leukippos wurde auf diese Weise entdeckt und von Daphnes Gefährtinnen zerrissen. Aber seine List brachte Apoll dem Erfolg nicht näher. So sehr er ihr auch schmeichelte: Daphne schrie schon, wenn er sich ihr nur näherte. Da sein Charme versagte, beschloss Apoll, sie mit Gewalt zu nehmen. In ihrer Not rief Daphne Gaia, die Mutter Erde, deren Priesterin sie war, um Hilfe an. Und Gaia half; sie verwandelte Daphne in einen Lorbeerbaum:

»… gelähmt erstarren die Glieder. / Ihre Füße verwurzeln sich im Boden, / Rinde umklammert ihre weißen Schenkel, / Zweige flechten sich um ihre Arme, / der Wind wiegt die Schwache in seinen Armen, / die das glitzernde Grün der Blätter als Haar trägt«, beschreibt der römische Dichter Ovid in seinen *Metamorphosen* diese wunderbare Verwandlung.

Apoll war untröstlich – ob aus Liebesschmerz oder reiner Gekränktheit, sei dahingestellt. Er wand sich einen Kranz aus Lorbeerzweigen und trug ihn als Zeichen der Trauer.

Der Lorbeerkranz, mit dem bis heute Sieger gekrönt werden, erinnert also auch an eine herbe Niederlage des Siegertypen Apoll. An diese sollte zuweilen denken, wer das Glück hat, so schön zu sein »wie ein junger Gott«.

■ Gian Lorenzo Bernini (1598–1680), Apoll und Daphne

LORBEER

Der Lorbeer war in der Antike der heilige Baum des Apoll. Mit ihm wurden die bekränzt, die dem Gott nacheiferten: Olympiasieger, triumphierende Feldherren und berühmte Dichter. Und die Pythia, die Wahrsagerin im Orakel von Delphi, brachte sich durch das Kauen von Lorbeerblättern in Trance.

APOLL

ÜBERLIEFERUNG

Quellen: Apoll erscheint gleich zu Beginn der Handlung in Homers *Ilias* (um 700 v. Chr.): Der Gott schickt dem griechischen Heer im Trojanischen Krieg eine Seuche als Strafe dafür, dass der Heerführer Agamemnon sich weigert, die gefangen genommene Tochter des troischen Apollonpriesters Chryses freizulassen. Aus der Antike sind außerdem zwei Hymnen auf den Gott Apoll bekannt. Einen Hymnos dichtete Homer, ein weiterer ist von dem hellenistischen Dichter Kallimachos (um 305–240 v. Chr.) erhalten. Von Apoll und Daphne erzählt Ovid im 1. Buch der *Metamorphosen*, vom Wettstreit zwischen Apoll und Marsyas im 6. Buch.

Literatur: Apoll taucht in der Literatur als Gott der Künste und der Dichtkunst immer wieder auf, aber nur selten ist er die zentrale Figur eines literarischen Werkes. Daphnes Flucht vor Apoll und ihre Verwandlung in einen Lorbeerbaum greift der italienische Dichter Francesco Petrarca (1304–1374) in seiner Lyriksammlung *Canzoniere* auf. In Jean Giraudoux' (1882–1944) Komödie *L'Apollon de Marsac* tritt Apoll als männliches Schönheitsideal in Erscheinung. In der Gestalt eines Erfinders begegnet er der Hauptfigur Agnès im »Patentamt für große und kleine Erfinder«, das sie als Arbeitsuchende betritt. Jedem Mann in dem Amt, so rät er ihr, solle sie nichts anderes sagen, als dass er schön sei. Das Stück erzählt von der Wirkung, die ihre Bewunderung der männlichen Schönheit hervorruft, bis sich der Erfinder als Apoll zu erkennen gibt.

Gedichte über Apoll schrieben u.a. der irisch-englische Schriftsteller Jonathan Swift (1667–1745), der englische Dichter John Keats (1795–1821) und Rainer Maria Rilke (1875–1926): *Archaischer Torso Apollos*.

Musik: *Apollon Musagète* heißt ein Ballet des amerikanischen Komponisten Igor Strawinsky (1882–1971), das 1928 von Sergei Diaghilews weltberühmtem Ensemble »Ballet Russe« in Paris uraufgeführt wurde. Strawinsky dirigierte das Orchester selbst. Der Geschichte von Apoll und Daphne widmete Richard Strauss (1864–1949) eine Oper: *Daphne*.

Bildende Kunst: Ludwig XIV. hatte zum Sonnengott Apoll eine besondere Beziehung, und so erklärt es sich, dass die Abbildung dieses Gottes im Schloss und in den Parkanlagen von Versailles eine bevorzugte Stellung einnahm. Aus einem zentral gelegenen Bassin z. B. sieht man Apoll mit seinem Gespann aufsteigen. Apoll und Daphne bilden u. a. die italienischen Maler Antonio del Pollaiuolo (1433–1498), National Galley London, Francesco Albani (1578–1660) und Giovanni Battista Tiepolo (1696–1770), beide im Musée du Louvre, Paris, ab.

EMPFEHLUNG

Lesenswert:
Francesco Petrarca: *Canzoniere*. Auswahl, Italienisch/Deutsch. Mainz 1988.

Francesco Petrarca: *Die schönsten Liebesgedichte*. Vierzig Sonette und Canzonen, Italienisch/Deutsch. Frankfurt/Main 1997.

Rainer Maria Rilke: *Archaischer Torso Apollos*. In: Gedichte. Stuttgart 1977.

Hörenswert:
Georg Friedrich Händel: *Apollo und Daphne*, Kantate. Philharmonia Baroque Orchestra, 1985. Audio-CD.

Igor Strawinsky: *Apollon Musagete* und *Le Sacre du Printemps*. City of Birmingham Symphony Orchestra/Rattle, 1987. Audio-CD.

Richard Strauss: *Daphne*, Wiener Symphoniker/Böhm, 1964. 2 Audio-CDs.

Benjamin Britten: *Young Apollo*, für Klavier und Streicher, op. 16, Halle Orchestra/Nagano.

AUF DEN PUNKT GEBRACHT

Apoll ist der Vielseitigste unter den olympischen Götter, er ist ebenso schön wie brutal, und gebildet obendrein: das Ideal (fast) jeden Mannes.

Atlas: stark und dumm

Die Griechen hielten viel von sportlichen Übungen, aber nichts von purer Körperkraft. Auch ihr Lieblingsheld Herakles war nicht nur stark, sondern auch klug. Dumme Kraftprotzerei war für sie ein Kennzeichen der Barbaren, von denen sie sich stets als kultivierte Menschen abzugrenzen suchten. Die olympischen Götter hatten die Griechen nach ihrem Ebenbild, oder besser: nach ihrem Idealbild von sich selbst gestaltet – so die gängige Auffassung. Die Riesen der Urzeit, die Giganten, die von den Göttern in einer großen Schlacht unterworfen worden waren, galten für sie dagegen als der Inbegriff barbarischer Dummheit.

Einer der Titanen war Atlas, und als die Götter die Titanen unterwarfen, wurde er von ihnen dazu verurteilt, das Himmelsgewölbe zu tragen, dort, wo es die Erdscheibe berührt, also am Ende der Welt. Genauer gesagt, am westlichen Ende der Welt, dort, wo die Sonne untergeht. Der äußerste Westen war für die antiken Geographen das heutige Marokko, und hier steht auch das nach dem Titanen benannte Gebirge.

Die ersten Kartenwerke der Neuzeit waren mit Bildern des das Himmelsgewölbe tragenden Atlas geschmückt. Daher heißen alle Bücher, die Land-, See- oder Himmelskarten enthalten, Atlanten.

Wie der Riese Atlas zu einem steinernen Gebirge werden konnte, erklärt eine Sage, deren Held Perseus ist. Perseus kam auf einer seiner Fahrten bis ans Ende der Welt, also zu Atlas. Erschöpft von seiner langen Reise bat er ihn um Nachtquartier, doch der Titan verwehr-

■ Dieser neuzeitliche Atlas trägt nicht das Himmelsgewölbe, sondern den Globus. Deckengemälde von Giambattista Zelotti (1526 – 1578) in der Biblioteca Marciana, Venedig

ATLANTEN

In der Architektur werden männliche Figuren, die ein Gebälk tragen, Atlas (Mehrzahl: Atlanten) genannt, im Unterschied zu den Karyatiden, den Frauengestalten mit derselben Funktion.

te es ihm. Wütend wandte nun Perseus die schlimmste Waffe an, über die er verfügte: er zeigte ihm das schreckliche Haupt der Medusa, das jeden, der es erblickte, zu Stein erstarren ließ.

Es war aber nicht ohne Grund, dass Atlas so wenig Gastfreundschaft gegenüber Perseus zeigte: Ihm war nämlich geweissagt worden, ein Dieb werde kommen und seinen wertvollsten Besitz stehlen, nämlich die Äpfel der Hesperiden. Und auf Perseus schien die Beschreibung des Diebs zuzutreffen. Aber es sollte ein anderer sein, der die Äpfel entwendete, nämlich Herakles.

■ Das Atlasgebirge in Marokko, Stich aus der Mitte des 19. Jhs.

Herakles musste zur Strafe dafür, dass er seine eigenen Kinder erschlagen hatte, dem mykenischen König Eurystheus als Sklave dienen. Und der wollte seinen übermächtigen Diener loswerden und gab ihm daher immer gefährlichere Arbeiten auf. Eine dieser Aufgaben war: Herakles sollte ihm, Eurystheus, die Äpfel der Hesperiden bringen, was so ziemlich das heikelste Unterfangen auf Erden war. Denn die wunderbaren goldenen Äpfel waren ein Hochzeitsgeschenk der Mutter Erde an die Göttermutter Hera. Der Baum, an dem sie wuchsen, wurde von Nymphen gepflegt, eben den Hesperiden, was soviel heißt wie »die Abendlichen«, denn ihr Garten war ja dort, wo die Sonne untergeht. Der Vater der Hesperiden war Atlas, der sich deshalb auch als eigentlicher Besitzer des wunderbaren Apfelbaums betrachtete. Zur Sicherheit hatte Hera noch einen weiteren Hüter für ihre Äpfel engagiert, nämlich einen hundertköpfigen Drachen namens Ladon.

■ Herakles trägt mit Hilfe von Athena das Himmelsgewölbe, Atlas kehrt mit den Äpfeln der Hesperiden in der Hand zurück. Gleich wird er wieder seine schwere Last übernehmen. Metope vom Zeustempel in Olympia, um 460 v. Chr.

Herakles hatte keine Ahnung, wo der Garten der Hesperiden lag. Er suchte in Ägypten, Arabien, Libyen und Asien und hatte wie gewöhnlich allerlei Abenteuer zu bestehen. So stellte sich ihm der Riese Antäus in den Weg, ein Sohn des Meergotts Poseidon und der Erdmutter Gaia. Herakles rang ihn nieder, was jedoch nichts half, denn sobald Antäus auf der Erde lag, verlieh seine Mutter diesem frische Kräfte, und der Kampf fing von vorn an. Herakles drohte schon zu ermatten, als er auf die Idee kam, seinen Gegner vom Boden hochzuheben. Nun konnte er ihm die Rippen brechen und warten, bis er sein Leben ausgehaucht hatte. Die Kombination von Kraft und Verstand war es, die ihm den Sieg eingebracht hatte.

Im Kaukasus traf Herakles auf den dort angeketteten Titanen Prometheus und befreite ihn. Aus Dankbarkeit verriet dieser ihm, wo er seinen Bruder, den Atlas, finden und wie er ihn überlisten könne. Er solle nicht die Gefahr auf sich nehmen, selbst die Äpfel zu pflücken. Atlas werde dies gern für ihn tun, denn er sei es satt, das Himmelsgewölbe auf seinen Schultern zu tragen. Er müsse ihm also nur versprechen, ihn für eine Weile abzulösen.

Herakles gelangt endlich zu Atlas – der jetzt wieder ein Riese aus Fleisch und Blut und kein Gebirge ist; ganz logisch ist der Mythos nie –, und alles scheint wie am Schnürchen zu klappen. Atlas willigt ein, die Äpfel zu holen, sobald der schreckliche Ladon beseitigt sei. Herakles erledigt das Ungeheuer mit seinem Bogen, übernimmt die Last des Himmelsgewölbes und muss nicht lange warten, bis Atlas mit den Äpfeln zurückkehrt. Der aber fühlt sich sehr befreit und meint, er wolle die Äpfel schon selbst zu Eurystheus bringen. Herakles kann ihn von dieser Idee nicht abbringen, doch listig bittet er den Titanen, ihm seine Last für ein paar Augenblicke abzunehmen, damit er sich eben ein paar Schaffelle auf seine Schultern legen könne, um diese etwas abzupolstern. Tatsächlich legt Atlas die Äpfel ab und schultert wieder die gewohnte Last; Herakles aber verschwindet mit den wertvollen Früchten.

Die Geschichte von dem ebenso klugen wie starken Herakles, der über den einfach nur starken Atlas triumphiert, war den Griechen so nach ihrem Herzen erzählt, dass sie diese auf dem vielleicht heiligsten ihrer Tempel, dem Zeustempel in Olympia, abbildeten.

ERDSCHEIBE UND HIMMELSGEWÖLBE

Für die meisten Griechen war die Erde eine flache Scheibe, über die sich wie eine Käseglocke der Himmel wölbte. Die Gestirne waren für sie entweder am Himmelsgewölbe befestigt, oder sie waren Löcher darin, durch die man das dahinter liegende Urfeuer sehen konnte. Berge wie das Atlasgebirge stützten das Himmelsgewölbe, damit es nicht einstürzte.

■ Schießscheibe aus bemaltem Blech in Gestalt eines von Atlas getragenen Globus. Wien, Ende 19. Jh.

ATLAS: STARK UND DUMM

ÜBERLIEFERUNG

Quellen: Atlas begegnen wir in der griechischen Literatur in Hesiods *Theogonie* (um 700 v. Chr.), in Euripides' (um 480 – 406 v. Chr.) Tragödie *Ion* sowie in der Tragödie *Der gefesselte Prometheus* von Aischylos (525–456 v. Chr.). Einmal trägt Atlas den Himmel auf Kopf und Händen, ein anderes Mal auf der Schulter oder auf dem Nacken. In Euripides' Tragödie *Ion* erwähnt ihn Hermes mit den ersten Worten des Stückes: Atlas, der, »stark wie Erz, den Himmel schleppt, das alte Heim der Götter, zeugte, vermählt mit einer Göttin, meine Mutter Maia, die mich, den Götterboten Hermes, dann geboren dem großen Zeus«. Aischylos erzählt, dem Bruder des Prometheus sei die Last zur Strafe für die Teilnahme am Titanenaufstand oder an der Zerstückelung des Dionysos auferlegt worden. Von seiner Verwandlung in einen hohen Berg berichten die römischen Dichter Vergil (70–19 v. Chr.) und Ovid (43 v. Chr. –18 n. Chr.) und zwar in der *Aeneis* und im 4. Buch der *Metamorphosen*. Der Riese Atlas erscheint hier umringt von Tausenden von Schafen und Rindern im unbegrenzten Land der Hesperiden. Die Verwandlung in ein Gebirge beschreibt Ovid in mehreren Schritten: Haare und Bart werden zu Wäldern, Schultern und Hände zu Anhöhen, der Kopf ist der Gipfel, die Knochen erstarren zu Stein. Nach allen Seiten dehnt er sich unendlich aus, und auf ihm lastet das Himmelsgewölbe. Der Garten der Hesperiden, in dem der bewachte Baum mit den goldenen Äpfeln stand, wurde oft auf einer mythischen Insel vermutet, die nach Hesiods *Theogonie* im äußersten Westen lag. Andere Quellen lokalisieren den Garten aber auch in Libyen oder – wie es bei Apollodor nachzulesen ist – im Land der Hyperboreer. Dieses Volk dachte man sich am Rande der Welt – ein Ort, mit dem sich die Idealvorstellung von einer paradiesischen, götternahen Existenz verband.

Bildende Kunst: Den Sturz der Titanen, an dem der Titanensohn Atlas teilgenommen hatte, zeigen Gemälde des flämischen Malers Peter Paul Rubens (1577–1640), Musée d'Art Ancien Brüssel, und des deutschen Malers Anselm Feuerbach (1829–1880), Gemäldegalerie der Akademie der Bildenden Künste Wien. Atlas' Verwandlung in Stein durch Perseus bildete Sir Edward Coley Burne-Jones (1833–1898) ab, Art Gallery Southampton. Agostino Carracci (1557–1602) und sein Bruder Annibale Carracci (1560–1609) malten Herakles und Atlas, Palazzo Sampieri, Bologna, und Palazzo Farnese, Rom. Der italienische Maler und Baumeister Raffael (1483–1520) thematisierte auf einem Bild *Die Hesperiden*.

EMPFEHLUNG

Lesenswert:
Hesiod: *Theogonie*. Griechisch/Deutsch. Herausgegeben und neu übersetzt von Otto Schönberger. Stuttgart 1999.

Aischylos: *Der gefesselte Prometheus/Die Schutzsuchenden*. Nachwort, Anmerkungen und Übersetzung von Wather Kraus. Stuttgart 1999.

Ovid: *Metamorphosen*. In der Übersetzung von Johann Heinrich Voss. Mit Radierungen von Pablo Picasso. Frankfurt/Main 1990.

Vergil: *Aeneis*. Stuttgart 1989.

Hörenswert:
Ovid: *Metamorphosen*. In Prosa neu übersetzt von Gerhard Fink. Sprecher: Peter Simonischek. 6 Audio-CDs. Düsseldorf 1999.

AUF DEN PUNKT GEBRACHT

Die Überlistung des dummen Riesen ist ein ewig junges Märchenmotiv, das bis in die Gegenwart in Literatur und Film immer wieder variiert worden ist.

Chaos und Kosmos oder die Entstehung der Welt

Vor aller Zeit war für die Griechen Chaos, Unordnung. Dasselbe wie das »Tohuwabohu«, das im Schöpfungsbericht der Bibel vor der Erschaffung der Welt herrschte. Das Chaos war kein Nichts. Aber auch nichts Besseres, denn es gab kein Vorher und Nachher, kein Oben und Unten, kein Rechts und Links, kein Vorn und Hinten. Und keine Regel für Richtig und Falsch. Damit die Welt Welt werden konnte, musste Ordnung geschaffen werden.

■ George Frederic Watts (1817–1904), *Chaos*; London, Tate Gallery

Diese Ordnung nannten die Griechen Kosmos, und Kosmos bedeutet auch so viel wie »etwas Schönes«, etwas, das schmückt. Die Griechen liebten eine wohlgeordnete Welt, mit Bergen, Ebenen, Flüssen und Meer, mit Tieren und Pflanzen und mit den Städten der Menschen darin, deren von Gesetzen und Bräuchen geregelte Ordnung die der Natur widerspiegelte. Aber keine Ordnung besteht für immer, das sagte ihnen ihre politische Erfahrung: Unter den Bürgern und zwischen den Städten konnten Kriege ausbrechen; das war noch schlimmer als Naturkatastrophen, denn ohne politische Ordnung ging es drunter und drüber, und keiner war seines Lebens mehr sicher. So hatten die Griechen immer Angst vor der Wiederkehr des Chaos und hofften auf den Beistand göttlicher Kräfte, um die Mächte des Chaos unterdrückt zu halten. Auch davon erzählt der Mythos.
Aus dem Chaos des Anfangs entstand Ge oder Gaia, die Erde, ferner Tartaros, die Unterwelt, und Eros, die Liebe. Gleich ur-

sprünglich, Kinder des Chaos, waren aber die Finsternis und die Nacht.

Doch dann entstand auch Uranos, der Himmel. Damit existierte eine erste Ordnung, nämlich die von Oben und Unten, Himmel, Erde und Unterwelt. Himmel und Erde waren belebt, keine unpersönlichen Kräfte des Anfangs mehr. So konnte Eros, die große schöpferische Kraft, wirksam werden. Himmel und Erde vereinigten sich in Liebe und zeugten lebende Wesen, die bereits eine Ähnlichkeit mit Menschen hatten: die Titaninnen und Titanen. Unter den Titanen ragen Okeanos und Tethys hervor, Verkörperungen des die bewohnte Erde wie ein großer Strom umfließenden Meeres, von dem es bei Homer heißt, aus ihm seien die Götter und alle anderen Lebewesen hervorgegangen. Zu den Titanen gehören auch Hyperion, der älteste Sonnengott, die Muttergottheit Rhea und ihr Gemahl Kronos, der jüngste und klügste der Titanen, den die Römer mit ihrem Gott Saturn gleichsetzten.

Uranos, der Himmel, herrschte als Patriarch über die Erde und seine Kinder, die Titanen. Auch Herrschaft bedeutet Ordnung, denn sie sorgt für Frieden; sie birgt stets aber auch den Keim des Chaos in sich, denn wer die Macht innehat, greift leicht zu unrechten Mitteln, um sie zu erhalten, und untergräbt sie dadurch selbst.

Uranos fürchtete einen Aufstand seiner Kinder und versuchte zu verhindern, dass es zu viele wurden. Also verschloss er Gaias Schoß und sperrte so die Zyklopen – Riesen mit einem einzigen kreisrunden Auge – und die Hekatoncheiren, die »Hundertarmigen«, in ihrem Leib ein.

■ Francisco Goya (1746–1828), *Saturn frisst seine Kinder*; Madrid, Prado

■ Mythos als Reklame: Auf diesem für »Liebigs Fleischextrakt« werbenden Sammelbildchen (um 1920) ist dargestellt, wie Rhea dem Kronos an Stelle des neugeborenen Zeus einen Stein bringt; die Kureten im Vordergrund übertönen mit dem Lärm, den sie machen, das Geschrei des Säuglings.

■ Zusammen mit Gaia, der Erde, ist auch die Nacht aus dem Chaos entstanden, das vor aller Zeit herrschte. Jakob Asmus Carstens (1754–1798), *Die Nacht mit ihren Kindern*; Weimar, Schlossmuseum

Verständlicherweise empörte sich Gaia, die Mutter Erde, darüber. Sie fertigte eine Sichel aus Stein und gab sie ihrem jüngsten Sohn, dem Kronos, in die Hand. Dieser wartete, bis Uranos sich das nächste Mal zu seiner Frau legte, und kastrierte ihn mit der Sichel.

Uranos war als Herrscher nun ausgefallen, und es drohte alles drunter und drüber zu gehen. Doch Kronos, der die Macht des Uranos gebrochen hatte, ging sofort daran, eine neue Herrschaft aufzurichten. Er sperrte die wilden Zyklopen und Hekatoncheiren, die er gerade befreit hatte, umgehend wieder ein, diesmal in den Tartaros. Seinen Geschwistern überließ er jeweils ein eigenes Herrschaftsgebiet, sodass sie sich mit seiner Regierung abfanden.

Mit dem Aufstand des Kronos gegen seinen Vater war etwas Neues in der Weltordnung eingetreten: die Abfolge der Generationen, geschichtliche Zeit. Und die

HESIOD

Der Dichter Hesiod hat um 700 v. Chr. in seiner *Theogonie* (»Entstehung der Götter«) eine Reihe älterer Überlieferungen zusammengefasst und systematisiert. Seine Version von der Entstehung der Welt und der Götter wurde zwar vielfach ausgeschmückt, blieb aber eine sichere Grundlage für die Dichter späterer Zeit.

war eine so große Macht, dass auch Kronos ohnmächtig war gegen sie. Auch ihm drohte ein Aufstand seiner Kinder, und deshalb verschlang er sie, sobald seine Frau Rhea sie geboren hatte.

»Die Zeit frisst ihre eigenen Kinder« – diese Spruchweisheit war den Griechen genauso vertraut wie uns. Bei ihnen war dies sogar ein beziehungsreiches Wortspiel, denn das griechische Wort »Chronos« – Zeit – klingt ganz ähnlich wie Kronos. Die Griechen der nachklassischen Ära stellten sich die Zeit als einen Urgott vor, als Sohn von Himmel und Erde und Stammvater aller späteren Götter, aber auch als Zerstörer aller Götterherrschaften, als schöpferische und zerstörende Kraft.

Das Zeitalter, in dem Kronos herrschte, hielten viele Menschen in der Antike für das friedlichste und damit auch schönste, das es je gegeben hat, und nannten es das Goldene Zeitalter.

Doch auf Dauer konnte auch Kronos nicht regieren – denn das Verschlingen der eigenen Kinder musste gesühnt werden. Und so kam es, dass sein Sohn Zeus, den er nicht verschlungen hatte, weil Rhea ihm statt seiner einen in Windeln gewickelten Stein untergeschoben hatte, erneut den Aufstand wagte. Er befreite seine Geschwister, indem er sich unerkannt bei Kronos als Mundschenk verdingte und ihm heimlich ein Brechmittel gab. Dann schlug er mit ihrer Hilfe los. Es folgte ein Kampf zwischen den olympischen Göttern und den Titanen, der so gewaltig war, dass die Welt aus den Fugen zu gehen und das Chaos des Anfangs wiederzukehren drohte.

> **VATERMORD**
>
> Die Ermordung oder Kastration eines Patriarchen bei einem Aufstand seiner Söhne ist ein Thema, das in den Mythen vieler Völker immer wiederkehrt. Sigmund Freud, der Begründer der Psychoanalyse, war der Überzeugung, dass jeder Heranwachsende, der sich von seiner Familie löst und von der Übermacht der Eltern befreit, einen symbolischen Vatermord begehen muss.

■ Ein Blitze schleudernder Zeus beim Sturz der Titanen; Fresko von Giulio Romano (1499–1546); Mantua, Palazzo del Tè

■ Wenn die Farben sich im chaotischen Wirbel vermischen, entsteht reines Weiß, Licht. William Turner, *Licht und Farbe (Goethes Theorie) – der Morgen nach der Sintflut – Moses schreibt das Buch Genesis*; London, Tate Gallery

Erst als die Titanen sicher im Tartaros eingesperrt waren, kehrte die Ordnung zurück. Doch niemand weiß, wie lange sie halten wird.

Die Angst vor dem Chaos, die die Griechen mit vielen anderen Völkern teilten, erklärt viele der religiösen Rituale, die sie gewissenhaft einhielten. Die Fruchtbarkeit der Felder und der Herden musste jedes Jahr aufs Neue beschworen werden, denn es war keineswegs gewiss, dass sie anhielt, und die Könige – die in der klassischen Zeit meist nur noch die Funktion von Priestern hatten – opferten Jahr für Jahr den Göttern und heroischen Stadtgründern, um zu verhindern, dass die politische Ordnung umgestürzt wurde und die Stadt im Chaos versank.

WELTUMSPANNENDE MYTHEN

Die Geschichte von den Herrschergöttern, die das Chaos beseitigen und Ordnung schaffen, haben die Griechen aus Babylonien übernommen. Dies erklärt auch die Parallelen zwischen Hesiods *Theogonie* und der biblischen Schöpfungsgeschichte, die auf dieselben Quellen zurückgeht. Ganz ähnliche Überlieferungen gab es auch bei ganz anderen Völkern, zum Beispiel bei den Azteken in Mittelamerika.

CHAOS UND KOSMOS ODER DIE ENTSTEHUNG DER WELT

ÜBERLIEFERUNG

Quellen: Hesiod (um 700 v. Chr) ist nach Homer der früheste uns bekannte griechische Dichter. Er stammte aus Askra in Böotien, wo er als Schafhirt an den Hängen des Berges Helikon lebte. Dort besuchten ihn einst, wie er selbst berichtet, die Musen und verliehen ihm sein Wissen und die Dichterweihe. Autobiographische Einzelheiten lassen sich dem epischen Gedicht *Werke und Tage* entnehmen, einer realistischen Beschreibung des beschwerlichen Alltags auf dem Land. Hesiods Beobachtungen sind von einer bis dahin in der Dichtung unbekannten sozialkritischen Grundhaltung geprägt. Ebenfalls neu in der griechischen Literatur ist, dass das Werk direkt an einen Adressaten gerichtet ist: an Hesiods Bruder Perses, der einen Streit um das väterliche Erbe angefangen hatte. Hesiods Hauptwerk, die 1022 Verse umfassende *Theogonie*, ist die erste und einzige Schilderung in der griechischen Dichtung von der Entstehung der Welt und der Götter. Mit dem Chaos leitet Hesiods *Theogonie* die Weltschöpfung ein. Vom Anfang der Welt berichtet auch Pherekydes aus Syros (6. Jahrhundert v. Chr.) in seiner *Theologia*, von der nur wenige Fragmente erhalten sind. Anders als bei Hesiod steht aber in diesem Werk am Anfang nicht etwas aus Ungestaltetem Gewordenes, sondern etwas bereits Vorhandenes: Pherekydes' Bericht beginnt mit der Hochzeit von Zeus und Chthonie; die Erde ist das Brautgeschenk des Gottes. Das Chaos steht am Beginn der *Metamorphosen* des römischen Dichters Ovid (43 v. Chr. – 18 n. Chr.). Dieses Werk erzählt in fünfzehn Büchern etwa 250 Sagen aus der griechischen und italischen Mythologie, die durch das Verwandlungsmotiv zusammengehalten werden und von der Weltentstehung bis zur Vergöttlichung Cäsars reichen.

Bildende Kunst: In der bildenden Kunst der Antike wird Kronos als alter, bärtiger Mann dargestellt, in der Hand die Sichel, mit der er seinen Vater entmannte. Später kamen andere Szenen dazu: das Verschlingen der Kinder, die Sichel nicht nur als Werkzeug der Entmannung, sondern auch in ihrer Funktion als Sense bei der Getreideernte, außerdem als Todessichel. Kronos erscheint sowohl als ein unheilvoller Gott als auch als Personifikation von Kultur und Bildung. Das Verschlingen der Kinder thematisierten der italienische Maler, Baumeister und Schriftsteller Giorgio Vasari (1511–1574) auf einem Freskenzyklus, Palazzo Vecchio, Florenz, Peter Paul Rubens (1577–1640), Museo del Prado, Madrid, sowie der spanische Maler und Grafiker Francisco José de Goya (1746–1828), ebenfalls Museo del Prado, Madrid.

EMPFEHLUNG

Lesenwert:
Hesiod: *Theogonie.* Griechisch/Deutsch. Herausgegeben und neu übersetzt von Otto Schönberger. Stuttgart 1999.

Hesiod: *Werke und Tage.* Griechisch/Deutsch, übersetzt und herausgegeben von Otto Schönberger. Stuttgart 1996.

Ovid: *Metamorphosen.* Aus dem Griechischen von Johann Heinrich Voss. Zürich 1999.

Hörenswert:
Ovid: *Metamorphosen.* In Prosa neu übersetzt von Gerhard Fink. Sprecher: Peter Simonischek. 6 Audio-CDs. Düsseldorf 1999.

Tales from the Greek Legends: Gods and Titans, Perseus, The Labours of Herkules, Adventures of Theseus, Jason and the Argonauts. Gelesen von Edward Ferrie. 1993.

Benjamin Britten: *6 Metamorphoses after Ovid for Oboe solo, op. 49* u.a. Medici String Quartet. 1997.

AUF DEN PUNKT GEBRACHT

Der Mythos von der Entstehung des Kosmos aus dem Chaos gehört zu den Grundlagen des griechischen Weltbilds und wirkt auch noch in der klassischen antiken Philosophie und Wissenschaft nach.

Von Circe verzaubert

■ Angelika Kauffmann (1741–1807), *Odysseus und Circe*; Charlottesville, Bayly Art Museum

■ Odysseus und Circe; aus der Schedelschen Weltchronik, Nürnberg 1493

Wer von einer bezaubernden Frau bezirzt wird, fühlt sich geschmeichelt, verliert leicht die Kontrolle über sich selbst und ist vielleicht bald schon voll und ganz dem Zauber der Liebe erlegen. Für uns ist der »Zauber« nur noch ein sprachliches Bild für die Wucht, mit der die Liebe einen packen kann; die Menschen der Antike nahmen diese aber ganz wörtlich: Frauen verhexen die Männer, und das ist gefährlich, denn vor Liebe blind vergessen diese darüber die Pflichten, die sie gegenüber ihrem Haus und ihrem Gesinde, gegenüber der Gemeinde und dem Staat haben. Doch die Mächte, denen die Männer dienen, verleihen auch ihnen magische Kräfte. Diese brechen irgendwann den Liebeszauber der Frauen, und am Ende sind die liebenden Zauberinnen die Düpierten.

Odysseus unterlag nicht nur einmal dem gefährlichen Zauber der Liebe, und einer der Zauberinnen, denen er begegnete, der Nymphe Circe, verdankt unsere Sprache das Wort »bezirzen« für bezaubern.

Als Troja erobert war, hatte Odysseus, der entscheidend zum Fall der Stadt beigetragen hatte, nichts anderes im Sinn, als so schnell wie möglich nach Hause zu gelangen, nach Ithaka, wo er König war, zurück zu seiner Frau Penelope und seinem Sohn Telemach. Doch die feindliche Haltung des Gottes Poseidon, des Herrschers der Meere, verzögerte die Fahrt seiner Flotte immer wieder. Von dieser war Odysseus nur noch ein einziges Schiff geblieben, als er auf der Insel Aiaia landete, die wahrscheinlich vor der Westküste Italiens lag, ebenso weit von der Heimat entfernt wie Troja. Hier lebte die Zauberin Circe, »die mit den schönen Flechten, die Redebegabte«, wie Homer sie nennt, eine Tochter des Sonnengottes Helios. Aber das wusste Odysseus noch nicht.

Zwei Tage und zwei Nächte lagen die Seefahrer am Strand der verborgenen Bucht, in der sie ihr Schiff versteckt hatten, erschöpft und hungrig. Am dritten Tag erklomm Odysseus eine Anhöhe und sah Rauch aufsteigen, wie von einer menschlichen Behausung. Auf dem Weg zurück zum Strand gelang es ihm, mit seinem Speer einen Hirsch zu erlegen, und während er mit seinen verbliebenen Gefährten den Braten verzehrte, berichtete er ihnen, was er gesehen hatte. Niemand hatte mehr Lust auf gefährliche Abenteuer, und so musste das Los entscheiden, wer auf Erkundung gehen sollte. Am nächsten Morgen zogen zweiundzwanzig Mann unter der Führung des Eurylochos ins Inselinnere, während Odysseus mit der anderen Hälfte der Mannschaft beim Schiff blieb. Eurylochos und seine Leute fanden die steinernen Häuser der Circe und die Herrin selbst bei der Arbeit an einem großen Webstuhl; mit schöner Stimme sang sie ein Lied. Bergwölfe und

HOMERS »ODYSSEE«

Neben der *Ilias*, die vom Kampf um Troja berichtet, war die *Odyssee*, die die Irrfahrten des Odysseus zum Thema hat, das berühmteste Buch der Antike. Beide Werke wurden dem Dichter Homer zugeschrieben, der im 8. Jh. v. Chr. lebte. Die *Odyssee* ist aber deutlich jünger als die *Ilias*. Sie ist weniger heroisch, eher ein Abenteuerroman, in den viele einzelne mythische Erzählungen und auch Märchenmotive eingegangen sind.

■ Filmbild mit Kirk Douglas als Odysseus und Silvana Mangano als Circe, aus dem italienischen Film *Die Fahrten des Odysseus* von Mario Camerini, 1954

Löwen kamen ganz zahm und friedlich auf die Gruppe zu und begrüßten die Männer. Sie machten sich durch Rufe bemerkbar, und wenig später öffnete die Nymphe die Türen und lud die staunenden Gefährten ein, sich an einem Brei zu stärken, den sie ihnen aus Gerstenmehl, Honig, Käse und Wein bereitete.

Doch die Freude über den freundlichen Empfang war bald vorbei, denn Circe hatte böse Kräuter ins Essen gemischt, und am Ende des Mahls rührte sie jeden mit einer Gerte an. Sogleich fanden sich die Gäste in Schweine verwandelt und in einen Koben gesperrt, wo sie mit Küchenabfällen gemästet wurden. Eurylochos aber hatte sich versteckt und konnte so Odysseus von dem Unglück berichten. Der nahm entschlossen sein Schwert und machte sich auf den Weg zu der Zauberin, obwohl ihn Eurylochos flehentlich bat, nicht in sein Unglück zu rennen. Unterwegs begegnete Odysseus ein anmutiger junger Mann mit goldenem Stab, der ihm ihm die Hand reichte – niemand Geringerer als Hermes, der Götterbote, den die Odysseus wohlgesonnenen Götter geschickt hatten, um ihn aus der Gefahr zu retten, in der er schwebte.

Hermes warnte Odysseus vor den magischen Kräften der Circe und gab ihm neben genauen Instruktionen, wie er sich verhalten solle, das Zauberkraut Moly mit auf den Weg. Odysseus sah den Hermes über die Insel hinweg zum Olymp aufsteigen und nahte sich besorgt dem Haus der Circe.

Hier spielte sich alles genau so ab, wie Hermes es vorausgesagt hatte. Dank des magischen Krautes blieb der Zaubertrank, den Circe dem Helden kredenzte, ebenso wirkungslos wie die Berührung mit der Zaubergerte. Odysseus zog nun sein Schwert und tat so, als ob er die Zauberin töten wollte.

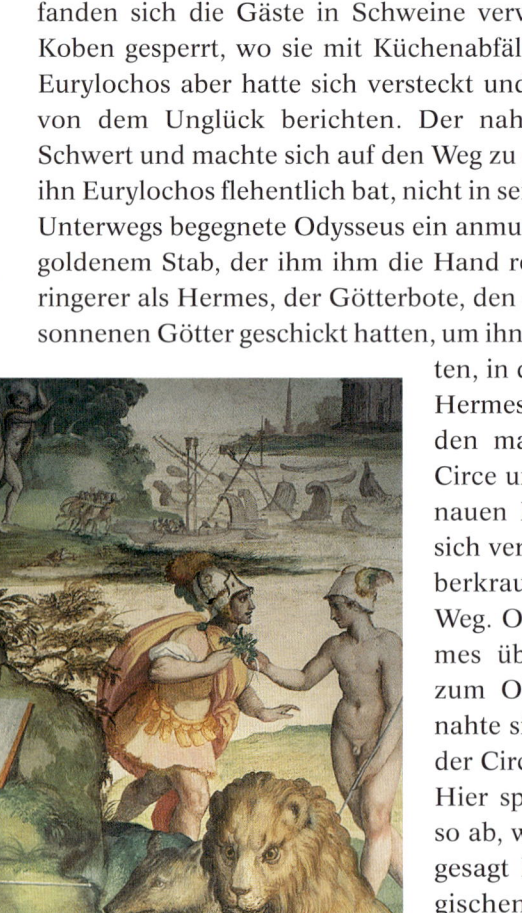

■ Circe mit den in Tiere verwandelten Gefährten des Odysseus. Odysseus selbst nähert sich in Begleitung des Hermes. Aus dem Freskenzyklus mit den Abenteuern des Odysseus von Alessandro Allori (1535–1607) im Palazzo Salviati, Florenz

Die besann sich daraufhin, auf einen ganz anderen Zauber, nämlich den ihrer Weiblichkeit. Sie stürzte vor Odysseus nieder und umfasste flehend seine Knie: »Wer bist du und woher kommst du, dass meine Kräuter dich nicht bezwingen? Du musst Odysseus sein, von dem Hermes mir gesagt hat, dass er einst mit seinem Schiff kommen werde auf der Heimfahrt von Troja! Stecke dein Schwert in die Scheide zurück und lass uns zusammen das Lager besteigen, damit wir, in Liebe vereint, Vertrauen zueinander fassen!«

Dem Angebot kann Odysseus nicht widerstehen; vorsichtshalber lässt er die Nymphe allerdings schwören, von keinem Zaubermittel mehr gegen ihn Gebrauch zu machen.

Das Beilager als vertrauensbildende Maßnahme wirkt Wunder. Circe ist wie ausgewechselt. Nachdem sie mit Odysseus die Freuden der Liebe genossen hat, badet und salbt sie ihn, kleidet ihn in kostbare Gewänder, setzt ihn in einen bequemen Lehnstuhl und bereitet ihm ein köstliches Mahl. Sie ist sogar feinfühlig genug, zu spüren, dass Odysseus bedrückt ist, und fragt ihn nach seinem Kummer.

Da bittet er sie, den Gefährten ihre Menschengestalt zurückzugeben. Sie holt die Schweine aus dem Koben und bestreicht jedes von ihnen mit einem Zauberkraut; augenblicklich verwandeln sie sich wieder in Männer, nur dass sie jünger, schöner und größer sind als vorher.

Circe lädt die ganze Mannschaft nun zu Gast, alle können nun von den vergangenen Strapazen ausruhen. Odysseus scheint überhaupt nicht an eine Weiterfahrt zu denken – bis ihn die Gefährten nach einem Jahr vorsichtig daran erinnern, dass sie, und er doch eigentlich auch, nach Hause zurückkehren wollten. Da

■ Odysseus bedroht Circe; etruskisches Sargrelief vom Ende des 4. Jhs.; Orvieto, Museo dell' Opera del Duomo

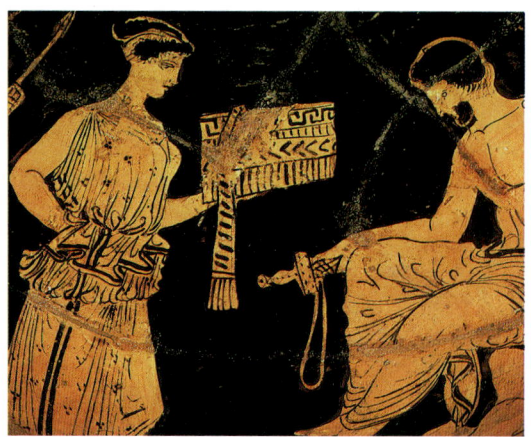 

- *oben links:* Odysseus und Kalypso, von einem rotfigurigen Krug aus Unteritalien, Ende des 4. Jhs.

- *oben rechts:* Arnold Böcklin (1827–1901), *Odysseus und Kalypso*; Basel, Kunstmuseum

wird ihm klar, dass er eine Aufgabe hat und seine Lebenszeit nicht mit süßem Genuss vertändeln darf. Er merkt, dass er die ganze Zeit über betört gewesen war, und findet seine Selbstkontrolle wieder. Als er das nächste Mal das Lager mit Circe teilt, erinnert er sie höflich an das Versprechen, das sie ihm am Anfang ihrer Liebe gegeben hatte, nämlich ihm und den Seinen zur Heimkehr zu verhelfen.

KALYPSO

Ähnlich bezaubert wie von Circe war Odysseus von der Nymphe Kalypso, die ihn sieben Jahre lang in ihrem Bann hielt. Zeus selbst musste eingreifen, damit sie ihn wieder fahren ließ. Es ist vollkommen einleuchtend, dass nach ihr ein betörender Tanz zu heißen lateinamerikanischen Rhythmen benannt wurde. Mit der Kalypso-Affäre nähert sich das Abenteurerleben des Odysseus seinem Ende. Mit der freundlichen Phäakenprinzessin Nausikaa, die ihn nach seinem nächsten Schiffbruch aufliest, hat er offenbar kein Verhältnis, und bald gelangt er in seine Heimat Ithaka, wo seine treue Gemahlin Penelope auf ihn wartet.

Circe widersetzt sich seinem Wunsch nicht, aber sie ist untröstlich, als das Schiff des Odysseus am Horizont verschwindet. Gegen den Zauber der Liebe besaß Odysseus, so muss sie feststellen, einen Gegenzauber, der noch stärker war.

VON CIRCE VERZAUBERT

ÜBERLIEFERUNG

Quellen: Wie Homer in der *Odyssee* berichtet auch der römische Dichter Ovid (43 v.Chr. – 18 n.Chr.) in den *Metamorphosen* (14. Buch) von der Tochter des Sonnengottes Helios auf der Insel Aia. Odysseus' Gefährten treffen Circe in ihrem Zauberpalast in einem prächtigen Zimmer auf einem hohen, stattlichen Thron sitzend. Sie ist mit einem hellen Gewand bekleidet und ihren Kopf verhüllt ein goldener Schleier. In dem Argonautenepos des Dichters und Gelehrten Apollonius Rhodius (3. Jahrhundert v. Chr.) empfängt Circe Jason, den Anführer der Argonauten, und seine Frau Medea auf ihrem Weg nach Kolchis. Circes Insel wurde später mit dem Vorgebirge von Circeo an der italienischen Westküste identifiziert, wo Circe als eine Göttin der wilden Tiere verehrt wurde. Noch immer wird am Hang des Monte Circeo die Höhle einer Zauberin gezeigt.

Literatur: In der Literatur des Mittelalters ist Circe eine Verführerin, später erscheint sie als eine unheilvolle Figur, auch als ein vampirartiges Wesen. In James Joyces (1882 – 1941) Roman *Ulysses* ist die Prostituierte Bella Cohen die Dubliner Circe, die die Hauptfiguren Stephen Daedalus und Leopold Bloom insofern »verwandelt«, als sie ihre erotisch-perversen Neigungen und Phantasien zum Vorschein kommen lässt. Der amerikanische Schriftsteller Ezra Pound (1885–1972) stellt Circe in seinem Hauptwerk *Cantos* als gefährliche Verführerin dar.

Musik: *Siebzehn Tage und vier Minuten* heißt eine Oper von Werner Egk (1901–1983) aus dem Jahre 1966. Der deutsche Komponist hatte schon 1948 den Stoff aus der Odyssee für eine Oper mit dem Titel *Circe* verwendet, das Werk aber später umgearbeitet zu einer Komödie mit Musik, die er *Das Zauberbett* nannte. Auch dies blieb nicht die letzte Fassung; die heitere Oper *Siebzehn Tage und vier Minuten* hält sich zunächst an die bekannte Überlieferung der antiken Sage, versetzt die Handlung aber in die Gegenwart. Ulyss entgeht der Verzauberung, der sich seine Gefährten nicht entziehen konnten, und verliebt sich in Circe. Als er aber von seinem Diener erfährt, dass jeder, der länger als siebzehn Tage und vier Minuten auf der Insel bleibt, sie nie mehr verlassen kann, ergreift er die Flucht, ohne sich von Circe zu verabschieden.

Bildende Kunst: Circe ist seit dem 6. Jahrhundert v. Chr. auf griechischen Vasen, später auch auf Wandbildern abgebildet. In der Neuzeit malten die Zauberin Circe u.a. der Niederländer Bartholomäus Spranger (1546–1611), Kunsthistorisches Museum Wien, und Annibale Carracci (1560–1609), Palazzo Farnese, Rom.

EMPFEHLUNG

Lesenswert:
Homer: *Odyssee*. Nachwort von Egon Friedell, herausgegeben von Peter von Mühl, übersetzt von Johann Heinrich Voss. Zürich 1986.

Walter Jens: *Ilias und Odyssee* (ab 8 Jahre). Ravensburg 1992.

Ovid: *Metamorphosen*. In der Übertragung von Johann Heinrich Voss. Mit Radierungen von Pablo Picasso. Frankfurt/Main 1990.

Hörenswert:
Ovid: *Metamorphosen*. In Prosa neu übersetzt von Gerhard Fink. Sprecher: Peter Simonischek. 6 Audio-CDs, Düsseldorf 1999.

Homer: *Die Odyssee*. In eine moderne Form gebracht und gelesen von Christoph Martin. 21 Audio-CDs (14 Std. Spielzeit). 1996.

Werner Egk: *Siebzehn Tage und vier Minuten*, Radio Sinfonie Orchester Berlin/Egk und Fortner, 1965–71. Mitwirkende: Rosemarie Rönisch und Peter Schreier u.a. Audio-CD.

AUF DEN PUNKT GEBRACHT

Die Geschichte von der schönen Zauberin Circe gehört zu den unterhaltsamsten Episoden der *Odyssee*; Circe selbst ist zum Musterbild einer gefährlich verführerischen Frau geworden.

Dädalus und Ikarus

1988 startete der griechische Straßenradmeister Kanellos Kanellopoulos von der kretischen Stadt Heraklion aus in einer merkwürdigen Flugmaschine. Sie war vom Massachusetts Institute of Technology (MIT) konstruiert und mit Hilfe der Nasa gebaut worden. Ihre Besonderheit: Sie flog allein mit der Muskelkraft eines Menschen. Kanellopoulos stellte einen neuen Weltrekord für solche Flugapparate auf. In kaum vier Stunden erreichte er die Insel Santorin. Die Geschichte beweist, dass Ingenieure und Techniker genauso anfällig für Mythen sind wie Künstler und gewöhnliche Menschen. Denn die Letzten, die eine solche Strecke erfolgreich in einem ähnlichen Flugapparat zurückgelegt haben sollen, waren ein gewisser Dädalus und sein Sohn Ikarus gewesen.

Dädalus ist zum mythischen Ahnherren aller Techniker geworden. Ikarus aber wurde zur Symbolfigur sowohl für die Risiken der Technik als auch für die Sehnsucht, die Grenzen des Möglichen immer wieder zu sprengen.

Dädalus war ein sterblicher Nachkomme des kunstreichen Schmiedegotts Hephaistos, und da er Athener war, weihte ihn die Stadtgöttin Pallas Athene selbst in die Schmiedekunst ein. Nur sein Vorfahr Hephaistos, heißt es, habe ihn an handwerklicher Kunstfertigkeit übertroffen.

Er muss auch ein guter Lehrmeister gewesen sein, denn es war sein Lehrling Talos, der beim Anblick des Rückgrats einer Schlange oder eines Fischs die Säge erfand. Dädalus soll darü-

■ Antonio Canova (1757–1620), *Dädalus und Ikarus*, Marmor; Venedig, Museo Correr. Im europäischen Klassizismus, der mit dem Aufbruch ins Industriezeitalter zusammenfällt, waren die Gestalten des mythischen Erfinders und seines ungestümen Sohns besonders beliebt.

KRETA, WIEGE DER TECHNIK

Die Athener behaupteten, Dädalus sei einer der ihren gewesen. Doch dass seine technischen Meisterwerke mit Kreta in Verbindung gebracht wurden, kommt nicht von ungefähr: Die Griechen der ältesten Zeit wussten, dass es auf der Insel eine Zivilisation gegeben hatte, die der ihren weit überlegen gewesen war: das in den Wirren der Völkerwanderungen des 12. Jhs. v. Chr. untergegangene minoische Kreta.

ber so eifersüchtig geworden sein, dass er den Talos vom Dach stürzte. Bevor Dädalus von dem uralten Gericht der Athener, dem Areopag, für diese Gewalttat verurteilt werden konnte, floh er nach Kreta.

Dort tat er, was so manche großen Ingenieure nach ihm taten, Archimedes etwa oder Leonardo da Vinci: Er verdingte sich bei den Mächtigen des Landes. Für den kretischen König Minos baute er das Labyrinth, aus dessen verwinkelten Gängen niemand zum Ausgang fand; und für die Frau des kretischen Königs, Pasiphaë, die sich in einen wunderbaren, vom Meergott Poseidon gesandten Stier verliebt hatte, konstruierte er eine mechanische Kuh, in der verborgen sich die Lüsterne dem Tier hingeben konnte. Aus diesem merkwürdigen Liebesverhältnis ging der Minotaurus hervor, halb Mensch und halb Stier. Als Minos von dem Ehebruch seiner Frau und dessen Folgen erfuhr, sperrte er den Minotaurus im Labyrinth ein und setzte Dädalus und seinen Sohn unter Hausarrest.

Dädalus plante draufhin, zusammen mit Ikarus zu fliehen. Da Minos alle Schiffe von und nach Kreta kontrollierte, blieb nur der Luftweg. Dädalus konstruierte kunstvolle Flügel, deren Fe-

■ Carlo Saraceni (1579–1620), *Dädalus warnt Ikarus vor der Sonne*; Neapel, Galleria Nazionale di Capodimonte. Aus einer Bildfolge zu Ovids Metamorphosen. Bevor Dädalus mit Ikarus seinen Flug beginnt, warnt er seinen Sohn – vergebens, wie der Betrachter weiß.

■ Carlo Saraceni, *Der Sturz des Ikarus*; Neapel, Galleria Nazionale di Capodimonte. Ikarus ist der Sonne zu nahe gekommen, seine Flügel lösen sich auf, und er stürzt in die Tiefe.

dern mit Wachs an ein Gestell geheftet waren, und lehrte sich selbst und seinen Sohn, mit diesen Apparaten zu fliegen. Besonders schärfte Dädalus dem Ikarus ein, diszipliniert die richtige Flughöhe einzuhalten. Er solle weder so tief fliegen, dass die Flügel von der Gischt feucht und schwer würden, noch so hoch, dass die Hitze der nahen Sonne das Wachs zum Schmelzen brächte. Und dann kam der Tag des Abflugs.

Die beiden lassen Kreta hinter sich, doch dann kommt es zum Unglück, hoch über dem ägäischen Meer: Ikarus schwingt sich im Überschwang des Gefühls, als Mensch den Himmel zu erobern, immer höher hinauf und nähert sich dem Sonnengott selbst, der auf seinem gleißenden Wagen seine Bahn zieht. Die Hitze der Sonne bringt das Wachs in seinen Flügeln zum Schmelzen, und er stürzt tief hinab ins Meer. Die Insel, an deren Strand sein Leichnam angeschwemmt wurde, heißt heute noch nach ihm Ikaria. Der traurige Vater aber, Dädalus, nahm Kurs auf die Insel Sizilien. Dort wurde er von dem König Kokalos gastfreundlich aufgenommen. Minos aber war über die Flucht seines Gefangenen erbost. Er schickte seine Schiffe, die das ganze Mittelmeer beherrschten, aus und verlangte von jedem der Könige, die ihm tributpflichtig waren, die Lösung einer Aufgabe: Sie sollten herausbekommen, wie sich ein Faden durch ein Schneckenhaus ziehen lässt. Aus Furcht vor der Macht des Minos und von der Hoffnung auf eine hohe Belohnung angespornt, versuchten die Könige ihr Glück, aber nur Kokalos sandte das Schneckenhaus mit dem durchgezogenen Faden zurück. Dädalus hatte den Faden an einer Ameise befestigt, die ihn durch alle Windungen des Gehäuses hindurchzog. Eine Idee, die nur der geniale Techniker hatte haben können. Und so wusste Minos nun, wo er ihn finden konnte.

Er erschien mit seiner Flotte vor der Küste Siziliens und verlangte die Auslieferung des geflüchteten Experten. Kokalos nahm es dem Minos übel, dass er ihn zwingen wollte, das heilige Gebot der Gastfreundschaft zu übertreten. Scheinheilig lud er Minos zum Bad, das er, wie es Sitte bei prominenten Gästen war, von seinen eigenen Töchtern hatte bereiten lassen. Als Minos sich in der Wanne niederließ, übergossen diese ihn mit kochendem Wasser. Das war das Ende des großen Königs.

■ Hellenistische Gemme: Ikarus als Heros mit seinem Vater Dädalus und Göttinnen

■ Moderne Rekonstruktion des Palastes von Knossos auf Kreta, dessen Überreste auf die Mitte des 2. Jahrtausends v. Chr. zurückgehen. Der Palast von Knossos wird mit dem mythischen Labyrinth identifiziert, das Dädalus erbaut haben soll.

Dädalus aber lebte noch lange und schuf viele technische Wunderwerke. Auch die ersten großen Statuen werden ihm zugeschrieben. Insofern ist er auch der Ahnherr der Bildhauer. Kunst und Technik waren für die Griechen noch ein und dasselbe.

Der Ruhm des Dädalus war groß in der Antike und wurde in der Neuzeit, dem Zeitalter des Triumphs der Technik, erneuert. Doch mindestens ebenso faszinierend war stets die Gestalt des Ikarus.

Von den Schulmeistern wurde Ikarus immer wieder als abschreckendes Beispiel benutzt, um zu zeigen, wohin jugendliches Ungestüm führt, für die Jugend aber war er der eigentliche Held des Mythos, derjenige, der keine Grenzen anerkannte und vor der Erkundung der höchsten Himmelshöhen nicht zurückschreckte.

> **IKARUS, DER FREIHEITSHELD**
>
> Viele der antiken Dichter haben die tragische Geschichte des Ikarus liebevoll beschrieben, doch erst in der Neuzeit rückt sie ins Zentrum des Interesses: bei dem italienischen Renaissancedichter Ariost, später bei Baudelaire, Gottfried Benn und Wolf Biermann. Für sie ist Ikarus derjenige, der sich weigert, hübsch bescheiden zu sein und sich den herrschenden Regeln anzupassen.

■ Carlo Saraceni, *Dädalus bestattet Ikarus*; Neapel, Galleria Nazionale di Capodimonte

DÄDALUS UND IKARUS

 ÜBERLIEFERUNG

Quellen: Der erste literarische Hinweis auf Daedalus findet sich in Homers *Ilias* (18. Buch). Der griechische Gelehrte Apollodor (2. Jahrhundert v. Chr.) berichtet von Daedalus im 3. Buch seiner großen Mythensammlung. Die ausführliche Geschichte von dem berühmten Architekten, Bildhauer und Erfinder, der für sich und seinen Sohn Ikarus ein Flügelpaar baut, um dem kretischen König Minos zu entkommen, erzählt der römische Dichter Ovid (43 v. Chr. –18 n. Chr.) im 8. Buch seiner *Metamorphosen*.

Literatur: Die Suche nach Abenteuer und Lebenssinn im gleichförmigen Alltag in dem Drama *Die Besteigung des F6* von Christopher Isherwood (1904–1986) und Wystan Hugh Auden (1907–1973) ist nur eines der Motive, die an den Mythos von Daedalus und Ikarus erinnern. In dem Roman *Ein Portrait des Künstlers als junger Mann* gibt James Joyce (1882–1941) dem weitgehend autobiographischen Helden den Namen Stephen Daedalus, den der Autor in seiner Jugend selbst als Pseudonym benutzte. Er beschreibt darin das Leben eines jungen Künstlers in Dublin, der sich von Familie, Kirche und Heimat lossagt, um seiner Bestimmung zu folgen. Die Handlung setzt mit Stephen Daedalus' Studienbeginn ein und endet mit seiner Lossagung von einer bürgerlichen Karriere nach der Universität. In dem Roman *Ulysses*, in dem Joyce Episoden und Motive aus Homers *Odyssee* verarbeitet, begegnet Stephen Daedalus uns wieder. Er ist hier die Hauptfigur der ersten drei Kapitel. Ein Bezug zum Mythos besteht durch die Vater-Sohn-Thematik, die das Verhältnis zwischen Stephen Daedalus und der Hauptperson dieses Romans, Leopold Bloom, bestimmt. Den Schwerpunkt auf den Sohn legte der Liedermacher Wolf Biermann (geb. 1936) mit seiner Gedichtsammlung *Preußischer Ikarus* (1978).

Bildende Kunst: In der bildenden Kunst der Antike wurde Daedalus oft als Statue und Statuette dargestellt, öfter aber noch auf griechischen Vasen oder Reliefs und römischen Wandgemälden – meist zusammen mit Ikarus – abgebildet. In der Kunst der Neuzeit war besonders der Sturz des Ikarus ein beliebtes Motiv. Die älteste Abbildung des fliegenden Ikarus zeigt eine Tonscherbe aus dem 6. Jahrhundert v. Chr., die auf der Akropolis in Athen gefunden wurde. Der niederländische Maler Pieter Brueghel d. Ä. (um 1525–1569) widmete dem Thema sein einziges mythologisches Gemälde. Von Albrecht Dürer gibt es einen Holzschnitt mit dem Titel *Der Sturz des Ikarus*. Weitere Bilder mit diesem Motiv malten Tintoretto (1518–1594), Galleria Estense Modena, Peter Paul Rubens (1577–1640), Musée d'Art Ancien, Brüssel, u. a.

 EMPFEHLUNG

Lesenswert:
Homer: *Ilias*. Aus dem Griechischen von Johann Heinrich Voss, Zürich 1999.

Ovid: *Metamorphosen*. In der Übertragung von Johann Heinrich Voss. Mit Radierungen von Pablo Picasso. Frankfurt/Main 1990.

James Joyce: *Ein Portrait des Künstlers als junger Mann*. Übersetzt von Klaus Reichert. Frankfurt/Main 1976.

James Joyce: *Ulysses*. Aus dem Englischen von Hans Wollschläger. Frankfurt/Main 1981.

Wolf Biermann: *Preußischer Ikarus*. Lieder, Balladen, Gedichte, Prosa. Köln 1978.

Mythos Ikarus. Texte von Ovid bis Wolf Biermann. Herausgegeben von Achim Aurnhammer und Dieter Martin. Leipzig 1988.

Hörenswert:
Ovid: *Metamorphosen*. In Prosa neu übersetzt von Gerhard Fink. Sprecher: Peter Simonischek. 6 Audio-CDs. Düsseldorf 1999.

 AUF DEN PUNKT GEBRACHT

Ein Stück antiker *Science Fiction*: Im Mythos von Dädalus und Ikarus ist der Menschheitstraum vom Fliegen bereits technisch realisiert.

Danaë und der Goldregen oder Zeus' erotische Verwandlungen

Zeus, der Herrscher und Vatergott, war für die Griechen der Inbegriff eines potenten Mannes. Wie er wollten alle griechischen Männer sein, und so kommt es, dass sie ihre erotischen Männerphantasien, ihre Wünsche nach sexueller Unwiderstehlichkeit, auf ihn übertrugen. Typisch für solche Männerphantasien ist es, dass Sex in ihnen selten etwas mit romantischer Liebe oder dauerhaften Beziehungen zu tun hat. Vielmehr steht in ihrem Zentrum, wie man das Objekt der Begierde gegen alle Widerstände erobert. Darin ist Zeus Meister, denn ihm als Gott stehen Mittel zur Verfügung, die Sterbliche nicht haben – sondern nur phantasieren können.

Ein Gott kann vielerlei Gestalt annehmen, und Zeus nutzte diese Fähigkeit. Die schöne Alkmene eroberte er dadurch, dass er die Gestalt ihres Ehemanns Amphitryon annahm, Europa entführte er als Stier. Etwas ganz Besonderes aber musste er sich für Danaë einfallen lassen, die Tochter des Königs Akrisios von Argos, denn die wurde von ihrem eigenen Vater in einem Kerker mit ehernen Wänden gefangen gehalten. Das hatte folgenden Grund: Akrisios hatte keinen Sohn und befragte deshalb das Orakel, ob er denn keinen Erben haben würde. Seine Tochter Danaë werde einen Sohn gebären, erhielt er zur Antwort, doch der werde ihn töten. So hatte sich Akrisios die Sache mit dem Erben nicht vorgestellt, weshalb er Danaë einsperren und ihr Verlies streng bewachen ließ. Die Schwierigkeit, sich Danaë zu nähern, muss Zeus besonders gereizt haben. Er verwandelte sich in einen goldenen Regen und ergoss sich durch die einzige Öffnung des Kerkers, ein Loch im Dach, in den Schoß der Schönen. Wenig später stellt sich heraus, dass Danaë schwanger ist.

Akrisios, der nicht an Wunder glaubt, verdächtigt seinen Bruder Proitos, sich an ihr vergangen zu

■ Zeus – ein Kraft ausströmender schöner Mann: Kopf einer Bronzestatue des Zeus; Wien, Kunsthistorisches Museum

■ Tizian (um 1477–1576), *Danaë und der Goldregen*; Neapel, Galleria Nazionale di Capodimonte

haben, was einen blutigen Streit auslöst. Als das Kind geboren wird, setzt er es mit seiner Mutter in einen Kasten, den er aufs offene Meer hinaustreiben lässt. Aber natürlich gehen die beiden nicht unter. An der Küste der Insel Seriphos werden sie an Land gespült und finden Fischer, die sich ihrer annehmen. Der Sohn des Zeus und der Danaë aber ist Perseus, einer der großen Heroen des griechischen Mythos. Als Sternbild am nördlichen Himmel kann man ihn noch heute sehen. Fast überflüssig zu erwähnen ist, dass Perseus später tatsächlich den Akrisios – wenn auch aus Versehen – tötete. Denn der Orakelspruch musste sich erfüllen.

Zeus' Verwandlungsfähigkeit kannte keine Grenzen, wenn es um einen erotischen Zweck ging. Goldregen, Ehemann, Stier – sogar in eine Wolke soll er sich verwandelt haben, um sich der lange verfolgten Io zu nähern. Am liebsten aber scheint er die Gestalt eines Vogels angenommen zu haben. Um Hera für sich zu gewinnen, die später viel betrogene Gemahlin, verwandelte er sich in einen Kuckuck und suchte, vom Regen durchnässt und vom Sturm zerzaust – das Unwetter, versteht sich, hatte er selbst erzeugt – Unterschlupf in Heras Behausung. Der Göttin tat der arme Kuckuck leid, und sie wärmte ihn an ihrem Busen; alles Weitere fand sich. Als Schwan näherte Zeus sich der schönen Leda. Wie dieser Liebesakt aus-

■ *oben links:* Zeus, der Verführer, nimmt die Gestalt eines Schwans an: *Leda und der Schwan*, hellenistisch; Iraklion, Museum

■ *oben rechts:* Nach Leonardo da Vinci (1452–1519), *Leda und der Schwan;* Rom, Galleria Borghese

DANAË UND DIE RÖMER

Vom späteren Schicksal der Danaë weiß der griechische Mythos lediglich zu berichten, dass ihr Sohn Perseus sie in ihre Heimat, die Stadt Argos, zurückbringt. Diese Lücke in der Überlieferung nutzte der römische Dichter Vergil, um den Stammbaum der Römer aufzumöbeln. Bei ihm wandert die Geliebte des Zeus nach Italien aus und wird zur Ahnmutter römischer Adelsgeschlechter.

■ Zeus entführt als Adler den schönen Jüngling Ganymed. Gemälde von Correggio (1489–1534); Wien, Kunsthistorisches Museum

gesehen haben könnte, hat die Künstler von der Antike bis zur Gegenwart stets lebhaft beschäftigt. Als interessant galt auch die Frage, wie aus dieser seltsamen Begegnung eine Nachkommenschaft hätte hervorgehen können. Manche sagten, Leda habe ein Ei ausgebrütet, und aus diesem seien Helena, die schönste aller Frauen, und Pollux, einer der beiden heldenhaften Dioskuren, geschlüpft. Mehr philosophisch orientierte Mythenerzähler behaupteten später, aus dem Ei seien Eris und Harmonia, Streit und Eintracht, hervorgegangen. Damit wollten sie zum Ausdruck bringen, dass Gegensätze zusammengehören wie eineiige Zwillinge.

Ein Vogel, der Zeus eigentlich besser entspricht als der Kuckuck oder der Schwan, ist der majestätische Adler. Auch dessen Gestalt nahm Zeus an – allerdings nicht, um eine Frau zu verführen, sondern um einen Jüngling zu entführen.

Der Göttervater hatte sich in Ganymed, den Sohn des Königs Tros, nach dem Troja benannt wurde, verliebt. Zeus mochte nicht mehr ohne ihn sein. Und so verwandelte er sich in einen Adler, stieß aus den Wolken auf ihn nieder und trug ihn zum Olymp. Damit sich Ganymeds Vater nicht allzu sehr sorgte, sandte er seinen Boten Hermes zu Tros und ließ ihm einen goldenen Weinstock und zwei edle Pferde zukommen. Zeus machte seinen Geliebten unsterblich; als Mundschenk der Götter war Ganymed tatsächlich immer in seiner Nähe.

Es wirft ein bezeichnendes Licht auf die erotische Kultur der Antike, dass die Liebe des Zeus zu Ganymed romantischer ist als andere seiner Liebschaften und dass sie dauert. Tatsächlich war es vielfach so, dass die Griechen jüngere Männer leidenschaftlich liebten, während die Frauen für sie entweder die Gegenstände ihrer auf Sexualität beschränkten Männerphantasien waren oder aber nur als Familienmütter eine Rolle spielten.

KNABENLIEBE

Der Mythos von Ganymed war in Griechenland und Rom sehr populär, weil er der Liebe erwachsener Männer zu Knaben eine religiöse Legitimation gab. In Griechenland, mehr noch als in Rom, galt es lange Zeit als vollkommen normal, dass reife Männer sich in Jünglinge verliebten; und für junge Männer war die Liebe zu einem Älteren eine ganz übliche Station beim Sammeln erotischer Erfahrungen.

DANAË UND DER GOLDREGEN ODER ZEUS' EROTISCHE VERWANDLUNGEN

 ÜBERLIEFERUNG

Quellen: Von Danaë erzählt Homer (um 700 v. Chr.) im 14. Buch der *Ilias*. Zeus' Besuch bei Danaë als Goldregen war ein beliebter Stoff im attischen und römischen Drama – wie alle seine Verwandlungen. Die Sage, derzufolge er in der Gestalt eines Schwans Kinder zeugte, wird in unterschiedlichen Versionen erzählt. So wird einmal überliefert, dass er Nemesis verfolgte, die sich auf der Flucht vor ihm in eine Gans verwandelte. In Euripides' (um 485–406) Tragödie *Helena* nähert sich der in einen Schwan verwandelte Zeus dagegen der Königstochter Leda. Von der Entführung des schönen Jünglings Ganymed durch die Götter berichten Homers *Ilias* und die *Olympien* des griechischen Lyrikers Pindar (um 518–nach 446 v. Chr.) sowie die *Aeneis* des Vergil (70–19 v. Chr.) und Ovids *Metamorphosen*.

Literatur: In der Lyriksammlung *Canzoniere* des italienischen Dichters Francesco Petrarca (1304–1374) erscheint Danaë als Inbegriff der Reinheit. Der Mythos von Zeus und Leda wurde besonders in der Lyrik aufgegriffen, wie Gedichte des englischen Schriftstellers Aldous Huxley (1894–1963), des irischen Dichters und Nobelpreisträgers William Butler Yeats (1865–1939) und des französischen Surrealisten Paul Éluard (1895–1952) belegen. Auch von Rainer Maria Rilke (1875–1926) gibt es ein Gedicht *Leda*, das Zeus' Verwandlung in einen Schwan thematisiert. Das Emporgetragenwerden Ganymeds durch den Adler wurde von den Humanisten in der Renaissance als eine Allegorie auf den Weg des Menschen zum Göttlichen und zur Unsterblichkeit aufgefasst, wie das Gedicht *Ganymed* von Johann Wolfgang von Goethe (1749–1832) noch andeutet. Franz Schubert (1797–1828) und Hugo Wolf (1860–1903) vertonten es.

Musik: *Die Liebe der Danae* ist eine späte, wenig beachtete Oper von Richard Strauss (1864–1949) und erzählt die Geschichte des verarmten Königs Pollux, der alle Hoffnung in seine schöne Tochter Danaë setzt. Sie soll die Frau des Königs Midas werden. Diesen Nebenbuhler versucht Jupiter dadurch abzulenken, dass er ihm die Fähigkeit verleiht, alles zu Gold zu verwandeln, was er mit seinen Händen berührt.

Bildende Kunst: Danaë und der Goldregen war ein beliebtestes Thema in der bildenden Kunst der Renaissance. Tizian bildete Danaë auf vier seiner Werke ab. Außerdem wurde sie von Corregio (1489–1534), Museo e Galleria Borghese Rom, und Tintoretto (1518–1594), Musée des Beaux-Arts Lyon, gemalt. Rembrandt (1606–1669) abstrahierte den Goldregen zu einem einfallenden Lichtstrahl, Eremitage, St. Petersburg. Ein bekanntes Bild des österreichischen Malers Gustav Klimt (1862–1918) trägt den Titel *Danae*.

 EMPFEHLUNG

Lesenswert:
Vergil: *Aeneis*, Stuttgart 1999.

Francesco Petrarca: *Canzoniere*. Auswahl, Italienisch/Deutsch. Mainz 1988.

Johann Wolfgang von Goethe: *Ganymed*. In: Gedichte, Auswahl und Einleitung von Stefan Zweig. Stuttgart 1975.

Hugo von Hofmannsthal: *Danae*. In: Gesammelte Werke in zehn Einzelbänden, Band 5: Operndichtungen. Frankfurt/Main 1979.

Hörenswert:
Ovid: *Metamorphosen*. Sprecher: Peter Simonischek. 6 CDs, Düsseldorf 1999.

Franz Schubert: *Ganymed*. Lieder. Jessye Norman und Phillip Moll. 1984/1985. Audio-CD.

Hugo Wolf: *Ganymed*. Goethe-Lieder. Mitsuko Shirai und Hartmut Höll, 1998. Audio-CD.

Richard Strauss: *Die Liebe der Danae*. Wiener Philharmoniker/Krauss. 3 Audio-CDs, 1959.

 AUF DEN PUNKT GEBRACHT

Die Erzählungen von den erotischen Abenteuern des Zeus sind zahlreich; besonders interessant sind die Verwandlungen, die sich der Gott darin einfallen lässt – so tritt er einmal als Goldregen, ein andermal als Schwan auf.

Diana, die jungfräuliche Jägerin

Ihr lateinischer Name Diana ist heute noch ein beliebter Vorname, und fast jeder hat eine bildliche Vorstellung von ihr: eine junge sportliche Frau, die einen Bogen in der Hand und einen Köcher auf dem Rücken trägt und als Jägerin, von Hunden begleitet, durch die Wälder zieht. Die Griechen nannten diese Göttin Artemis, und die Geschichten, die sie sich von ihr erzählten, kreisten vor allem darum, dass sie sich, notfalls mit Gewalt, stets der Zudringlichkeit der Männer zu erwehren wusste. Die olympischen Götter spielen ihre Rollen in einer regelrechten Familien-Soap-Opera: Zeus ist der autoritäre Vater, Hera die oft betrogene und eifersüchtige Mutter, Aphrodite ist die verheiratete große Tochter mit vielen Männeraffären und Diana selbst die jüngere Tochter, die die Männer und mehr noch die Idee, sich einem von ihnen in der Ehe zu unterwerfen, verabscheut. Ihr Bruder Apoll wacht, wie es im Mittelmeerraum die Brüder heute noch oft tun, eifersüchtig darüber, dass niemand seine Schwester anfasst. Und da Götter ebenso wenig wie die Figuren einer Soap-Opera altern, bleibt es bei diesen Rollen. Der Part der Jungfrau ist für Diana allerdings nur in den mythischen Erzählungen festgeschrieben; im religiösen Kult erscheint sie dagegen auch in ganz anderen Gestalten.

Eine stolze junge Frau, die von Männern nichts wissen will, hat natürlich Freundinnen, mit denen sie ihrem Hauptvergnügen nachgehen kann: sich über das andere Geschlecht lustig zu machen. So finden wir Diana immer mit einem Gefolge von Nymphen. Und wehe, wenn eine von ihnen dem Einverständnis der Gruppe zuwiderhandelt und sich mit einem Mann einlässt!

■ Diana verfolgt mit Hunden den in einen Hirsch verwandelten Aktäon. Ausschnitt aus einem Gemälde von Luca Giordano (1634–1705), *Die Jagd der Diana*; Paris, Louvre

■ Jan Brueghel d. Ä. (1568–1625), *Diana und ihre Nymphen nach der Jagd*

Der berühmteste Fall dieser Art war der der Kallisto, die von Zeus selbst geschwängert worden war. Beim gemeinsamen Bad Dianas mit ihren Gespielinnen wurde die Schwangerschaft entdeckt. Mit Schimpf und Schande wurde Kallisto davongejagt und obendrein in eine Bärin verwandelt. In dem Artemisheiligtum von Brauron in Attika verkleideten sich die Priesterinnen noch in der klassischen Zeit als Bärinnen – wohl um einander daran zu erinnern, was passieren konnte, wenn sie der Göttin nicht treu dienten.

Schlimmer aber noch erging es den Männern, die sich der Jungfrau nähern wollten, und dafür sorgte auch Apoll, der es sich zur Aufgabe gemacht hatte, die Ehre seiner Schwester zu beschützen.

Mit Orion, der selbst ein großer Jäger war, verband Artemis eine Jagdfreundschaft. Doch als er mehr wollte, so die schlichte Version des Mythos, tötete die Göttin ihn ohne viel Federlesens. Die schönere und deshalb gewiss wahrere Geschichte aber geht so: Diana hatte sich ernsthaft in Orion verliebt, weshalb Apoll meinte, einschreiten zu müssen. Er lud seine Schwester zu einem Wettkampf im Bogenschießen ein, deutete auf einen fernen Punkt im Meer und sagte zu seiner Schwester, er glaube kaum, dass sie diesen Punkt mit ihrem Pfeil treffen könne. Natürlich konnte sie – aber das, was der Pfeil durchbohrte, war der Kopf Orions, der gerade ein Bad im Meer genommen hatte. Als der Leichnam des Geliebten am Strand angespült wurde, versank Diana in tiefe Trauer und erwies ihrem Geliebten einen letzten Dienst, indem sie ihn an den Himmel versetzte, wo er bis heute als Sternbild zu betrachten ist – was die Wahrheit dieser Version der Geschichte zusätzlich beweist.

BADENDE

Vor allem im Barockzeitalter gehörte »Diana mit Nymphen im Bade« zu den Lieblingsmotiven der Maler. Hier fanden sie einen Vorwand, gleich eine Anzahl schöner Frauen nackt darzustellen. Bei der Szene von der Entdeckung der Schwangerschaft der Kallisto war ein zusätzliches erotisches Prickeln angesagt, und bei der Geschichte von Aktäon konnten sie gleich ihren eigenen Voyeurismus ironisch ins Bild setzen.

■ Jan Brueghel d. Ä., *Landschaft mit Diana und Aktäon*; Stockholm, Nationalmuseum: Aktäon wird entdeckt, wie er Diana und ihre Nymphen belauscht.

Anders als Orion hatte es Aktäon gar nicht auf die Unschuld Dianas abgesehen; er war bloß ein Voyeur. Zufällig hatte er auf der Jagd im Wald die Quelle entdeckt, in der Diana mit ihrem Gefolge badete; er schlich sich heran, belauschte und beobachtete die nackten Schönen. Dabei bekam er auch etwas über die Göttin mit, das niemand wissen durfte: Diana hatte nämlich Chione mit ihrem Pfeil erschossen, eine Sterbliche, die sich gerühmt hatte, schöner zu sein als sie – Diana war bei aller Prüderie eitel genug, um so etwas nicht durchgehen zu lassen. Die Bestrafung Chiones durfte aber nicht bekannt werden, weil sie sowohl die Liebhaberin des Apoll als auch des Hermes gewesen war. Als Aktäon in seinem Versteck entdeckt wurde, war Diana so wütend, dass sie sich eine besonders grausame Todesart für ihn ausdachte: Sie verwandelte ihn in einen Hirsch, der von seinen eigenen Hunden gehetzt und zerrissen wurde.

Diese Geschichten von der jungfräulichen Jägerin passen so gar nicht dazu, dass Artemis/Diana auch eine Fruchtbarkeitsgöttin war. Von den Athenerinnen wurde Artemis als Helferin bei der Geburt angerufen, bei den Römern war Diana eine der wichtigsten Fruchtbarkeits- und Muttergottheiten. Ihren größten Tempel hatte Artemis in Ephesus an der Ägäisküste Kleinasiens.

Er war eines der sieben Weltwunder, und seine riesigen Grundmauern sind bis heute zu sehen. Die Kultstatue der Artemis von Ephesus, die aus vielen verkleinerten Abbildungen bekannt ist, hat so gar nichts von der jugendlichen Jägerin; sie zeigt eine Göttin, bei der sich alles um die Idee der Fruchtbarkeit dreht. Die Mythenforscher haben den Widerspruch so gedeutet: Artemis war wie die italische Diana eine von zahlreichen Muttergöttinnen des Mittelmeerraums. Als ihr Kult unter den Griechen populär wurde, musste sie in den Familienzusammenhang der olympischen Götter eingeordnet werden, und hier war nur noch die Rolle der unverheirateten und um ihre Ehre besorgten jungen Frau zu besetzen.

HEROSTRATOS

Der große Tempel der Artemis in Ephesus, eines der sieben Weltwunder der Antike, wurde errichtet, nachdem der Vorgängerbau 356 v. Chr. abgebrannt war. Ursache war Brandstiftung. Ein gewisser Herostratos hatte nur aus einem Grunde Feuer an ihn gelegt: um berühmt zu werden. Das ist ihm tatsächlich gelungen. Denn Herostratos ist ein Lehrbeispiel dafür geblieben, zu welchen absurden Blüten das traditionelle Streben der Griechen nach Unsterblichkeit im Gedächtnis der Nachwelt führen konnte.

DIANA, DIE JUNGFRÄULICHE JÄGERIN

ÜBERLIEFERUNG

Quellen: Kallimachos (3. Jahrhundert v. Chr.), der bedeutendste hellenistische Dichter, schrieb mehrere Götterhymnen und widmete eine von ihnen der Göttin Artemis. Seine Hymne beschreibt Artemis ausführlicher als die kurze Hymne an Artemis, die Homer schon im 7. Jahrhundert v. Chr. gedichtet hatte und von der sich Kallimachos inspirieren ließ. In Homers kurzem Lobgesang erscheint Artemis mit Pfeil und Bogen, im goldenen Wagen dahinjagend. Darüber hinaus befasst sich der griechische Dichter Euripides (um 485–406 v. Chr.) mit der Jagdgöttin, so in *Hippolytos* und in seinen beiden Iphigenie-Tragödien. Von Dianas Jagdgefährtin Kallisto, die von Jupiter verführt wurde, erzählt Ovid im 2. Buch der *Metamorphosen*. Sie war nach der Entdeckung ihrer Schwangerschaft von ihren Gefährtinnen verstoßen und von Juno, Jupiters Frau, in eine Bärin verwandelt worden. In dieser Gestalt irrte Kallisto in ständiger Angst vor den Jägern durch die Wälder, in denen sie früher selbst jagte. Jupiter rettete sie schließlich und nahm sie in den Himmel auf als Sternbild des Großen Bären. Die Geschichte von Aktäon und seiner Verwandlung in einen Hirsch ist bei Ovid im 3. Buch nachzulesen.

Literatur: Die Göttin Diana lebt in verschiedener Weise in der mittelalterlichen Literatur weiter: Im Volksglauben galt sie als dämonische Anführerin der Hexen, bei dem italienischen Dichter Dante Alighieri (1265–1321) ist sie die Personifikation der Keuschheit. In Giovanni Boccaccios (1313–1375) Gedicht *La caccia di Diana* gehen Hofdamen aus Neapel auf die Jagd. In der Literatur der Neuzeit ist Diana als Verkörperung von Jungfräulichkeit, aber auch von Freiheitsstreben anzutreffen wie in Heinrich Manns (1871–1950) Romantrilogie *Die Göttinnen*. In dem Roman *Diana vom Kreuzweg* des englischen Schriftstellers George Meredith (1828–1909) steht die Hauptperson für den Kampf um die weibliche Emanzipation.

Kunst: Außer mit Pfeil und Bogen wird die Göttin Diana auch mit einer hoch erhobenen brennenden Fackel abgebildet, mit der sie durch die Wälder läuft; oft wird sie dabei von einer Hündin begleitet. Die Geschichte mit Aktäon stellte der italienische Bildhauer und Baumeister Filarete (um 1400–1469) auf einer Bronzetür des Petersdoms in Rom dar. Bilder zum selben Thema malten u.a. Tizian (um 1488–1576), National Gallery of Scotland, Edinburgh, Veronese (1528–1588), Museum of Art, Philadelphia, Annibale Carracci (1560–1609), Musée d'Art Ancien, Brüssel, und Giovanni Battista Tiepolo (1696–1770), Galleria dell'Accademia, Venedig.

EMPFEHLUNG

Lesenswert:
Ovid: *Metamorphosen*. In der Übertragung von Johann Heinrich Voss. Mit Radierungen von Pablo Picasso. Frankfurt/Main 1990.

Heinrich Mann: *Die Göttinnen*. Die drei Romane der Herzogin von Assy. Frankfurt/Main 1987.

Hörenswert:
Ovid: *Metamorphosen*. In Prosa neu übersetzt von Gerhard Fink. Sprecher: Peter Simonischek. 6 Audio-CDs, Düsseldorf 1999.

AUF DEN PUNKT GEBRACHT

Diana gehört zu den wichtigsten Göttergestalten des antiken Mythos. Als große Jägerin taucht sie in Literatur und Kunst immer wieder auf; dies ist aber nicht die einzige Rolle, die sie spielt.

Gott des Blutrauschs und der Sinnenfreude: Dionysos

Dionysos, den die Römer Bacchus nannten, ist als Gott des Weines und trinkseliger Fröhlichkeit bekannt. Der Dionysos des Mythos ist allerdings viel weniger harmlos als der freundliche dickbäuchige ältere Herr mit dem Rebenkranz auf dem Kopf und einem Weinglas in der Hand, der häufig auf Weinetiketten oder Kneipenschildern abgebildet ist. Er ein mystischer Erlösergott, der von den Toten aufersteht, er ist ein animalischer Gott, in dessen Erscheinung Mensch und Tier ineinander verschwimmen, er ist der Gott des Rausches und des Obszönen, grausam und lustvoll zugleich, und er ist der erklärte Feind aller allzu ordnungsliebenden Menschen, die er bei ihren verborgenen Begierden packt und in den Wahnsinn treibt.

Natürlich ist Dionysos auch der Gott des Weines, und sein mythischer Siegeszug dokumentiert den historischen Siegeszug des Weinbaus in Europa. Wie der Wein, so gelangte auch Dionysos erst lange nach den Anfängen der griechischen Kultur und damit nach den übrigen Göttern in die griechische Welt; deshalb musste er sich seinen Platz unter den olympischen Göttern erst erkämpfen. Und da Dionysos ein fremder Gott war, musste der Mythos eine Verwandtschaftsbeziehung zwischen ihm und der himmlischen Familie des Zeus herstellen. Und damit beginnt die mythische Erzählung.

In seiner ursprünglichen Heimat, die man im kleinasiatischen Phrygien ausgemacht hat, war Dionysos der Sohn der Frucht-

■ Dionysos/Bacchus als Inbegriff barocker Sinnenfreude: Der *Bacchus* von Caravaggio (1573–1610); Florenz, Uffizien

barkeitsgöttin Semele. Die Griechen machten aus Semele eine Sterbliche, die Tochter des sagenhaften Kadmos, des Gründers von Theben. Zeus selbst war es, so wird erzählt, der mit Semele den Dionysos zeugte. Hera, Zeus' Gemahlin, blieb der Seitensprung nicht verborgen, und voller Eifersucht begab sie sich zu Semele. Sie nahm die Gestalt einer alten Amme an und erwarb so das Vertrauen der Schwangeren. Listig fragte sie Semele, ob sie eigentlich wisse, wer ihr Liebhaber sei. Wahrheitsgemäß verneinte die Prinzessin, die Zeus nie gesehen hatte, denn der Gott hatte sich ihr nur nachts genähert. Da erklärte ihr Hera, dass er sich ihr zeigen müsse, wenn er es ehrlich mit ihr meine. Sie wusste aber, dass eine Sterbliche den Anblick des Gottes nicht würde ertragen können. Semele bedrängte ihren Liebhaber nun, sich ihr voll und ganz zu offenbaren. Zeus zögerte, doch als sie ihm daraufhin das ersehnte Liebesvergnügen verweigerte, wurde der Gott zornig und zeigte sich ihr in Blitz und Donner. Semele verbrannte wie eine Motte im Licht. Dem schnellen Eingreifen des Hermes war es zu verdanken, dass wenigstens das Sechsmonatskind, das sie im Leib trug, gerettet wurde. Er nähte es in den Schenkel des Zeus ein, und als die Zeit gekommen war, gebar Zeus den Dionysos.

Heras Eifersucht war mit dem Tod der Semele jedoch keineswegs besänftigt. Sie befahl den riesenhaften Titanen, das Neugeborene zu töten. Die ungeschlachten Riesen rissen das Kind in Stücke und kochten diese in einem Kessel. Da erbarmte sich die Titanin Rhea, die Mutter des Zeus, ihres Enkels und setzte die Teile wieder zusammen. Dionysos – was die Griechen sich mit »der zweimal Geborene« über-

■ *Zeus und Semele*, die Eltern des Dionysos, wie sie sich für den symbolistischen Maler Gustave Moreau (1826–1898) darstellten; Paris, Musée Gustave Moreau

■ Silen mit dem Dionysosknaben, hellenistische Marmorstatue; Rom, Palatin, Antiquarium

setzten — wurde durch dieses Wunder endgültig zum Unsterblichen.

Dennoch musste der junge Gott weiter vor Heras Zorn geschützt werden. Rhea gab ihn der Unterweltsgöttin Persephone in Pflege, und die brachte ihn zu König Athamas von Orchomenos und dessen Frau Ino. Die beiden zogen das Zeuskind zur Tarnung als Mädchen auf. Doch auch dies entging dem scharfen Blick Heras nicht. Sie strafte das Königspaar, indem sie es mit Wahnsinn schlug. Athamas hielt seinen Ziehsohn abwechselnd für einen Hirsch, einen Löwen oder einen Ziegenbock und versuchte ihn zu töten, und Ino stürzte sich von einer Klippe ins Meer. Wiederum war es Hermes, der das göttliche Kind aus der Gefahr, in der es schwebte, rettete. Er verwandelte es in ein Zicklein und vertraute es den Nymphen des sagenhaften Berges Nysa an. Hier war es, dass Dionysos den Weinbau erfand. Die Nymphen aber blieben ihm treu und bildeten von nun an als Mänaden sein wildes Gefolge.

Als Hera Dionysos erneut entdeckte, ließ sie ihn von Piraten entführen. Doch das Schiff der Seeräuber blieb während der Fahrt plötzlich reglos auf den Wellen liegen, Flötenmusik erklang, um die Ruder rankten sich Efeu und Wein, Schlangen ringelten sich um den Mast, und Löwen und Panther gingen auf Deck spazieren. Voller Entsetzen sprangen die Räuber ins Meer. Sie wurden in Delphine verwandelt, die deshalb bekanntlich etwas sehr Menschliches haben.

Nun griff Hera zu einem letzten Mittel: Sie schlug Dionysos selbst mit Wahnsinn. Doch was eine Strafe für ihn sein sollte, erwies sich als sein Triumph: Von seinem göttlichen Wahn beseelt, stürmte er mit seinem Gefolge aus wilden blutrünstigen Mänaden und lüsternen bocksbeinigen Satyrn von Land zu Land, um die Welt seinem neuen

■ Der jugendliche Bacchus führt, auf einem Löwen reitend, seinen Triumphzug an. Römisches Mosaik des 2. Jhs. aus El Djem in Tunesien; El Djem, Archäologisches Museum

Kult des Rauschs zu unterwerfen. Das Feldzeichen dieses Heerzugs war ein mit Efeu umwickelter und von einem Pinienzapfen bekrönter Stab. In Ägypten griff das Gefolge des Dionysos in den Kampf der Götter gegen die Titanen ein, dann wandte sich das ekstatische Heer nach Osten. Auf einer Brücke aus Efeu und Weinreben überquerte es den Euphrat und zog, gewalttätig und immer siegreich, bis nach Indien. Und überall lehrte Dionysos die Menschen, Wein anzubauen, und erließ neue Gesetze. Nach seiner Rückkehr besiegte er die Amazonen und richtete ein Blutbad unter ihnen an. Dann kehrte er über Phrygien, die Landschaft, zu der er eine besondere Beziehung hatte, zurück nach Griechenland, wo er bei seiner Großmutter Rhea Heilung von seinem Wahn und Entsühnung für die im Wahnsinn begangenen Morde suchte. In Thrakien stellte sich ihm König Lykurgos entgegen und brachte dem Heer des Dionysos eine erste Niederlage bei. Dionysos selbst entkam mit knapper Not. Seine Rache war bitter, und die Weise, in der er sie übte, bezeichnend für ihn: Er stürzte Lykurgos in den Wahnsinn. Der versuchte in seiner Umnachtung, seine Mutter zu vergewaltigen, und als er merkte, was er getan hatte, verfluchte er den Wein,

DIONYSOS, DER ERLÖSER

In der »orphischen« Geheimreligion, die vor allem in der späten Antike zahlreiche Anhänger hatte, wurde besonders des Leidens des Dionysos und seiner Auferstehung aus Schmerz und Tod gedacht. Dieser Kult ähnelte dem des ägyptischen Osiris, der ebenfalls zerstückelt worden und von den Toten auferstanden war. Viele Elemente beider Mysterienkulte erinnern an die frühe Christusreligion, und so ist Dionysos auch immer wieder mit Christus verglichen worden, zum Beispiel in der Dichtung Friedrich Hölderlins.

■ Dionysos reitet auf einem Panther. Mosaik aus der römischen Zeit, Delos, Museum

den Dionysos gebracht hatte, und hieb seinen Sohn in Stücke, weil er ihn für einen Weinstock hielt. Mit dieser Untat hatte er auf sein ganzes Reich einen Fluch geladen, und Dionysos bestand darauf, dass dieser erst wieder aufgehoben werden könne, wenn die Thraker ihren König töteten. Sie ließen ihn von wilden Pferden zerreißen und auffressen.

Der nächste ernsthafte Gegner, der sich dem Dionysos entgegenstellte, war König Pentheus von Theben, der Nachfolger des Kadmos. Ihm missfiel es, dass die Frauen in Scharen diesem wüsten Gott zuliefen. Doch auch er verfiel seinem Bann. Es drängte ihn, als Frau verkleidet heimlich von einem Baum aus dem wilden Treiben der Mänaden zuzuschauen. Er wurde in seinem Versteck entdeckt und in Stücke gerissen. Seine eigene Mutter war die Eifrigste bei diesem schrecklichen Mord.

Und das war noch nicht das Ende der blutigen Kampagne. In Argos, dessen Bewohner sich weigerten, den Gott zu verehren, hielt Dionysos ein grausames Strafgericht: Die Männer wurden zuhauf getötet, und ihre Frauen streiften wahnsinnig im Land umher und verschlangen ihre eigenen Kinder. Erst der Held Perseus konnte den Gott besänftigen, indem er mit dem Bau eines Tempels zu seinen Ehren begann.

Erst auf der Insel Naxos kam der Gott zur Ruhe, nachdem er die schöne kretische Prinzessin Ariadne geraubt hatte, die von dem treulosen Helden Theseus hier einsam zurückgelassen worden war. Er heiratete sie, und sie gebar ihm zahlreiche Kinder.

In einem rauschhaften Siegeszug hatte Dionysos der Welt und

DIE DIONYSIEN

In Athen wurden zu Ehren des Gottes die Dionysien gefeiert. Aus einem wilden Karneval, in dem die sonst aus der Öffentlichkeit weitgehend verbannten Frauen eine zentrale Rolle spielten, entwickelte sich in der klassischen Zeit eine Art jährliches Theaterfestival. Bei den Aufführungen wechselten anzüglich witzige Komödien mit düster-blutrünstigen Tragödien (was wörtlich »Bocksgesang« heißt, in Erinnerung an die halb tierischen Begleiter des Dionysos). Komödie und Tragödie stehen für die zwei Seiten des Gottes: die orgiastisch-lebenslustige und die schicksalhaft-gewalttätige.

■ Satyr und Mänade aus dem Gefolge des Dionysos, von einer attischen rotfigurigen Amphore, um 510 v. Chr.; Paris, Louvre

den Göttern gezeigt, wer er war. Seine alte Widersacherin Hera musste ihren Frieden mit ihm machen, und die bescheidenste unter den Göttinnen, Hebe, räumte zu seinen Gunsten ihren Platz an der olympischen Tafel. Als einer der großen Götter hatte er nun sogar die Macht, seine Mutter Semele aus dem Tartaros zu erlösen und unter die Unsterblichen aufzunehmen.

Der Triumph des Dionysos galt schon in der Antike als Symbol für den Sieg der Sinnlichkeit über den strengen Geist von kriegerischer Disziplin und prüder Moral. Und genau in diesem Sinne wurde sein Mythos in der europäischen Renaissance wiederentdeckt: als Gegenmodell zur christlichen Sittenstrenge. Am Ende des 19. Jahrhunderts verkündete der Philosoph Friedrich Nietzsche, dass zu einem erfüllten Menschsein das ungezügelte »Dionysische« ebenso gehöre wie das diszipliniert-ordnende »Apollinische«, und wenig später erhärtete der Seelenforscher Sigmund Freud diese These mit der Beobachtung, dass »wahnsinnig« – neurotisch – wird, wer seine Triebregungen fortwährend zu unterdrücken sucht.

■ Die Meerfahrt des Dionysos: Die Seeräuber, die Dionysos entführen sollten, umspringen, in Delphine verwandelt, das Schiff, aus dem der Wein wächst. Attische Schale des Exekias, um 530 v. Chr.; München, Staatliche Antikensammlung

■ Tanzende Mänade und Satyr, Ausschnitt aus dem in Köln gefundenen römischen Dionysos-Mosaik; Köln, Römisch-Germanisches Museum

GOTT DES BLUTRAUSCHS UND DER SINNENFREUDE: DIONYSOS

ÜBERLIEFERUNG

Quellen: Zu den wichtigsten literarischen Quellen der Sagen um Dionysos gehören drei Hymnen Homers. Die längste von ihnen beschreibt den Überfall der Seeräuber auf Dionysos. Euripides' (um 485–406) letzte Tragödie *Die Bakchen* führt die Gefahr von Ekstase und Verführung vor. In der Komödie des griechischen Dichters Aristophanes (445–385 v. Chr.) *Die Frösche* spielt Dionysos eine Rolle als Theatergott. Von der Zeugung, Geburt und Kindheit des Dionysos berichtet der römische Dichter Ovid (43 v. Chr. – 18 n. Chr.) im 3. Buch der *Metamorphosen*. Eine andere, ausführliche Quelle für den Mythos des Dionysos ist das Epos *Dionysiaka* von Nonnos aus Panopolis in Ägypten (geb. um 400). Das Werk umfasst 48 Gesänge und entspricht damit dem Umfang von Homers *Ilias* und *Odyssee* zusammen.

Literatur: Manche deutsche Romantiker, wie z.B. Friedrich Hölderlin (1770–1843) in seiner Elegie *Brot und Wein*, sahen in Dionysos den »kommenden Gott«. Eine andere Fassung von Hölderlins Gedicht trägt den Titel *Der Weingott*. Der Philosoph Friedrich Nietzsche (1844–1900) stellt das »Dionysische« in seiner Schrift *Die Geburt der Tragödie* dem »Apollinischen« gegenüber.

Musik: Als berühmteste musikalische Verarbeitung des Dionysos-Mythos gilt die Oper *Ariadne auf Naxos* von Richard Strauss (1864–1949), nach einem Text des österreichischen Dichters Hugo von Hofmannsthal (1874–1929). Den Mythos der Ariadne, die von Theseus auf der Insel Naxos allein zurückgelassen wurde und die Dionysos erlöste und zu seiner Frau nahm, verarbeitete Hofmannsthal in einer heiteren Handlung.

Bildende Kunst: Abbildungen zeigen Dionysos mit Weinstock und Thyrsosstab, einem Stock, der mit einem Pinienzapfen gekrönt und mit Weinreben und Efeu umwunden ist. Oft trägt er lange orientalische Kleider, manchmal reitet er auf einem Panter, oder ein Panter zieht seinen Wagen. Zu seinem Gefolge gehörten die Satyrn, männliche Dämonen mit Hufen, Pferdeohren und -schwanz, die lüstern den Nymphen nachstellten. Später wurde der Themenkreis erweitert durch Bilder, die Dionysos als Theatergott darstellen. Semele und die Geburt des Dionysos bildeten die italienischen Maler Tintoretto (1518–1594), Galleria Estense, Modena, und Iacopo Amigoni (um 1675–1752), Herzog Anton Ulrich Museum, ab. Die Verwandlung der Seeräuber in Delphine thematisierte der italienische Bildhauer und Baumeister Filarete (um 1400–1469) auf einer Bronzetür des Petersdoms in Rom.

EMPFEHLUNG

Lesenswert:
Aristophanes: *Die Frösche*. Stuttgart 1951.

Friedrich Hölderlin: *Brot und Wein*. In: Gedichte. Stuttgart 1977.

Friedrich Nietzsche: *Die Geburt der Tragödie aus dem Geiste der Musik*. Nachwort von Peter Sloterdijk. Frankfurt/Main 2000.

Hörenswert:
Richard Strauss: *Ariadne auf Naxos*. Philharmonia Orchestra London/Karajan, 1954. 2 Audio-CDs.

Richard Strauss und Hugo von Hofmannsthal: *Briefwechsel*. Über die schöpferische Freundschaft zur Entstehung der Opern Ariadne auf Naxos u.a. sowie Auszüge aus den Opern. Sprecher: Rolf Boysen und Peter Lieck. Audio-CD.

Sehenswert:
Ariadne auf Naxos, Metropolitan Opera New York/Levine, 1988. Videocassette.

AUF DEN PUNKT GEBRACHT

Dionysos, der Gott für Sex, Gewalt und Drogen, gehört zu den faszinierendsten Gestalten des Mythos; seinem Kult verdanken wir die größten Werke der antiken Literatur.

Die Dioskuren

■ Dioskur – Inbegriff tapferer Männlichkeit; Griechische Statuette, um 300 v. Chr.; Neapel, Museo Nazionale

Kastor und sein Bruder Polydeukes, der unter seinem lateinischen Namen Pollux bekannter ist, wurden die Dioskuren genannt, das heißt »die Jungen des Zeus«. Sie waren Lieblinge des Göttervaters, aber auch Lieblinge des antiken Publikums, und nur wenige mythische Gestalten wurden häufiger besungen und auf Vasen oder als Statuen abgebildet. Ihre Beliebtheit in der klassischen Zeit erklärt sich daraus, dass sie besser als andere Helden die Lebensform der jungen Angehörigen des Kriegeradels alter Zeiten verkörperten. Diese Lebensweise war in der Zeit der Demokratie zwar längst überholt; dennoch fühlte sich die Jugend der Oberschicht in romantischer Weise zu ihr hingezogen – so wie mancher noch heute am liebsten mittelalterlicher Ritter wäre. Auch die Dioskuren waren so etwas wie Ritter, das heißt Streitwagenlenker und Rossebändiger, und deshalb wurden sie meist mit Pferden dargestellt. Der Streitwagen, von dem aus noch die homerischen Helden kämpften, spielte in der klassischen Zeit militärisch keine Rolle mehr, aber für die Kinder der reichen Griechen war das Wagenrennen der aufregendste Sport.

Die Dioskuren hatten auch Familiensinn, wie er vor allem in den Familien des alten Adels gepflegt wurde, der längst an politischem Einfluss verloren hatte. Sie hielten zusammen wie Pech und Schwefel und stritten wie ein Mann auch für die Ehre ihrer Schwester Helena. Und schließlich waren sie Rowdys, für die der Diebstahl ganzer Viehherden ein Spaß war, und Draufgänger, die nichts lieber taten, als sich in lebensgefährliche Situationen zu bringen – kurz, sie waren die Traumhelden für jedes wohlbehütete Stadtkind und für dessen Eltern stets ein gutes Beispiel dafür, dass Brüder zusammenhalten müssen.

Kastor und Polydeukes galten als Söhne des spartanischen Königs Tyndareos und seiner Frau Leda. Das stimmte nicht genau, denn eines Tages hatte Zeus ein Auge auf Leda geworfen, sie in der Gestalt eines Schwans besucht und geliebt. Als Zeus' Kinder von

ROSSEBÄNDIGER

Wie manche der ältesten mythischen Helden werden Kastor und Polydeukes als großartige Rossebändiger und damit auch Pferdezüchter gepriesen. Dies weist auf die älteste Zeit des Griechentums hin. Damals bestand die herrschende Schicht aus den Besitzern von Streitwagen, die nur der gut zu lenken vermochte, der die richtigen Pferde hatte und diese gut trainierte. Da Pferde viel Weideland brauchen, waren die Angehörigen des Streitwagenadels auch die größten Grundbesitzer. Der alte Adel Griechenlands hielt sich auch später noch viel auf seinen Pferdeverstand zugute.

■ Die Dioskuren als Reiter, auf einem rotfigurigen Gefäß aus Attika, um 450 v. Chr.

Leda galten zumeist Polydeukes und seine wunderschöne Schwester Helena, um derentwillen der trojanische Krieg geführt wurde, während man von Kastor und seiner anderen Schwester Klytämnestra – die die unglückselige Frau des Aga-

■ Einer der berühmten Dioskuren mit seinem Ross auf dem Kapitol in Rom, späte Kaiserzeit

■ Frauenraub – auch in der Barockzeit ein beliebtes Thema: Peter Paul Rubens (1577–1640), *Der Raub der Töchter des Leukippos durch die Dioskuren*; München, Alte Pinakothek

memnon wurde, des griechischen Heerführers vor Troja – annahm, sie seien die natürlichen Kinder des Tyndareos gewesen. Als ganz junge Männer schon steckten Kastor und Polydeukes voller Abenteuerdrang, und so schlossen sie sich der Expedition der Argonauten an, die unter dem Kommando des Jason mit ihrem Schiff Argo in das ferne Kolchis fuhren, wo sie das berühmte Goldene Vlies erbeuten wollten. Während der Fahrt nach Kolchis tat sich vor allem Polydeukes hervor, und zwar als Boxer, der einem Barbarenkönig mächtig zusetzte, der die Griechen mit der bloßen Faust erschlagen wollte. Nach der Rückkehr aus Kolchis gehörten sie zu den Jägern des gefährlichen Kalydonischen Ebers, den Herakles schließlich erlegte, und sie

legten sich mit niemand Geringerem als dem athenischen Helden Theseus an, nachdem der ihre Schwester Helena entführt hatte. Als Jungfrau brachten sie sie nach Hause zurück. Sie selbst waren Frauen gegenüber freilich nicht zimperlicher als der Athener: Gewaltsam entführten sie Phoibe und Hilaeira, die Töchter ihres Onkels Leukippos. Natürlich taten sie es gemeinsam und teilten sich brüderlich die schöne Beute. Da der Brautraub in diesen mythischen Zeiten eine ebenso normale Form der Eheanbahnung war wie im sizilianischen Mafiamilieu angeblich noch heute, gründeten sie mit ihren Kusinen Familien. Allerdings hatten sie sich mit der Entführung gefährliche Feinde gemacht – auch dies erinnert an moderne Mafiageschichten –, nämlich die Brüder der Frauen, Idas und Lynkeus.

Die beiden taten zunächst so, als wollten sie Freundschaft mit Kastor und Polydeukes schließen, und unternahmen mit ihnen einen gemeinsamen Viehdiebstahl. Doch bei der Verteilung der Beute brachen sie einen Streit vom Zaun. Idas verkündete ohne Vorwarnung, dass die halbe Beute dem gehören solle, der am schnellsten ein viertel Pferd aufessen könne. Wer als zweiter mit seinem Viertel fertig sei, solle die andere Hälfte bekommen. Natürlich wusste er, dass er und sein Bruder in puncto Appetit nicht zu schlagen waren, und so zogen die Söhne des Leukippos mit der gesamten geraubten Herde davon.

Die Rache der Dioskuren ließ nicht lange auf sich warten: Bei der nächsten Gelegenheit raubten sie ihrerseits die gesamte gestohlene Viehherde. Doch Idas und Lynkeus nahmen sofort die Verfolgung auf. Dabei kam ihnen zugute, dass Lynkeus Augen hatte wie ein Luchs – das besagt schon sein Name. Die Dioskuren wurden also gestellt, und es kam zu einem schrecklichen Kampf. Beide Brüderpaare hätten dabei ihr Leben eingebüßt, heißt es in der wohl

■ Klassizistische Zeichnung des Kopfes einer der Dioskurenstatuen auf dem Quirinalplatz in Rom, die aus der Kaiserzeit stammen

DER REICHTUM DER HERDEN

Der Besitz großer Herden war in der griechischen Frühzeit das Symbol des Reichtums schlechthin. Während kleine Bauern ihre schlechten Äcker bebauten und Kleinvieh hielten, herrschten die Reichen über die Ebenen, wo sie ihre Rinderherden weiden ließen. Wenn es zum Streit zwischen den Angehörigen der mächtigen Familien kam, so ging es meist um Vieh und Weideland. Deshalb wissen viele Mythen von kühnen Viehdiebstählen zu berichten.

älteren Version des Mythos. Aber eigentlich, so stellten andere Mythenerzähler fest, ging das nicht, denn zumindest Polydeukes war doch ein Sohn des Zeus und hatte damit Anspruch auf Unsterblichkeit. Und dies führt uns zum rührendsten Teil des Dioskurenmythos: Danach war Polydeukes so untröstlich darüber, seinen Bruder im Schattenreich des Tartarus zu wissen, während er unter den Unsterblichen weilte, dass sein Vater Zeus ein Einsehen hatte. Er erlaubte, dass das unzertrennliche Brüderpaar seine Zeit gemeinsam abwechselnd im Tartarus und auf dem Olymp verbrachte.

Und so wurden die Dioskuren zum Vorbild für alle Brüder- und alle Freundespaare, die sich durch nichts auseinander dividieren lassen.

■ Vielleicht die Dioskuren, vielleicht aber auch das ganz ähnliche Brüderpaar Kleobis und Biton stellt diese monumentale Gruppe aus der frḧarchaischen Zeit (Anfang des 6. Jhs. v. Chr.) dar. Delphi, Museum

■ Ein klassizistischer Dioskur von Friedrich Tieck auf dem Dach des von Schinkel erbauten Alten Museums in Berlin

DIE DIOSKUREN

 ÜBERLIEFERUNG

Quellen: Die Herkunft von Kastor und Polydeukes wird unterschiedlich erzählt. In der einen Version galten sie als die Söhne des spartanischen Königs Tyndareos und seiner Frau Leda. Einer anderen Überlieferung zufolge, auf die sich auch Euripides (um 480–406 v. Chr.) in seiner Tragödie Helena bezieht, liebte der in einen Schwan verwandelte Zeus Leda. Er zeugte Helena und die Dioskuren, die aus einem Ei geboren wurden. Nach einer weiteren Version waren nur Helena und Polydeukes die Kinder von Zeus und Leda und wurden aus einem Ei geboren; Kastor und Klytämnestra dagegen galten als Nachkommen von Leda und Tyndareos. Der homerische Hymnus An die Dioskuren besingt die Brüder als Retter der Seefahrer im Unwetter; im Sturm erscheinen sie plötzlich über dem Meer mit goldschimmernden Flügeln. Einen weiteren Hymnus auf die Dioskuren dichtete der griechische Dichter Theokrit (um 310–250 v. Chr.).

Literatur: In der mittelalterlichen Literatur wird im Zusammenhang mit den Dioskuren vor allem die Geschichte von ihrer Zeugung und Geburt erzählt. Sie kommt vor in der Geschichte der Zerstörung Trojas, einem Handbuch der Sagen um Troja aus dem 13. Jahrhundert, das der Jurist Guido delle Colonnes (um 1210 – nach 1287) verfasst hat. Von den Dioskuren spricht auch Giovanni Boccaccio (1313–1375) in seiner epischen Dichtung Teseida. Der französische Dichter Pierre de Ronsard (1524–1585) widmete Kastor und Polydeukes eine Hymne.

Musik: Der französische Komponist Jean Philippe Rameau (1683–1764) schrieb eine Oper mit dem Titel Castor und Pollux. Nach dem Tod Kastors verlangt dessen Geliebte Telaire von Pollux, dass dieser seinen Bruder aus der Unterwelt zurückholen solle. Pollux, der Telaine selbst liebt, ist hin- und hergerissen, entschließt sich aber dennoch, Kastor abzulösen und selbst in die Unterwelt zu gehen. Kastor verspricht ihm, nach einem Tag zurückzukommen. Als er sich gerade auf den Weg ins Schattenreich macht, ertönt ein Donner: Jupiter erscheint und verleiht Kastor und Pollux zum Lohn für ihre selbstlose Liebe die Unsterblichkeit. Er gibt ihnen unter den Sternen des Himmels einen Platz.

Bildende Kunst: Der Kult der Dioskuren kam bereits um das 5. Jahrhundert v. Chr. nach Rom; dort wurde Kastor und Pollux auf dem Forum ein Tempel erbaut. Drei Säulen des Tempels sind noch erhalten. Plastiken der Dioskuren befinden sich auf dem Kapitol und dem Quirinalplatz in Rom. Die berühmteste Darstellung in der Neuzeit ist ein Gemälde von Peter Paul Rubens (1577–1640), das den Raub der Töchter des Leukippos zeigt, Alte Pinakothek, München.

 EMPFEHLUNG

Hörenswert:
Jean Philippe Rameau: Castor et Pollux. English Bach Festival Baroque Orchestra/Farncombe. 2 CDs, 1982.

Carl Maria von Weber: 8 Variationen über das Air aus »Castor und Pollux« u.a. Eva Schieferstein, Klavier, 1994.

Harry Partch: Castor und Pollux, Moderne amerikanische Kammermusik. Ensemble New Band, 1994/95.

 AUF DEN PUNKT GEBRACHT

Die Dioskuren Kastor und Polydeikes gehörten in der klassischen Antike zu den beliebtesten Heroengestalten; sie verkörperten das Ideal eines jungen Kriegers.

Erinnyen

■ Furien quälen einen Besessenen – auf einem Holzschnitt des süddeutschen Petrarcameisters, der im ersten Drittel des 16. Jhs. tätig war.

Erinnyen oder Furien, wie sie auf Latein heißen, sind wilde Frauengestalten. Sie hetzen Menschen zu Tode, die Blutschuld auf sich geladen haben. Sie sind immer zu mehreren, und ihre einzelnen Namen spielen keine Rolle. Bekannt ist nur die Megaira, deren Name als »Megäre« zur Schimpfbezeichnung für eine wütende Frau geworden ist.

Die Erinnyen sind uralte Gottheiten aus der Zeit, als die Rechtsordnung sich weitgehend auf die Familie beschränkte und die Blutrache die einzige Form der Gerichtsbarkeit war. Wenn jemand versäumte, den gewaltsamen Tod eines Angehörigen zu rächen, so musste er damit rechnen, von den Erinnyen gehetzt zu werden, und wenn jemand die heiligen Bande der Familie gewaltsam zerrissen hatte, etwa durch den Mord am eigenen Vater oder der eigenen Mutter, so konnte er sicher sein, dass die Erinnyen

> **DIE GEBURT DER ERINNYEN**
>
> Auch für den Mythos gehören die Erinnyen zu den ältesten Gottheiten. Sie seien, so heißt es, aus dem Blut entstanden, das Uranos, der Himmelsgott und erste Weltherrscher, vergoss, als er von seinem Sohn Kronos entmannt wurde. Zusammen mit ihnen entstanden aus diesem Blut die schrecklichen Giganten.

auch ihn zerrissen. Die Erinnyen verkörpern somit den Geist der Rache ebenso wie das schlechte Gewissen, das einen Vater- oder Muttermörder umtreibt. Sie werden im Zorn angerufen und beängstigen die Friedlichen. Um sie zu besänftigen, wurden sie, die Schrecklichen, seit jeher immer auch schönrednerisch Eumeniden genannt, das heißt: »die Freundlichen«.

Blutfehden sind für jedes Gemeinwesen zerstörerisch, weil sie kein Ende finden können: Ist die Bluttat einer Familie an der anderen oder eines Familienteils an einem anderen blutig gerächt, so muss die andere Partei zurückschlagen, und schreckliche Gewaltakte können über Generationen hinweg ausgetauscht werden. Wo der Staat schwach ist, wo mafiaartige Familienstrukturen vorherrschen, blüht die Blutrache bis heute. Und ein starker Staat muss sie beseitigen, muss sich ein Monopol auf die Rechtsprechung und die Vergeltung zumindest der Gewaltverbrechen sichern.

So kommt es, dass am Beginn der Blütezeit des athenischen Staats, als die alten Großfamilien- und Sippenstrukturen zerstört und durch eine staatliche Rechtsordnung ersetzt wurden, eine Tragödie des großen Aischylos mit dem Titel *Die Eumeniden* entstand, deren Thema die Entmachtung der Erinnyen durch die Stadtgöttin Athene war.

Aischylos hatte sich einen mythischen Rechtsfall herausgesucht, in dem sich die Idee der Blutrache selbst ad absurdum führte, nämlich den des Orest. Orest hatte seine Mutter Klytämnestra getötet. Er musste sie nach dem Gesetz der Erinnyen töten, denn Klytemnästra hatte zusammen mit ihrem Liebhaber Ägisth seinen Vater Agamemnon ermordet, als dieser von Troja zurückkehrte. Bevor er an seiner Mutter das Gesetz der Rache vollzog, zögerte Orest und fragte das delphische Orakel um Rat. Apoll selbst, der Gott des Orakels, trug ihm auf, die zu strafen, die seinen Vater getötet hatten. Bei der Rache an der eigenen Mutter und Ägisth wurde Orest von seiner Schwester Elektra unterstützt. Ägisth, der den Thron des Agamemnon usurpiert hatte, hatte sie erniedrigt und aus dem Palast verbannt.

Nachdem die Geschwister die Tat ausgeführt hatten, die sie

■ Klytämnestra lässt ihren Gemahl Agamemnon töten. Französische Buchmalerei des 15. Jhs.; Paris, Bibliothèque Nationale

■ Erinnye, vom Fries mit dem Kampf der Götter mit den Giganten des um 180 v. Chr. entstandenen Pergamonaltars; Berlin, Pergamon-Museum

DER AREOPAG

Auf dem Areopag-Hügel unterhalb der Akropolis pflegte der Rat des Athener Adels zu tagen, um über die Geschicke der Stadt zu debattieren und Recht zu sprechen. Mit dem Beginn der demokratischen Entwicklung zu Beginn des 5. Jhs. v. Chr. verlor der Areopag allerdings zunehmend seine Befugnisse an die Volksversammlung und die Volksgerichte. Zuletzt war seine Aufgabe nur noch die Blutsgerichtsbarkeit in Mordfällen. Diese Fälle, die stets ganz archaische Gefühle wachriefen, überließen die Athener also bewusst der konservativsten unter ihren staatlichen Institutionen.

■ Psyche, die wegen ihrer Liebe zu Amor den Zorn der Venus auf sich gezogen hat, wird von Furien gepeinigt. Fresko von Moritz von Schwindt (1804–1871) im Gutshaus Rüdigsdorf (Sachsen)

tun mussten, um nicht von den Furien gehetzt zu werden, waren sie Muttermörder und wurden deshalb mit derselben Unerbittlichkeit von den Erinnyen verfolgt. Sie wurden aus ihrer Heimat verbannt und waren in der Fremde vogelfrei. Mehrfach wurde ihnen der Tod angedroht. Orest, der Haupttäter, wurde von den Erinnyen mit Wahnsinn geschlagen. Dennoch gelang es ihm in seiner Not, sich nach Delphi durchzuschlagen. Hier bat er Apoll erneut um seinen Rat. Der Gott verwies ihn nach Athen, wo das dortige Gericht, der Areopag, über ihn urteilen sollte. Die weisen Richter des Areopags waren gespaltener Auffassung über diesen schwierigen Fall, und so gab bei der Abstimmung unter ihnen erst die Stimme der Athene den Ausschlag. Und die Göttin der Weisheit erkannte auf Freispruch. Damit hatte das Gericht den tödlichen Kreislauf der Blutrache unterbrochen und, wichtiger noch, die Blutsgerichtbarkeit aus der Familie herausgenommen und an sich gezogen.

Noch waren die Erinnyen allerdings nicht ganz entmachtet; sie weigerten sich, Orest vollkommen von seinem Wahn zu befreien. Um sie zu besänftigen, musste er noch eine Aufgabe erfüllen, nämlich eine mit Zauberkraft versehene Statue der Artemis aus dem Land der Taurier entwenden und nach Athen bringen. Dieses Abenteuer ging äußerst glücklich aus, denn bei den Tauriern stieß er auf seine zweite Schwester, Iphigenie, die Artemis hierhin entrückt hatte, nachdem Agamemnon sie auf Aulis geopfert hatte. Sie half ihm beim Diebstahl des Götterbilds, und gemeinsam gelangten sie wohlbehalten nach Griechenland zurück. Elektra, die andere Schwester, war inzwischen glücklich mit Orests treuem Freund Pylades verheiratet. Orest selbst wurde König von Mykene und vollbrachte noch manche Heldentat. Die Erinnyen, die ihn verfolgt hatten, waren zu sanften Eumeniden geworden.

ERINNYEN

 ## ÜBERLIEFERUNG

Quellen: Die Sage von der Ermordung Agamemnons durch seine Gattin Klytämnestra und ihren Liebhaber Ägisth sowie die blutige Rache Orests wurde in der griechischen Literatur oft aufgegriffen. Schon Homer erwähnte sie mehrmals in der *Odyssee*. Aischylos (525–456 v. Chr.) verarbeitet die Sage in seiner Tragödientrilogie *Orestie*, die aus den drei Stücken *Agamemnon*, *Die Opfernden am Grab* und *Die Eumeniden* besteht. Im dritten Teil treten die Erinnyen, die Orest verfolgen, als Chor in Erscheinung. Apollon nimmt Orest vor den Rachegöttinnen in Schutz, bis dieser schließlich vom Aeropag von seiner Schuld freigesprochen wird. Auch Euripides (485–406 v. Chr.) verarbeitete den Stoff in seinen Tragödien *Elektra* und *Orest*. Hier aber sind es nach dem Muttermord nicht die Erinnyen, die den vom Wahnsinn befallenen Orest bedrohen, sondern die Bewohner von Argos. Euripides und Sophokles (um 496 – um 406) verarbeiteten den Sagenstoff außerdem in ihren Elektra-Tragödien. Viele von den charakteristischen Zügen, die die Erinnyen in der späteren Literatur tragen, begegnen uns bereits bei Homer: Die Göttin Erinys lebt in der Unterwelt, sie ist von unerbittlicher Härte. Erinnyen erfüllen Flüche (*Ilias*, 9. Buch) und führen Wahnsinn und Verblendung herbei (*Odyssee*, 15. Buch). Im römischen Mythos erscheinen die Erinnyen als Furiae, so bei Ovid im 4. Buch der *Metamophosen*. Die Göttin Juno begegnet den Töchtern der Nacht bei ihrem Abstieg in die Unterwelt; in blutverfärbtem Mantel tritt Theisiphone aus dem Kreis der Furien hervor und versperrt ihr den Weg. Überall an ihrem Körper winden sich giftspeiende schwarze, verknotete Schlangen.

Literatur: In der Literaturgeschichte spielen die Erinnyen kaum eine Rolle. Im zweiten Teil von Goethes *Faust* (1. Akt) treten die drei Furien Alekto, Megära und Tisiphone auf. Der französische Philosoph und Schriftsteller Jean-Paul Sartre (1905–1980) griff in seinem Drama *Die Fliegen* den Mythos wieder auf. In seinem Stück, mit dem er den antiken Stoff radikal umwandelt, geht es um die Unterdrückung eines Volkes und die Überwindung dieses unwürdigen Zustands, dessen sichtbarer Ausdruck die Anwesenheit der ekelhaften Fliegen in der ganzen Stadt ist. Orest beschließt, das Schreckensregime zu beseitigen, und tötet den Herrscher Ägisth und seine Frau Klytämnestra. Orest weist jede Schuld von sich und bekennt sich zu dem Mord, ganz im Bewusstsein seiner »Freiheit«, zu tun, was er für notwenig hält. In Gestalt der Fliegen erscheinen die Erinnyen am Ende des Stücks als seine Begleiterinnen auf dem Weg ins Exil.

 ## EMPFEHLUNG

Lesenswert:
Homer: *Ilias. Odyssee*. Übertragen von Johann Heinrich Voss. Frankfurt/Main 2000.

Aischylos: *Die Orestie*. Übersetzt von Emil Staiger. Stuttgart 1958.

Die Orestie des Aischylos. Übersetzt von Peter Stein. München 1997.

Sophokles: *Elektra*. Stuttgart 1977.

Euripides: *Die bittflehenden Mütter/Der Wahnsinn des Herakles/Die Troerinnen/Elektra*. Düsseldorf 1972.

Ovid: *Metamorphosen*. In der Übertragung von Johann Heinrich Voss. Mit Radierungen von Pablo Picasso. Frankfurt/Main 1990.

Johann Wolfgang von Goethe: *Faust I und II*, Stuttgart 1986.

Jean-Paul Sartre: *Bariona oder Der Sohn des Donners/Die Fliegen*. Reinbek 1991.

Hörenswert:
Ovid: *Metamorphosen*. In Prosa neu übersetzt von Gerhard Fink. Sprecher: Peter Simonischek. 6 Audio-CDs, Düsseldorf 1999.

 ### AUF DEN PUNKT GEBRACHT

Die Verkörperungen der Blutrache spielen gerade in der griechischen Tragödie eine große Rolle; dort erfahren wir auch von ihrer Entmachtung, in der sich der Prozess der Zivilisation widerspiegelt.

Eulen nach Athen tragen

Eulen sind äußerst kluge Vögel, die man immer um Rat fragen kann; das wissen wir alle aus unseren Kinderbüchern. Für die Griechen war die Eule der Vogel der Athene, und ihren bis heute lebendigen Ruf als kluger Vogel hat sie nicht zuletzt von dieser Göttin, die die Schutzherrin der technischen Erfindungen und der Gelehrsamkeit, aber auch die Freundin und Beschützerin aller klugen Menschen war – zum Beispiel des Odysseus. Athene war, wie der Name ja nahelegt, auch die Schutzgöttin Athens und die Lieblingsgöttin der Athener. Kein Wunder also, dass die Athener sich für klüger hielten als alle anderen Menschen. Was anderswo als ganz neue Erkenntnis erschien, war den Athenern schon längst bekannt, und mit solchen Weisheiten hausieren zu gehen ist, so sagt ein altes Sprichwort, als wolle man Eulen nach Athen tragen. Und Eulen nach Athen tragen zu wollen ist, sagen die Engländer, als wolle man Kohlen nach Newcastle tragen, dorthin, wo sie herkommen.

Die Göttin mit der Eule hatte schon von Geburt an etwas, sagen wir, Kopflastiges; sie war im ganz wörtlichen Sinne eine Kopfgeburt: Als Zeus sich gerade zum König der Götter aufgeschwungen hatte, nachdem sein Vater Kronos von ihm entmannt worden war, begehrte er die Titanin Metis zur Frau, die unter Göttern und Menschen die Klügste war. Metis zeigte sich spröde und verwandelte sich in allerlei Gestalten, um Zeus zu entgehen, aber am Ende musste sie sich ihm ergeben. Als sie schwanger war, wurde Zeus durch ein Orakel bedeutet, dass Metis zunächst einem Mädchen das Leben schenken würde, danach aber einem Sohn, der dazu bestimmt sei, Zeus zu entthro-

■ Athene: Mädchenhaft, tapfer und klug. Kopf einer Athenestatue des Myron (5. Jh. v. Chr.); Frankfurt am Main, Liebighaus

nen. Gaia, die Mutter Erde, und Uranos, der Himmel, rieten Zeus, Metis zu verschlingen, um seine Herrschaft zu sichern – so, wie sein Vater Kronos seine Kinder verschlungen hatte. Zeus folgte diesem Rat, aber nach einiger Zeit wurde ihm klar, dass er etwas voreilig gewesen war, denn mit der Mutter hatte er auch die Tochter verschlungen, die ihm gar nicht gefährlich werden konnte. Und die, so war es bestimmt, geboren werden musste. Zeus bekam rasende Kopfschmerzen. Hephaistos, der kunstreiche Handwerker unter den Göttern, musste mit einer Axt den Schädel des Göttervaters spalten, um den Druck zu mildern. Und siehe da, aus dem Haupte des Zeus entstieg Athene, ausgewachsen und in voller Rüstung. Zeus aber liebte keines seiner Kinder mehr als Athene, die er nicht nur gezeugt, sondern unter Schmerzen geboren hatte. Wenn sie ein Anliegen an ihn hatte, so schlug er es ihr niemals ab.

■ Die Eule als Wappenvogel Athens, von einer attischen Münze der Mitte des 5. Jhs. v. Chr.; London, British Museum

Die besondere Nähe zu Zeus machte Athene mächtiger als die meisten anderen Götter, und an Klugheit schlug sie sie alle. Die Liste der Erfindungen, die ihr im Mythos zuerkannt werden, ist imponierend: Sie lehrte die Frauen das Spinnen, Weben und Nähen, Walken, Färben und Sticken. Und sie war eifersüchtig darauf bedacht, als Meisterin dieser textilen Künste auch aner-

■ Das Parthenon, der Athenatempel auf der Akropolis von Athen, erbaut in der großen Zeit der Athener Demokratie in der Mitte des 5. Jhs. v. Chr.

■ Die Eule auf einer attischen rotfigurigen Schale aus dem frühen 5. Jh. v. Chr.; Korinth, Museum

kannt zu sein. Als Arachne, eine Sterbliche, behauptete, sie könne noch besser weben als die Göttin selbst, und diese zu einem Wettkampf herausforderte, ließ sich Athene darauf ein und webte in ihr Tuch Geschichten ein, die davon berichteten, wie Sterbliche bestraft worden waren, die die Götter herausgefordert hatten. Arachne aber webte in ihr Webstück Geschichten von den unmoralischen Abenteuern der Götter. Als Athene dies sah, zerriss sie wütend das Tuch mit den frechen Darstellungen. Arachne aber verwandelte sie in eine Spinne, und als solche webt sie bis heute: Die Spinnentiere heißen in der Zoologie nach ihr Arachniden, Kinder der Arachne.

Den Töpfern brachte Athene das Brennen des Tons zu Gefäßen bei; den Bauern erleichterte sie die Arbeit durch den Pflug, und sie lehrte sie, Öl aus Oliven zu pressen. Sie erfand ferner den Wagen für den Transport von Gütern, und sie vervollkommnete den Schiffbau. Auch für Musik interessiert sie sich: Sie erfand die Flöte und die Posaune und lehrte die richtigen Stimmungsverhältnisse zwischen den Tönen; dies sind in Zahlen ausdrückbare mathematische Verhältnisse, und so wurde auch die Wissenschaft von den Zahlen ihr zugeschrieben – Musik und Mathematik waren für die Griechen eng benachbart.

Athene ist auch die unbestrittene Meisterin der Kriegskunst, obwohl sie selbst nicht besonders viel von Streit und Krieg hält. Sie selbst besitzt keine Waffen. Wenn sie welche braucht, leiht sie sich diese von ihrem Vater Zeus. Aber wenn sie kämpft, gewinnt sie, selbst gegen Ares und sogar gegen Apoll; denn sie ist klug und taktisch allen überlegen. Im Kampf der Götter gegen die Giganten vollbrachte sie wahre Wunderdinge. So tötete sie den Giganten Enkelados, indem sie die ganze

AUS KLUGHEIT WIRD WEISHEIT: DIE KARRIERE DER EULENGÖTTIN

In dem Maß, wie die Macht der griechischen Stadtstaaten schwand, aber der Einfluss der griechischen Kultur wuchs, erhielt Athene neue Aufgaben: Jetzt wurde sie wirklich zur Schutzherrin der Wissenschaften und Künste, mehr noch als Apoll. Und unter ihrem lateinischen Namen Minerva ist sie mit ihrem heiligen Vogel, der Eule, bis heute ein unentbehrliches Symbol, wenn es um Kunst und Wissenschaft geht.

Insel Sizilien auf ihn warf und ihn darunter begrub. Athene ist nicht die einzige Göttin, die die Griechen um Beistand im Krieg anriefen; einzigartig aber ist sie als Göttin der politischen Klugheit. Vor allem den Athenern hielt sie immer wieder vor Augen, wie wichtig es ist, die Gesetze zu befolgen und Streitigkeiten gütlich zu schlichten, um Aufstände und Bürgerkriege zu vermeiden.

POLIS

Wahrscheinlich war Athene schon in der Zeit der ersten kulturellen Blüte auf griechischem Boden, der Zeit der mykenischen Kultur, die Göttin der Burgen, auf denen die Könige saßen. Eine solche mykenische Burg befand sich auch auf der Akropolis, dem Burgberg von Athen. Die alte Burg wurde später – in Athen und anderswo – zum religiösen Mittelpunkt der Polis, des griechischen Stadtstaats. So ist Athene aufgrund ihrer Herkunft eine besonders »politische« Göttin.

So viele Städte auch den Schutz der Göttin beanspruchten, mit keiner Polis war sie so verbunden wie mit Athen. Das hatte mit einer Geschichte zu tun, in der die neben der Klugheit wichtigste Tugend Athenes eine Hauptrolle spielte: ihre jungfräuliche Keuschheit.

Wie empfindlich Athene in diesem Punkte war, zeigt sehr schön die Geschichte des Thebaners Teiresias. Der hatte sie unab-

■ Als furchteinflößende kriegerische Frau sah Ende des 19. Jhs. der Maler Gustav Klimt (1862–1918) Pallas Athene; Wien, Historisches Museum der Stadt Wien

■ Auf dieser frühklassischen Bronzestatuette vom Anfang des 5. Jhs. v. Chr. erscheint Athene noch ganz als Kriegerin; Athen, Archäologisches Nationalmuseum

sichtlich nackt beim Bade erblickt, und voller Zorn ließ sie ihn erblinden. Das tat ihr jedoch sofort wieder leid, denn es war ungerecht. Aber auch Götter können Geschehenes nicht ungeschehen machen. Deshalb schenkte Athene dem Teiresias zum Ausgleich die Sehergabe und ein langes Leben. Obendrein durfte er nach seinem Tode im Hades seinen Verstand behalten. Ernster war ihre Jungfräulichkeit bedroht, als der mächtige Gott Hephaistos, ihr Geburtshelfer, sie begehrte. Sie kämpfte mit ihrem Speer gegen ihn, und es gelang ihr, den Gott in seine Schranken zu verweisen. Doch der war so erregt, dass er seinen Samen über der Erde Athens verspritzte. Die Erde wurde von dem Samen des Gottes befruchtet, und nach neun Monaten wurde Erichthonios geboren, der oft mit Erechtheus identifiziert wird, dem Stammvater der Athener, dessen Tempel auf der Akropolis noch heute steht. Athene aber übernahm die Pflege des Erichthonios, wohl in dem Bewusstsein, dass er beinahe ihr eigener Sohn gewesen wäre. Sie zog ihn in ihrem Tempel groß und fühlte sich hinfort seiner Stadt – Athen – verpflichtet.

Die Athener dankten es ihr, indem sie auf jede ihrer Münzen die Eule der Athene prägten und sich für die klügsten Menschen der Welt hielten. Das war etwas überheblich, und politisch sollte sich die Selbstüberschätzung der Athener als verhängnisvoll erweisen. Sie hatten nicht bedacht, dass »die Eule der Minerva erst in der Dämmerung« ihren Flug beginnt, wie der deutsche Philosoph Hegel formuliert hat – einfacher gesagt: Klug ist man erst hinterher.

EULEN NACH ATHEN TRAGEN

 ÜBERLIEFERUNG

Quellen: Von der Geburt der Athene berichten Hesiod (um 700 v. Chr.) in seiner *Theogonie* und der griechische Lyriker Pindar (um 520–nach 446 v. Chr.) in seiner Liedersammlung *Olympien*. Homer beschreibt die Entstehung der Göttin in einer seiner beiden Hymnen *An Athene*: Ihren Speer schwingend sprang sie so ungestüm, mit leuchtenden Augen, aus dem Kopf des Zeus hervor, dass der Olymp und die Erde ringsherum erbebten, das Meer schäumte – ein Schauspiel, das alle Götter mit Staunen betrachteten. Die andere, kleine Hymne besingt Athene als Schutzherrin der Städte und des kämpfenden Volkes. Als Schutzgöttin des Helden in Homers *Odyssee* begegnet sie uns gleich zu Beginn der Handlung: Nachdem der schiffbrüchige Odysseus schon sieben Jahre auf der Insel der Nymphe Kalypso lebt, setzt Athene sich auf einer Götterversammlung für seine Rückkehr in die Heimat ein. Sie ist ihm mehr hilfreiche Freundin als Göttin, gibt ihm Ratschläge und rettet ihn vor der Wut des Meeresgottes Poseidons. Sie wird hier »Athene, die eulenäugige Göttin« genannt. Die Tragödie *Die Troerinnen* des Euripides (um 480–406 v. Chr.) beginnt mit einem Gespräch zwischen Poseidon und Athene in der Küstenebene vor Troja. Aus der Stadt sieht man nach der Eroberung noch vereinzelt Rauchwolken aufsteigen. Athene will sich mit Poseidon verbünden, um die hochmütigen Griechen nach ihrem Sieg über die Trojaner auf der Heimfahrt zu vernichten. Als Strafe für die Entweihung von Tempeln, auch ihrer eigenen, verabredet sie mit Poseidon, den Griechen bei ihrer Rückfahrt über das Meer ein Unwetter zu schicken, zu dem ihr auch Zeus schon seine Unterstützung zugesagt hat.

Bildende Kunst: Die berühmteste Darstellung der Athene war das 12 Meter hohe Standbild der *Athena Parthenos* des athenischen Bildhauers Phidias aus dem 5. Jahrhundert v. Chr. Sie war ganz mit Gold und Elfenbein verkleidet und stand in ihrem Tempel, dem Parthenon, auf der Akropolis von Athen. Das Standbild zeigte sie bewaffnet und mit Nike, der griechischen Göttin des Sieges, auf der rechten Hand. Durch mehrere Nachbildungen, Statuetten, Reliefs, Abbildungen auf Münzen oder Vasen, ist diese Darstellung bekannt. Da Athene in Kämpfen – in kriegerischen wie in Wettkämpfen – den Sieg verlieh, ist die Siegesgöttin in ihrem Gefolge oft zu sehen. Phidias fertigte außerdem zwei Bronzestatuen für die Akropolis an, die *Athena Promachos* und die *Athena Lemnia*, von der sich eine Nachbildung in den Staatlichen Kunstsammlungen Dresden befindet.

 EMPFEHLUNG

Lesenswert:

Hesiod: *Theogonie*. Griechisch/Deutsch. Stuttgart 1999.

Homer: *Odyssee*. Übersetzt von Johann Heinrich Voss. Zürich 1986.

Pindar: *Siegeslieder*. Griechisch und deutsch. Herausgegeben, übersetzt und Einführung von Dieter Bremer. Düsseldorf 1992.

Euripides: *Die bittflehenden Mütter/Der Wahnsinn des Herakles/Die Troerinnen/Elektra*. Düsseldorf 1972.

Heinrich Mann: *Die Göttinnen. Die drei Romane der Herzogin von Assy* (Teil 2: Minerva). Frankfurt/Main 1987.

Walter Jens: *Ilias* und *Odyssee* (ab 8 Jahre). Ravensburg 1992.

Hörenswert:

Homer: *Die Odyssee* (Auszüge). Aus den Gesängen 1, 5, 9, 13, 14. Gelesen von Mathias Wiemann, 1959. 2 Audio-CDs.

Homer: *Die Odyssee*. In eine moderne Form gebracht und gelesen von Christoph Martin. 21 Audio-CDs (14 Std. Spielzeit), 1996.

 AUF DEN PUNKT GEBRACHT

Die Eule ist bis heute Symbol der Weisheit; in der Antike war sie auch der Vogel der Athene und Wahrzeichen der Stadt Athen. Der Mythos zeigt, wie Weisheit, Athene und Athen zusammenhängen.

Europa

Europa, die schöne Namensgeberin unseres Erdteils, stammt aus Asien. Dies ist eine mythische Gewissheit, in der viel geschichtliche Wahrheit enthalten ist, denn die Wiege der europäischen Kultur lag in Asien. Von der syrischen Mittelmeerküste, wo sich die Einflusszonen der uralten Hochkulturen Babyloniens und Ägyptens überschnitten, übernahmen schon im dritten Jahrtausend v. Chr. die Bewohner Kretas ein Verwaltungssystem, das auf der Verwendung der Schrift beruhte und von stadtartigen Palästen aus gesteuert wurde. Um 1200 v. Chr. wurde diese »minoische« Kultur – die älteste Hochkultur auf europäischem Boden – wie ihr Ableger auf dem griechischen Festland, die »mykenische« Kultur, durch von Norden nach Griechenland eindringende Stämme gewaltsam zerstört, und Griechenland versank in Barbarei. Als im 8. Jahrhundert v. Chr. die Griechen wieder in Städten zusammenwohnten und begannen, zur See zu fahren und Handel zu treiben, war es wieder die östliche Mittelmeerküste, von der sie entscheidende Anregungen empfingen. Von den Phöniziern, die die Städte der Küste bewohnten, übernahmen sie die Alphabetschrift, ihre Keramik schmückten sie mit orientalischen Fabelwesen wie der Sphinx, und sie nahmen manche Elemente der orientalischen Religionen und Mythen auf.

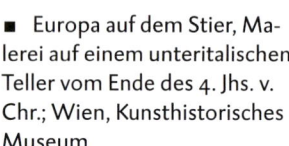

■ Europa auf dem Stier, Malerei auf einem unteritalischen Teller vom Ende des 4. Jhs. v. Chr.; Wien, Kunsthistorisches Museum

Alles dies sollte man wissen, um die mythische Geschichte der Europa zu verstehen, in der Jahrhundertelange geschichtliche Entwicklungen erinnert und verarbeitet sind.

Europa war die Tochter des Agenor, des Königs von Sidon oder Tyros – also einer der großen phönizischen Seestädte. Er selbst sei aus Ägypten hierhin gekommen, wussten manche zu berichten, also aus dem uralten Land am Nil, das enge Handelsbezie-

DIE PHÖNIZIER

Lange vor den Griechen hatten die Phönizier, die an den Küsten Syriens siedelten, die Seeherrschaft über das östliche Mittelmeer inne. In der klassischen Zeit Griechenlands waren sie die ärgsten Konkurrenten der griechischen Seefahrer und als Verbündete der Perser die Feinde der Griechen. Erst Alexander konnte ihre Macht endgültig brechen. Im westlichen Mittelmeer herrschte auch danach noch die Flotte Karthagos, einer phönizischen Kolonie. In langen Kriegen gelang es den Römern im 2. Jh. v. Chr., die Karthager niederzuringen.

hungen mit den Phöniziern hatte. Agenor behütete seine Tochter wie seinen Augapfel, und er wachte darüber, dass niemand die Schöne entführte. Und so musste der griechische Göttervater Zeus, der sich in Europa verliebt hatte, besonders umsichtig vorgehen. Er verwandelte sich in einen Stier und mischte sich unter die Herde des Agenor, die in der Küstenebene, nahe am Strand des Mittelmeers, weidete. Europa und ihre Gespielinnen wurden bald auf den schönen Stier aufmerksam, weil er sanft war wie ein Lamm. Sie trieben ihre Spiele mit ihm, und er ließ sich allen Schabernack gefallen. Schließlich fasste sich Europa ein Herz und kletterte auf den Rücken des Stiers, um auf ihm zu reiten. Es wurde ein langer Ritt, denn Zeus hatte nur auf diesen Augenblick gewartet, um Europa zu entführen. Noch immer in der Gestalt des Stieres eilte er mit seiner Beute zum Strand und entschwand im Dunst des Meeres aus den Augen von Europas Begleiterinnen. Der Ritt übers Meer endete erst in Kreta – also in Europa.

An dem Ort der Insel, wo später die Stadt Gortyn entstand, nahm Zeus eine menschliche Gestalt an und wohnte Europa bei. Manche sagen auch, er habe sich in einen Adler verwandelt und Europa in dieser Gestalt begattet. Jedenfalls gebar sie ihm drei Söhne, unter ihnen Minos, der zum König von Kreta wurde und dessen Schiffe den ganzen östlichen Mittelmeerraum beherrschten. In seinem Labyrinth hauste der Minotaurus, ein Wesen, das halb Mensch, halb Stier war.

Agenor hatte übrigens den Raub seiner Tochter nicht tatenlos hingenommen; vielmehr sandte er seine Söhne, Europas Brüder, aus, um nach ihr zu suchen. Der berühmteste unter ihnen wurde Kadmos, der nach langer Wanderung zwar nicht seine Schwester, wohl aber eine neue Heimat fand. In Griechenland erfüllte

■ Auf diesem römischen Mosaik nach dem Vorbild eines hellenistischen Gemäldes ist außer Europa mit dem Stier auch der Strand von Tyros mit Agenor, dem Vater Europas, und ihren Spielgefährtinnen zu sehen. Oldenburg, Landesmuseum

EUROPA, GEOGRAPHISCH

Der »alte Kontinent« erhielt bereits bei den griechischen Geographen der klassischen Zeit seinen Namen von der durch Zeus entführten Orientalin: Europa. Der Begriff entstand als Gegensatz zu Asien als dem Festland auf der anderen Seite des Mittelmeers. Später wurde noch ein dritter Erdteil benannt: Libyen oder Afrika, das Land auf der Südseite des Mittelmeers. Bei dieser Dreiteilung der Erde in Kontinente blieb es, bis Kolumbus Amerika entdeckte.

er das delphische Orakel; er gründete die Stadt Theben und lehrte ihre Einwohner die zivilisatorischen Errungenschaften der Phönizier, allem voran die Schrift.

Das Zeichen für den ersten Buchstaben des Alphabets, unser A, das griechische Alpha und das phönizische Aleph, ist nichts anderes als ein stilisierter Stierkopf. Denn der Stier war den Orientalen heilig, wie dann auch den Kretern und den Israeliten, den späteren Nachbarn der Phönizier, die ihn zum Ärger des Moses als »goldenes Kalb« verehrten.

Kein Wunder also, dass Zeus im Mythos als Stier erscheint. Die Geschichte von Europas Entführung durch einen Stier ist übrigens im Kern selbst eine orientalische Sage und Europa nichts anderes als eine Verkörperung der Ischtar oder Astarte, der babylonisch-syrischen Liebesgöttin, die die Griechen mit Aphrodite gleichsetzten. Noch zur Zeit des klassischen Griechentums wurde Europa als Europa-Astarte von den Phöniziern in Sidon verehrt.

Nicht nur Europa, sondern auch die Erzählung von Europa stammt also aus dem Orient: Ex oriente lux – aus dem Osten kommt das Licht (der Zivilisation), sagten die Römer zu Recht.

■ Die Entwicklung des Schriftzeichens A (griechisch Alpha, semitisch Aleph) vom Hieroglyphen-Stierkopf bis zur phönizischen Schrift

■ Peter Paul Rubens' (1577–1640) dramatisch-erotische Sichtweise des Raubs der Europa; Madrid, Prado

EUROPA

 ÜBERLIEFERUNG

Quellen: Die früheste erhaltene dichterische Verarbeitung der Sage von Europa stammt von dem Griechen Moschos aus Syrakus (2. Jahrhundert v. Chr.). Er schildert die Geschichte in einzelnen Episoden mit vielen Details und Nebenhandlungen. Der römische Dichter Ovid (43 v. Chr. –18 n. Chr.) erzählt vom Raub Europas im 2. Buch der *Metamorphosen*. Im 6. Buch wird Europa noch einmal erwähnt in einer Aufzählung von Zeus' Verwandlungen: Wie er ihr als Stier begegnete, so liebte er beispielsweise die Königstocher Leda als Schwan, zeigte sich in der Gestalt eines Satyrs, als Schlange, Feuer, Hirte, kam zu Danaë als Goldregen oder täuschte Alkmene als Amphitryon.

Literatur: Eine der wenigen dramatischen Bearbeitungen der Sage vom Raub der Europa ist das Theaterstück *Europa. Spiel und Tanz in fünf Aufzügen* von Georg Kaiser (1878–1945), dem meistgespielten Dramatiker des Expressionismus. Europa hält sich in einer Gruppe von jungen Männern in einer Meeresbucht auf. Sie soll dem Gewinner eines Tanzwettbewerbs zur Frau gegeben werden. Zeus führt in der Gestalt eines schönen Jünglings einen Tanz vor, der alle anderen Vorführungen überbietet. Europa aber kann er damit nicht beeindrucken, und so kehrt er am folgenden Tag als kraftvoller, wilder Stier zurück und gewinnt erst so die begehrte Frau für sich. Das Stück wurde 1920 in Berlin in einer Inszenierung des bekannten Schauspielers und Regisseurs Max Reinhardt (1873–1943) uraufgeführt und hatte großen Erfolg.

Kunst: Der Raub der Europa wurde in der bildenden Kunst häufig dargestellt. Schon in der Antike findet sich dieses Motiv auf griechischen Vasen, Reliefs und Münzen. In der Renaissance und im Barock wurde es wieder aufgenommen und auf zahlreichen Gemälden abgebildet, wie z. B. von Giulio Romano (1499–1546), Hampton Court Palace bei London, Tizian (um 1488–1576), Gardner Museum, Boston, Giorgio Vasari (1511–1574), Palazzo Vecchio, Florenz, Tintoretto (1518–1594), Galleria Estense, Modena, Paolo Veronese (1528–1588), Pinakothek des Kapitol, Rom, Claude Lorrain (1600–1682), Queen's Gallery, Buckingham Palace, London, und Giovanni Battista Tiepolo (1696–1770), Galleria dell'Accademia, Venedig. Der deutsche Künstler Gerhard Marcks (1889–1981) und der französich-amerikanische Bildhauer litauischer Herkunft Jacques Lipchitz (1891–1973) fertigten Bronzeskulpturen von Europa an, Gerhard-Marcks-Stiftung, Bremen, und Museum of Modern Art, New York.

 EMPFEHLUNG

Lesenswert:
Ovid: *Metamorphosen*. In der Übertragung von Johann Heinrich Voss. Mit Radierungen von Pablo Picasso und einem Nachwort von Bernhard Kytzler. Frankfurt/Main 1990.

Hörenswert:
Ovid: *Metamorphosen*. In Prosa neu übersetzt von Gerhard Fink. Sprecher: Peter Simonischek. 6 Audio-CDs, Düsseldorf 1999.

Benjamin Britten: *6 Metamorphoses after Ovid for Oboe solo. op. 49* u.a. Medici String Quartett, 1997.

 AUF DEN PUNKT GEBRACHT

Im Mythos stammt Europa aus Asien. Und daran ist erstaunlich viel Wahres, denn die Anfänge der europäischen Zivilisation in Griechenland bestanden aus Anleihen von orientalischen Kulturen.

Hades und Tartarus – die Unterwelt

Die Griechen der frühen Zeit lebten ganz und gar im Diesseits und glaubten weder an ein Weiterleben nach dem Tode noch an Himmel oder Hölle. Allerdings glaubten sie auch nicht, dass die Menschen nach ihrem Tod zu nichts würden; die Toten waren in der Vorstellungswelt des Mythos jedoch nur noch Schatten, die in der Unterwelt ein Dasein fristeten, dem nach Meinung des Helden Achill in der *Ilias* selbst die unwürdigste Sklavenexistenz vorzuziehen war.

Die Unterwelt war das Reich des Unheimlichen schlechthin, und so schworen und fluchten die Griechen »beim Hades«, dem Gott der Unterwelt, oder »bei Styx«, dem Unterweltstrom und seiner Göttin. Aber die Unterwelt war auch das Reich unter der Erdoberfläche, aus dem die Erde Jahr für Jahr von neuem Kräfte der Fruchtbarkeit schöpft; Hades trug daher auch den Namen Pluton (lateinisch Pluto), was so viel wie »Schöpfer des Reichtums« heißt, und seine Gemahlin Persephone – die Römer nannten sie Proserpina –, die gefürchtete Herrscherin des unterirdischen Reichs, war neben ihrer Mutter Demeter die wichtigste Fruchtbarkeitsgöttin der Griechen.

■ Hades und Persephone als Herrscher in ihrem Palast in der Unterwelt, Detail von einer griechischen Vasenmalerei aus Unteritalien, 330 v. Chr.; München, Staatliche Antikensammlung

Hades hatte Persephone, die Tochter seines Bruders Zeus und der Demeter, geraubt, als sie auf einer Wiese nichtsahnend Blumen pflückte. Demeter wollte ihre Tochter nicht an die Unterwelt verlieren und forderte sie zurück. Zeus konnte ihrer Forderung mit Rücksicht auf seinen mächtigen Bruder nur teilweise nachgeben: Ein Drittel des Jahres musste sie weiterhin bei ihrem schrecklichen Gemahl zubringen, und in dieser Zeit ruht auf der Erde die Vegetation. Sie selbst scheint sich mit ihrer Rolle als Herrscherin der Unterwelt gut abgefunden zu haben.

Joseph Heintz der Ältere (1564–1609), *Der Raub der Proserpina*; Dresden, Gemäldegalerie. Pluto (Hades) ist im Begriff, Proserpina (Persephone) auf seinen Wagen zu heben, der ein Attribut seiner Macht ist.

Schrecklicher noch als das Reich des Hades, das auch kurz »der Hades« hieß – die Römer sprachen vom Orcus –, war der Tartarus, die tiefste Tiefe der Unterwelt. In dieser Tiefe wurzelte die Welt, und sie ähnelte dem grässlichen Chaos, das vor aller Zeit geherrscht hatte. Tartarus war auch der Name des götterähnlichen Wesens, das mit Gaia, der Erde, und Eros, der Zeugungskraft, als Erstes entstanden war, lange vor den eigentlichen Göttern. In den Tartarus hatten die Götter die von ihnen in einer schrecklichen Schlacht besiegten Titanen geworfen, und hier sollten sie so lange gefangen bleiben, wie die göttliche Weltordnung hielt. Später, als die Griechen begannen, das Reich der Toten in mehr oder weniger schreckliche oder angenehme Gebiete zu unterteilen, wo die Verstorbenen je nach ihren Verdiensten zu Lebzeiten ihre Wohngebiete zugewiesen bekamen, wurde der Tartarus zu einer Art Hölle, in die die Schatten der

- *Seelen am Ufer des* (Unterweltflusses) *Styx*, Gemälde von Edward Burne-Jones (1833–1898)

- Das Totengericht in der Vorstellung der Ägypter, die von den Griechen übernommen wurde; Ägyptischer Papyrus eines sogenannten Totenbuchs, um 350 v. Chr.; Berlin, Ägyptisches Museum

DAS TOTENGERICHT

Erst spät und unvollkommen übernahmen die Griechen von den Ägyptern die Vorstellung, dass den Toten im Jenseits Gerechtigkeit für ihre guten oder schlechten Taten widerfahren würde. So gibt es bei ihnen wie bei den Ägyptern ein Totengericht. Doch worüber die Richter Minos, Aiakos und Rhadamanthys richten und was ihr Urteilsspruch bewirkt, bleibt weitgehend unklar. Übrigens haben die Griechen auch die Vorstellung vom Fährmann, der die Toten zu ihrem Reich übersetzt, von den Ägyptern entlehnt.

Verworfensten unter den Menschen verbannt wurden. Dieser moralischen Einteilung der Unterwelt zufolge vegetieren die meisten Schatten auf den tristen Asphodelischen Feldern, während die wahrhaft tugendhaften Menschen auch nach dem Tode auf den Inseln der Glückseligen oder auf den Elysischen Gefilden weiterleben. Zu der etwas verwirrenden Geographie des unterirdischen Reichs gehören auch seine Gewässer: der Fluss Styx, der Quell der Lethe, aus dem die Toten das Wasser des Vergessens trinken, und der schlammige Acheron.

Entweder über den Styx oder den Acheron muss der Fährmann Charon die Geister der Toten, die Hermes bis an ihr Ufer geleitet hat, übersetzen. Den an Charon zu entrichtenden Obolus, eine kleine Münze, pflegten die Lebenden den Verstorbenen unter die Zunge zu legen.

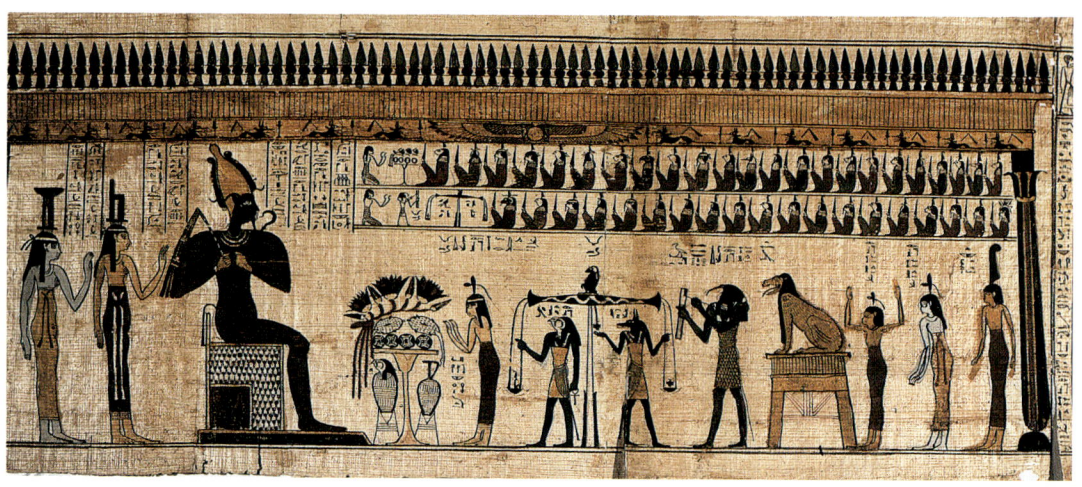

Jenseits des Styx oder des Acheron wacht der Höllenhund Zerberus mit seinen fünfzig Köpfen und einem Schwanz, der eine Schlange ist, darüber, dass keiner der Toten die Unterwelt verlässt und kein Lebender in sie eindringt. Aber auch Zerberus war nicht unüberwindlich, und mehr als einmal gelang es Sterblichen, in die Unterwelt zu gelangen und heil wieder herauszukommen. Herakles entführte den Zerberus sogar für kurze Zeit ans Licht des Tages; bei seinem Ausflug in die Unterwelt gelang es ihm auch, Theseus zu befreien, der seit seinem tollkühnen Versuch, Persephone zu entführen, regungslos auf der Bank hatte verbringen müssen, an die Hades ihn gebannt hatte. Nicht mit Gewalt, sondern allein durch seine Kunst, mit der er die sonst so hartherzigen Herrscher der Unterwelt, Hades und Persephone, zu rühren vermochte, erlöste der Sänger Orpheus seine Eurydike aus dem Reich der Schatten – allerdings nur für einen Augenblick, denn er missachtete aus Sehnsucht nach der hinter ihm schreitenden Geliebten das Verbot, sich auf dem Weg in die Oberwelt noch einmal umzudrehen.

Odysseus ist derjenige, von dessen Reise in den Hades und glücklicher Rückkehr wir am meisten wissen. Er unternahm den gefährlichen Ausflug nicht aus purer Neugier, sondern weil die Zauberin Circe ihm bedeutet hatte, dass der Seher Teiresias, der unter den Schatten weilte, der Einzige sei, der ihm sagen könne, wie er in seine Heimat, nach Ithaka, zurückzugelangen vermöchte. Odysseus' Gefährten sträubten sich gegen die Reise an die Pforten der Unterwelt, aber sie mussten doch mit. In der Eile des Aufbruchs versäumten sie sogar die Bestattung und die schuldigen Riten für Elpenor, einen der Ihren, der am Abreisetag betrunken vom Dach gefallen war.

Circe gab Odysseus und seinen Männern einen Widder und ein weibliches Schaf mit schwarzem Fell mit. Der Wind, den sie geschickt hatte, füllte das Segel, und einen ganzen Tag lang segelten sie nach Westen, bis sie zum Land der Kimmerer kamen, das stets in Dunst und Wolken gehüllt ist und auf das die Sonne nie-

■ Gian Lorenzo Bernini (1598–1680), *Der Raub der Proserpina*; Rom, Galleria Borghese

■ Nachdem Hades Persephone geraubt hat, erreicht ihre Mutter Demeter, dass sie wenigstens für einen Teil des Jahres auf die Erde zurückkehren darf. Auf diesem Gemälde von Frederic Leighton (1836–1896) empfängt Demeter die von Hermes geleitete Persephone am Eingang zur Unterwelt. Leeds, City Art Galleries

mals herabscheint. An der Stelle, die ihnen Circe genau bezeichnet hatte, hoben sie eine Grube aus und opferten den Toten Honig, Wein, Wasser und Gerste. Die beiden Schafe brachte Odysseus dem Hades und der Persephone als Opfer dar.

Bald schon strömten die Schatten der Toten aus der Tiefe und versammelten sich um Odysseus und das vergossene Blut. Unter den Schatten war auch Elpenor, der den Eindringling aus der Oberwelt anflehte, nach seiner Rückkehr zur Insel der Circe seine Bestattungsriten nachzuholen. Keinem der Geister erlaubte Odysseus, von dem Opferblut zu trinken, bevor er mit Teiresias gesprochen hätte. Endlich tauchte der Seher in der langen Reihe der Schatten auf, und Odysseus ließ sein Schwert sinken, damit er sich an dem Blut laben konnte.

Nachdem er von Teiresias genug erfahren hatte, ließ Odysseus auch andere Schatten von dem Opferblut trinken, zuerst seine Mutter Antikleia, die ihm berichtete, dass seine Frau Penelope noch immer auf ihn wartet. Er traf Alkmene, die Gattin des Amphitryon und Geliebte des Zeus, Epikaste

EINGÄNGE ZUR UNTERWELT

Es ist leicht verständlich, dass die Griechen den Eingang zur Unterwelt an einer ganz abgelegenen Stelle vermuteten. In Griechenland selbst galt Tainaron, ein wildes Vorgebirge der Peloponnes, als diese Stelle. Hier betrat Theseus den Hades, aus dem Herakles ihn wieder befreien sollte. Homer lässt Odysseus dagegen die Öffnung zur Unterwelt im äußersten Westen finden, am Okeanos, dort, wo die Sonne untergeht und es immer finster ist.

TOTENOPFER

Das Begräbnis oder die Verbrennung eines Toten wurde bei den Griechen festlich mit einem Leichenschmaus begangen. Dabei wurden den Toten Speisen und Getränke als Opfer gewidmet. Dieses Opfer wurde an den Gräbern der Toten wiederholt, um ihr Gedächtnis wachzuhalten. Das Opfern des Bluts von gerade getöteten Tieren für die Verstorbenen kam in der klassischen Zeit nicht mehr vor.

(Jokaste), die Mutter des Ödipus, Leda, die Mutter der schönen Helena und der Dioskuren, Ariadne, die von Theseus schmählich verlassen worden war, und viele andere berühmte Frauen. Auch die Gefährten aus dem Trojanischen Krieg erschienen ihm. Der Schatten des Agamemnon unterrichtete ihn über seine Ermordung durch seine Frau Klytämnestra und den Nebenbuhler Ägisth; Achill konnte Odysseus mit Berichten über den Heldenmut seines Sohnes Neoptolemos bei der Erstürmung Trojas erfreuen. Als aber immer mehr Tote herandrängten, Zehntausende, packte Odysseus schließlich doch die Furcht. So

■ Odysseus befragt in der Unterwelt den Seher Teiresias. Aus dem Freskenzyklus zur Odyssee von Alessandro Allori (1536–1607) im Palazzo Salviati, Florenz

UNTERWELT UND HÖLLE

Die christliche Vorstellung von der Hölle als Ort der Qualen geht auch auf den antiken Glauben von der Bestrafung von Frevlern wie Sisyphus und Tantalus im Tartarus zurück. Einen oder mehrere Teufel allerdings kannten die Griechen nicht.

ging er zum Schiff und den Gefährten zurück, und mit harter Ruderarbeit und günstigem Wind gelangten sie bald wieder zur Insel der Circe, wo sie den Elpenor endlich bestatteten.

Bald gelangte Odysseus zu den freundlichen Phäaken, wo er beim Gastmahl von seinem Abenteuer in der Unterwelt erzählte. Und wie wir Odysseus kennen, mag auch ein Stück Aufschneiderei bei seinem Bericht dabei gewesen sein, denn gewiss wollte er seinen Gastfreunden imponieren. – Was ihn als echten Griechen vor allem interessierte, war schließlich das Leben vor dem Tode.

■ Der Nachen des Unterweltsfährmanns Charon; Farbdruck aus dem Jahre 1929 nach einer Zeichnung von Ottohans Beier

HADES UND TARTARUS – DIE UNTERWELT

 ÜBERLIEFERUNG

Quelle: Von Odysseus' Abenteuern in der Unterwelt berichtet Homer (um 700 v. Chr.) im 11. Buch der *Odyssee*. In der *Ilias* heißt der Gott der Unterirdischen Ais und wird gleich zu Beginn des Werks genannt. Eine ausführliche Beschreibung von den Schrecken des Tartarus gibt Hesiod (um 700 v. Chr.) in seiner *Theogonie*. Ihm zufolge befindet sich der finstere Ort in derselben Entfernung unter der Erde, wie der Himmel über ihr liegt: »Neun der Tage und Nächte bedürfte ein eherner Amboß, um vom Himmel am zehnten herab zur Erde zu kommen; neun der Tage und Nächte bedürfte ein eherner Amboß, bis er herab von der Erde am zehnten Tag ankommt.« Auch von den Herrschern des Schattenreiches, von Hades und Persephone, erzählt Hesiod, sowie von der grausamen Göttin Styx und dem gleichnamigen Fluss. Abweichend von der traditionellen Darstellung wird die Styx manchmal auch als See oder Sumpf beschrieben, wie z.B. in dem Theaterstück *Die Frösche* des griechischen Komödiendichters Aristophanes (445–385 v. Chr.). Wie Odysseus hatte auch der trojanische Held Äneas eine Reise in die Unterwelt zu bestehen. Dieses Abenteuer schildert der römische Dichter Vergil (70–19 v. Chr) in seinem berühmten Werk *Aeneis* im 6. Gesang. Äneas möchte seinen toten Vater aufsuchen. Eine greise Seherin verhilft ihm zu einem goldenen Zweig, mit dessen Hilfe er unbeschadet die Unterwelt betreten kann. Gemeinsam steigen sie in diese hinab, wo Äneas unter vielen Schattengestalten auch dem Schatten seiner Geliebten Dido begegnet. Von Orpheus und Euridike erzählt Ovid (43 v. Chr. – 18. n. Chr.) im 10. Buch der *Metamorphosen* und Vergil in seinem Epos *Georgica* (4. Buch).

Musik: In der Musikgeschichte war vor allem die Sage von Orpheus und Euridike sehr beliebt und wurde vielfach gestaltet. Solche Opern komponierten Claudio Monteverdi (1567–1643), Christoph Willibald Gluck (1714–1787), Carl Orff (1895–1982) und Ernst Křenek (1900–1991). Igor Strawinsky (1882–1971) verarbeitete das Thema zu einem Ballett.

Bildende Kunst: Eine Abbildung des Raubs der Persephone ist auf einer Bronzetür des Petersdoms in Rom zu sehen; sie stammt von dem italienischen Bildhauer und Baumeister Filarete (um 1400–1469). Zum selben Thema gibt es Gemälde u.a. von Peter Paul Rubens (1577–1640), Museo del Prado, Madrid, und Rembrandt (1606–1669), Neue Gemäldegalerie, Berlin. Den Höllenhund Zerberus malte der spanische Künstler Francisco de Zurbarán (1598–1664), Museo del Prado, Madrid. Von Tizian (um 1488–1576) gibt es ein Bild, das Orpheus und Euridike auf ihrem Weg aus der Unterwelt zeigt, Galleria dell'Accademia Carrara, Bergamo.

 EMPFEHLUNG

Lesenswert:

Hesiod: *Theogonie*. Griechisch/Deutsch. Herausgegeben und neu übersetzt von Otto Schönberger. Stuttgart 1999.

Aristophanes: *Die Frösche*. Stuttgart 1951.

Vergil: *Aeneis*. Epos in zwölf Gesängen. Stuttgart 1989.

Vergil: *Georgica*/Vom Landbau. Lateinisch/Deutsch. Übersetzt und herausgegeben von Otto Schönberger. Stuttgart 1994.

Ovid: *Metamorphosen*. In der Übertragung von Johann Heinrich Voss. Mit Radierungen von Pablo Picasso. Frankfurt/Main 1990.

Hörenswert:

Claudio Monteverdi: *L'Orfeo*. The English Baroque Orchestra/Gardiner. 2 CDs, 1986.

Christoph Willibald Gluck: *Orpheus und Eurydike*. Orchester der Oper Lyon/Gardiner. 2 Audio-CDs, 1989.

Igor Strawinsky: *Orpheus*. Orpheus Chamber Orchestra, 1995/96.

 AUF DEN PUNKT GEBRACHT

Die Griechen konnten sich kein paradiesisches Jenseits vorstellen. Die Toten wohnten für sie als Schatten in der Unterwelt, im Reich des Hades und der Persephone.

Hektor und Andromache

Die wenigsten Paare, von denen im Mythos die Rede ist, seien es Götter oder Menschen, waren füreinander treue Liebende und Ehepartner. Von den Helden des trojanischen Krieges war es allein der Trojaner Hektor, der seiner Frau treu blieb, und allein seine Frau, Andromache, die treu zu ihrem Mann hielt. Die schöne Helena weinte ihrem Gemahl Menelaos dagegen keine Träne nach, nachdem Hektors Bruder Paris sie geraubt hatte, und Menelaos ging es gewiss mehr um seine Ehre als um seine Frau, als er die Griechen dazu brachte, den Frauenraub an den Trojanern zu rächen. Agamemnon, der Anführer der Griechen, ging mit seiner Frau Klytämnestra ausgesprochen rücksichtslos um und wurde nach seiner Heimkehr von ihr ermordet. Und Odysseus hatte zwar in Penelope eine treue Hausfrau daheim, verbrachte aber selbst Jahre mit anderen Frauen, bevor er zu ihr zurückkehrte.

Hektor und Andromache hatten beide den trojanischen Krieg nicht gewollt, und doch gehörten sie zu denen, die durch den Krieg das größte Leid zu erleiden hatten. Hektor war der älteste Sohn des trojanischen Königs Priamos und dessen Frau Hekabe. Als Paris Helena entführt hatte, sah er die Folgen voraus und zürnte seinem jüngeren Bruder. Dennoch übernahm er die Verantwortung, das trojanische Heer gegen die Griechen zu führen. Er war der Einzige, der es mit dem gewaltigsten Helden der Griechen, Achill, aufnehmen konnte, dem er an Kraft und Geschicklichkeit ebenbürtig war. Er konnte aber nicht verhindern,

■ Hektor nimmt Abschied von Andromache und seinem Sohn Astyanax. Als Buchillustration verwendetes Aquarell von Franz Stassen, 1912

dass Achill den König Eetion, den Vater Andromaches, tötete und dessen Stadt, die mit Troja verbündet war, zerstörte. Andromache hatte nun allen Grund, ihren Mann zur Rache für ihren Vater zu drängen. Als Hektor im letzten Kriegsjahr von Achill zum Zweikampf herausgefordert wurde, flehte sie ihn jedoch an, dem wütenden Griechen aus dem Wege zu gehen. Hektor wusste um die schlechten Vorzeichen, unter denen sein Kampf mit Achill stand, aber seine Kriegerehre machte es ihm unmöglich, sich hinter den sicheren Mauern Trojas zu verstecken. Es kam zu einer herzzerreißenden Abschiedsszene zwischen Hektor und Andromache, die ihren Sohn Astyanax auf den Armen hielt.

Von der Stadtmauer aus musste Andromache nun zusehen, wie Achill ihren Mann um die Mauern Trojas jagte, tötete und anschließend an seinem Wagen um die Stadt schleifte.

Damit war der Leidensweg Andromaches noch nicht vorbei. Bald nach dem Tod Hektors und dem kurz darauf folgenden Ende Achills durch einen von Paris abgeschossenen Pfeil wurde Troja erobert; seine Bewohner, sofern sie noch lebten, wurden versklavt. Andromache wurde ausgerechnet dem Sohn Achills, Neoptolemos, als Beute zugesprochen. Und noch vor der Abreise aus Troja tötete Neoptolemos ihren Sohn Astyanax, um so die Erinnerung an dessen Vater, Hektor, auszulöschen.

Als Sklavin musste Andromache ihrem Herrn Neoptolemos zu Willen sein und gebar ihm drei Kinder, darunter Perga-

ADLIGE FAIRNESS BEI HOMER

Man kann keineswegs sagen, dass Homer in der *Ilias* seine Landsleute mit größerer Sympathie darstellte als die Fremden, die Trojaner. Er schildert die Helden beider Seiten als ebenbürtige Angehörige derselben Kriegerkultur. Und wenn einer über den anderen siegt, so wächst sein Ansehen nur durch die Bedeutung seines Gegners. Achill wird erst durch seinen Sieg über den ebenbürtigen Hektor zum glänzendsten aller Griechen. Diese aristokratische Einstellung zum Feind ist meilenweit entfernt von der propagandistischen Entstellung des jeweiligen Gegners im modernen Nationalismus.

■ Hektor wird von Achill um Troja geschleift. Lithographie, Buchillustration von Theodor Hosemann, 1853

SKLAVEN ALS KRIEGSBEUTE

Im gesamten Altertum war es üblich, dass die Frauen und Kinder der Besiegten, zuweilen ganze Städte und Völker, von den Siegern versklavt wurden. Diese konnten über die Sklaven verfügen, wie sie wollten. Dies heißt jedoch nicht, dass Sklaven und Sklavinnen durchweg schlecht behandelt wurden; oft wurden sie mit der Zeit zu geachteten und geliebten Familienmitgliedern.

mos, den mythischen Namensgeber der später so mächtigen Stadt Pergamon. Nach einiger Zeit heiratete Neoptolemos Hermione, die Tochter des Menelaos und der Helena. Hermione war eifersüchtig auf die Sklavin ihres Mannes und versuchte, sie und ihre Kinder umzubringen, als Neoptolemos nicht zu Hause war. Nur durch das Eingreifen von Peleus, dem Vater Achills und Großvater des Neoptolemos, konnte der Mordanschlag verhindert werden.

Andromache, die leidgeprüfte, wurde von den Griechen ebenso sehr bewundert wie ihr Mann, der große Krieger Hektor. In der von ihrem Sohn gegründeten Stadt Pergamon wurde sie sogar wie eine Göttin verehrt. Und bei den zahlreichen Darstellungen vom »Abschied des Kriegers«, die die Kunstgeschichte durchziehen, stand die Vorstellung des Abschieds Hektors von Andromache Pate.

■ Andromache, Kassandra, Hekabe und Helena beklagen den toten Hektor; Umrissstich von Bonaventura Genelli, 1844

HEKTOR UND ANDROMACHE

ÜBERLIEFERUNG

Quellen: Hektors Abschied von seiner Frau Andromache und seinem Sohn Astyanax schildert Homer (um 700 v. Chr.) in einer bewegenden Szene im 6. Buch der Ilias. In den Tragödien Die Troerinnen und Andromache des griechischen Dichters Euripides (um 485–406) steht die Witwe Andromache im Mittelpunkt des Geschehens.

Literatur: Mit Hektors grausamem Tod endet auch William Shakespeares (1564–1616) Tragikomödie Troilus und Cressida, die den Stoff der Ilias in nüchterner, teils parodierender Weise darstellt. Die Tragödie Andromache des französischen Schriftstellers Jean Racine (1639–1699) lehnt sich an Euripides an. In Racines Stück allerdings bildet der Andromache-Stoff nur einen Teil der Handlung. Die edle, selbstlose Andromache erscheint hier vor allem in ihrem Konflikt mit der eifersüchtigen, rachedurstigen Hermione. Friedrich Schiller (1759–1805) widmet Hektors Abschied von Andromache ein Gedicht. Die vier Strophen sind ein Gespräch zwischen beiden. In dem Drama Der Trojanische Krieg findet nicht statt, das der französische Schriftsteller Jean Giraudoux (1882–1944) verfasst hat, kehrt Hektor kriegsmüde von einem Feldzug zurück und will mit allen Mitteln verhindern, dass der Raub Helenas einen neuen Krieg zwischen den Völkern entfacht. Der Versuch einer diplomatischen Lösung wird jedoch in dem Moment zunichte gemacht, in dem Hektor seinen Erfolg verkündet: Der trojanische Krieg findet nicht statt.

Musik: Schillers Gedicht vertonten Franz Schubert (1797–1828) und der tschechische Komponist Václav Jan Tomásek (1774–1850). In der Oper König Priamus thematisiert der englische Komponist Sir Michael Tippett (1905–1998) den trojanischen Krieg und legt den Schwerpunkt der Handlung auf die Ereignisse um Hektor.

Bildende Kunst: Hektors Abschied von Andromache, seine Zweikämpfe und sein Tod wurden seit dem 7. Jh. v. Chr. auf griechischen Vasen abgebildet. Auch in der römischen Kunst sowie in der Neuzeit griffen Künstler diese Themen wieder auf. Hektors Abschied von Andromache ist das Thema auf Bildern des französisches Malers Antoine Coypel (1661–1722), Musée des Beaux-Arts, Tours, des englischen Malers amerikanischer Herkunft Benjamin West (1738–1820), Historical Society, New York, sowie des Italieners Giorgio De Chirico (1888–1978), Privatbesitz, Mailand. Den Zweikampf zwischen Achill und Hektor malten Peter Paul Rubens (1577–1640), Museum Boymans-van-Beuningen, Rotterdam, und Iacopo Amigoni (um 1675–1752), Schloss und Galerie Schleißheim.

EMPFEHLUNG

Lesenswert:
Homer: Ilias. Aus dem Griechischen von Johann Heinrich Voss. Zürich 1999.

Euripides: Die Kinder des Herakles/Hekabe/Andromache. Düsseldorf 1972.

Euripides: Die bittflehenden Mütter/Der Wahnsinn des Herakles/Die Troerinnen/Elektra. Düsseldorf 1972.

William Shakespeare: Troilus und Cressida. Stuttgart 1963.

Jean Racine: Phädra/Andromache. Aus dem Französischen von Simon Werle. Frankfurt/Main 1988.

Jean Giraudoux: La guerre de Troie n'aura pas lieu. Stuttgart 1984.

Hörenswert:
Homer: Hektors Tod (aus der Ilias). In der Übersetzung von Johann Heinrich Voss. Sprecher Manfred Wohlers, Audio-CD.

Sir Michael Tippett: King Priam. Sinfonietta London/Atherton. 2 Audio-CDs, 1980.

AUF DEN PUNKT GEBRACHT

Der trojanische Held Hektor und Andromache, seine Gemahlin, galten lange Zeit als das ideale Paar. Der Abschied Hektors von Andromache gehört zu den ergreifendsten Szenen der antiken Literatur.

Die schöne Helena

Sie war die schönste Frau, von der der Mythos zu berichten weiß, und deshalb gefährlich: die schöne Helena. Da alle Männer sie begehrten, konnte sie ihre eigene Wahl unter ihnen treffen, und weil die Männer ihre freie Entscheidung nicht akzeptierten, wurde sie zur Ursache eines schrecklichen Krieges.

Wie sollte Helena nicht schön gewesen sein, war ihr Vater doch Zeus selbst. Der Gott hatte sich in einen Schwan verwandelt, um sich Leda zu nähern, die dem Göttervater neben Helena auch die »Zeus-Jungen«, die Dioskuren Kastor und Polydeikes, gebar. Leda war aber die Gemahlin des Tyndareos, des Königs von Sparta, der die Kinder des Zeus als seine eigenen ansah.

Helena war erst zwölf Jahre alt, als sich der Ruf ihrer Schönheit schon in ganz Griechenland verbreitet hatte. Auch der gewaltige Theseus vernahm davon, und da er mit seinem Freund, dem Lapithenkönig Peirithoos, übereingekommen war, dass für sie beide nur eine Zeustochter als Gemahlin infrage kam, entführten sie das junge Mädchen und brachten es nach Athen, wo Theseus herrschte. Sie sollte Theseus' Gemahlin werden, doch vor der Hochzeit wollte Theseus dem Freund behilflich sein, auch seinerseits eine Tochter des obersten Gotts zu seiner Braut zu machen, und da Peirithoos sich zu seinem Unglück in den Kopf gesetzt hatte, ausgerechnet Persephone, die Gemahlin des Unterweltgotts Hades, zu rauben, kam es nicht zur Vermählung; zwar wurde Theseus – im Unterschied zu Peirithoos – Jahre später aus dem Hades erlöst, wo der Unterweltgott ihn gefangen gehalten hatte, doch mittlerweile war Helena von ihren Brüdern längst befreit und ins heimatliche Sparta zurückgebracht worden.

Tyndareos fand es nunmehr an der Zeit, selbst die Initiative zu ergreifen und die Hand seiner vermeintlichen Tochter standesgemäß zu vergeben. Fast alle griechischen Fürsten zählten zu den Bewerbern, mit

Ausnahme von Agamemnon, dem mächtigen König von Mykene, der bereits mit Tyndareos' leiblicher Tochter Klytämnestra verheiratet war, und Odysseus, der der allzu Schönen misstraute. Da Tyndareos fürchten musste, jeden Bewerber, den er abwies, zu seinem Feind zu machen, überließ er am Ende Helena die Wahl ihres Gatten. Bevor sie sich aber äußerte, ließ ihr Vater auf den Rat des Odysseus hin alle Freier feierlich schwören, ihre Wahl zu respektieren und ihrem künftigen Mann stets Beistand zu leisten. Für viele von ihnen, so zeigt der Fortgang der Geschichte, wäre es besser gewesen, wenn sie diesen Schwur nicht geleistet hätten.

■ Helena und ihr Gemahl Menelaos auf einem gewiss der Schönheitspflege dienenden etruskischen Bronzespiegel aus dem 4. Jh. v. Chr.; London, British Museum

Helenas Wahl fiel auf den reichen Menelaos, den Bruder des mächtigen Agamemnon. Tyndareos, der schon alt war, überließ seinem Schwiegersohn den Thron von Sparta, und Helena verlebte mit ihm friedliche Jahre, während derer sie ihm eine Tochter, Hermione, gebar. Mag sein, dass sie sich auch langweilte oder vernachlässigt fühlte, jedenfalls lebte sie auf, als der hübsche Königssohn Paris am spartanischen Hof zu Gast weilte, der ein Günstling der Aphrodite war, seit er der Liebesgöttin attestiert hatte, die Schönste unter den Himmlischen zu sein. Als Menelaos zu einem Staatsbegräbnis nach Kreta abberufen wurde, nutzte Paris die Gelegenheit, verführte Helena, die sich ihm bereitwillig hingab, raffte mit ihrer Hilfe einen großen Teil der Schätze des Menelaos zusammen und verschwand mit der schönen Königin nach Troja.

Bei seiner Rückkehr nach Sparta sah sich Menelaos schmählich von Ehefrau und Gastfreund verraten und organisierte sogleich

■ *linke Seite:* Franz von Stuck, *Helena*, 1924

- Paris gelingt es mit seinem Charme, Helena im Hause ihres eigenen Mannes zu verführen: Jacques Louis David (1748–1825), *Die Liebe von Paris und Helena*; Paris, Louvre

seinen Rachefeldzug. Keiner der Großen Griechenlands konnte sich seiner Einladung zum Zug nach Troja entziehen, hatte doch jeder gelobt, Helenas Ehemann zu unterstützen. Außerdem versprach der Zug gegen die reiche Stadt in Asien gewaltige Beute. So also kam es um Helena, weil sie sich zum zweiten Mal ihren Mann selbst ausgesucht hatte, zum Krieg um Troja.

HELENA AUF SEITEN DER TROJANER

Helena vermutete zu Recht, dass das hölzerne Pferd, das die Trojaner unvorsichtigerweise in ihre Stadt gezogen hatten, die griechischen Helden beherbergte, die sie samt ihren Familien alle gut kannte. Um sie hervorzulocken, ging sie um das Pferd herum und ahmte dabei säuselnd die Stimmen der Ehefrauen der griechischen Helden nach. Nur mit Mühe gelang es Odysseus, seine Gefährten davon abzubringen, ihr zu antworten.

DIE SCHÖNE HELENA

■ *Der Raub der Helena* heißt dieses Gamälde von Giovanni Scaiaro aus dem 18. Jh. (Padua, Musei Civici) – doch gewaltsam ist der »Raub« offenkundig nicht.

Als Paris gegen Ende des Krieges fiel, heiratete Helena Deiphobos, einen seiner Brüder, und als Troja fiel, half sie Menelaos, Deiphobos zu töten. Der Spartanerkönig triumphierte und drohte seiner Frau – denn das war sie jetzt ja wohl wieder – an, sie nach der Rückkehr in die Heimat umzubringen. Die Rückreise von Troja dauerte sieben Jahre, und danach war von Rache keine Rede mehr; Helena hatte ihren Mann längst wieder fest in der Hand.

Anscheinend ist Helena friedlich in ihrer Heimat gestorben, jedenfalls wurde in späterer Zeit in Sparta ihr Grab neben dem des Menelaos gezeigt. Vielleicht wurde sie aber auch an den Himmel entrückt. Immerhin war sie ja eine Tochter des Zeus.

Obwohl Helena immer zuerst an sich selbst dachte und sich nicht um Moral scherte, blieb sie doch vom Schicksal begünstigt. Dies ließ moralisierenden Schriftstellern keine Ruhe, und sie dichteten den Mythos um. Helena, so hieß es nun, sei von Paris mit Gewalt entführt worden, aber die Götter, die stets die Hei-

> **IRONIE IN DER MYTHISCHEN ÜBERLIEFERUNG**
>
> Die moralisierte Fassung des Helena-Mythos, in der Paris der von ihm Geraubten gar nicht habhaft wird, wurde dem selbst halb mythischen Dichter Stesichoros zugeschrieben. Der sei von Helena, die als mächtige Herrscherin auf einer Insel an der Donaumündung lebte, geblendet worden, weil er nur Schlechtes über ihren Charakter berichtete. Stesichoros verfasste darauf einen »Widerruf« – eben die moralisierte Version der Geschichte von Helena. Welche Ironie: Eine mythische Figur, Helena, kümmert sich selbst darum, dass moralisch korrekt über sie berichtet wird!

■ Gustave Moreau (1826–1898), *Helena auf dem Vorwerk von Troja*; Paris, Musée Gustave Moreau

ligkeit der Ehe verteidigten, hätten nicht zugelassen, dass Helena bei Paris blieb. Vielmehr sei das Schiff, das sie entführte, auf der Reise nach Troja nach Ägypten verschlagen worden, wo Helena blieb, während Paris mit einer Wolke, der die Götter die Gestalt Helenas verliehen hatten, nach Troja heimkehrte. Nach dem Untergang Trojas habe Menelaos Helena in Ägypten gefunden und nach Hause zurückgebracht. Der ganze Krieg wäre demnach wegen eines Phantoms geführt worden!

Trotz aller Umdeutungen ihres Mythos ist Helena das Urbild sämtlicher »femmes fatales«, sämtlicher »Vamps« der Oper, des Romans, des Films geworden – aller jener gefährlichen Frauen, die die Männer anziehen wie das Licht die Motten und sich den nehmen, den sie gerade wollen. Und so bleibt sie bis heute faszinierend – als Frau, die macht, was sie will.

DIE SCHÖNE HELENA

ÜBERLIEFERUNG

Quellen: Helenas Schönheit wird in Homers (um 700 v. Chr.) *Ilias* nicht direkt beschrieben. Dass eine ausserordentliche Wirkung von ihr ausgeht, beweist aber eine Szene im 3. Buch: Als die trojanischen Greise am skäischen Tor Helena heranschreiten sehen, äußern sie Verständnis dafür, dass Troer und Griechen jahrelang ihretwegen Krieg führen. Ihr Aussehen gleiche dem einer unsterblichen Göttin. In der *Odyssee* lebt sie wieder in Einigkeit mit Menelaos und tritt nur am Rande der Geschichte als seine gastfreundliche Frau in Erscheinung. Ihrer »göttlichen« Schönheit verleiht hier der Vergleich mit Artemis Ausdruck. Eine viel beachtete Variante des traditionellen Mythos der Helena geht auf den griechischen Dichter Stesichoros (um 600 v. Chr.) zurück. Ihm zufolge ist Helena gar nicht selbst nach Troja gebracht worden, sondern nur ein Trugbild. Der ganze Krieg fand demnach nur wegen eines Phantoms statt. Der Historiker Herodot (um 490–425 v. Chr.) fügte dieser Version noch Helenas Aufenthalt in Ägypten hinzu, und Euripides verarbeitete die ganze Geschichte schließlich in seiner Tragödie *Helena*. In den Stücken *Orest* und *Die Troerinnen* dagegen hält er sich an die Überlieferung und stellt Helena in einem ähnlich schlechten Licht dar wie Aischylos (525–456 v. Chr.) in seinem Drama *Agamemnon*: als gewissenlos und schuldig am Krieg.

Literatur: In der Faust-Tragödie des englischen Dramatikers Christopher Marlowe (1564–1593) preist Faustus klangvoll und in bildreicher Sprache die Schönheit Helenas, deren Erscheinung Mephistopheles heraufbeschworen hat, um ihn zu verwirren. In zweiten Teil des *Faust* von Goethe (1749–1832) entwickelt sich mit Helenas Erscheinen im dritten Akt eines der Hauptthemen dieses Teils. In dem so genannten Helena-Akt durchdringen sich die Welt des antiken Griechenlands und die des nordischen Mittelalters – Faust lebt als mittelalterlicher Herzog in einer Burg nördlich von Sparta. Aus ihrer Liebe geht der Sohn Euphorion hervor. In Jean Giraudoux' (1882–1944) Drama *Der trojanische Krieg findet nicht statt*, der den antiken Sagenstoff entmythologisiert, erscheint Helena als gefühlskalt und amoralisch; die Liebe zwischen ihr und Paris ist bei ihrer Ankunft in Troja schon Vergangenheit, und Helena interessiert sich bereits für den naiven Troilus.

Bildende Kunst: Die wenigen Darstellungen Helenas in der Kunst thematisieren vor allem ihre Entführung, so z.B. die Bilder von Benozzo Gozzoli (1420–1497), National Gallery, London, Tintoretto (1518–1594), Museo del Prado, Madrid, Guido Reni (1575–1642), Louvre, Paris, sowie Ernst Ludwig Kirchner (1880– 1938), Kirchner-Museum, Davos.

EMPFEHLUNG

Lesenswert:
Christopher Marlowe: *Die tragische Historie vom Doktor Faustus.* Stuttgart.

Johann Wolfgang von Goethe: *Faust. Der Tragödie zweiter Teil*, Stuttgart 1986.

Hugo von Hofmannsthal: *Die Ägyptische Helena*. In: Gesammelte Werke in zehn Einzelbänden, Band 5: Operndichtungen. Herausgegeben von Bernd Schoeller und Rudolf Hirsch. Frankfurt/Main 1979.

Jean Giraudoux: *La guerre de Troie n'aura pas lieu*. Stuttgart 1984.

Die schöne Helena. Rezeptionsdokumente aus Musik und Film. Texte u.a. von Hygin, Ovid, Vergil, Seneca. Bearbeitet von Hans-Joachim Glücklich. Göttingen.

Hörenswert:
Richard Strauss: *Die Ägyptische Helena*. Symphony Orchestra, Detroit/Dorati, 2 Audio-CDs, 1979.

Arthur Fiedler – *Offenbach in America. Die schöne Helena* u.a. Boston Pops Orchestra/Fiedler, 1956.

AUF DEN PUNKT GEBRACHT

Die schöne Helena ist das Urbild des »Vamps«: eine Frau, die sich den Mann nimmt, den sie gerade begehrt, die rücksichtslos macht, was sie will – wie es die Männer tun.

Hera und Io

■ Zeus soll sich Io, so heißt es auch, in Gestalt einer Wolke genähert haben. Dies ist das Thema von Correggios (1489–1534) *Jupiter und Io;* Wien, Kunsthistorisches Museum.

■ Jupiter übergibt Hera die in eine Kuh verwandelte Io. Gemälde von David Teniers d. Ä. (1582–1649); Wien, Kunsthistorisches Museum

Es ist eine alte Geschichte, die in vielen Variationen die Literatur- und auch noch die Filmgeschichte durchzieht: Ein gelangweilter Ehemann wendet sich heimlich einer jüngeren Frau zu; die Frau Gemahlin kommt dahinter und verfolgt nicht etwa ihren Mann, sondern die Rivalin mit nimmermüdem Hass.

Im griechischen Mythos spielt zumeist Zeus die Rolle des untreuen Ehemanns und seine Gemahlin Hera die der eifersüchtigen Ehefrau. Und unter den vielen Geschichten, die von Heras Rache an den Gespielinnen ihres Göttergatten berichten, ist die der Io die dramatischste.

Io, die Tochter eines Flussgottes, war Priesterin der Hera in Argos. Zeus verliebte sich in sie und flüsterte ihr in Träumen ein, sie möge auf die Wiesen am Fluss Lerna kommen, wo die Herden ihres Vaters weideten. Als Io ihrem Vater von diesen Träumen erzählte, befragte er die Orakel von Dodona und Delphi. Schließlich erhielt er die Antwort: Wenn er seine Tochter nicht verbanne, werde Zeus durch einen Blitz ihn und sein Volk vernichten. Inachos gehorchte, und seine Tochter war nun, ohne den Schutz des Vaters, Freiwild für den lüsternen Göttervater.

Der hatte seine Rechnung allerdings ohne Hera gemacht, der die Machenschaften ihres Gemahls nicht entgangen waren. Und mit ihrem Eingreifen beginnt die Leidensgeschichte Ios.

Entweder war es Hera, die sie in eine Kuh verwandelte, um sie weniger attraktiv erscheinen zu lassen, oder es war Zeus selbst, der sich von seiner Frau, vielleicht in flagranti, ertappt sah und

seine Geliebte auf diese Weise unkenntlich zu machen versuchte. Zeus schwor, er habe Io nicht berührt, denn wie sollte er sich an einer Kuh vergreifen? Dies war keine besonders plausible Ausrede, denn er hätte – oder hatte – nicht gezögert, sich der Geliebten als Stier zu nähern. Dies muss auch Hera gewusst haben, denn sie bestand darauf, dass ihr Mann ihr die hübsche junge Kuh schenkte. Zeus fühlte sich offenbar in die Enge getrieben und überließ ihr Io.

> **VÄTERLICHER SCHUTZ**
>
> In den archaischen Gesellschaften des Mittelmeerraums stehen bis heute die jungfräulichen Töchter – ob sie dies wollen oder nicht – stets unter dem besonderen Schutz des Vaters, der auch seine Söhne dafür einsetzt, auf die »Ehre« seiner Töchter zu achten. Wenn der Vater oder seine Söhne abwesend sind, wächst die Gefahr, dass die Töchter entführt werden. Um potenzielle Entführer einzuschüchtern, wird ihnen stets Rache angedroht.

Hera blieb jedoch – zu Recht – misstrauisch und ließ das Geschenk Tag und Nacht von dem hundertäugigen Argus bewachen. Argus band die junge Kuh an einen Olivenbaum irgendwo in der Landschaft Argolis, in der auch die nach ihm oder einem anderen Argus bzw. Argos benannte gleichnamige Stadt liegt, und setzte sich daneben. In seiner Liebesnot bat Zeus seinen Sohn Hermes, den Gott mit den tausend Tricks, um Hilfe. Der überlistete den Argus, indem er sich als Hirt verkleidete und ihm so lange auf seiner Flöte vorspielte, bis eines seiner Argusaugen nach dem anderen in Schlaf fiel. Als Argus ganz und gar eingeschlafen war, enthauptete Hermes ihn kurzerhand.
Der Wächter war also aus dem Weg geräumt. Aber Hera hatte dies bemerkt und gab sich nicht geschlagen: Sie schickte eine Rinderbremse, die die Kuh, in die Io weiterhin verwandelt war,

■ Die Hochzeit der Hera und des Zeus: Hera betritt das Brautzimmer und schlägt ihren Schleier zurück. Metope vom Heratempel in Selinunt (Sizilien), um 460 v. Chr.; Palermo, Museo Nazionale

> **ARGUSAUGEN**
>
> Argos panoptes, »Argus, der ganz Auge ist«, nannten die Griechen den Wächter, den Hera anstellte, um auf Io stets ein Auge zu haben. Hundert Augen soll er gehabt haben, von denen stets einige schliefen, andere aber wachten. Wer etwas »mit Argusaugen« beobachtet, wird also nimmermüde die Augen offenhalten – wie all die Detektivbüros oder Wachgesellschaften, die heute noch gern den Namen Argus führen.

scheu machte. Io floh aus Argos und rannte durch die ganze den Griechen bekannte Welt: Sie durchquerte den Bosporus – der nach ihr benannt ist, denn »Bosporos« heißt »Kuh-Furt« – und erklomm die Höhen des Kaukasus, wo sie dem dort angeketteten Prometheus, dem menschenfreundlichen Titanen, ihr Leid klagte. Schließlich gelangte sie nach Ägypten. Hera hatte sie unterdessen aus den Augen verloren; Zeus konnte ihr also die menschliche Gestalt zurückgeben und sich ihr endlich (wieder?) nähern. Er zeugte ein Kind mit ihr, den Epaphos.

■ Nicht weniger eifersüchtig als auf den Sohn Ios war Hera auf Herakles, den Sohn der Alkmene. Irgendwie wurde sie dazu gebracht, ihm die Brust zu geben, doch als sie merkte, wer der Säugling war, zog sie ihre Brust abrupt zurück; die Milch verspritzte, und aus ihr entstand die Milchstraße. Diese Szene schildert das Gemälde von Peter Paul Rubens (1577–1640) im Prado, Madrid.

Dessen Geburt wiederum blieb Hera nicht verborgen, und ihre Rachsucht richtete sich nun gegen das Kind. Sie ließ den Epaphos von den Kureten, wilden Kriegern, rauben und nach Syrien verschleppen. Das wiederum erboste Zeus: Er tötete die Kureten. Die Mutter holte ihr Kind zurück, heiratete einen Ägypter und wurde von nun an, so heißt es, in dem Land am Nil als Göttin verehrt, als Verkörperung der Erdmutter Demeter oder der ägyptischen Isis, die man auf Darstellungen zuweilen mit einem Kuhkopf findet.

Erst als Mutter und Ehefrau eines anderen also kommt die Geliebte eines untreuen patriarchalischen Ehemanns zu Ehren, nachdem sie und dessen eifersüchtige Ehefrau einander das Leben zur Hölle gemacht haben. Das einzige, was der Mann hat erleiden müssen, ist die Peinlichkeit, ertappt zu werden.

HERA UND IO

ÜBERLIEFERUNG

Quellen: Nach der *Theogonie* des griechischen Dichters Hesiod (um 700 v. Chr.) hatte Zeus schon mehrere Ehen hinter sich, als er die Göttin Hera zur Frau nahm. Ihre Kinder sind Hebe, Ares und Eileithya. Vom Schicksal der Priesterin Io erfahren wir in der Tragödie *Der gefesselte Prometheus* von Aischylos (525–456 v. Chr.). Gequält von einem Bremsenstich, der furchtbar brennt, hungrig und durstig, irrt sie als Kuh rastlos umher und fleht Zeus an, sie von ihrem Elend zu erlösen und sterben zu lassen. Sie begegnet dem an einen Felsen gefesselten Prometheus und erzählt ihm ihre ganze Geschichte. In dem Stück *Die Schutzflehenden*, einer anderen Tragödie von Aischylos, schildern Ios Nachfahren, die Danaiden, die in diesem Stück als Chor auftreten, ihr qualvolles Los. Hier erhält Ios Geschichte noch die Ergänzung mit dem Wächter: Nachdem Hera Io in eine Kuh verwandelt hatte, nahm Zeus selbst die Gestalt eines Stiers an und stellte ihr weiter nach. Hera beauftragte daraufhin Argos, Io zu bewachen. Von Argus bewacht wird die Kuh Io auch in der Version, die der römische Dichter Ovid (43 v. Chr. – 18 n. Chr.) von der Geschichte im 1. Buch der *Metamorphosen* erzählt. Dort findet sich auch die Version, dass Juno von Zeus' Liebesverhältnis mit Io weiß, sich unwissend stellt und die Kuh von Zeus als Geschenk erbittet.

Literatur: Sean O'Casey (1880–1964) erinnerte an die Sage von Hera mit Titel und Thema seiner Tragödie *Juno und der Pfau*, die dem vierundvierzigjährigen irischen Dramatiker zu seinem Durchbruch verhalf. Die Handlung spielt 1922 in Dublin in der Wohnung der Arbeiterfamilie Boyle. Die Anspielung auf den Mythos in der Namensgebung der Hauptfiguren ist unverkennbar: Mrs. Boyle, genannt »Juno«, und ihr Mann, »der Pfau«, führen eine unausgewogene Ehe.

Bildende Kunst: Der italienische Bildhauer und Baumeister Filarete (um 1400–1469) bildete Argos, Io und Hera auf kleinen Reliefs an einer Bronzetür des Petersdoms in Rom ab. *Jupiter und Io* malte der italienische Künstler Corregio (1489–1534), Kunsthistorisches Museum Wien, und im selben Museum hängt auch das Bild von David Teniers (1610–1690) *Jupiter übergibt Juno die in eine Kuh verwandelte Io*. *Hera überrascht Zeus bei Io* von Peter Paul Rubens ist im Wallraff-Richartz-Museum im Museum Ludwig, Köln zu sehen.

EMPFEHLUNG

Lesenswert:
Hesiod: *Theogonie*. Griechisch/Deutsch. Stuttgart 1999.

Aischylos: *Der gefesselte Prometheus/Die Schutzsuchenden*. Stuttgart 1999.

Ovid: *Metamorphosen*. In der Übertragung von Johann Heinrich Voss. Mit Radierungen von Pablo Picasso. Frankfurt/Main 1990.

Sean O'Casey: *Juno and the Peacock*. Berlin 1996.

Hörenswert:
Ovid: *Metamorphosen*. In Prosa neu übersetzt von Gerhard Fink. Sprecher: Peter Simonischek. 6 Audio-CDs, Düsseldorf 1999.

Benjamin Britten: *6 Metamorphoses after Ovid for Oboe solo*, op. 49 u.a. Medici String Quartett, 1997.

AUF DEN PUNKT GEBRACHT

Die Eifersucht Heras auf die zahlreichen Geliebten ihres Gemahls Zeus gipfelt in der Unerbittlichkeit, mit der sie die arme Io verfolgt.

Herakles und der Stall des Augias

Wo viel Macht und viel Reichtum angehäuft worden sind, gibt es auch vieles, das zum Himmel stinkt. Noch heute stellen wir immer wieder fest, dass Menschen, die über lange Zeit unkontrolliert haben herrschen können, einen »Augiasstall« hinterlassen, den auszumisten eine wahrhaft »herkulische« Aufgabe ist, eine Aufgabe, die zu lösen selten ganz gelingt. Zeus selbst hatte durch sein ungezügeltes Liebesleben so etwas wie einen »Augiasstall« hinterlassen, und sein Sohn Herakles – oder Herkules, wie ihn die Römer nannten – hatte eigentlich sein ganzes Leben über damit zu tun, diesen Stall auszumisten. Die Reinigung des Stalles des Königs Augias selbst, der den verfilzten Verhältnissen in den Residenzen der Mächtigen seinen Namen geben sollte, war nur eine Episode in dieser lebenslangen Arbeit.

Herakles war der Sohn der Alkmene, der Frau des Königs Amphitryon. Amphitryon war ein kluger Mann und vielleicht sogar ein bisschen stolz darauf, dass sein Stiefsohn den obersten Gott zum wahren Vater hatte; so ließ er ihm die denkbar beste Erziehung angedeihen. Weniger großzügig war Zeus' Gattin Hera; sie versuchte Herakles zu schaden, wo sie konnte.

Das Schlimmste, was sie ihm antat, war, dass sie ihn in einen Wahnsinn stürzte, in dem er die Kinder, die er mit Megara, der Tochter des Königs Kreon von Theben hatte, erschlug. Dafür musste er büßen – und durch die Buße letztlich Wiedergutmachung leisten für die Kränkung, die Zeus durch seinen Seitensprung seiner Frau Hera zugefügt hatte. Er hatte also sozusagen den himmlischen Augiasstall auszumisten.

Das Orakel von Delphi verdammte Herakles dazu, Eurystheus,

■ Der berühmte hellenistische Herkules Farnese; Neapel, Museo Nazionale

DAS BILD DES HERAKLES IM WANDEL DER ZEITEN

Die Griechen der klassischen Zeit stellten Herakles entsprechend dem damals herrschenden Schönheitsideal als athletischen Helden dar. In hellenistischer Zeit wurde dann seine übermenschliche Kraft stärker betont. Römische Kaiser wie der brutale Nero ließen ihn so abbilden, wie sie sich selbst sehen wollten: als muskelbepackten Supermann. Diese Art von Herkulesdarstellungen wurde im Barockzeitalter wieder aufgegriffen, als absolutistische Fürsten die keulenschwingende Kraft des Herakles zum Sinnbild ihrer eigenen unumschränkten Herrschaft machten.

dem König von Tiryns, zu dienen, und zwar so lange, bis er zwölf von diesem erdachte Arbeiten erledigt hatte. Dienen zu müssen war für den Helden schon hart, noch härter aber war es, dass sein Herr ausgerechnet Eurystheus sein sollte, der sich den Thron von Tiryns, auf den Herakles selbst Anspruch erheben konnte, erschlichen hatte. Und Eurystheus entwickelte eine geradezu sadistische Phantasie dabei, sich Aufträge auszudenken, die kaum auszuführen und fast immer lebensgefährlich waren – schließlich musste er alles daran setzen, um seinen Konkurrenten loszuwerden.

Zunächst musste Herakles den schrecklichen Nemeischen Löwen erlegen, dann das hundertköpfige Ungeheuer Hydra, der ein abgeschlagener Kopf jeweils doppelt nachwuchs; als nächstes musste er der Kerynitischen Hirschkuh, einem Wundertier mit goldenen Hörnern, ein ganzes Jahr nachjagen, bevor er sie auftragsgemäß fangen konnte; schließlich hatte er den gefürchteten Erymanthischen Eber zur Strecke zu bringen.

Als Eurystheus sah, dass es keine Gefahr gab, an der Herakles scheiterte,

■ Herakles im Kampf mit der hundertköpfigen Hydra; von einer schwarzfigurigen attischen Vase der ersten Hälfte des 5. Jhs.; Paris, Louvre

■ Herakles im Kampf mit einem Zentauren; Teil eines Bronzekandelabers des 2. Jhs. v. Chr. aus Ephesus; Wien, Kunsthistorisches Museum

dachte er sich als fünfte Arbeit etwas aus, das ebenso erniedrigend wie kaum zu bewerkstelligen war: Er sollte den Stall des Augias reinigen.

Augias war ein Sohn des Sonnengottes Helios und König von Elis auf der Peloponnes, der reichste Mann der Erde, denn er besaß mehr Kühe, Schafe und Ziegen als irgendein anderer Sterblicher. Und weil das so war, schaffte es niemand mehr, den Mist zu beseitigen. Die ganze Gegend stank zum Himmel.

Herakles suchte nun den Augias auf und versprach ihm, die Ställe an einem Tag zu reinigen, wenn er ihm ein Zehntel seines Viehs dafür gäbe. Augias hielt es für unmöglich, dass Herakles seinen Teil der Abmachung einhalten könnte und witterte deshalb ein Geschäft: Sollte Herakles es schaffen, auch nur einen Teil der Arbeit zu erledigen, so hätte Augias bereits von der Abmachung profitiert, ohne Herakles entlohnen zu müssen. Also wurde der Vertrag besiegelt; Augias' Sohn Phyleus war Zeuge; er sollte auch die Arbeiten beaufsichtigen.

Und Phyleus traute seinen Augen nicht: Herakles hatte sich nämlich einen guten Plan zurechtgelegt. Er schlug zwei Breschen in die Umfassungsmauer des Areals, in dem die Ställe lagen, und leitetete die Flüsse Alpheios und Menios hindurch. Sie spülten die Ställe kräftig durch und führten den Mist mit sich fort.

Damit war zwar der Stallbezirk gereinigt, nicht aber der Augiasstall von Betrug und Korruption am Hof des Augias. Augias dachte nämlich nicht daran, den vereinbarten Lohn zu zahlen, und fand natürlich auch einen Vorwand für seinen Vertragsbruch: Schließlich habe Herakles ja im Auftrag des Eurystheus gehandelt, dem er zum Dienst verpflichtet sei; zudem habe er die Arbeit von den Flussgöttern erledigen lassen. Obendrein log Augias: Er habe ihm, Herakles, überhaupt nichts versprochen. Wie um seinem Herrn zu helfen, stürmte während dieser gespannten Auseinandersetzung Phaethon, einer der berühmten weißen Stiere des Augias, schnaubend gegen Herakles an – er hatte ihn mit einem Löwen verwechselt, denn seit Herakles den Nemeischen Löwen erlegt hatte, pflegte er dessen Fell als Umhang zu tragen. Der Held packte den Stier an einem seiner Hörner und zwang ihn zu Boden.

Nun musste Augias den Vorschlag des Herakles akzeptieren, den Streit vor Gericht auszutragen.

Der Richter hörte die Parteien an, dann den Phyleus als Zeugen. Und der Sohn half dem Vater nicht bei seinem Betrug: Er sagte die Wahrheit, und der Richter entschied für Herakles. Augias war zwar im Unrecht, aber er hatte die Macht. Sofort verbannte er Herakles und Phyleus aus seinem Herrschaftsbereich. Und es wäre ein Wunder gewesen, wenn nicht auch Eurystheus ein Haar in der Suppe gefunden hätte. Er ließ die Arbeit nicht gelten, weil Herakles gegen Lohn gearbeitet habe.

So musste Herakles noch sieben weitere Arbeiten verbringen, bis er seine Schuld abgearbeitet hatte. Er verjagte die gefährlichen Stymphalischen Vögel, die die schöne Landschaft Arkadien zur Hölle machten; er fing den berühm-

■ Herkules am Scheidewege: Bevor er seine großen Taten vollbrachte, wurde Herakles vor die Wahl gestellt, entweder einen bequemen oder einen sehr schwierigen, dafür aber ruhmreichen Lebensweg zu gehen. Herakles wählte den schweren Weg. Gemälde von Iwan A. Akimow (1753–1814)

■ Kopf des Herakles aus einer Metope des Zeustempels in Olympia (um 460 v. Chr.), die die Reinigung des Augiasstalls darstellte.

■ Herakles besiegt den Riesen Antäus. Bronzestatuette von Pier Giacomo Ilario (um 1460–1528)

VIEL GEREISTER HERAKLES

Auf seinen Abenteuerfahrten gelangte Herakles, der eigentlich auf der Peloponnes zu Hause war, an zahlreiche Orte des gesamten griechischen Festlands und sogar noch weit darüber hinaus: nach Kreta, nach Süditalien und schließlich sogar bis zum Ende der Mittelmeerwelt, zum Atlasgebirge bzw. zu den »Säulen des Herkules«, wie die Römer die Meerenge von Gibraltar nannten. Der Grund dieser Weitgereistheit ist in der Beliebtheit des Helden bei den Griechen zu suchen. Alle wollten nämlich wissen, dass er auch ihren Heimatort besucht habe, große Taten vollbracht und vielleicht sogar eine Prinzessin geschwängert habe, von der der Stadtadel abstammte.

ten Kretischen Stier, den Vater des Ungeheuers Minotaurus, und brachte ihn auf das Festland; er raubte die menschenfressenden Stuten des Königs Diomedes und entwendete der kriegerischen Amazonenkönigin Hippolyte ihren magischen Gürtel. Am weitesten führten ihn die Reise zum Ende der Welt, wo er mit Hilfe des Atlas die goldenen Äpfel der Hesperiden für Eurystheus stahl, und seine Fahrt in die Unterwelt, aus der er den Höllenhund Zerberus ans Licht holte.

Erst jetzt hatte er durch seine Sühnetaten den himmlischen Augiasstall von Lüge, Seitensprüngen und Eifersucht ausgemistet. Zwar hatte er noch eine Reihe von Abenteuern und Schicksalsschlägen zu bestehen, doch als er starb, wurde er in den Olymp aufgenommen, wo sich Hera mit ihm versöhnte und ihn sogar, wie einige sagen, an Sohnes statt annahm.

HERAKLES UND DER STALL DES AUGIAS

ÜBERLIEFERUNG

Quellen: Der Mythos des Herakles war vor allem in der Antike sehr beliebt. Sein Name geht zurück auf die Verfolgungen von Hera, die ihm in ihrer Eifersucht auf seine Mutter Alkmene ständig und überall Hindernisse in den Weg legte: »der durch Hera Berühmte«. Von Herakles, dem starken Kämpfer, ist bereits in der Ilias Homers die Rede (5. Buch). Die Tragödie *Die Trachinierinnen* von Sophokles (um 497–406 v. Chr.) handelt von den Ereignissen, die zu Herakles' freiwilligem Tod auf dem Scheiterhaufen führten. Euripides (um 480–406 v. Chr.) veränderte in seiner Tragödie *Herakles* die traditionelle Überlieferung des Mythos, demzufolge die zwölf Arbeiten, die der Held ausführen muss, als Sühne für den Mord an seiner Frau und den Kindern verstanden werden. In Euripides' Stück vollbringt Herakles erst die Heldentaten, bevor er Frau und Kinder umbringt. Reue und Entsetzen treiben ihn fast in den Selbstmord. Theseus kann ihn davon abbringen und führt ihn nach Athen, damit er von seiner Schuld gereinigt wird. In der römischen Literatur des 1. Jahrhunderts griff Lucius Annaeus Seneca (um 4–65 n. Chr.) den Mythos in seinen Stücken *Der rasende Herkules* und *Herkules auf dem Oeta* auf. Letzterem dienten Sophokles' *Trachinierinnen* als Vorlage. Eine der wichtigsten Abweichungen ist, dass Seneca auf Herkules' Tod in den Flammen seine Vergöttlichung folgen lässt. Von Herakles und Augias berichtet erstmals der griechische Lyriker Pindar (um 518–444 v. Chr.) in seinem Werk *Olympien*; ausführlicher ist die Geschichte bei dem griechischen Gelehrten Apollodor (2. Jahrhundert v. Chr.) nachzulesen.

Literatur: Literarische Darstellungen thematisieren vor allem Herakles' Heldentaten. In der mittelalterlichen Literatur verkörperte Herakles den idealen Ritter, in der christlichen Vorstellung symbolisierte er Tugendhaftigkeit und Glaubenskraft. Zu den bedeutendsten Verarbeitungen in der literarischen Morderne gehören die Herakles-Darstellung von Frank Wedekind (1864–1918), sowie *Die Frauen von Trachis* des amerikanischen Schriftstellers Ezra Pound (1885–1972) und ein zeitkritisches Hörspiel des schweizerischen Autors Friedrich Dürrenmatt (1921–1990). Unter dem Titel *Herkules und der Stall des Augias* wendet Dürrenmatt das Thema ins Heitere. Auch in Heiner Müllers (1929–1995) Herakles-Stück, das nur zwei Szenen umfasst, geht es um die Reinigung des Augiasstalls.

Bildende Kunst: Herakles ist der am häufigsten dargestellte Held der Antike. Er ist von kräftiger Gestalt und ausgestattet mit Keule und Löwenfell. Die Reinigung des Augiasstalls ist außer auf einer Metope des olympischen Zeustempels allerdings selten thematisiert.

EMPFEHLUNG

Lesenwert:
Homer: *Ilias*. Aus dem Griechischen von Johann Heinrich Voss. Zürich 1999.

Walter Jens: *Ilias und Odyssee* (ab 8 Jahre). Ravensburg 1992.

Sophokles: *Die Frauen von Trachis*. Aus dem Griechischen von Wolfgang Schadewaldt. Frankfurt/Main 2000.

Euripides: *Die Kinder des Herakles/Hekabe/Andromache*. Düsseldorf 1972.

Euripides: *Die bittflehenden Mütter/Der Wahnsinn des Herakles/Die Troerinnen/Elektra*. Düsseldorf 1972.

Friedrich Dürrenmatt: *Herkules und der Stall des Augias/Der Prozess und des Esels Schatten*. Zürich 1998.

Hörenswert:
Georg Friedrich Händel: *Die Wahl des Herakles*, Kantate. Neues Bachsches Collegium/Pommer, 1982/1991. Audio-CD.

Herkules und der Stall des Augias. Gelesen von Friedrich Dürrenmatt, 1957. Audio-CD.

AUF DEN PUNKT GEBRACHT

Unter den »Arbeiten« des Herakles ist die Ausmistung des Augiasstalls wohl die denkwürdigste. Und weil es immer wieder Augiasställe zu säubern gibt, ist sie sprichwörtlich geworden.

Hermes, Gott der Diebe und des Handels

Die Plejaden kennen wir eigentlich nur noch als Sternbild. Im Mythos waren sie Göttinnen oder Nymphen, und die berühmteste unter ihnen war Maia, obwohl sie offenbar die bescheidenste und scheueste von allen war. Sie mied die Gesellschaft der Unsterblichen und lebte ruhig in einer Höhle am Berg Kyllene in Arkadien. Trotzdem erblickte Zeus sie und verliebte sich in sie. »Tief in der Nacht, wenn die weißarmige Hera im süßen Schlummer lag, teilte er mit der reichgelockten Maia das Lager, ungesehen von Göttern und Menschen«, berichtet der uralte, dem Homer zugeschriebene Hymnus an Hermes.

Weiter heißt es hier, und das sind ausgesprochen erstaunliche Zeilen: »Und als die Zeit erfüllt war, kam sie nieder und gebar einen Sohn, schlau und gerissen, einen Räuber, einen Kuhtreiber, einen Traumbringer, einen Wächter in der Nacht, einen Dieb an den Toren, einen, der bald wundersame Taten vollbrin-

■ Tintoretto (1518–1576), Merkur (Hermes) und die drei Grazien (Ausschnitt), die Göttinnen der Anmut; Venedig, Dogenpalast

gen sollte unter den Göttern.« Einen Räuber und Dieb also feierten die Griechen als Gott! Und als einen Gott, der ihnen näher stand als viele andere unter den Himmlischen!

Dazu muss man wissen, dass die vornehmen Griechen der Frühzeit wie die Grundbesitzer im Wilden Westen Amerikas sich einen Sport daraus machten, sich gegenseitig die Viehherden abzujagen; erst im Laufe der Zeit begannen sie, ein ordentliches Kataster zu führen und vertraglich gesicherte Handelsbeziehungen zu pflegen. Und auch dann noch galt derjenige unter ihnen etwas, der durch Schlauheit und Gerissenheit ein Vermögen gemacht hatte.

Und Hermes war schlau und unternehmend. Noch am Tage seiner Geburt zog es ihn aus der Höhle, in der Maia ihn zur Welt gebracht hatte, in die weite Welt. Und schon am Ausgang der Höhle lieferte er eine Probe seiner raschen Auffassungsgabe und der Schnelligkeit, mit der er seine Gedanken in die Tat umsetzte. Dort stolperte er nämlich über eine Bergschildkröte, die sich am grünen Gras labte. Sofort hatte er eine Idee. Er weidete sie aus, überzog den Panzer mit einem Kuhfell und spannte Saiten aus Ziegen- oder Kuhdarm darüber. So erfand er die Leier oder Lyra, das erste aller Saiteninstrumente. Er stimmte die Saiten und sang ein ausgelassenes Lied, in dem er die Liebesnächte zwischen Zeus und Maia pries, denen er seine Existenz verdankte.

Seine Erfindung hatte ihn hungrig gemacht, und er begab sich auf den Weg nach Piërien, wo am Fuß des Olymp die fetten Rinderherden der Götter weideten. Bei Sonnenuntergang kam er an und trieb fünfzig Rinder beiseite, die dem Apoll gehörten. Um

■ Giambologna (1529–1608), Merkur, der Götterbote; Florenz, Museo Nazionale

SAITENINSTRUMENTE

Die Lyra oder Leier ist ein uraltes Saiteninstrument. Sie begleitete den Gesang oder die Rezitation von »Lyrik«. Größer und volltönender als die Lyra ist die Kithara, auf deren Namen die Bezeichnungen Gitarre und Zither für moderne Saiteninstrumente zurückgehen. Ebenfalls kannten die Griechen die Harfe. In der klassischen Zeit entwickelte sich die Laute mit einem langen Griffbrett, wie es die meisten modernen Saiteninstrumente aufweisen.

■ Ein römischer Merkur aus Terracotta, 2.–3. Jh., aus Jordanien; Amman, Archäologisches Museum

die Spuren zu verwischen, ließ er die Rinder rückwärts gehen und fertigte für sich selbst Sandalen aus Tamariskenrinde und Myrtenzweigen an. Dann machte er sich mit seiner Beute auf den langen Heimweg. Unterwegs traf er auf einen alten Mann, der seinen Weinberg bearbeitete – ein unliebsamer Zeuge seines Diebstahls. Er bestach ihn mit dem Versprechen einer reichen Weinlese, damit er nichts verriet. Nach einer Weile kamen ihm Bedenken bezüglich der Zuverlässigkeit des Alten. Er verkleidete sich, ging zu ihm zurück und gab sich als der rechtmäßige Besitzer der Herde aus. Gegen eine angemessene Belohnung begann der alte Winzer auch gleich zu plaudern und den göttlichen Viehdieb zu beschreiben. Vorsichtshalber verwandelte Hermes ihn nun in einen Stein.

Als der Mond aufging, weidete und tränkte der junge Gott die Herde am Fluss Alpheios. Sein Hunger war inzwischen noch größer geworden. Er sammelte Holz, erfand ganz nebenbei die Kunst, Feuer zu machen, und schlachtete zwei Rinder. Das Fleisch briet er am Spieß und teilte es in zwölf Teile. Mit einem Teil stärkte er sich, die übrigen opferte er den Göttern. Schließlich schlief er ein. Als der Morgen graute, versteckte er das Vieh in einer Höhle, eilte nach Hause und legte sich in seine Wiege, als könne er kein Wässerchen trüben. Natürlich hatte seine Mutter seinen Streich bemerkt, schalt ihn kräftig aus und warnte ihn, dass Apoll ihn gehörig bestrafen würde.

Tatsächlich stürmte der Bestohlene, der trotz seiner Sehergabe eine ganze Weile gebraucht hatte, die Fährte des Diebes aufzu-

DIE ATTRIBUTE DES HERMES

In der klassischen griechischen Kunst wird Hermes einfach als schöner, meist nackter Jüngling dargestellt, zuweilen auch als Wanderer mit dem typischen Hut. Seit der hellenistischen Zeit wurde es üblich, dem Hut und den Sandalen des Hermes Flügel zu verleihen, denn schließlich musste der Götterbote fliegen können. Außerdem erhielt er einen Heroldsstab, den »Merkurstab«, der oft wiederum geflügelt ist. Seit Hermes seinen Stab zwischen zwei einander bekämpfende Schlangen gelegt und sie damit zum Frieden angehalten hatte, winden sich um den Stab zwei Schlangen.

nehmen, später am Tag wütend in die Höhle – wo er niemanden fand als einen friedlich in seiner Wiege schlummernden Säugling. Nachdem er sich versichert hatte, dass kein anderer als Dieb in Frage kam, stellte Apoll den kleinen Hermes zur Rede. Hermes leugnete hartnäckig. Er sei viel zu klein, um überhaupt zu wissen, was ein Rind sei, behauptete er. Aber Apoll ließ sich nicht täuschen und schleppte Hermes vor Zeus, ihrer beider Vater. Auch dort gab Hermes seinen Diebstahl nicht zu, aber Zeus musste über den kleinen Schelm lachen, zumal der während der Gerichtsverhandlung Apolls Bogen und den Köcher mit den todbringenden Pfeilen gestohlen hatte. Mit gespielter Strenge befahl der Göttervater ihm, die Rinder herauszugeben. Hermes musste gehorchen. Auch musste er nun zugeben, dass er zwei von ihnen geschlachtet hatte. Er habe das

■ Eine der Listen des Hermes war es, dass er den hundertäugigen Argus mit seinem Flötenspiel einschläferte, um die in eine Kuh verwandelte schöne Io, die dieser in Heras Auftrag bewachte, für Zeus zurückzugewinnen. Peter Paul Rubens (1577–1640), *Merkur und Argus*; Dresden, Gemäldegalerie

- *Hermes von Veji*, Kopf einer Firstfigur aus Terracotta von einem etruskischen Tempel, um 500 v. Chr.; Rom, Villa Giulia

> **DIE ZWÖLF GÖTTER DES OLYMP**
>
> Immer wieder ist im Mythos von zwölf Göttern als den obersten, olympischen Göttern die Rede. Dabei gibt es aber keine einhellige Auffassung darüber, welche Götter dies sind. Meist werden die folgenden aufgeführt: Zeus, der Göttervater, und seine Frau Hera; Poseidon, der Meeresgott; die Geschwister Apoll und Artemis; Athene, die Weisheitsgöttin, und Aphrodite, die Göttin der Liebe; Ares, der Kriegsgott, und der Schmied Hephaistos; die Muttergöttin Demeter und Hestia, die Göttin des heimischen Herdes; und schließlich: Hermes.

- Ein typischer Streich des gewitzten Hermes: Er opfert einen als Schwein verkleideten Hund. Attische Schale, vor 500 v. Chr.; Wien, Kunsthistorisches Museum

Fleisch aber in zwölf Stücke geteilt, gemäß der Zahl der olympischen Götter, und es ihnen geopfert. Damit hatte er klargestellt, dass er sich selbst zu den zwölfen zählte.

Als Zeus dem nicht widersprach, muss Apoll ziemlich verblüfft gewesen sein. In dieser Situation bewies Hermes, dass er nicht nur ein gerissener Dieb, sondern auch ein ausgefuchster Diplomat war: Er schenkte Apoll seine Leier. Der war begeistert von dem Musikinstrument und fortan Hermes' bester Freund. Vor Freude überließ er diesem sogar seine Rinder und weihte ihn in die Kunst des Weissagens ein.

Noch vor Sonnenuntergang seines ersten Lebenstages zog Hermes als einer der zwölf wichtigen Götter auf dem Olymp ein.

Dort wurde er aufgrund seiner Qualifikationen als umsichtiger Täuscher und guter Diplomat zur wichtigsten Stütze seines Vaters. Immer wieder war er ihm als Liebesbote und Kuppler bei seinen erotischen Eskapaden zu Diensten, und er wurde zum Götterboten und Reisediplomaten in allen möglichen olympischen Angelegenheiten. Auch übernahm er die Aufgabe, die Menschen bei ihren Reisen zu führen und die Seelen der Toten in die Unterwelt zu

geleiten. Unermüdlich war er unterwegs, mit seinem Heroldsstab in der Hand und mit Flügeln an Helm und Schuhen, da er es stets eilig hatte. Zeus revanchierte sich für seine treuen Dienste, indem er ihm zu einer Liebesnacht mit seiner Halbschwester Aphrodite verhalf, die er schon lange anbetete: In der Gestalt eines Adlers stahl er eine der goldenen Sandalen der Liebesgöt-

■ Pjotr Iwanowitsch Sokolow (1752–1791) *Merkur und Argus*; St. Petersburg, Eremitage. Hermes ist hier nur noch durch seinen typischen Hut erkennbar.

> **HERMES TRISMEGISTOS**
>
> In der Spätantike wurde Hermes mit dem ägyptischen Weisheitsgott Toth verschmolzen und unter dem Namen Trismegistos, das heißt »der Dreimalgrößte«, zum Gott mystischer und magischer Geheimlehren. Noch die Alchimisten des Mittelalters und der frühen Neuzeit beriefen sich auf ihn.

■ Hermes, der Totengeleiter, von einem Grab-Lekythos, attisch, um 440 v. Chr.; München, Staatliche Antikensammlungen

tin, die sie vor dem Bade abgestreift hatte, und brachte sie seinem Sohn. Der gab sie seiner Halbschwester erst wieder, als sie seinem Begehren nachgab. Aus der Vereinigung von Hermes mit Aphrodite ging Hermaphroditos hervor, der Hermaphrodit, der Mann und Frau zugleich war.

Kein anderer Gott war im Alltag der Griechen so allgegenwärtig wie Hermes, der als ununterbrochen umherziehender Götterbote der Schutzpatron aller Wanderer und vor allem aller wandernden Händler war. An jedem Kreuzweg stand als Wegweiser eine »Herme«, anfangs ein einfacher Steinhaufen, der als Wegmarkierung diente, später eine viereckige Säule, die häufig mit dem Kopf des Hermes geschmückt war und an der Vorderseite mit einem männlichen Geschlechtsteil, als Zeichen dafür, dass das Reisen Männersache war.

In derselben Zeit avancierte der Gott der Viehräuber und Wanderdiebe zum Gott des Handels und Verkehrs. Heute noch schmücken sich Handelsunternehmen, Banken und Versicherungen mit seinem Bild und Namen als Zeichen ihrer Seriosität. Und die Hüter der großen Kapitalien wissen in den seltensten Fällen, dass ihre Unternehmen oft genauso angefangen haben wie Hermes selbst: mit trickreichen Betrügereien.

HERMES, GOTT DER DIEBE UND DES HANDELS

 ÜBERLIEFERUNG

Quellen: Hermes ist es, der im 24. Buch der *Ilias* von Homer (um 700 v. Chr.) den alten Priamos in Achills Lager begleitet, um diesen zu bitten, Hektors Leiche freizugeben. In Homers *Odyssee* überbringt Hermes Odysseus die Botschaft von Zeus, er solle Kalypsos Insel verlassen und die Heimkehr antreten (5. Buch). Auch als Seelenbegleiter tritt er in Erscheinung. So bringt er am Ende der *Odyssee* die Seelen der Verstorbenen in die Unterwelt. Eine ausführliche Schilderung von Hermes' Herkunft und der Geschichte vom Rinderdiebstahl gibt der homerische Hymnos *An Hermes* in 580 Versen (7. Jahrhundert v. Chr.). Der Raub der Rinder Apollos durch den neugeborenen Hermes ist auch das Thema des unvollständigen Satyrspiels *Die Spürhunde* des griechischen Tragikers Sophokles (um 496–um 406). Mit Satyrspielen beschlossen die griechischen Dichter ihre klassischen tragischen Trilogien. Ein Chor aus verkleideten halbtierischen Satyrn bzw. Silenen scharte sich um einen Anführer und parodierte in ausgelassener, witziger Weise den Inhalt der vorausgegangenen Tragödien. Eine Stunden dauernde Theateraufführung klang auf diese Weise heiter aus. Zu Beginn von Sophokles' Stück ruft Apoll nach langer vergeblicher Suche nach seinen Tieren Menschen und Götter als Zeugen des Diebstahls an. Silen, der Vater der Satyrn, und seine Söhne erweisen sich als unverhoffte Helfer und machen sich auf, die Rinder zu suchen, aber Hermes versteht es, sie in die Irre zu führen. Während des ganzen Trubels ist er damit beschäftigt, die Lyra zu erfinden. An dieser Stelle bricht der Text ab. Der römische Dichter Ovid (43 v. Chr. – 18 n. Chr.) erzählt von dem Rinderdiebstahl im 2. Buch der *Metamorphosen*.

Literatur: Es gibt ein Gedicht mit dem Titel *Orpheus. Eurydike. Hermes* von Rainer Maria Rilke (1875–1926). Hermes, der »Gott des Ganges und der weiten Botschaft« führt Eurydike an seiner Hand aus dem Reich der Toten.

Bildende Kunst: In der bildenden Kunst erscheint Hermes als ein schlanker junger Mann mit Reisehut und Flügeln an den Sandalen; oft hält er in der Hand einen goldenen Stab – einen Zauberstab, mit dem er Menschen in Schlaf versetzen und sie wieder wecken kann. Eine der bedeutendsten von den wenigen erhaltenen antiken Plastiken ist eine Hermesstatue des attischen Bildhauers Praxiteles (um 325 v. Chr.). Sie zeigt den Gott zusammen mit dem Dionysosknaben und ist heute im Achäologischen Museum in Olympia zu sehen. Ein Bild, das Hermes als Rinderdieb abbildet, gibt es von dem italienischen Maler Domenichino (1581–1641), National Gallery, London.

 EMPFEHLUNG

Lesenswert:
Homer: *Ilias. Odyssee.* Übertragen von Johann Heinrich Voss, Zürich 1999.

Walter Jens: *Ilias und Odyssee* (ab 8 Jahre). Ravensburg 1992.

Ovid: *Metamorphosen.* In der Übertragung von Johann Heinrich Voss. Mit Radierungen von Pablo Picasso und einem Nachwort von Bernhard Kytzler. Frankfurt/Main 1990.

Rainer Maria Rilke: *Orpheus. Eurydike. Hermes.* In: Gedichte. Stuttgart 1977.

Hörenswert:
Homer: *Die Odyssee.* In eine moderne Form gebracht und gelesen von Christoph Martin. 21 Audio-CDs (14 Std. Spielzeit). 1996.

Ovid: *Metamorphosen.* In Prosa neu übersetzt von Gerhard Fink. Sprecher: Peter Simonischek. 6 Audio-CDs. Düsseldorf 1999.

 AUF DEN PUNKT GEBRACHT

Wenn man die Griechen der Antike verstehen will, muss man auch wissen, dass einer ihrer wichtigsten Götter, Hermes, ein Erzschelm war.

Iphigenie

Iphigenie in Aulis – Iphigenie bei den Tauern: Seit den klassischen Dramen des Euripides gilt die Überlieferung von der älteren Tochter Agamemnons, des Führers der Griechen im Trojanischen Krieg, und seiner unglückseligen Frau Klytämnestra als Beleg für die Überlegenheit der griechischen Kultur über die der Barbaren, weil sie sich bereits im Mythos über die düstere Magie barbarischer Rituale erhebt. Denn es geht, wenn von Iphigenie die Rede ist, um den uralten Brauch des Menschenopfers und dessen Überwindung.

In Aulis an der Küste der Insel Euböa sammelten sich die Schiffe der Griechen, die von hier nach Troja an die Küste Kleinasiens übersetzen wollten. Homer zufolge waren es nicht weniger als 1186 Schiffe – eine riesige Streitmacht. Den Oberbefehl teilte sich Agamemnon mit dem kretischen König Idomeneus. Nach etwa einem Monat stach die Flotte in See; aber das Unternehmen stand unter einem schlechten Stern. Das griechische Heer landete an einer falschen Stelle, in Mysien, weil es keinen zuverlässigen Führer hatte. Man plünderte und lieferte sich einige Gefechte mit den Bewohnern der Gegend, aber das war alles. Unverrichteter Dinge kehrten die Griechen nach Aulis zurück.

Hier brachten sie die Schiffe in Ordnung, füllten die Vorräte auf und warteten auf gute Winde; aber vergebens. Der Seher Kalchas prophezeite nun, es werde erst wieder günstigen Wind geben, wenn Agamemnon seine Tochter Iphigenie der Artemis opfere. Es werden verschiedene Gründe genannt, warum Artemis über den König verärgert war; wahrscheinlich hatte er eine der Göttin geweihte Hirschkuh erlegt.

■ Ausschnitt aus der *Iphigenie* von Anselm Feuerbach (1829–1880): Versonnen schaut die in die Fremde Verschlagene auf das Meer, von dem allein ihr Rettung kommen kann. Museum Stiftung Reinhart, Winterthur

Agamemnon wusste, dass seine Frau Klytämnestra niemals zulassen würde, dass Iphigenie als Opferlamm nach Aulis geschickt würde. Aber die anderen Führer der Griechen überredeten ihn, es mit einer List zu versuchen. Odysseus sollte sich zu Klytämnestra aufmachen und vorgeben, Iphigenie werde mit dem strahlenden Helden Achill vermählt. Eine solche Ehre konnte die Königin für ihre Tochter nicht ausschlagen, und so machte sie sich mit Iphigenie auf den Weg nach Aulis. Agamemnon versuchte noch reumütig, so wird von einigen berichtet, seine Frau vom wahren Sachverhalt zu unterrichten, aber sein Bruder Menelaos ließ den Brief abfangen.

Als Artemis sah, dass die Griechen entschlossen waren, ihr Genugtuung zu leisten, bestand sie nicht mehr auf der Ausführung des Opfers. Vom Altar hinweg entführte sie Iphigenie in die Lüfte und versetzte sie ins Land der Taurer, wo sie ihr als Priesterin dienen sollte. Zugleich erhob sich endlich ein günstiger Wind, und die Schiffe der Griechen gelangten ohne weitere Zwischenfälle an die trojanische Küste.

Bei den Taurern wurde Iphigenie erneut mit dem grässlichen Brauch des Menschenopfers konfrontiert, denn dieses barbari-

■ Die Opferung der Iphigenie auf Aulis: In dem Augenblick, als Agamemnon seine Tochter töten will, greift Artemis vom Himmel aus in das Geschehen ein. Deckengemälde von Francesco Fontebasso (1709–1768) aus dem Palazzo Contarini-Corner in Venedig

DIE ABSCHAFFUNG DES MENSCHENOPFERS

Im Alten Testament der Bibel findet sich eine Geschichte, die deutliche Parallelen zu der Zurückweisung des Menschenopfers durch Artemis im Iphigenie-Mythos aufweist. Hier ist es Abraham, der von Jahwe aufgefordert wird, ihm seinen Sohn Isaak zu opfern. Doch auch dem Gott der Bibel genügt es, den Gehorsam der Menschen auf die Probe zu stellen; als Abraham seinen Sohn töten will, fällt er ihm in den Arm und weist damit das Menschenopfer zurück. Wie die griechische, so belegt auch die jüdische Überlieferung die Überwindung des uralten Brauchs, zürnenden Gottheiten auch Menschen zu opfern.

■ Iphigenie führt ihren Bruder Orest zum Altar, wo er geopfert werden soll. Gemälde von Goethes Freund Johann Heinrich Wilhelm Tischbein (1751–1829)

sche Volk pflegte alle Fremden, die in ihr Land kamen, der Artemis zu opfern. Iphigenies Aufgabe als Priesterin war es, die Unglücklichen auf ihren Tod vorzubereiten.

Während Iphigenie im Land der Taurer ihre traurige Pflicht erfüllte, ging der Trojanische Krieg zu Ende. Iphigenies Vater Agamemnon war nach Hause zurückgekehrt und wurde dort von Klytämnestra, die ihm nicht verzeihen konnte, dass er – wie sie glaubte – ihre Tochter getötet hatte, und ihrem Liebhaber Ägisth ermordet. Iphigenies Bruder Orest wiederum hatte mit Hilfe ihrer Schwester Elektra und seines treuen Freundes Pylades seinen Vater Agamemnon gerächt und wurde nun als Muttermörder von den Erinnyen, den grausamen Verkörperungen der Blutrache, durch alle Länder gehetzt. So gelangte er schließlich, zusammen mit Pylades, ins Land der Taurer – und war damit dem Tode geweiht. Doch Iphigenie, die ihn zum Opferaltar führen sollte, erkannte ihren Bruder gerade noch rechtzeitig.

Sie verabredete heimlich mit Orest und Pylades ihre Flucht. Bevor sich die Geschwister und ihr Freund davonstahlen, entwendeten sie von den Taurern die Kultstatue der Artemis – so wie es ein Orakelspruch dem Orest aufgetragen hatte.

Die grausame Göttin fand ihre Heimat nun bei den Griechen, wo sie, anders als bei den taurischen Barbaren, keine Menschenopfer mehr nötig hatte.

»VERTEUFELT HUMAN« …

… nannte Goethe seine *Iphigenie auf Tauris*. Bei ihm gelingt es Iphigenie, Thoas, den König der taurischen Barbaren, dazu zu überreden, sie, Orest und Pylades, freiwillig ziehen zu lassen und das Menschenopfer abzuschaffen. Diese allgemeine Humanität, die die Barbaren mit einschließt, kannten die Griechen des Mythos jedoch nicht. Bei ihnen gibt es sogar die Überlieferung, dass Orest noch einmal nach Tauris zurückkehrte, um Thoas zu töten.

IPHIGENIE

 ÜBERLIEFERUNG

In Euripides' (485–406 v. Chr.) Tragödie *Iphigenie in Aulis* ist Agamemnons Entschluss, seine Tochter zu opfern, vor Beginn der eigentlichen Handlung gefallen, und Iphigenie befindet sich bereits in Aulis. Das Stück setzt ein mit dem verzweifelten Versuch des Vaters, das Geschehene rückgängig zu machen. Doch Iphigenie erklärt sich plötzlich bereit, für Hellas freiwillig zu sterben. Oft wandelte Euripides die überlieferten Mythen in seinen Tragödien ab. So erfahren wir in seinem Stück *Iphigenie in Tauris*, dass Artemis das Opfer des Mädchens gar nicht verlangte, sondern dies nur durch den Seher Kalchas verbreitet wurde.

Literatur: Besonders in der französischen Literatur finden sich mehrere Bearbeitungen des Mythos, von denen Jean Racines (1639–1699) Tragödie *Iphigenie* die bekannteste ist. Eine der Abweichungen von der antiken Vorlage ist die Liebe zwischen Achill und Iphigenie. Bei der Uraufführung von Goethes *Iphigenie auf Tauris* 1779 in Ettersburg übernahm der Dichter selbst die Rolle des Orest. Schiller übersetzte Euripides' *Iphigenie in Aulis* ins Deutsche. Von Gerhart Hauptmann (1862–1946) gibt es einen Dramenzyklus mit dem Titel *Die Atriden-Tetralogie*, der aus den Einzelwerken *Iphigenie in Aulis*, *Agamemnons Tod*, *Elektra* und *Iphigenie in Delphi* besteht.

Musik: Christoph Willibald Gluck (1714–1787) komponierte zwei Iphigenie-Opern. Das Werk *Iphigenie in Aulis* orientiert sich an der Tragödie von Jean Racine. Nach der Uraufführung 1774 in Paris änderte Gluck den Schluss seiner Oper. Sie endete nun nicht mehr mit der Hochzeit von Iphigenie und Achill, sondern mit dem Aufbruch der siegesgewissen Griechen nach Troja. Die Uraufführung der Werkes *Iphigenie auf Tauris* 1779 in Paris wurde für Gluck zu einem seiner größten Erfolge als Opernkomponist. Richard Strauss richtete die Oper 1916 für eine Aufführung am Metropolitan Opera House in New York ein. In jüngerer Zeit wurde die Tauris-Handlung u.a. von dem österreichisch-amerikanischen Komponisten Ernst Křenek (1900–1991) wieder aufgegriffen.

Bildende Kunst: Der deutsche Maler Anselm Feuerbach (1829–1880) stellte Iphigenie auf mehreren Bildern dar, darunter *Iphigenie in Tauris*, Hessisches Landesmuseum, Darmstadt. Die Opferung Iphigenies malten u.a. Jan Steen (1626–1679), Rijksmuseum, Amsterdam, Charles de Lafosse (1636–1716), Musée du Louvre, Paris, Marco Ricci (1676–1730), Galleria dell'Accademia, Venedig, sowie der Meister des venezianischen Rokoko Giovanni Battista Tiepolo (1696–1770), Sammlung Baron Rothschild, Paris. Auch von dem Schweizer Arnold Böcklin (1827–1901) gibt es ein Bild zu diesem Thema, Schack-Galerie, München.

 EMPFEHLUNG

Lesenswert:
Euripides: *Iphigenie in Aulis*. Stuttgart 1978.

Euripides: *Iphigenie bei den Taurern*. Stuttgart 1976.

Jean Racine: *Iphigenie*. Preface et commentaires par Annie Collgnat-Bares. 1998.

Johann Wolfgang von Goethe: *Iphigenie auf Tauris*. Stuttgart 1977.

Johann Wolfgang von Goethe: *Iphigenie auf Tauris*. CD-ROM für Windows 3.1/NT. Stuttgart 1997.

Hörenswert:
Johann Wolfgang von Goethe: *Iphigenie auf Tauris*. Ein Schauspiel. Gesprochen u.a. von Maria Becker, Ewald Balser, Will Quadflieg. 2 Audio-CDs, 1957.

Christoph Willibald Gluck: *Iphigenie in Aulis*. Wiener Philharmoniker/Böhm. 2 Audio-CDs.

Christoph Willibald Gluck: *Iphigenie auf Tauris*. Orchester der Mailänder Scala/Sanzogno. 2 Audio-CDs.

 AUF DEN PUNKT GEBRACHT

Iphigenie, die mit dem Menschenopfer ein Ende macht, galt bereits in der Antike als Symbolfigur für die sittliche Überlegenheit der – griechischen – Kultur über die Barbarei.

Kassandrarufe

Einer Kassandra, die immer nur vor bevorstehendem Unglück warnt und düstere Prophezeiungen ausspricht, hört niemand gern zu. Daran ändert auch nichts, dass viele Kassandrarufe sich als richtig erweisen.

■ Wie Kassandra, so warnte auch der Priester Laokoon vor dem hölzernen Pferd. Um ihn zum Schweigen zu bringen, sandte Poseidon Schlangen, die ihn und seine Söhne erwürgten: El Greco (1541–1614), *Laokoon*; Washington, National Gallery of Art

Alle Warnungen der mythischen Kassandra, der Tochter des Königs Priamos von Troja und seiner Frau Hekabe, waren völlig berechtigt, und trotzdem hörte niemand auf sie. So war sie trotz oder gerade wegen ihrer Sehergabe doppelt unglücklich: weil sie das Unglück kommen sah und weil sie es nicht verhindern konnte.

Kassandras Sehergabe war das Geschenk eines Gottes. Apoll hatte sich in sie verliebt und warb um sie, indem er sie in die

Kunst der Weissagung einführte. Doch Kassandra blieb ihm gegenüber spröde, und so schlug die Liebe des Gottes in Zorn um. Und aus Zorn fügte Apoll seinem Geschenk, das er nicht wieder zurücknehmen konnte, einen Fluch hinzu, nämlich den, dass die Kassandrarufe ungehört verhallen würden.

Das große Unglück, das Kassandra kommen sah, war natürlich der Trojanische Krieg mit seinen Folgen, und je schärfer sie dies sah, desto verblendeter waren diejenigen, denen sie ihre Gesichte mitteilte.

Als Erstes ahnte sie, dass von Paris, ihrem Bruder, Unheil ausgehen werde. Manche sagen, Paris sei aufgrund ihrer Warnungen schon als Kind ausgesetzt, später aber heim in den Palast geholt worden. Andere wiederum halten dies für unmöglich, weil Paris älter gewesen sei als seine Schwester. Spätestens jedoch als Paris nach Sparta aufbrach, von wo er die schöne Helena, die Frau des Königs Menelaos, entführen sollte, mahnte Kassandra, dass dies schreckliche Folgen haben würde, doch niemand hielt Paris zurück, und so kam es zum Krieg um Troja. Im heiligen Wahn, in Trance, beschwor sie immer wieder dessen drohenden schlimmen Ausgang, und sie wurde gemieden, als sei sie die Urheberin des Übels, vor dem sie warnte.

Und Unglück ereilte auch sie selbst: Die auswärtigen Prinzen, die um sie warben, fielen als Verbündete der Trojaner von der Hand griechischer Krieger; so blieb Kassandra zur Jungfräulichkeit verdammt.

■ Max Klinger (1857–1920), *Kassandra*; Leipzig, Museum der Bildenden Künste

Der Krieg blieb unentschieden, bis die Griechen auf die List mit dem hölzernen Pferd verfielen. Kassandra flehte die Trojaner an, das riesige Pferd auf keinen Fall in ihre sichere Stadt zu ziehen, aber die blieben auch noch verblendet, als der Priester Laokoon ihr beipflichtete. Laokoon wurde von Apoll mundtot gemacht, indem der Gott Schlangen schickte, die ihn mitsamt sei-

SEHER

Weise Menschen, die in die Zukunft blicken und deshalb gute Ratschläge geben konnten, spielen im Mythos eine große Rolle. Kassandras Gegenpart auf griechischer Seite war der Seher Kalchas, und dieser war weit besser gelitten als die Trojanerin – auch weil er nicht gar so Furchtbares zu weissagen hatte. Kalchas starb übrigens einen bezeichnenden Sehertod: Ihm war bedeutet worden, dass er sterben müsse, wenn er einem besseren Seher begegnete, als er selbst es war. Als er auf Mopsos traf, einen Enkel des Teiresias, des berühmtesten aller griechischen Seher, kam es zu einem Seherwettstreit. Kalchas unterlag und starb bald darauf an gekränktem Stolz.

- *oben links:* Die Laokoongruppe im Vatikan, um die Zeitenwende entstanden, gehört zu den berühmtesten Bildwerken der Antike.

- *oben rechts:* Auf dieser Buchillustration von Franz Stassen aus dem Jahre 1912 fällt Laokoon einer Monsterschlange zum Opfer

nen Söhnen erwürgten. Kassandra musste nicht zum Schweigen gebracht werden – auf sie hörte sowieso niemand.

Und so kam es, wie es kommen musste: Des Nachts entstiegen griechische Krieger dem Bauch des gewaltigen Pferdes, setzten die Stadt in Brand, metzelten die Männer nieder und entführten die Frauen. Kassandra wurde von dem Standbild der Athene fortgerissen, an das sie sich klammerte, und als Sklavin und Nebenfrau des Agamemnon in dessen Burg, Mykene, gebracht. Hier wurde sie von Agamemnons Frau und deren Liebhaber Ägisth zusammen mit ihrem Herrn ermordet. Dass sie ihr eigenes schlimmes Schicksal nicht vorausgesehen hat oder nicht hat voraussehen wollen, müssen wir als ein Glück bezeichnen. Und es dient natürlich auch dem Selbstschutz der Menschen, wenn sie auf Unglücksprophezeiungen, auf Kassandrarufe, nicht hören.

CHRISTA WOLFS »KASSANDRA«

1983 erschien die längere Erzählung *Kassandra* der in der DDR lebenden Autorin Christa Wolf (geb. 1929). Bei Wolf wird Kassandra zum Spiegelbild der Autorin, die sich auf dem Höhepunkt des Wettrüstens zwischen West und Ost als Mahnerin inmitten einer von Männern geprägten kriegerischen Welt sah. Wolfs Kassandra beobachtet die Veränderungen im friedlichen Leben Trojas, die allein schon durch die Erwartung des Kriegs eintreten: Mit der Logik des Militärs halten auch die Unterdrückung der Meinungsfreiheit und der Zugriff des Staats auf das Privatleben Einzug. »Lasst euch nicht von den Eigenen täuschen«, ist die Kassandra-Moral, die Wolf ihren Lesern nahe zu bringen sucht.

KASSANDRARUFE

 ÜBERLIEFERUNG

Quellen: Im 13. Buch der *Ilias* Homers (um 700 v. Chr.) wird Kassandra als Schönste von Priamos' Töchtern genannt. Von ihrem Tod durch Klytämnestra ist im 11. Buch der *Odyssee* die Rede. Bei Homer ist Kassandra noch nicht die Seherin, als die sie in späteren Quellen erscheint. Aischylos' (525–456 v. Chr.) Stück *Agamemnon*, der erste Teil der Tragödientrilogie *Orestie*, zeigt sie in ihrer ganzen Verzweiflung und Hilflosigkeit, in die sie ihre Fähigkeit, in die Zukunft zu sehen, stürzt. In Eurpides' (um 485–406) Drama *Die Troerinnen* stürmt Kassandra fackelschwingend aus dem Zelt; wie im Wahn sagt sie den Muttermord an Klytämnestra voraus. Kassandra ist auch bekannt unter dem Namen Alexandra, der einem langen Gedicht von Lykophron aus Chalkis (3. oder 2. Jahrhundert v. Chr.) seinen Titel gab. In Form eines Botenberichts gibt der Text Kassandras düstere Voraussagungen wieder. Das Werk hat den Ruf, alle griechischen Gedichte an Verworrenheit und Unstimmigkeit zu übertreffen. Schließlich begegnen wir Kassandra auch in der *Aeneis* des römischen Dichters Vergil (70–19 v. Chr.); auch hier versucht sie vergeblich, die Trojaner vor dem hölzernen Pferd zu warnen.

Literatur: Der italienische Dichter Giovanni Boccaccio (1313–1375) nahm Kassandra in sein Werk *Über berühmte Frauen* auf, das 104 Biographien enthält. Friedrich Schiller (1759–1805) widmete ihr ein langes Gedicht, in dem Kassandra, niedergeschlagen und allein, Apoll für sein »falsch Geschenk« anklagt. Sie wünscht sich die Blindheit zurück, da deren Verlust ihr auch die ganze Lebensfreude nahm. In jüngerer Zeit griff Christa Wolf (geb. 1929) die Sage in ihrer Erzählung *Kassandra*, die 1983 erschien, wieder auf. Die Handlung setzt ein, nachdem Kassandra von Agamemnon als Kriegsgefangene mitgenommen worden ist. Ihren Tod vor Augen, betrachtet sie ihr Leben im Rückblick und denkt über den Trojanischen Krieg nach, dessen Anlass nur scheinbar gegeben war. Denn wie in Euripides' Tragödie *Helena* folgt die Erzählung einer Tradition, die davon ausgeht, dass die wahre Helena gar nicht entführt worden sei, sondern in Ägypten blieb.

Musik: Im ersten Teil der Oper *Die Trojaner* von Louis Hector Berlioz (1803–1869) ist Kassandra die Hauptfigur des Geschehens. Die Handlung folgt ganz der traditionellen Überlieferung der Sage. Nachdem die Trojaner ungeachtet der Warnung das hölzerne Pferd in ihre Stadt gelassen haben, erstechen sich Kassandra und viele andere trojanische Frauen selbst, da sie Gewalt und Gefangenschaft durch die Griechen mehr fürchten als den Tod.

 EMPFEHLUNG

Lesenswert:
Euripides: *Die bittflehenden Mütter/Der Wahnsinn des Herakles/Die Troerinnen/Elektra.* Düsseldorf 1972.

Giovanni Boccaccio: *De claris mulieribus/Die großen Frauen.* Lateinisch/Deutsch. Stuttgart 1995.

Christa Wolf: *Kassandra.* München 1993.

Christa Wolf: *Voraussetzungen einer Erzählung: Kassandra.* Frankfurter Poetik-Vorlesungen. München 1993.

Hörenswert:
Christa Wolf/Vytante Zylanskaite: *Aus »Kassandra« und »Sisyphus und die Wächter«.* Käthe Reichel liest. Audio-CD, 1998.

Grete von Zieritz: *Kassandrarufe für 8 Solo-Instrumente & Nonett.* Philharmonisches Oktett Berlin/Orchester Akademie der Berliner Philharmoniker/Goebel, 1998.

Louis Hector Berlioz: *Die Trojaner (Auszug).* Orchestre Symphonique de Montreal/Dutoit. Audio-CD, 1993.

 AUF DEN PUNKT GEBRACHT

Kassandra, die Prophetin, deren Warnungen stets ungehört verhallten, ist eine der tragischsten Gestalten des Mythos und sprichwörtlich dafür geworden, dass die Menschen Warnungen und düstere Prophezeiungen nicht mögen.

Das Labyrinth oder das Gesellenstück des Theseus

- oben: Stier auf einer Wand im Palast von Knossos auf Kreta

- rechts unten: Theseusmosaik mit dem Labyrinth aus einer römischen Villa bei Salzburg, 4. Jh.; Wien, Kunsthistorisches Museum

Bevor ein junger Mann sich niederlässt und in seiner Heimat etwas wird, muss er sich in der Fremde bewähren und dabei seine Erfahrungen sammeln – und wie die Handwerksgesellen, so gehen auch in Mythos und Sage seit jeher die Helden und Königssöhne auf Wanderschaft. Nicht anders der athenische Königssohn Theseus, der in Minos, dem großen König von Kreta, seinen Meister findet und sich auch ganz richtig in die Tochter des Meisters verliebt: Ariadne, die ihm helfen wird, sein Gesellenstück zu liefern.

Theseus' Vater war Ägeus, der König von Athen. Dies glaubte jedenfalls Ägeus selbst. Andere zweifeln seine Vaterschaft an, denn just in der Nacht, als Ägeus mit Aithra, der Tochter seines Gastfreundes, König Pittheus von Troizen, schlief, könnte auch der mächtige Meeresgott Poseidon bei der Prinzessin gelegen haben – und Ägeus hätte das wohl kaum bemerkt, denn sein Gastgeber hatte ihn mit einer Menge Wein bewirtet, bevor er ihn zum Bett seiner Tochter geleitete. Doch auch Theseus scheint Ägeus für seinen Vater gehalten zu haben; jedenfalls wanderte er als Jüngling von Troizen nach Athen, um seinen Anspruch als Thronfolger anzumelden. Ägeus war auch willens, ihn als seinen Nachfolger zu akzeptieren, doch musste der junge Prinz sich für die Anwartschaft auf dieses Amt noch qualifizieren, wozu er auch bald Gelegenheit erhielt.

Noch bevor Theseus geboren wurde, hatten die Athener einen Krieg gegen den kretischen König Minos verloren. Seitdem mussten alle neun Jahre sieben edle junge Männer und sieben ausgewählte junge Mädchen als Tribut nach Knossos gebracht werden, der Residenz des Minos auf Kreta. Dort wurden sie dem

DAS MINOISCHE KRETA

Im Mythos haben die Griechen die Erinnerung an die längst untergegangene kretische Zivilisation bewahrt, die der der griechischen Frühzeit weit überlegen war. Sie wussten noch, dass die Kreter mit ihren Schiffen die ganze Ägäis beherrscht hatten, und in »Labyrinth« steckt das Wort für die Doppelaxt, die das Wahrzeichen der Kreter war. Dem sagenhaften König Minos zu Ehren haben die Archäologen die altkretische Kultur »minoisch« genannt. Man hat vermutet, dass die Geschichte vom Labyrinth durch die verwinkelte Bauweise der kretischen Paläste zustande gekommen sei, wie sie in Knossos und anderswo ausgegraben worden sind. Tatsache ist auch, dass der Stier für die Kreter ein heiliges Tier war.

scheußlichen Minotaurus zum Fraß vorgeworfen, einem Unhold mit Stierkopf und Menschenkörper, den Minos' Gattin mit einem Stier gezeugt hatte und der im Labyrinth eingesperrt war, einem Bau, der so verschachtelt war, dass niemand, der hineingeraten war, jemals wieder den Ausgang fand.
Als das nächste Mal der Menschentribut fällig war, meldete Theseus sich freiwillig, um an der traurigen Seereise nach Kreta teilzunehmen – und ein für alle Mal der Schmach des Tributs ein Ende zu setzen, wie er seinem Vater versicherte. Ägeus ließ seinen Sohn nur ungern ziehen und erbat sich ein Zeichen, falls alles gut ausgehen sollte: Das Schiff sollte bei seiner Rückkehr vor der Küste Attikas statt seines schwarzen Trauersegels ein weißes hissen.
Unter vielen Abenteuern gelangte das Schiff nach Kreta, wo die jungen Athener im Palast des Minos auf ihre Opferung warten mussten. Während dieser Zeit lernte Theseus die Regierungs-

■ *oben*: Theseus und Ariadne entkommen auf einem Schiff; Detail des Theseusmosaiks

■ Theseus' Kampf mit dem Minotaurus – in der Sicht der Antike und des 19. Jhs.

kunst des mächtigsten König der Zeit kennen – und dessen schöne Tochter Ariadne, die sich in den athenischen Prinzen verliebte. Sie bot ihm ihre Hilfe an, denn sie wusste, dass Theseus ohne sie keine Chance hatte. Er konnte vielleicht den Minotaurus töten, aber nie würde er aus dem Labyrinth herausfinden, das der geniale Ingenieur Dädalus für Minos erbaut hatte. Dädalus wusste selbst auch nicht mehr, wie dies zu bewerkstelligen war. Wer nun schließlich auf die Idee mit dem Garnknäuel kam, Dädalus oder Ariadne selbst, ist umstritten. Jedenfalls war es Ariadne, die es Theseus aushändigte, und nach ihr heißt der »rote Faden«, mit dessen Hilfe man sich in einer komplizierten Situation zurecht- oder durch einen schwierigen Text hindurchfindet, auch Ariadnefaden. Theseus befestigte also seinen Faden am Eingang des Labyrinths und wickelte ihn nach und nach ab. Tief im Innern des verwinkelten Gebäudes stieß er auf den Minotaurus, und er erschlug das Ungeheuer mit bloßen Fäusten. Nach getaner Tat tastete er sich am Faden entlang wieder nach draußen. Jetzt musste alles schnell gehen: Theseus nahm Ariadne bei der Hand, befreite seine Gefährten, und Dank des Überraschungseffekts – denn niemand hätte geahnt, dass Theseus heil aus dem Labyrinth herauskommen würde – gelang es den Athenern, sich den Weg zu ihrem Schiff freizukämpfen. Und dem Seeherrscher Minos gelang es nicht, die Flüchtlinge während ihrer Fahrt durch die Ägäis einzuholen. Dieser seemännische Erfolg ihres sagenhaften Königs Theseus stellte für die Athener einen großen Ansporn dar, als sie im 6. Jh. v. Chr. von einem Bauernvolk zu einer Seefahrernation wurden und den Ehrgeiz entwickelten, die Seeherrschaft in der Ägäis zu erringen, wie in grauer Vorzeit die Kreter des Minos sie innehatten. Sie hörten

auch gerne, dass der mächtige Herr der Meere, Poseidon, Theseus unterstützt haben könnte, eben weil er der wirkliche Vater des athenischen Helden war.

Als die Athener den größten Teil der Heimfahrt nach Athen schon hinter sich hatten, legten sie auf der Insel Naxos eine Pause ein. Als sie wieder in See stachen, ließ Theseus Ariadne zurück. Warum? Theseus wollte sie einfach loswerden, nachdem sie ihm zu einer erfolgreichen Rückkehr nach Athen verholfen hatte, sagen die einen. Der Gott Dionysos war ihm im Traum erschienen und hatte seine eigenen Ansprüche auf Ariadne angemeldet, wogegen Theseus natürlich machtlos war, führen die anderen zur Verteidigung des Helden an. Wir möchten sagen: Weil kein Sagenheld von seiner ersten großen Abenteuerfahrt mit einer Frau nach Hause zurückkehrt, genauso wenig wie ein Handwerksbursche von der Wanderschaft. Eine Ehefrau suchen beide erst, wenn sie sich niedergelassen haben und König oder Meister sind.

Als König hielt Theseus später um die Hand von Ariadnes Schwester Phädra an. Dieses lässt immerhin eine gewisse Treue –

■ Der sogenannte Thron des Minos im Palast von Knossos

■ Ähnlich wie gegen den Minotaurus tat sich Theseus später auch gegen die Zentauren hervor. Marmorgruppe von Antonio Canova (1757–1822); Wien, Kunsthistorisches Museum

ARIADNE AUF NAXOS

Die von ihrem Liebsten auf einer fremden Insel zurückgelassene Ariadne hat bei vielen Malern und Komponisten Mitgefühl hervorgerufen. Berühmt geworden ist die verzweifelte Klage, das »Lamento«, der Ariadne aus der gleichnamigen Oper von Claudio Monteverdi aus dem 17. Jh. Aus dem 20. Jh. stammt die Oper *Ariadne auf Naxos* von Richard Strauss, die bis heute viel gespielt wird.

und sei es nur zur Familie des Lehrmeisters Minos – erkennen.

Theseus wurde schneller König, als er geahnt hatte, und das lag daran, dass er wegen der Aufregungen der Flucht oder aus Trauer, weil er Ariadne zurücklassen musste, vergaß, das weiße Segel zu hissen. Der alte König Ägeus glaubte seinen Sohn tot und sprang in seinem Schmerz von einer steilen Klippe in den Tod. Das Meer, das sein Grab wurde, heißt seitdem das Ägäische oder kurz Ägäis.

Die Athener waren begeistert von Theseus' Heldentat im fernen Kreta, und der junge König nutzte die Macht, die er dadurch über die Menschen gewonnen hatte, um sein Meisterstück zu vollbringen: Er setzte durch, dass die vielen Dörfer Attikas sich nicht mehr länger als selbstständige Gemeinden verwalteten, sondern die Stadt Athen als Mittelpunkt ihrer Heimat anerkannten. So legte er die Grundlagen für die spätere Bedeutung Athens.

■ Das berühmte Wandbild mit den Stierspringern aus dem Palast in Knossos zeigt, welche Bedeutung der Stier im minoischen Kreta hatte; Iraklion, Museum

DAS LABYRINTH ODER DAS GESELLENSTÜCK DES THESEUS

 ÜBERLIEFERUNG

Quellen: Der griechische Dichter Homer (um 700 v. Chr.) gibt in der *Odyssee* für Theseus' Trennung von Ariadne auf Naxos (oder Dia) einen anderen Grund an als später beispielsweise Ovid. Homer zufolge wurde Ariadne nicht einfach von Theseus verlassen, sondern von der Göttin Artemis auf der Insel getötet. In den *Metamorphosen* des römischen Dichters Ovid (43 v. Chr. – 18 n. Chr.) wird im 7. Buch von Theseus erzählt. Der Schwerpunkt der Schilderung liegt hier auf der Begegnung zwischen Vater und Sohn nach vielen Jahren. König Ägeus von Athen hatte von der Existenz seines Nachkommens gar nichts gewusst. Als Theseus nach Athen kam, um sich als Thronfolger vorzustellen, versuchte Ägeus' Frau Medea, ihn zu vergiften, bevor ihr Mann ihn als seinen Sohn erkannte. Im letzten Moment jedoch bemerkte Ägeus an Theseus' Schwertgriff, wen er vor sich hatte. In antiken griechischen Dramen spielt Theseus vor allem als König von Athen eine Rolle – so z.B. in Sophokles' (um 496–406 v. Chr.) Tragödie *Ödipus auf Kolonos*. Er erscheint hier als idealer Herrscher, der alle politischen Tugenden in sich vereint. In Euripides' (um 485–406 v. Chr.) Herakles-Tragödie erweist sich Theseus als Retter des Helden Herakles, der im Wahnsinn seine Frau und Kinder getötet hat. Als Herakles seine grausame Tat begreift, ist er kurz davor, Selbstmord zu begehen. In einem Gespräch mit Theseus findet er wieder zu sich selbst zurück.

Literatur: Theseus begegnet uns, in unterschiedlicher Weise charakterisiert, z.B. in Giovanni Boccaccios (1313–1375) epischer Dichtung *Theseide*, in der Tragödie *Phädra und Hippolyt* von Jean Racine (1639–1699) und in William Shakespeares (1564–1616) Komödie *Ein Sommernachtstraum*. Die 1946 erschienene Erzählung *Theseus* des französischen Schriftstellers André Gide (1869–1951) ist aus der Perspektive der Hauptfigur geschrieben. Als Gründer der Stadt Athen blickt Theseus auf seinen abenteuerreichen Lebensweg zurück. Gide verarbeitet in seiner Erzählung die Sagen von dem Labyrinth und dem Minotaurus, den Theseus tötet, von Ariadne und von Daedalus und Ikarus. Der Architekt Dädalus, der das Labyrinth errichtete, spielt für Theseus dabei eine wesentliche Rolle.

Bildende Kunst: Der Kampf mit dem Minotaurus steht in der bildenden Kunst der Neuzeit im Mittelpunkt der Theseus-Darstellungen. Bei diesem Abenteuer zeigen ihn z.B. Gemälde von Johann Heinrich Füssli (1741–1825), Kunsthaus Zürich, und Gustave Moreau (1826–1898), Musée de l'Ain, Bourg-en-Bresse, sowie Zeichnungen von Pablo Picasso (1881–1973), Art Institute Chicago und Musée Picasso, Paris.

 EMPFEHLUNG

Lesenswert:
Sophokles: *Oidipus auf Kolonos*. Übersetzung und Nachwort von Ernst Buschor. Stuttgart 1996.

Jean Racine: *Phädra*. Stuttgart 1977.

Shakespeare: *Ein Sommernachtstraum*. Stuttgart 1977.

Hugo von Hofmannsthal: *Ariadne auf Naxos*. In: Gesammelte Werke in zehn Einzelbänden, Band 5: Operndichtungen. Frankfurt/Main 1979.

Hörenswert:
Richard Strauss: *Ariadne auf Naxos*. Philharmonia Orchestra London/Karajan. 2 Audio-CDs, 1954.

Richard Strauss und Hugo von Hofmannsthal: Briefwechsel. Über die schöpferische Freundschaft zur Entstehung der Opern *Ariadne auf Naxos* u.a. sowie Auszüge aus den Opern. Sprecher: Rolf Boysen und Peter Lieck. 2 Audio-CDs, 1994.

Sehenswert:
Ariadne auf Naxos (Video). Metropolitan Opera New York/Levine, 1988/1990.

 AUF DEN PUNKT GEBRACHT

Die größte Heldentat des Theseus war es, dass er den schrecklichen Minotauros im kretischen Labyrinth tötete. Es war aber eine Frau, Ariadne, die mit ihrem Rat diese Heldentat erst ermöglichte.

Medea

Eine starke Frau an der Seite ihres Mannes. Die ihn zu dem gemacht hat, was er ist. Die erfahren muss, dass er sich trotzdem von ihr ab- und einer Jüngeren zuwendet. Und die sich bitter dafür rächt. Das ist der erstaunlich moderne Kern des Mythos von Medea.

Medea war die Tochter des Königs Aietes von Kolchis, einem

■ Medea, mit ihren Kindern, sieht das Schiff der Argonauten vor ihrer Erinnerung. Sie weiß, dass Schreckliches geschehen wird ... Anselm Feuerbach (1829–1880), *Medea*; München, Neue Pinakothek

Barbarenland irgendwo an der Nordküste des Schwarzen Meers. Die mächtige Zauberin Circe war eine Schwester ihres Vaters, und auch sie selbst wusste von manchem wirkungsvollen Zauber.

Der wertvollste Besitz, den ihr Vater hatte, war das Goldene Vlies, das Fell eines wunderbaren Widders, der den Königssohn Phrixos durch die Lüfte nach Kolchis entführt hatte und anschließend von ihm geopfert worden war. Aietes hatte den Phrixos zunächst freundlich aufgenommen und mit einer Schwester der Medea verheiratet. Als ihm jedoch von einem Orakel bedeutet wurde, dass er von der Hand eines Fremden den Tod finden werde, tötete er Phrixos. Es war der Falsche. Denn seine wahren Feinde sollten die Argonauten unter ihrem Anführer Jason werden. Jason war der Sohn des Aison, eines

Königs von Iolkos, den Pelias vom Thron verdrängt hatte. Um den rechtmäßigen Thronerben loszuwerden, regte Pelias an, Jason solle, bevor er König werde, eine Heldentat vollbringen, nämlich das berühmte Goldene Vlies in seine Heimat zu bringen – wohl wissend, dass er kaum eine Chance hatte, lebend zurückzukehren. Voller jugendlichem Tatendrang ließ Jason ein gewaltiges Schiff bauen, die Argo, und brachte die größten Helden Griechenlands zusammen, die an der Expedition ins ferne Kolchis teilnahmen, darunter niemand Geringerer als Herakles, der Sänger Orpheus und die unzertrennlichen Dioskuren. Unter vielen Abenteuern gelangte die Argo an die Küste von Kolchis.

Aietes nahm die Argonauten gastfreundlich auf, zeigte ihnen aber die kalte Schulter, als Jason von ihm das Goldene Vlies forderte. Um ihn und seine Gefährten loszuwerden, gab er vor, er wolle ihm das Vlies überlassen, wenn er eine Aufgabe erfüllte: Er solle die beiden Stiere, die er vom Schmiedegott Hephaistos zum Geschenk erhalten hatte, ins Joch spannen und mit ihnen vier Tagwerk Acker pflügen. Anschließend solle er auf dem Acker die Drachenzähne aussäen, die ihm Athene geschenkt hatte. Eine kaum zu bewältigende Aufgabe, denn die Stiere waren Ungeheuer mit bronzenen Hufen, die Feuer spien, und die Drachenzähne hatten die Eigenschaft, dass sie, einmal ausgesät, zu waffenstarren-

■ Jason triumphiert über den Drachen, der das Goldene Vlies bewacht, hinter ihm Medea: Gustave Moreau (1826–1898), *Jason und Medea*; Paris, Musée d'Orsay

■ Medea lässt auf dem Schiff der Argonauten ihren Bruder töten. Lorenzo Costa, *Die Einschiffung der Argonauten*; Padua, Musei Civici

> **MÄRCHENMOTIVE IM MYTHOS**
>
> Die Geschichte von den Drachenzähnen, die ausgesät werden und sich in Krieger verwandeln, ist ein typisches Märchenmotiv, das in mehreren antiken Mythen vorkommt. Und das Motiv von den Riesen, die sich erbittert streiten, weil sie meinen, der Stein, der auf sie geworfen wurde, käme von einem der ihren, hat sich bis ins Grimm'sche Märchen vom tapferen Schneiderlein erhalten. Das Motiv von dem zerstückelten Leichnam, der in einem Kessel gekocht wird und als verjüngter Leib daraus hervorgeht, findet sich in anderen Mythen und zahlreichen Volksmärchen; in etwas anderer Form gehört es bereits zum Mythos des ägyptischen Gottes Osiris.

■ Maria Callas als Medea in Franco Zeffirellis Medea-Film

den Riesen wurden, die sich auf den Sämann stürzten.

In dieser schier ausweglosen Situation kam Jason eine Götterintrige zu Hilfe. Hera zürnte dem Pelias, dem unrechtmäßigen König von Iolkos, weil er ihren Kult vernachlässigte, und hatte Medea zum Werkzeug ihrer Rache auserkoren. Um sie nach Iolkos gelangen zu lassen, brauchte sie aber Jason. Also bat sie Aphrodite um Hilfe, und die sorgte dafür, dass Eros im richtigen Augenblick seinen Pfeil von der Sehne schnellen ließ. Medea entbrannte in Liebe zu Jason.

Sie bot Jason ihre Hilfe an, und der Grieche ging gern auf ihre Bedingung ein, sie mit in seine Heimat zu nehmen und zu seiner Frau zu machen. Er schwor ihr ewige Treue. Medea gab Jason nun eine wunderbare Medizin, die ihn vor dem feurigen Atem der Stiere schützte, und verriet ihm, was es mit den Drachenzähnen auf sich hatte. Die riesigen Männer, die aus ihnen erwachsen würden, erklärte sie ihm, seien zwar gute Kämpfer, aber nicht sehr helle. Er müsse nur einen Stein in ihre Mitte schleudern, dann würden sie sich gegenseitig beschuldigen, den Stein geworfen zu haben, und aufeinander losgehen. Jason tat, wie Medea ihn geheißen hatte, spannte die Stiere an, pflügte den ganzen Tag und säte bei Anbruch der Nacht die Drachenzähne. Die aus ihnen wachsenden Krieger tötete er nacheinander, soweit sie sich nicht schon gegenseitig umgebracht hatten.

Als Jason nach getaner Tat von Aietes das Goldene

Vlies forderte, hielt der ihn hin. Er plante nämlich, die Argo zu verbrennen, die Argonauten zu überfallen und zu töten. Medea erfuhr davon und führte Jason zu dem Hain des Ares, wo das Vlies an einem Baum hing, bewacht von einem furchterregenden Drachen, der niemals schlief. Medea schläferte das Ungeheuer mit einem Zaubertrank ein, Jason nahm das Vlies an sich, und beide eilten mit ihrer Beute zum Strand, verfolgt von den inzwischen alarmierten Kolchern. In den Kämpfen bei den Schiffen verloren nicht nur manche der Argonauten ihr Leben, sondern auch der Kolcherkönig Aietes – so, wie es ihm vorhergesagt war.

Die Argo wurde eiligst zu Wasser gebracht, doch die kolchischen Schiffe folgten ihr. Um die Verfolger abzulenken, tat Medea nun etwas Abscheuliches: Sie tötete ihren Halbbruder Absyrtos, der noch ein Kind war, zerstückelte ihn und warf die Stücke ins Wasser. Die Kolcher mussten sie einsammeln, um dem Königssohn ein würdiges Begräbnis geben zu können, und verloren die Flüchtenden aus den Augen. Die Argonauten aber gelangten wohlbehalten zur Donaumündung. Sie fuhren den Fluss hinauf und gelangten über die Donau und ihre Nebenflüsse entweder in die Adria oder sogar zum Rhein und in die Nordsee. Schließlich aber kamen sie heil nach Griechenland zurück.

Auch Jason kehrte heim nach Iolkos, mit dem Goldenen Vlies im Gepäck und einer ebenso zauberhaften wie zaubermächtigen Gemahlin an seiner Seite. Der König Pelias, der ihn auf die Fahrt nach Kolchis geschickt hatte, dachte jedoch nicht daran, den

■ Jason raubt das goldene Vlies, Farbdruck aus einem Sagenbuch, um 1910

■ Medea, die schmählich Verlassene, bereitet sich darauf vor, ihre eigenen Kinder zu töten: Anselm Feuerbach, *Medea mit dem Dolche*; Mannheim, Kunsthalle

Thron für ihn zu räumen oder ihn überhaupt nur in die Stadt zu lassen. Und die Argonauten waren es müde, für Jason zu kämpfen und ihm mit Gewalt zu seinem rechtmäßigen Erbe zu verhelfen. Medea aber wusste Rat. Sie verkleidete sich, ging in die Stadt und redete dem alternden Pelias und seinen Töchtern ein, sie könne alte Leute verjüngen, indem sie ihr Fleisch in einem Kessel koche. Dem staunenden König und seinen Töchtern führte sie die Prozedur an einem Widder vor, den sie in Stücke schnitt und als kleines Lämmchen wieder aus dem Kessel zog. So ermutigt, zerstückelten die Töchter des Pelias mit dessen Zustimmung den eigenen Vater – und vollzogen damit, ohne es zu wollen, die grausame Rache der Hera. Nach dem Tod des Pelias war es für die verbliebenen Argonauten ein Leichtes, die Stadt einzunehmen.

Doch Jason verzichtete auf die Köngswürde in Iolkos. An der Seite seiner ehrgeizigen Frau strebte er nach Höherem.

Er hängte das Goldene Vlies feierlich im Zeustempel zu Orchomenos auf und zog dann mit Medea nach Korinth. Die Argo weihte er am Isthmus von Korinth dem Poseidon. Und da der Thron des mächtigen Korinth, einer weit wichtigeren Stadt als Iolkos, gerade nicht besetzt war, machten die Korinther den berühmten Anführer der Argonauten zum

POLITISCHE PROPAGANDA UND MYTHOS

Die Motivation Medeas für ihre Eifersuchtstaten wirkt noch bei heutigen Zuschauern völlig überzeugend. Dennoch gab es bei den Athenern die Meinung, der Dichter Euripides, dessen *Medea* darin gipfelt, dass die Heldin ihre eigenen Kinder umbringt, sei von den Korinthern, ihren Konkurrenten, bestochen worden. Er habe in seinem Schauspiel nämlich davon ablenken wollen, dass es die Korinther selbst waren, die die Kinder Jasons und Medeas nach dem durch Medeas Brautgeschenk ausgelösten Brand des Königspalastes steinigten. Vielleicht wussten die Athener, dass die Korinther als Sühne für ein Verbrechen in grauer Vergangenheit alle sieben Jahre sieben Knaben und sieben Mädchen aus vornehmen Familien mit geschorenen Köpfen für ein Jahr in den Tempel der Hera schickten, der Beschützerin Medeas. Und sie wussten auch, dass ihre Theaterstücke immer wieder auch der politischen Propaganda dienten. Dem Euripides haben sie mit ihrem Verdacht wohl dennoch Unrecht getan.

Herrscher über ihre Stadt. Zehn Jahre lang regierte er glücklich, mit der klugen Medea an seiner Seite. Doch dann verließ er Medea, um die schöne junge Glauke zu heiraten, die Tochter König Kreons von Theben. Medea willigte zum Schein in die Trennung ein und sandte der Glauke ein herrliches Hochzeitskleid als Geschenk. Als die Prinzessin es aber anlegte, loderten wilde Flammen auf, in denen Glauke, ihr Vater und viele Hochzeitsgäste verbrannten. Nur Jason entkam. Doch in ihrer rasenden Eifersucht ging Medea bis zum Äußersten: Sie tötete die Kinder, die sie selbst ihrem geliebten Mann geboren hatte.

Jason erholte sich nicht wieder von der Rache der Medea; er sei einige Zeit später von einem Balken der verrottenden Argo erschlagen worden, heißt es, als er bei dem Schiff traurig den Erinnerungen an die Taten seiner Jugend nachhing.

Medea aber verließ Korinth auf einem von geflügelten Schlangen gezogenen Wagen und gelangte über Theben, wo sie Herakles, der im Wahn wie sie seine Kinder getötet hatte, von seiner Verblendung heilte, nach Athen. Hier begann sie an der Seite des Aigeus ein neues Leben. Sie gebar dem König der Athener den Medos und versuchte, ihn zum Kronprinzen zu machen. Als Theseus, der Erstgeborene des Aigeus, in Athen auftauchte, versuchte sie, ihn zu vergiften. Der Anschlag wurde aufgedeckt, und Aigeus verbannte Medea und Medos aus der Stadt.

Medea kehrte nun mit ihrem Sohn nach Kolchis zurück. Sie entmachtete den Perses, der den Thron ihres Vaters Aietes für sich beansprucht hatte, und setzte ihren Sohn als König ein, der ein großer Krieger wurde, nach Asien zog und zum Stammvater der

■ Medea als giftmischende Femme fatale: Hier spinnt sie aus Feuer die Fäden für das Gewand der Glauke. Gemälde von Frederick Sandys (1829–1904); Birmingham, City Museum

■ Medea plant die Ermordung ihrer Kinder. Römische Wandmalerei aus Pompeji; Neapel, Museo Nazionale

Meder wurde. Sie selbst wurde vom Volk als mächtige Zauberin, die sowohl strafte als auch heilte, geachtet.

Geblieben von ihr ist aber weniger ihre uralte Rolle als gefährliche Zauberin, sondern die der aus wilder Eifersucht sich rächenden betrogenen Ehefrau – vor allem dank Euripides, der ihrer Verzweiflung unsterbliche Worte verliehen hat:

»Weinen muss ich, denke ich daran, was ich jetzt tun muss:
Töten muss ich die eigenen Kinder!
Niemand kann sie retten. Und wenn ich dann
Iasons Geschlecht vernichtet habe, dann treibt mich
Der Mord an meinen Liebsten aus dem Land …
Die Kinder, die ich selber ihm gebar,
Sieht lebend er nicht wieder. Und die neue Braut
Gebiert ihm keine neuen, weil sie sterben wird.«

■ Medea, im Begriff ihre Kinder zu morden: Eugène Delacroix (1798–1863), *Die rasende Medea*; Lille, Musée des Beaux Arts

MEDEA

 ÜBERLIEFERUNG

Quellen: Der Mythos von Medea wurde erstmals von Euripides (um 480–406 v. Chr.) als Drama gestaltet. Das Stück setzt ein inmitten der tiefen zwischenmenschlichen Krise, in der sich Jason und seine Frau Medea befinden. Die Fahrt der Argonauten unter Jasons Führung, sein Kampf um das goldene Vlies und seine Liebe zu Medea – all das ist zu Beginn der Tragödie schon Vergangenheit und wird vorweg im Prolog zusammengefasst. Euripides' Interesse gilt vor allem den Gefühlen der Hauptperson Medea. Er zeigt sie in ihrem rasenden Schmerz über Jasons Untreue, im Monolog oder im Gespräch mit ihrem Mann. Innerlich zerrissen führt sie schließlich ihre Rache aus und tötet die gemeinsamen Kinder. Von verschiedenen dramatischen Verarbeitungen der Medea-Sage in der griechischen Antike ist Euripides' Tragödie die einzig erhaltene. Sie regte später auch den römischen Dichter und Philosophen Lucius Annaeus Seneca d. J. (um 4 v.Chr. – 65 n.Chr) zu einem Stück mit diesem Thema an. Medea ist hier nur noch auf Zerstörung aus. Seneca übersteigert die Schlussszene aus Euripides' Tragödie, indem er Medea auf offener Bühne ihre Kinder töten lässt.

Literatur: In der Neuzeit wurde Medea vielfach zur Hauptgestalt von Theaterstücken. In der französischen Klassik griff der Dramatiker Pierre Corneille (1606–1684) den Stoff auf. In seiner Tragödie erscheint keine der Hauptfiguren in positivem Licht; jede von ihnen ist nur auf die Erfüllung des eigenen Anspruchs aus. Der österreichische Dichter Franz Grillparzer (1791–1872) verarbeitete die Sage in seinem Trauerspiel *Das goldene Vlies*, das aus den drei Teilen *Der Gastfreund*, *Die Argonauten* und *Medea* besteht. Im 20. Jahrhundert entstanden Medea-Dramen des deutschen Schriftstellers Hans Henny Jahnn (1894–1959), des amerikanischen Dichters Robinson Jeffers (1887–1962) und des Franzosen Jean Anouilh (1910–1987).

Musik: Um die Sage von Medea geht es in einer Oper von Luigi Cherubini (1760–1842). Dem italienischen Komponisten gelang damit ein hochgeschätztes Werk; Richard Strauss bezeichnete es als ein »grandioses Kunstwerk«, Johannes Brahms als »das höchste an dramatischer Kunst«. Die Figur der Medea beeindruckte durch ihre kraftvolle Leidenschaftlichkeit.

Bildende Kunst: Von dem französischen Maler Eugène Delacroix (1798–1863) stammt ein Gemälde mit dem Titel *Die rasende Medea*, Musée des Beaux-Arts, Lille. Medea, die ihre Kinder tötet, malten Veronese (1528–1588), Galleria dell' Accademia, Venedig, und Anselm Feuerbach (1829–1880), Städtische Kunsthalle, Mannheim.

 EMPFEHLUNG

Lesenswert:
Euripides: *Medea*, Stuttgart 1972.

Lucius Annaeus Seneca, *Medea*. Latein/Deutsch, Stuttgart 1993.

Franz Grillparzer: *Medea*. Dritte Abteilung des dramatischen Gedichts Das goldene Vlies. Stuttgart 1974.

Hans Henny Jahnn: Medea. Stuttgart 1966.

Hörenswert:
Luigi Cherubini: *Medea*. Covent Garden Opera Orchestra/ Rescigno, mit Maria Callas.

Jean Anouilh: *Medea*. Sprecher: Inge Conradi, Elisabeth Kuhlmann, Ernst Karchow, Wolfgang Engels u.v.a. 2 Audio-CDs, 1996.

Christa Wolf: *Medea*. Hörspielbearbeitung u. Regie: Jörg Jannings, Sprecher: Christa Wolf, Corinna Harfouch u.a. 3 Audio-CDs, 1996.

Sehenswert:
Medea. Nach der Tragödie von Euripides. Italien/Frankreich/ BRD 1969. Regie u. Drehbuch: Pier Paolo Pasolini, Darsteller: Maria Callas (Medea), Massimo Girotti u. a.

 AUF DEN PUNKT GEBRACHT

Die Gestalt der Medea steht bis heute für den Hass und die Wut einer schmählich verlassenen Frau. Sie wird zur Verbrecherin und kann doch unseres Mitgefühls sicher sein.

Das Haupt der Medusa

Ein Medusenhaupt – welch ein grässlicher Anblick! Man stelle sich einen Kopf vor, auf dem sich statt Locken Schlangen kringeln. Wer Medusa sieht, erstarrt vor Schrecken, wird zu Stein. Das Bild der scheußlichen Dämonin setzten die Griechen der ältesten Zeit auf Schilde, Türstürze und Tempelgiebel, um damit ungebetene Gäste abzuschrecken. Wie Dämonenfratzen in anderen Kulturen auch, so diente das Bild der Medusa – oder, wie sie auch genannt wurde, der Gorgo – als Abwehrzauber gegen feindliche Mächte. Doch wie immer gibt sich der griechische Mythos mit bloßer Magie nicht zufrieden.

So wurde erzählt, Medusa sei einst eine wunderschöne junge Frau gewesen, in die sich niemand Geringerer als Poseidon, der Meeresherrscher und »Erderschütterer« verliebt habe. Leichtsinnigerweise vergnügten sich die Liebenden, Gott und Dämonin, auch im Tempel der Athene auf der Akropolis von Athen. Dadurch machte sich Medusa die jungfräuliche Göttin zur erbitterten Feindin. Diese verwünschte sie und machte sie zu einem entsetzlichen Wesen mit einer langen Zunge, die ihr aus dem Mund hing, den Hauern eines Ebers, bronzenen Händen, goldenen Flügeln – und Schlangenhaaren. Doch damit war Athenes Zorn noch nicht erschöpft. Die Gelegenheit, ihre Rache bis zum Ende auszukosten, erhielt sie durch eine Großsprecherei des jungen Helden Perseus.

Perseus, einer der sterblichen Söhne des Zeus, lebte mit seiner schönen Mutter Danaë auf der Insel Seriphos. Polydektes, der König von Seriphos, begehrte Danaë zur Frau, aber diese dachte nicht daran, ihn zu heiraten. Der junge Perseus beschützte sie

■ Das Medusenhaupt, dessen Haare Schlangen sind: Gemälde von Caravaggio (1573–1610); Florenz, Uffizien

DARSTELLUNGEN DER MEDUSA

Aus der archaischen Zeit der griechischen Kunst sind zahlreiche Abbildungen von Gorgonen überliefert, vor allem auf Vasenmalereien. Sie erinnern an Dämonenfratzen, wie wir sie etwa auch aus der ostasiatischen Kunst kennen. In der klassischen Zeit waren solche Darstellungen verpönt: Medusa erscheint jetzt als schöne Frau, und von ihrer dämonischen Vergangenheit sind nur die Schlangenhaare geblieben.

■ Römisches Fußbodenmosaik mit dem Haupt der Medusa, um 440/50, aus Ephesus

vor den Nachstellungen des unwillkommenen Verehrers. Polydektes gab nun vor, er wolle um die Hand einer anderen Prinzessin anhalten, und bat die jungen Männer aus gutem Hause, ihm jeweils ein Pferd zu schenken, damit er als Brautwerber einen guten Eindruck mache, denn Seriphos ist eine kleine Insel, und der König war nicht besonders reich.

Alle, die er fragte, versprachen ihm das erbetene Pferd; nur Perseus besaß keines. Doch kühn behauptete er, er werde sich aufmachen, ihm, wenn er nur um eine andere als seine Mutter freite, jedes gewünschte Geschenk herbeizuschaffen – selbst wenn es das Haupt der Medusa sein müsste. Natürlich nahm ihn Polydektes sofort beim Wort. Eine bessere Möglichkeit gab es

■ Ein Anblick, der einen zu Stein erstarren lässt: Das vom Rumpf getrennte Haupt der Medusa. Gemälde von Peter Paul Rubens (1577–1640); Wien, Kunsthistorisches Museum

- Francesco Maffei (um 1600–1660), *Perseus tötet die Medusa*; Venedig, Accademia

- Simeon Solomon (1840–1905), *Das Haupt der Medusa*

nicht, den lästigen Beschützer der Danaë loszuwerden. Perseus hatte keine Ahnung, wo er Medusa finden, geschweige denn, wie er sie überwältigen sollte. Doch Athene, die alte Feindin der Dämonin, eilte ihm mit gutem Rat zu Hilfe. Sie schenkte ihm einen glänzenden Bronzeschild, ihr Bruder Hermes gab eine diamantene Sichel dazu. Dann schickte sie Perseus zum fernen Atlasgebirge, wo in einer Höhle die Graien lebten, das heißt »die Grauen«: zwei alte Frauen, die selber Dämoninnen und damit nahe Verwandte der Medusa waren. Diese sollten ihm sagen, wie er Medusa finden und töten könne. Natürlich gaben die beiden nicht freiwillig die gewünschte Auskunft. Aber Perseus wusste, wie er sie unter Druck setzen konnte. Sie besaßen nämlich gemeinsam nur ein einziges Auge und einen einzigen Zahn. Als sie ihr Auge gerade untereinander austauschten, entwendete es Perseus und machte ihnen klar, dass sie es erst wiederbekämen, wenn sie ihm Rede und Antwort stünden. Was blieb den Alten anderes übrig, als ihm zu sagen, was sie wussten? Sie sagten ihm, wo er Medusa finden konnte, schickten ihn aber zuvor zu Nymphen, die die Dinge hüteten, die er noch brauchte: geflügelte Sandalen, einen Sack, in dem er das gefährliche Medusenhaupt verstauen konnte, und eine Tarnkappe. Die Nymphen gaben bereitwillig her, was Perseus brauchte.

DIE GORGONEN

In der mythischen Überlieferung ist Medusa zumeist die Gorgo. Daneben ist aber auch von Gorgonen in der Mehrzahl die Rede. Medusa gilt dann neben Stheno und Euryale als eine von drei Gorgonen. Ihre Schwestern seien, so heißt es, im Unterschied zu ihr unsterblich gewesen.

Mit Hilfe der Flügelschuhe erreichte der mutige Held dann im Flug den Aufenthaltsort der Dämonin. Schon aus der Luft erkannte er, dass er ihn gefunden hatte, denn die ganze Gegend war übersät von versteinerten Menschen und Tieren. Glücklicherweise schlief Medusa gerade. Perseus näherte sich ihr, indem er sie nicht direkt, sondern nur im Spiegel seines glänzenden Schilds ansah. Mit Hilfe dieses Spiegels und der diamantenen Sichel gelang es ihm auch, Medusa mit einem Streich zu enthaupten. Medusa aber war von Poseidon schwanger, als Perseus sie tötete, und selbst ein Held wie er muss ziemlich erschrocken gewesen sein, als ihrem Leichnam das geflügelte Ross Pegasus und der Riese Chrysaor entsprangen. Schnell verstaute Perseus das Medusenhaupt in seinem Sack, ohne es anzu-

■ Antonio Canova (1757–1822), *Perseus mit dem Haupt der Medusa*, Marmor; Rom, Vatikan. Die Ironie der Statue: Perseus schaut der Medusa ins Gesicht – und er ist tatsächlich aus Stein!

■ Medusenhaupt von einem römischen Mosaik des 2. Jhs.; Sousse (Tunesien), Museum

■ Der berühmte Perseus des Benvenuto Cellini in Florenz

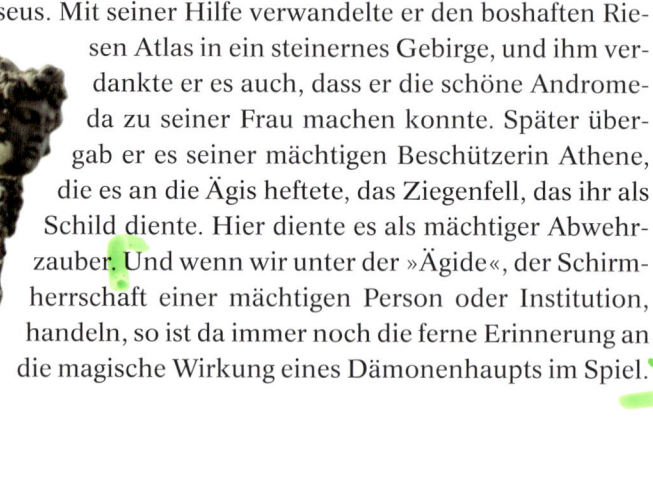

POLITISCHE SYMBOLIK

Der Perseus des Benvenuto Cellini in der Loggia vor dem Stadtpalast in Florenz war das Vorbild für eine ganze Reihe von barocken Perseusdarstellungen, die die gewaltbereite Macht des Staates und seines Herrschers symbolisierten. Perseus war das Gegenbild zur biblischen Judith, der schwachen Frau, die den Riesen Holophernes enthauptet. Sie war in der frühen Neuzeit das Symbol republikanischer Freiheit.

schauen, und machte sich aus dem Staub. Nur seiner Tarnkappe verdankte er es, dass Stheno und Euryale, die beiden Schwestern der Medusa, ihn nicht verfolgen konnten.

Das Haupt der Medusa war von nun an die wirksamste Waffe des Perseus. Mit seiner Hilfe verwandelte er den boshaften Riesen Atlas in ein steinernes Gebirge, und ihm verdankte er es auch, dass er die schöne Andromeda zu seiner Frau machen konnte. Später übergab er es seiner mächtigen Beschützerin Athene, die es an die Ägis heftete, das Ziegenfell, das ihr als Schild diente. Hier diente es als mächtiger Abwehrzauber. Und wenn wir unter der »Ägide«, der Schirmherrschaft einer mächtigen Person oder Institution, handeln, so ist da immer noch die ferne Erinnerung an die magische Wirkung eines Dämonenhaupts im Spiel.

DAS HAUPT DER MEDUSA

 ÜBERLIEFERUNG

Quellen: Dem griechischen Dichter Hesiod (um 700 v. Chr.) zufolge sind die Gorgonen die drei Schwestern Stheno, Euryale und die sterbliche Medusa. Der römische Dichter Ovid (43 v. Chr. – 18 n. Chr.) erzählt im 5. Buch der *Metamorphosen*, wie die Göttin Athene Medusas prächtige Haare in Hydren verwandelte, sagenhafte Seeschlagen, nach denen auch ein Sternbild benannt ist. Im selben Abschnitt gibt Ovid einen Bericht von der Enthauptung der Medusa durch Perseus.

Literatur: Giorgio Vasari (1511–1574), italienischer Maler und Schriftsteller, beschreibt in seinen Künstlerbiographien, wie Leonardo da Vinci (1452–1519) einmal beauftragt wurde, den Schild eines Bauern zu bemalen. Leonardo überlegte, was er darauf abbilden könne, damit es auf einen Feind die gleiche furchterregende Wirkung ausübe wie einst das Haupt der Medusa, und nahm eine Sammlung von Eidechsen, Grillen, Schlangen, Heuschrecken, Nachtfaltern, Fledermäusen mit in sein Zimmer. Den ganzen Haufen gestaltete er – ungeachtet des Gestanks – zu einem schrecklichen Ungeheuer, das ihm als Vorlage diente. Seinem Vater präsentierte er schließlich den fertig bemalten Schild im Halbdunkel, um die Wirkung zu erproben. Das Bild hätte seinen Zweck nicht besser erfüllen können; der Vater erkannte nicht, dass es sich bei dem Ungeheuer um Malerei handelte, und wollte zutiefst erschrocken die Flucht ergreifen. Goethe (1749–1832) schrieb ein Gedicht mit dem Titel *Medusa Rondanini*, zu dem ihn das gleichnamige Kunstwerk, eine römische Skulptur aus der Antike, inspiriert hatte (Glyptothek, München).

Bildende Kunst: Nur selten werden die drei Gorgonen zusammen dargestellt wie etwa auf der Vase des Gorgonenmalers aus dem 6. Jahrhundert v. Chr. Die Abbildungen konzentrieren sich auf Medusa. Sie ist z.B. am Westgiebel des Artemistempels in Korfu (ebenfalls 6. Jahrhundert v. Chr.) zu sehen. Ihr Haupt wurde in der griechischen und römischen Kunst vielfach als Emblem verwendet und lebte im Mittelalter als Fratze fort. In der Neuzeit interessierten sich Künstler besonders für den Gegensatz zwischen Medusas schönem Gesicht und ihren abstoßenden Haaren. Eine Darstellung des italienischen Malers Caravaggio (1573–1610) zeigt Medusas Kopf, nachdem sie von Perseus getötet wurde, mit einem erschrockenen, ungläubigen Gesichtsausdruck, Galleria degli Uffizi, Florenz. Das Haupt der Medusa malten auch Peter Paul Rubens (1577–1640), Kunsthistorisches Museum, Wien, und Sir Edward Coley Burne-Jones (1833–1898), Staatsgalerie Stuttgart.

 EMPFEHLUNG

Lesenswert:

Hesiod: *Theogonie*. Griechisch/Deutsch. Herausgegeben und neu übersetzt von Otto Schönberger. Stuttgart 1999.

Ovid: *Metamorphosen*. In der Übertragung von Johann Heinrich Voss. Mit Radierungen von Pablo Picasso. Frankfurt/Main 1990.

Giorgio Vasari: *Das Leben von Leonardo da Vinci, Raffael von Urbino und Michelangelo Buonaroti*. Stuttgart 1996.

Hörenswert:

Ovid: *Metamorphosen*. In Prosa neu übersetzt von Gerhard Fink. Sprecher: Peter Simonischek. 6 Audio-CDs, Düsseldorf 1999.

Griechische Sagen für Kinder: *Medusa, die Frau mit den Schlangen auf dem Kopf* u.a. (ab 7 Jahre). 2 Audio-CDs, 1990.

 AUF DEN PUNKT GEBRACHT

Wie der Mythos den uralten Abwehrzauber einer Dämonenfratze in eine heute noch spannende Abenteuererzählung einbezieht – dies zeigt die Geschichte von Perseus und dem Haupt der Medusa.

Die Musen

Der Musenkuss inspiriert die Dichter, aber auch die Musik ist Domäne der Musen, denn Musik ist wörtlich »die Kunst der Musen«; und das Museum, in dem die Werke der bildenden Kunst ausgestellt sind, ist dem ursprünglichen Wortsinn nach ein Heiligtum der Musen. Auch für die Wissenschaften, die für die Griechen von der Kunst nicht so weit entfernt waren wie für uns, waren die Musen zuständig.

Schon die frühesten Dichtungen der Griechen beginnen häufig mit einer Anrufung der Musen oder der gerade zuständigen Muse. »Nenne mir, Muse, den Mann …«, beginnt etwa Homers *Odyssee*. Die Muse sollte also den Dichter-Sänger an den Namen Odysseus und damit auch an die vielen Geschichten mit

■ Ähnlich wie die Musen wurden die – meist drei – Grazien oder Chariten, die Verkörperungen der Anmut, dargestellt. *links:* Drei römische Grazien aus Pompeji (Neapel, Nationalmuseum) *rechts:* Ein Gemälde von Jean-Baptiste Regnault (1754–1829); Paris, Louvre

■ Apoll im Reigen der neun Musen; Gemälde von Baldassare Peruzzi (1481–1536); Florenz, Palazzo Pitti

allen ihren Einzelheiten erinnern, die sich an diesen Namen knüpften, aber auch an den Rhythmus und die Sprachmelodie, in der er sie vorzutragen gedachte. In der schriftlosen Zeit, in der die homerischen Epen entstanden, war die Hilfe der Musen für das Gedächtnis des Geschichten-Sängers, des »Rhapsoden«, von großer Bedeutung, denn wenn es versagte, geriet ein ganzes großes Epos, eine weitgefasste mythisch-geschichtliche Erzählung in Vergessenheit.

Dass die Musen zunächst nichts als Gedächtnishelferinnen waren, geht auch aus ihrer Herkunft hervor: Sie waren Töchter des Zeus und der Titanin Mnemosyne. »Mnemosyne« heißt auf griechisch aber nichts anderes als »Gedächtnis«.

In frühester Zeit scheint es nur drei Musen gegeben zu haben: Mneme – was wiederum »Gedächtnis« bedeutet –, Melete, was man mit »Konzentration« übersetzen kann, und Aoide, »Gesang«. Auch hier ist deutlich, dass es sich um Helferinnen des vortragenden Dichters handelte.

Später, mit der Differenzierung der Künste, ist von neun Musen die Rede, mit spezialisierten Aufgaben,

MNEMOTECHNIK

»Mnemotechnik« werden Verfahren genannt, mit deren Hilfe man sein Gedächtnis schärft. Die älteste Technik der Menschheit für das Auswendiglernen längerer Texte, das vor der Schrift die wichtigste Stütze der Überlieferung war, ist das Einpassen eines Textes in einen immer wiederkehrenden Rhythmus – ein Versmaß – und in eine sich, zum Beispiel in Strophen, wiederholende Melodie. Die Bezeichnung »Musen«, das heißt wörtlich »die Erinnernden«, erinnert daher an den Ursprung von Dichtkunst und Musik aus der Mnemotechnik. Das älteste Versmaß, der älteste Vortragsrhythmus, den wir von den Griechen kennen, ist der Hexameter (»Sechs-Maß«), in dem Homer und Hesiod dichteten. Die dazugehörigen Melodien des »rhapsodischen« Sprechgesangs sind leider nicht überliefert.

■ Muse; griechisches Relief aus dem 1. Jh.; Istanbul, Archäologisches Museum

die aber niemals ganz klar auseinander gehalten wurden. Die meistgenannten unter den Musen sind Klio für die epische Dichtung, Melpomene für die Tragödie und Thalia für die Komödie. Andere waren für die verschiedenen Arten der lyrischen Dichtung, für Musik und Tanz zuständig. Nur bei Urania, der »Himmlischen«, geht ihre Funktion eindeutig aus ihrem Namen hervor: Sie ist die Muse der Astronomen.

Die Musen lebten anfangs in Piërien, der Landschaft um den Olymp, wo Zeus sie mit Mnemosyne gezeugt hatte. Die Töchter des Piëros, von dem die Bewohner der Gegend abstammten, waren mit ihren Künsten vertraut und wagten es deshalb, sie zu einem Wettstreit herauszufordern. Die Musen trugen natürlich den Sieg davon. Zur Strafe für ihren Übermut verwandelten sie die Töchter des Piëros in keckernde Elstern. Nicht besser ging es den Sirenen, jenen vogelgestaltigen Sängerinnen, die dem Odysseus und seinen Gefährten so sehr zusetzen sollten. Auch sie behaupteten, besser singen zu können als die Musen. Sie waren Töchter der Muse Melpomene, aber dennoch den Musen nicht gleichwertig. Zur Strafe für ihren Hochmut wurden sie von den Musen gehörig gerupft.

Den Dichter Thamyris, der ebenfalls die Musen herausforderte, beraubten sie des Gedächtnisses – also ihres Beistands – und damit seiner Existenzgrundlage; den Sänger Demodokos aber

■ Dem berühmten griechischen Bildhauer Praxiteles zugeschriebenes Relief mit drei Musen (um 330–320 v. Chr.), aus Mantineia; Athen, Archäologisches Nationalmuseum

blendeten sie und machten ihn dadurch zu einem noch besseren Dichter, denn ein Blinder kann sich besser auf sein Gedächtnis konzentrieren. Deshalb wurde auch Homer von den Griechen stets als Blinder dargestellt, was ihn zugleich als Dichter einer noch schriftlosen Epoche kenntlich macht.

Die Musen verliebten sich von Zeit zu Zeit in Götter oder Sterbliche und gebaren Kinder, die entweder besonders schön oder große Künstler waren. So war Hyakinthos, in den sich wegen seiner großen Schönheit Apoll verliebte, ein Sohn der Klio und des Piëros. Aus einem tragischen Versehen tötete Apoll seinen Geliebten mit seinem Diskus, und aus Hyakinthos' Blut wuchs die Hyazinthe. Mit einem Sohn des Piëros zeugte Kalliope den großen Sänger Orpheus, und Thalia gebar Apoll die Korybanten, wilde Tänzer, die im Gefolge der Muttergöttin Kybele auftraten.

■ Musen und Götter geben sich auf dem Parnass ein Stelldichein: Andrea Mentegna (1431–1506), *Der Parnass*; Paris, Louvre

WELCHE MUSE IST FÜR WELCHE KÜNSTE ZUSTÄNDIG?

Erst im späten Hellenismus legten die Gelehrten eindeutig fest, welche der neun Musen für welche Künste zuständig war: Klio für die epische Dichtung, Urania für die Astronomie, Kalliope für Elegie und heroischen Gesang, Melpomene für die Tragödie, Thalia für die Komödie, Euterpe für das Flötenspiel, Erato für Hymnen, Liebeslieder und Tanz, Terpsichore für Chorgesang, Polyhymnia für Tanz und Pantomime.

In dem Maße, wie Apoll für die Griechen der Gott der Künste wurde, gerieten auch die Musen in seinen Bann. »Musagetes«, »der Musenführer« wurde zum Beinamen des Gottes, und die Musen verlegten ihren Wohnsitz von Piërien, wo sie zunächst beheimatet waren, und vom Berg Helikon, der stets als Musenberg verehrt wurde, zum Parnass, dem Gebirge, an dessen Abhängen Delphi liegt, der Ort, dessen Orakel die wichtigste Kultstätte Apolls war.

Die um Apoll gescharten Musen waren für die Künstler der frühen europäischen Neuzeit, für Dichter, Maler und Musiker, das wichtigste Symbol ihres Schaffens, in dem sie die Kunst der Antike wieder zu erreichen suchten. Seitdem bedeutet die Anrufung der Musen den Anspruch der Künstler, ein Werk geschaffen zu haben, das den Vergleich mit der antiken Kunst nicht zu scheuen braucht.

■ Ein Idyll mit Apoll und den neun Musen: Palma il Giovane (1544–1628), *Der Parnass*; Parma, Pinacoteca Nazionale

DIE MUSEN

 ÜBERLIEFERUNG

 EMPFEHLUNG

Quellen: Der griechische Dichter Hesiod (um 700 v.Chr.) erwähnt die Musen in der *Theogonie* als die neun Töchter von Zeus und Mnemosyne. Sie wurden am Fuß des Olymps geboren, auf dem sie auch lebten. Außerdem galt der Helikon in Böotien als ihre heilige Stätte. Hesiod beginnt die *Theogonie* mit der Lobpreisung der Musen, denn sie erst verliehen ihm – seinen eigenen Worten zufolge – das Wissen und die Dichtergabe, damit er allen anderen von den Göttern berichten könne. Auch Homer (um 700 v. Chr.) beginnt seine Werke *Ilias* und *Odyssee* mit der Anrufung der Muse. Denn ein Dichter, dem die Musen, die allwissenden Göttinnen, beistehen, kann sich glücklich schätzen: »O selig, wen immer die Musen lieben; denn süßer Gesang wird seinem Munde entströmen.« So heißt es in Homers kleinem Hymnos *An die Musen und Apollon*. Manchmal allerdings hatte die Gabe auch ihren Preis: In der *Odyssee* verleiht die Muse dem Sänger Demodokos zwar das Dichtertalent, gleichzeitig aber nimmt sie ihm sein Augenlicht (8. Buch).

Literatur: Als die Mächte, die dem Dichter die höchsten intellektuellen und künstlerischen Fähigkeiten verleihen können, sind die Musen ein beliebtes Thema zahlloser lyrischer Werke in allen Jahrhunderten. Die Muse verkörpert in der Neuzeit dichterisches Talent und Inspiration; die Zuwendung der Muse bzw. ihre Anwesenheit im übertragenen Sinne steht für das kreative Gelingen. Sehr viele Lyriker widmeten ihr irgendwann ein Gedicht, wenn nicht mehrere. Als Beispiele seien folgende Gedichte aus der russischen Literatur genannt: Alexander Puschkin (1799–1837) beschreibt, wie die Muse ihm schon in seiner Kindheit zugeneigt war und ihn lehrte, Schilfrohre zum Klingen zu bringen, bevor sie ihm schließlich die großen Hymnen eingab. Die Begegnungen mit der Muse erfüllen ihn mit Freude und Glück. Ganz anders dagegen klingt ein kurzes Gedicht von Anna Achmatowa (1889–1966): »Wie nur leb ich mit dieser Last,/Und sie nennens noch Muse ...« Alexander Blok (1880–1921), ein bedeutender Lyriker des Symbolismus, verleiht in dem Gedicht *An die Muse* seinen Zweifeln am Wesen und Handeln der Göttin Ausdruck.

Bildende Kunst: Die Musen gemeinsam mit Apoll malten u.a. die italienischen Künstler Giulio Romano (1499–1546), Galleria Palatina di Palazzo Pitti, Florenz, und Pellegrino Tibaldi (1527–1596), Galleria Nazionale, Parma, sowie der Niederländer Bartholomäus Spranger (1546–1611), Kunsthistorisches Museum, Wien, und der Franzose Nicolas Poussin (1594–1665), Museo del Prado, Madrid.

Lesenswert:
Homer: *Ilias. Odyssee.* Übertragen von Johann Heinrich Voss. Zürich 1999.

Hesiod: *Theogonie.* Griechisch/Deutsch. Herausgegeben und neu übersetzt von Otto Schönberger. Stuttgart 1999.

Anna Achmatowa: *Die Muse.* In: *Poem ohne Held.* Herausgegeben von Fritz Mierau, Nachwort von Raissa Orlowa und Lew Kopelew. Göttingen 1989.

Alexander Blok: *An die Muse.* In: *Russische Lyrik. Von den Anfängen bis zur Gegenwart.* Russisch/Deutsch. Herausgegeben von Kay Borowsky und Ludolf Müller. Stuttgart 1983.

Hörenswert:
Camille Saint-Saëns: Symphonie Nr. 3 »Orgelsymphonie«, *La muse et le poète* op. 132 u.a. Philharmonia Orchestra/Simon, 1992.

Ovid: *Metamorphosen.* In Prosa neu übersetzt von Gerhard Fink. Sprecher: Peter Simonischek. 6 Audio-CDs, Düsseldorf 1999.

 AUF DEN PUNKT GEBRACHT

Bis heute berufen sich die Dichter auf die Musen. Zu Recht, denn ihr Mythos führt uns zurück zu den historischen Anfängen der Dichtkunst.

Muttergöttinnen

Im ganzen Mittelmeerraum und darüber hinaus wurden seit Urzeiten Muttergöttinnen verehrt, vielleicht auch nur eine einzige, die in vielerlei Gestalten auftrat, die »Große Mutter«. Muttergöttinnen verkörperten nicht nur die Fruchtbarkeit des mütterlichen Leibes, sondern auch die der Felder und der Herden. Jahr für Jahr wurde ihnen geopfert, um sicherzustellen, dass ein neuer Fruchtbarkeitszyklus eintrat: dass die Felder wieder Früchte trugen, die Muttertiere trächtig und die Frauen schwanger wurden. Denn wie konnte man sicher sein, dass im neuen Jahr wieder seinen Lauf nahm, was zuvor auch nur durch die gewissenhafte Beachtung der Opferrituale eingetreten war?

Die »olympische« Religion der Griechen, die Religion einer patriarchalischen Gesellschaft, erkennt die zentrale Bedeutung von Muttergöttinnen nicht mehr an, doch der Mythos weist zahlreiche Spuren des Kults der Großen Mutter auf, wie er vor der Einwanderung der Griechen auf die Balkanhalbinsel allgemein geherrscht haben muss. Und gerade bei der ländlichen Bevölkerung und in abgelegeneren Gebieten war der Kult der Muttergottheiten auch in klassischer Zeit noch lebendig, und er lebte auch bei den städtischen Unterschichten in der späteren Antike wieder auf – unter dem Einfluss von Muttergottheiten aus dem

■ Römische Darstellung einer Muttergottheit, wahrscheinlich der aus Ägypten stammenden Isis; Rom, Vatikan

»MATRIARCHAT«

In den Ackerbauerndörfern der Jungsteinzeit, vor der Einwanderung der Griechen, scheinen auf dem Balkan wie anderswo die Angehörigen einer Sippe in großen Hütten zusammengewohnt und gemeinsam ihre Landwirtschaft betrieben zu haben. Wer Angehöriger einer Sippe war, bestimmte sich aus der Abstammung von einer Mutter. Die Vaterschaft spielte keine Rolle. Die Anthropologen sprechen in solchen Fällen von »mutterrechtlichen« oder »matrilinearen« Gesellschaften. Für die Annahme, dass mit dem Mutterrecht auch die »Herrschaft« der Frauen, das »Matriarchat« einhergegangen sei, gibt es allerdings keine Belege.

Orient wie der Kybele oder der ägyptischen Isis. Der Mythos von Gaia oder Ge, der Mutter Erde, zeigt, dass die Muttergottheit in der Tiefenschicht des Mythos als älter gilt als alle männlichen Götter: Gaia entstand als erste aus dem Chaos des Uranfangs, neben Eros, der zeugenden Kraft der Liebe. Sie war es, die Uranos, den Himmel, hervorbrachte und mit ihm die Ungeheuer und Riesen der Vorzeit und die Titanen zeugte. Uranos war es zwar, der die Mutter Erde fruchtbar machte, indem er Regen und milde Winde brachte, doch er war es auch, der ihren Schoß zu verschließen suchte, weil er in seinen Nachkommen Konkurrenten um die Herrschaft der Welt sah. Und so geschah es, dass Gaia selbst ihren Sohn Kronos auffordern musste, den Vater zu kastrieren und auf diese Weise zu entmachten. Sie half auch ihrer Tochter Rhea, als deren Gemahl Kronos seine Kinder zu verschlingen begann, indem sie ihm für seinen Letztgeborenen, Zeus, einen Stein unterschob, sodass Zeus heranwachsen, seine Geschwister rächen und sie mit Hilfe seiner ersten Frau Metis aus dem Leib ihres Vaters befreien konnte. Sie konnte aber nicht verhindern, dass Zeus seinerseits Metis verschlang, nachdem Gaia ihm angekündigt hatte, ein Sohn der Metis werde wiederum ihn, Zeus, entthronen. Schließlich stachelte sie ihre Söhne, die Giganten, auf, gegen die Herrschaft des Zeus und der Olympier zu revoltieren, doch sie unterlagen – mit Zeus war die Herrschaft der Mütter gebrochen, und das Patriarchat hatte sich, vorläufig jedenfalls, durchgesetzt.

Dennoch verehrten die Griechen Gaia in Tempeln und fragten besonders gern ihre Orakel, denn niemand galt als weiser als die Mutter Erde, die von Anbeginn der Welt alle Geschehnisse verfolgt hatte.

■ Als Persephone von einem Granatapfel gegessen hatte, konnte sie Hades nicht mehr verlassen: Dante Gabriel Rossetti (1828–1882), *Proserpina*; London, Tate Gallery

Mindestens so große Verehrung wie der Gaia wurde der Demeter zuteil, die die Römer Ceres nannten. Sie war die Göttin, die das Getreide wachsen ließ und auf die auch die Kunst des Feldbaus zurückgeht. Sie war sicherlich eine uralte Fruchtbarkeitsgöttin, doch die Griechen machten sie zu einer Schwester des Zeus. An Fruchtbarkeitszauber aus vorgriechischer Zeit erinnert die Geschichte des Iasion, eines Sterblichen, in den Demeter sich verliebte und mit dem sie auf einem dreimal gepflügten Feld schlief, um es fruchtbar zu machen. Sie zeugte mit Iasion Plutos, den Gott der Fülle und des Reichtums. Zeus empörte sich, dass seine Schwester sich zu ihrem Vergnügen einen jungen Mann nahm, der gar nicht standesgemäß war, und erschlug Iasion mit seinem Blitz. An den Fruchtbarkeitszyklus der Felder erinnert auch der Mythos der von Hades, dem Unterweltgott,

■ Eine ernst und traurig blickende Demeter: Römische Plastik aus dem 1. Jh.; Karthago (Tunesien), Museum

geraubten Tochter Demeters: Persephone. Auf der Suche nach ihrer Tochter irrte Demeter durch ganz Griechenland, und als sie mit Hilfe des Sonnengotts Helios herausfand, wo ihre Tochter sich befand, forderte sie sie von Hades und Zeus zurück. Da Hades sie nicht herausgab, weigerte sie sich, in die Göttergemeinschaft auf dem Olymp zurückzukehren, und bedrohte die Welt mit einer Hungersnot, da sie das Getreide nicht mehr wachsen ließ. Zeus musste nun befürchten, dass die Opfer der Menschen für die Götter ausblieben, und bat Rhea, seine Mutter und die Demeters, um Vermittlung. Sie erreichte die Vereinbarung, dass Hades für zwei Drittel des Jahres auf Persephone verzichtete und sie nur in der Jahreszeit behielt, die seitdem die unfruchtbare des Winters ist. In den beiden übrigen Jahreszeiten (die Griechen kannten ursprünglich nur drei) sorgte Persephone mit ihrer Mutter für die Fruchtbarkeit der Felder. Während ihrer Wanderungen auf der Suche nach Persephone gelangte De-

■ Ceres, Bacchus und der kleine Amor feiern die Fruchtbarkeit der Erde. Gemälde des Hans von Aachen (1552–1615); Wien, Kunsthistorisches Museum

■ Sogenannte Schlangengöttin aus Knossos, minoische Kunst um 1600 v. Chr; Iraklion, Museum. Die ganz frühe Darstellung einer Muttergottheit (Schlangen galten im griechischen Mythos als der Gaia, der Mutter Erde, heilig) oder ihrer Priesterin.

meter auch nach Eleusis in der Nähe von Athen, wo sie im Palast des Königs freundlich aufgenommen wurde. Sie ließ sich von Metaneira, der Königin, zur Amme von deren Sohn Demophon machen. Sie hatte an dem Kleinen bald einen Narren gefressen und versuchte ihn unsterblich zu machen, indem sie ihn mit Ambrosia salbte und in glühender Asche zum Schlafen legte. Dabei wurde sie eines Tages von Metaneira beobachtet, die einen Entsetzensschrei ausstieß.
Wütend wegen dieses Mangels an Vertrauen ließ Demeter aus

■ Demeter, Triptolemos und Persephone auf einem den eleusinischen Mysterien geweihten Relief aus Eleusis; Athen, Archäologisches Nationalmuseum

der Asche Flammen auflodern, in denen der kleine Demophon verbrannte. Später reute sie ihre Tat, und sie rief die Eleusinischen Mysterien ins Leben, einen bei den Griechen und Römern hoch geachteten Geheimkult. Außerdem lehrte sie den eleusinischen Prinzen Triptolemos die Kunst des Ackerbaus, die dieser in ganz Griechenland verbreitete.

Eine andere Fruchtbarkeitsgöttin war die ursprünglich in Kleinasien verehrte Kybele, die von den Griechen oft mit Rhea gleichgesetzt wurde. Wie Dionysos wurde sie von einem Zug ausgelassener Tänzer, Mänaden und Korybanten, begleitet. Auch Kybele hatte einen jungen Liebhaber, Attis, der schon früh starb, nachdem er von der rasenden Göttin zur Selbstkastration getrieben worden war.

An frühe Fruchtbarkeitskulte, bei denen der Liebhaber einer Priesterin, die die Muttergöttin vertrat, sterben musste, nachdem er auf einem Acker mit ihr geschlafen hatte, erinnert auch die Geschichte von Aphrodite und Adonis. Auch Aphrodite war eine Verkörperung der großen Mutter gewesen, bevor die Griechen sie in die Götterfamilie des Olymp integrierten.

Dasselbe gilt sogar für die jungfräuliche Artemis, deren Standbild in ihrem größten Tempel, im kleinasiatischen Ephesus, das einer Muttergöttin mit einer Vielzahl von Brüsten war.

Im Mythos von Hera, der Göttermutter, die die Römer Juno nannten, ist anders als bei den anderen großen Göttinnen kaum eine Spur von der alten »Großen Mutter« erhalten. Sie war die Schwester und Gemahlin des Zeus. Eine richtige Hausfrau, deren wichtigster Lebensinhalt es offenbar war, die erotischen Eskapaden ihres Mannes mit Eifersucht zu verfolgen. Sie war die Mutter des Kriegsgotts Ares und der Eris, der Göttin des Zanks, aber auch der sanften Hebe und des fleißigen Schmie-

MYSTERIEN

Mysterien wie die von Eleusis waren Kulte, die nicht für jedermann zugänglich waren, sondern nur für in umständlichen Ritualen Eingeweihte. Meist waren sie Muttergottheiten gewidmet. Neben den eleusinischen waren in griechischer Zeit vor allem die nach dem Sänger Orpheus benannten orphischen Mysterien berühmt. In der römischen Zeit kamen immer mehr konkurrierende Mysterienkulte auf, wie der der Kybele, der Isis oder des Mithras. Auch das frühe Christentum wies typische Züge eines Mysterienkults auf.

degottes Hephaistos. Aber sie war eine schlechte Mutter: Hephaistos warf sie sogar nach seiner Geburt aus dem Olymp, nachdem sie festgestellt hatte, dass er verkrüppelt war. Trotzdem wurde Hera von den Griechinnen bei Geburten zur Hilfe angerufen; vor allem aber war sie die Göttin der Ehe, einer Einrichtung, die die Griechen in das Land mitgebracht hatten, in dem die Große Mutter in Gemeinden verehrt wurde, in denen offen-

■ Im Zentrum dieses allegorischen Barockgemäldes der vier Elemente Feuer, Erde, Wasser und Luft thront Ceres als Verkörperung der Erde. Der Reichtum der Natur entsteht aus dem Zusammenspiel der Elemente. Gemälde von Jan Brueghel d. Ä. (1568–1625); Wien, Kunsthistorisches Museum

PATRIARCHAT

Die Griechen waren, bevor sie sich auf dem südlichen Balkan ansiedelten, nomadische Hirten gewesen. Und sie behielten ihre für Nomaden typische patriarchalische Gesellschaftsstruktur auch nach der Sesshaftwerdung bei: Herden und Felder waren Eigentum einer Familie, deren Oberhaupt der Vater war. Von ihm ging das Familieneigentum auf seine Söhne und Schwiegersöhne über. Und damit er wusste, wer seine Söhne und Enkel waren, legte er, obwohl er selbst es gar nicht so genau damit nahm, großen Wert auf die eheliche Treue seiner Frau und seiner Töchter.

■ Thronendes Mutteridol aus der Jungsteinzeit, aus Çatalhöyük (Türkei); Ankara, Museum der anatolischen Kulturen

■ Die christlichen Madonnendarstellungen stehen in der Tradition der antiken Bildnisse von Muttergottheiten: Gottesmutter mit Kind, Mosaik aus der Hagia Sophia in Istanbul, byzantinisch, um 1120

bar niemand wusste, wer sein Vater, sondern jeder nur sagen konnte, wer seine Mutter war, mutterrechtlichen Gemeinden, die die patriarchalische Ehe nicht kannten.

Doch auch unter der Herrschaft des Patriarchats lebte der Kult der Muttergöttinnen in immer neuen Gestalten wieder auf.

MUTTERGÖTTINNEN

 ÜBERLIEFERUNG

Von der Entstehung der Welt und der Götter berichtet die *Theogonie* des griechischen Dichters Hesiod (um 700 v. Chr.). Gaia brachte als erstes den Himmel mit den Sternen hervor, dann Gebirge, Nymphen, die die Schluchten und Klüfte der Berge bewohnten, das Meer und die Brandung und schließlich die zwölf Titanen – sechs Töchter und sechs Söhne – sowie die Zyklopen, die einäugigen Riesen, und drei weitere Ungeheuer »unnennbaren Namens« mit jeweils hundert Armen und fünfzig Köpfen. Der Göttin Demeter widmete Homer (um 700 v. Chr.) eine seiner längsten Hymnen. Er schildert Persephones Entführung durch Hades, dem Gaia hilfreich zur Seite stand: Diese ließ, als das Mädchen sich einmal in ausreichender Entfernung zu ihrer Mutter befand, die schönsten Blumen um sie herum wachsen. Als Persephone sie voller Staunen berühren wollte, klaffte die Erde auf, und Hades nahm sie mit sich. Homer schildert Demeters Suche, die sie auch zu Metaneira und deren Sohn Demophon führt. Auch der griechische Dichter Kallimachos (um 305–240 v. Chr.) widmete Demeter eine Hymne. In der römischen Literatur griff Ovid (43 v. Chr. –18 n. Chr.) den Mythos der Demeter auf. Von Persephones Entführung erzählt er im 3. Buch seiner *Metamorphosen*. Wie bei Homer wird sie beim Blumensammeln geraubt. Demeter streift daraufhin rastlos durch alle Länder der Erde. Einmal macht sie Halt an der Hütte einer alten Frau und verwandelt einen Jungen, der sie dort verspottet, kurzerhand in eine Eidechse.

Literatur: *Klage der Ceres* heißt ein Gedicht von Friedrich Schiller (1759–1805), das die Trauer der Göttin Demeter um ihre verlorene Tochter Persephone zum Ausruck bringt. Schließlich aber findet Demeter sich mit ihrem Schicksal ab, denn ganz ist das Kind doch nicht verloren: »In des Lenzes heiterm Glanze/Lese jede zarte Brust,/In des Herbstes welkem Kranze/Meinen Schmerz und meine Lust.«

Bildende Kunst: Den Raub der Persephone gestaltete Filarete (um 1400–1469) auf einer Bronzetür des Petersdoms in Rom. Zum selben Thema gibt es Bilder u.a. von Peter Paul Rubens (1577–1640), Museo del Prado, Madrid, Francesco Albani (1578–1660), Brera, Mailand, Artemisia Gentileschi (1597–1651), Palazzo Pitti, Florenz, Rembrandt (1606–1669), Neue Gemäldegalerie, Berlin. Die Göttin Demeter malten auch Baldassare Peruzzi (1481–1536), Villa Farnesina, Rom, Giorgio Vasari (1511–1574), Casa Vasari, Arezzo, Jacob Jordaens (1593–1678), Museo del Prado, Madrid, Frans van Mieris (1635–1681), Staatliches Kunstmuseum, Kopenhagen. Auguste Rodin (1840–1917) fertigte eine Marmorbüste der Demeter an.

 EMPFEHLUNG

Lesenswert:
Hesiod: *Theogonie*. Griechisch/Deutsch. Herausgegeben und neu übersetzt von Otto Schönberger. Stuttgart 1999.

Ovid: *Metamorphosen*. In der Übertragung von Johann Heinrich Voss. Mit Radierungen von Pablo Picasso und einem Nachwort von Bernhard Kytzler. Frankfurt/Main 1990.

Hörenswert:
Ovid: *Metamorphosen*. In Prosa neu übersetzt von Gerhard Fink. Sprecher: Peter Simonischek. 6 Audio-CDs, Düsseldorf 1999.

Franz Schubert: *Die Klage der Ceres*. Sämtliche Lieder Vol. 5. Elizabeth Connell, Graham Johnson, 1988.

Igor Strawinski: *Persephone*. Le Sacre du Printemps. Philharmonia Orchestra London/Nagano. 2 Audio-CDs, 1990/91.

 AUF DEN PUNKT GEBRACHT

Älter als die olympischen Göttergestalten sind die Muttergöttinnen, die schon in vorgriechischer Zeit verehrt wurden. Ihr religionsgeschichtliches Schicksal ist im Mythos abzulesen, der hier zu einer einzigartigen Geschichtsquelle wird.

Narziss

Selbstverliebte junge Männer kennen wir alle, und manche sagen, es gebe immer mehr davon. Einen solchen Jungen nennen wir gern einen Narziss, was ähnlich klingt wie der Name einer Blumenart, der Narzissen. Wie beide Wörter zusammenhängen, erzählt der Mythos.

Narziss (Narkissos) war der Sohn der Nymphe Leiriope und des Flussgotts Kephissos. Wie jede Mutter wollte Leiriope gerne wissen, ob ihrem Kind ein langes und glückliches Leben beschieden sei. Sie befragte deshalb den damals noch nicht sehr bekannten Seher Teiresias, und der gab die merkwürdige Auskunft: »Ja, solange er sich nicht selbst kennen lernt.« Sechzehn Jahre später gab es eine Erklärung, wie Recht der Seher gehabt hatte, und Teiresias wurde berühmt.

Narkissos war ein wunderschöner Jüngling geworden und wurde von Männern und Frauen begehrt, aber er wies alle zurück, auch die schöne Nymphe Echo, die besonders heftig um ihn warb. Vielleicht war sie ihm nicht unterhaltsam genug, weil sie nur wiederholen konnte, was ein anderer gesagt hatte. Echo verging vor Liebeskummer, bis sie gar keinen Leib mehr hatte und nur noch aus Schall bestand, so wie wir das Echo noch immer kennen.

■ Verliebt betrachtet Narziss sein Spiegelbild: Gemälde von Franz von Stuck (1863–1928)

Einer von denen, die Narziss verschmäht hatte, verwünschte ihn, indem er die Götter anrief, sie möchten ihm dasselbe antun, was er gerade selbst erfahren hatte. Er solle alle Qualen unerfüllter Liebe durchleben. Aphrodite erhörte das Gebet. Sie bestraft jeden, der die Liebe verschmäht. Und so geschah es, dass Narziss sich in sein eigenes Spiegelbild verliebte, als er es in einem klaren Bergquell erblickte. In der Selbstliebe aber vermag niemand Erfüllung finden: Kam Narziss seinem Spiegelbild zu nahe, so zerfloss es; zog er sich zurück, verschwand auch das Bild. Dennoch kam er von seinem Spiegelbild nicht los, das er immer aufs Neue vergeblich zu umarmen suchte. Tag für Tag lag er an der Quelle und nahm nichts mehr zu sich, bis er das Leben aushauchte. Obwohl Narziss so vielen das Herz gebrochen hatte, wurde er von seinen Schwestern, den Nymphen der Quellen und der Bäume, den Najaden und Dryaden, beweint. Auch die Götter wollten nicht, dass er der Vergessenheit anheim fiel, und verwandelten ihn in die schöne Blume, die seinen Namen bis heute trägt, die Narzisse.

> **ECHOS BESTRAFUNG**
>
> Die schöne und kluge Nymphe Echo hatte sich den Zorn der Göttermutter Hera zugezogen, weil sie diese mit endlosen Gesprächen abzulenken suchte, während ihr Gemahl Zeus mit Echos Gespielinnen schäkerte. Hera bestrafte das geschwätzige Mädchen damit, dass sie fortan kein Gespräch mehr beginnen, sondern nur noch wiederholen konnte, was jemand anderes gesagt hatte.

■ Narziss wird von der schönen Nymphe Echo bestürmt, doch bleibt er spröde. Rötelzeichnung von Simon Vouet (1590–1649); Dresden, Staatliches Kupferstichkabinett

■ Narziss mit der hier in einen Stein verwandelten Echo; Nicolas Poussin; Paris, Louvre

Schon in der antiken Kunst wurde die hoffnungslose Selbstliebe des Narziss oft dargestellt, denn die Alten liebten die Darstellungen schöner Jünglinge – und welcher konnte schöner sein als einer, der sein Spiegelbild allen anderen vorzog? Aber nicht nur die Kunst und die Botanik, auch die moderne Psychologie sicherte Narziss die Unsterblichkeit: Narzissmus gilt als schwere seelische Störung, und nicht wenige Zeitgenossen glauben, dass sie eine Krankheit der »heutigen Jugend« sei.

NYMPHEN

Als Sohn einer Nymphe und eines Flussgotts war Narziss ein Bruder der Nymphen, jener mit den Elfen der keltischen Mythologie vergleichbaren weiblichen Geisterwesen, die für die Griechen überall in der Natur gegenwärtig waren. Quellen, Bäche und Seen waren von Najaden belebt, Bäume von Dryaden, Berge von Oreaden, um nur einige der Nymphengattungen zu benennen. Im Meer tummelten sich die Okeaniden und Nereiden. Nur die Flüsse waren zu bedeutend, als dass die Griechen sie sich als Nymphen personifiziert denken wollten. Sie wurden durch Flussgötter verkörpert.

Da man sich Nymphen stets als schöne junge Frauen vorstellte, waren sie die Lieblinge der Dichter, die von unzähligen Liebschaften der Schönen zu berichten wissen.

NARZISS

 ÜBERLIEFERUNG

Quellen: Die Sage von Narziss ist bekannt aus den *Metamorphosen* des römischen Dichters Ovid (43 v.Chr. – 18 n. Chr.). Er erzählt sie ausführlich im 3. Buch. Der griechische Schriftsteller Pausanias (um 115 n. Chr.), Autor einer zehnbändigen Beschreibung Griechenlands, kam auf einer seiner Reisen auch an der Quelle auf dem Helikon vorbei, von der man sagt, dass Narziss in ihr sein Spiegelbild entdeckte und sich in es verliebte. Die geläufige Version der Sage hielt Pausanias jedoch für Unsinn. Ihm zufolge war Narziss in seine Schwester verliebt gewesen. Nachdem sie gestorben war, betrachtete er sein Spiegelbild, um sich an sie zu erinnern.

Literatur: Der spanische Dichter Pedro Calderon de la Barca (1600–1681) legte den Mythos, so wie ihn Ovid erzählt, seinem Drama *Echo und Narcissus* zugrunde; in manchen Einzelheiten veränderte er den antiken Stoff. Der schöne Junge Narciso wächst in aller Abgeschiedenheit in einer Höhle auf. Seine Mutter versucht auf diese Weise ihren Sohn zu schützen, da er einer Prophezeiung des blinden Sehers Tiresias zufolge durch eine Stimme und eine Schönheit in Lebensgefahr geraten wird. Irgendwann aber trifft er auf Echo, die als himmlisch schöne Göttin der Wälder gefeiert wird und ihn durch seine Stimme bezaubert. Er verliebt sich sofort in sie, ergreift jedoch im Gedanken an die Prophezeiung die Flucht. Um ihn von seiner Leidenschaft zu befreien, flößt seine Mutter Echo ein Gift ein, das deren Zunge lähmt, sodass sie nur noch die letzten Silben von Wörtern anderer wiederholen kann. Narziss aber entdeckt in einem Bach seine eigene Schönheit und ist fasziniert vom Echo seiner Stimme. Ein Erdbeben setzt ein, und er fällt tot um – Echo verwandelt sich in Luft. Rainer Maria Rilke (1875–1926) gab zwei Gedichten und einem Gedichtentwurf die Überschrift *Narziss*. Diesen Namen trägt auch eine der bekanntesten Figuren von Hermann Hesse (1877–1962).

Bildende Kunst: Darstellungen in der bildenden Kunst zeigen Narziss oft über das Wasser gebeugt und von Verlangen nach seinem Spiegelbild erfüllt. Vielfach wurde er mit der Nymphe Echo abgebildet, so z.B. von Tintoretto (1518–1594), Palazzo Colonna, Rom, Caravaggio (1573–1610), Galleria Nazionale d'Arte Antica, Rom, Salvatore Rosa (1615–1673), Palazzo Reale, Genua, Nicolas Poussin (1594–1665), Louvre, Paris, Peter Paul Rubens (1577–1640), Prado, Madrid, Claude Lorrain (1600–1682), National Gallery, London, William Turner (1775–1851), Petworth House, Max Ernst (1891–1976), Alexander Iolas Collection, Savador Dalí (1904–1989), Tate Gallery, London. Von Constantin Brancusi (1876–1957) und Auguste Rodin (1840–1917) gibt es Narziss-Skulpturen.

 EMPFEHLUNG

Lesenswert:
Ovid: *Metamorphosen*. In der Übertragung von Johann Heinrich Voss. Mit Radierungen von Pablo Picasso und einem Nachwort von Bernhard Kytzler. Frankfurt/Main 1990.

Rainer Maria Rilke: *Narzisse*. In: Werke II, Gedichte. Frankfurt/Main 1987.

Hermann Hesse: *Narziss und Goldmund*. Frankfurt/Main. 1975.

Mythos Narziß. Texte von Ovid bis Jacques Lacan. Herausgegeben von Almut-Barbara Renger. Leipzig 1999.

Hörenswert:
Nicolai Tscherepnin: *Narcisse et Echo*, op.40. The Hague Chamber Choir & Residentie Orchestra/ Roshdestvensky, 1998.

Benjamin Britten: *6 Metamorphoses after Ovid for Oboe solo*, op. 49 u.a. Medici String Quartett, 1997.

Beat Furrer: *Narcissus*. Oper nach Ovids *Metamorphosen*, Klangforum Wien/Furrer.

 AUF DEN PUNKT GEBRACHT

Die Geschichte von Narziss, der sein eigenes Spiegelbild liebt, ist eine wunderbare Metapher für das Laster – oder die seelische Störung – der Selbstverliebtheit.

Ödipus

Jeder Junge, so ist es seit den psychoanalytischen Untersuchungen Sigmund Freuds zu einer weithin akzeptierten Einsicht geworden, durchlebt eine Phase, in der er seinen Vater fortwünscht, um die Liebe seiner Mutter für sich allein zu haben. Oder, wie es sich in der rückblickenden Perspektive des Erwachsenen darstellen kann: in der er seinen Vater umbringen möchte, um mit seiner Mutter schlafen zu können.

Freud hat hierfür das Wort vom »Ödipuskomplex« geprägt, in

■ Ödipus als Detektiv, der feststellen muss, dass er selbst der Täter ist: Hier fragt er den alten Hirten nach seiner eigenen Vergangenheit. Relief von einem römischen Sarkophag, 3. Jh.; Rom, Vatikanische Museen

Anlehnung an eine der spannendsten mythischen Erzählungen der Griechen, in der Sophokles den Stoff für seine wohl erschütterndste Tragödie, *König Ödipus*, gefunden hat.

Laios und seine Frau Iokaste herrschten über die Stadt Theben. Sie waren glücklich miteinander, doch hatten sie keine Kinder. Laios begab sich deshalb nach Delphi, in der Hoffnung, dass das Orakel ihm in dieser Angelegenheit einen Rat geben könne. Doch statt eines Rats erhielt er eine Warnung: Ein Sohn, den er mit Iokaste zeugen werde, werde ihn töten. Daraufhin hielt sich Laios von Iokaste fern. Eines Tages – Laios war berauscht –

schlief er aber doch wieder mit ihr, und sie gebar ihm einen Sohn. Laios entriss das Neugeborene seiner Amme, durchbohrte ihm die Füße und befahl einem seiner Hirten, das Kind am Berg Kithairon auszusetzen. Den Hirten dauerte das unschuldige Wesen, und statt es in der Wildnis zugrunde gehen zu lassen, übergab er es einem anderen Hirten, der Polybos, dem König von Korinth, diente. Der Hirte nannte das Kind wegen seiner durchbohrten Füße Ödipus, das heißt »Schwellfuß«, und brachte es zu Polybos und seiner Frau Merope, die es, da sie kinderlos waren, mit Freuden an Kindes statt aufnahmen. Ödipus wuchs zu einem stattlichen Jüngling heran. Da er im sportlichen Spiel seinen Gefährten trotz der entstellten Füße überlegen war, wurde er häufig geneckt, und an seinem achtzehnten Geburtstag wurden die Anspielungen deutlicher: Er sei überhaupt nicht der Sohn des Polybos und der Merope. Ödipus war beunruhigt, und da seine Pflegemutter nur Ausflüchte machte, als er sie auf seine Herkunft ansprach, machte er sich auf den Weg nach Delphi. Der Gott des Orakels ließ ihm sagen, er solle nicht in seine Vaterstadt zurückkehren, denn dann würde er seinen Vater töten und seine Mutter heiraten. Entsetzt schwor sich Ödipus, nie wieder nach Korinth, seiner vermeintlichen Vaterstadt, zurückzukehren, und schlug eine ganz andere Richtung ein. Wie der Zufall es wollte – wenn es im Mythos einen Zufall gibt –, führte die Straße nach Theben. In einem engen Hohlweg begegnete ihm ein Wagen, dessen Lenker ihn ungeduldig aufforderte, aus dem Weg zu gehen. Und als der stolze Königssohn nicht sogleich beiseite trat, schlug der andere ihn mit seinem Stock. Das war zu viel. Wutentbrannt erschlug Ödipus den Wagenlenker und seinen vornehmen Passagier; nur ein Knecht, der die Reisen-

■ Ödipus und die Sphinx; schwarzfigurige griechische Vasenmalerei, Anfang des 5. Jhs. v. Chr.; Paris, Louvre

den begleitet hatte, kam mit dem Leben davon und konnte wenig später in Theben berichten, Laios sei auf der Landstraße von einem Unbekannten erschlagen worden – denn niemand anderer als Ödipus' wahrer Vater hatte in dem Wagen gesessen.

Unterdessen war Ödipus bereits in Theben angelangt und fand die Stadt in Aufruhr. Oben auf den höchsten Burgmauern hatte sich nämlich die Sphinx niedergelassen, ein grauenhaftes geflügeltes Wesen mit dem Kopf einer Frau und dem Körper eines Löwen. Jedem, der unter den Mauern vorbeiging, gab sie ein Rätsel auf, und wenn jemand das Rätsel nicht lösen konnte, so verschlang sie ihn. Das Rätsel lautete: »Was geht morgens auf vier, mittags auf zwei und abends auf drei Beinen?« Niemand wusste die Antwort, und so wurde ein Thebaner nach dem anderen zum Opfer des Ungeheuers. Selbst die Nachricht vom Tod des Laios rief nicht so viel Unruhe hervor wie das Wüten der Sphinx. Kreon, der Bruder der Iokaste, der die Regentschaft übernommen hatte, sah keine andere Möglichkeit, als dem, der die Stadt von dieser Plage befreite, die höchste Belohnung zu versprechen, die zu vergeben war: die Hand der verwitweten Königin Iokaste und damit die Königswürde.

■ Im 7. Jahrhundert, der Zeit des »orientalisierenden Stils« gelangte das Motiv der Sphinx aus dem Orient nach Griechenland. Diese monumentale Sphinx, die eine Säule bekrönte, gelangte um 570 v. Chr. als Weihgeschenk der Bewohner von Naxos nach Delphi. Delphi, Museum

DIE SPHINX

Wenn wir von der berühmten Sphinx bei den Pyramiden von Giseh in Ägypten sprechen, so geben wir ihr einen griechischen Namen. Dennoch ist die ägyptische Sphinx älter als die des griechischen Mythos. Die Vorstellung von dem Löwenwesen mit Menschenkopf gelangte von Ägypten über den Vorderen Orient – wo der Sphinx noch Flügel hinzugefügt wurden – im achten oder siebten Jahrhundert v. Chr., in der Phase des so genannten »orientalisierenden Stils« in der griechischen Kunst, nach Griechenland.

Furchtlos begab sich Ödipus nun zur Sphinx und beantwortete ihre Frage: »Das Wesen, das morgens auf vier, mittags auf zwei und abends auf drei Beinen geht, ist der Mensch. Am Morgen seines Lebens kriecht er auf allen Vieren, im Mittag des Lebens geht er aufrecht auf zwei Beinen, und am Ende seines Lebtags nimmt er einen Stock als drittes Bein zu Hilfe.« Wütend über ihre Niederlage stürzte sich die Sphinx von den Zinnen hinab und fand den Tod.

Und so wurde Ödipus mit Iokaste vermählt, seiner eigenen Mutter, und anstelle seines Vaters zum König von Theben. Er regierte Theben mit Klugheit, das Volk liebte ihn, und Iokaste gebar ihm zwei Söhne, Eteokles und Polyneikes, und zwei Töchter, Antigone und Ismene.

■ Ödipus und die Sphinx, Farblithographie nach einer Vorlage von Alexander Zick (1845–1907) in einer Ausgabe von Gustav Schwabs *Sagen des Klassischen Altertums*

Doch was er getan hatte, auch wenn es in Unwissenheit geschehen war, konnte nicht ungesühnt bleiben. Nachdem einige Jahre vergangen waren, wurde das Land von einer Pest heimgesucht, und die Frauen wurden unfruchtbar. Ödipus, der König, musste herausfinden, was den Zorn der Götter heraufbeschworen hatte, und sie besänftigen.

Was nun folgt, ist Inhalt eines der berühmtesten und spannendsten Theaterstücke der Weltliteratur, und, wenn man will, des ersten Theaterkrimis – mit einem Detektiv, der einen Fall löst und dabei feststellt, dass er selbst der Täter ist –, im 5. Jahrhundert v. Chr. geschrieben und inszeniert von dem Dichter Sophokles.

Ödipus holt zunächst durch seinen Schwager Kreon den Rat des Orakels in Delphi ein. Apoll antwortet, die Pest könne erst ein Ende haben, wenn der Mord an Laios gesühnt, wenn der Mörder, der straflos in The-

■ Lothar Müthel als Theseus, Lotte Lenya als Ismene, Fritz Kortner als Ödipus und Eleonore von Mendelssohn als Antigone in einer Aufführung von Sophokles' *Ödipus auf Kolonos* im Jahre 1929 im Berliner Schauspielhaus am Gendarmenmarkt.

ben lebe, aus der Stadt verbannt sei. Der König eröffnet nun als Untersuchungsrichter ein Verfahren vor der Volksversammlung, um den Mörder zu finden. Der greise Seher Teiresias wird gerufen, und rasch wird klar, dass er etwas weiß, das er nicht sagen will. Ödipus droht ihm, und endlich konfrontiert ihn Teiresias mit der grauenvollen Wahrheit. Er selbst der Mörder seines Vaters und mit der eigenen Mutter in Blutschande verbunden? – Natürlich kann Ödipus dies nicht glauben. Vielmehr wittert er eine politische Verschwörung, in der Kreon die Fäden zieht. Die Sprecher des Volkes versuchen vergeblich, zwischen dem König und Kreon zu vermitteln. Iokaste tritt auf, und auch sie will nicht wahrhaben, was sich als Wahrheit abzeichnet: Ihr Sohn sei ja schon als Kind getötet worden, folglich könne sie nicht die Mutter des Ödipus und dieser nicht der Mörder seines Vater sein. Der nächste Auftritt ist der eines Boten aus Korinth, der Ödipus den Tod seines vermeintlichen Vaters Polybos meldet. Korinth ruft ihn nach Hause, damit er dort den Thron besteigt. Aber zufällig ist der Bote, ein alter Mann, der Hirte, der Ödipus als Findelkind zu Polybos und Merope gebracht hat. Ödipus weiß jetzt im Grunde, was geschehen ist, doch er führt den Prozess zu Ende. Als letzten Zeugen vernimmt er jenen Hirten des Laios, der ihn töten sollte, aber sein Leben geschont hat. Und der bestätigt die bittere Wahrheit.

Schon bevor in dem Verfahren das letzte Wort gesprochen ist, geht Iokaste in den Palast zurück und erhängt sich über ihrem Bett. Ödipus kommt wenig später hinzu, löst seine tote Mutter und Gemahlin aus den Schlingen und blendet sich selbst mit den Spangen ihres Gewandes.

Das Ende des blinden Ödipus hat Sophokles in einem anderen Stück, *Ödipus auf Kolonos*, auf die Bühne gebracht. Hier hat Ödipus im Hain von Kolonos bei Athen Asyl gefunden und verflucht die Thebaner, die ihn aus der Heimat vertrieben haben.

■ Der blinde Ödipus mit seiner Tochter Antigone im Hain der Eumeniden auf Kolonos. Im Hintergrund verschwinden die Rachegottheiten. Holzstich für eine Buchillustration (1867) nach einer Zeichnung von Heinrich Leutemann

ÖDIPUS UND FREUD

Sigmund Freud, der Begründer der Psychoanalyse, ohne die die moderne Psychologie und Psychotherapie nicht zu denken ist, fand im Mythos von Ödipus die Vorlage für den dramatischen und komplizierten Prozess, in dem ein kleiner Junge während der »ödipalen Phase« lernt, sich von seinem Vater zu lösen und seine Mutter als begehrenswert wahrzunehmen. Wenn dieser Prozess nicht gelingt, wird er, so Freud, niemals selbstbewusst mit seiner Sexualität umgehen und überhaupt zu einem selbstständigen Menschen werden können. Schuldgefühle und Ängste, die aus dieser Lebensphase zurückbleiben, aber ins Unbewusste »verdrängt« werden, können zu schweren seelischen Störungen führen. Das einzige, was dagegen hilft, ist das Sich-bewusst-Machen des Unbewussten, zu dem die Therapie verhelfen soll.

Bei diesem Werk handelt es sich nicht zuletzt um ein pro-athenisches politisches Propagandastück, das nicht entfernt die dramatische Wucht des *König Ödipus* hat.

Die Tragödie vom König Ödipus aber bleibt ein Muster des Tragischen überhaupt: Ihr Held verstrickt sich, ohne es zu wissen, in ein Unheil, das alles andere ist als zufälliges Unglück, sondern sich fast zwangsläufig aus seiner Familiengeschichte ergibt. Er kann sich nicht zum Herrn des Geschehens machen, aber ihm bleibt eins, was ihn zu mehr macht als einem Spielball des Schicksals, nämlich sich selbst Aufklärung über sein eigenes Handeln zu verschaffen. Auch das macht die Geschichte des Ödipus zum Lehrstück für Freuds Psychoanalyse, in deren Zentrum die Idee steht, dass die Menschen sich die unbewussten Triebkräfte ihres Handelns mühsam bewusst machen müssen, wenn sie ihnen nicht hilflos ausgeliefert bleiben wollen.

■ Die Sphinx als Symbol unbewusster sexueller Lockungen; Gemälde von Franz von Stuck (1863–1928); Darmstadt, Hessisches Landesmuseum

ÖDIPUS

 ÜBERLIEFERUNG

Quellen: Die wichtigste Überlieferung des Mythos von Ödipus ist die Tragödie *König Ödipus* von Sophokles (um 497–406 v. Chr.). Auch Aischylos (525–456 v. Chr.) und Euripides (um 485–406) hatten den Stoff zuvor schon verarbeitet, ihre Dramen sind aber nicht erhalten. Sophokles' Tragödie gilt als der Höhepunkt seines Schaffens. Der griechische Philosoph Aristoteles (384–322 v. Chr.) wählte sie als Musterbeispiel für seine Tragödientheorie, die bis ins 18. Jahrhundert als Regelwerk auf ihrem Gebiet galt. Der Inhalt des Stücks besteht in der schrittweisen Aufklärung des Kriminalfalls, in der sich der seiner Tat unbewusste Ödipus selbst sucht und entlarvt. In der Geschichte der römischen Literatur war es der Politiker, Philosoph und Dichter Lucius Annaeus Seneca (4 v. Chr. – 65 n. Chr.), der den Mythos in Anlehnung an Sophokles' Tragödie aufnahm. Er erweitert das Geschehen um den Botenbericht von einer Totenbeschwörung durch den Seher Teiresias. Es wird erzählt, dass der ermordete König Laios erschienen sei und dem Seher Ödipus' Namen genannt habe.

Literatur: Der Mythos von Ödipus wurde in der Neuzeit vielfach aufgegriffen. Die bekanntesten Ödipus–Dramen aus dem 17./18. Jahrhundert stammen von den französischen Schriftstellern Pierre Corneille (1606–1684) und Voltaire (1694–1778). Hugo von Hofmannsthal (1874–1929) schrieb Anfang des 20. Jahrhunderts eine Tragödie mit dem Titel *Ödipus und die Sphinx*, die der bekannte österreichische Regisseur Max Reinhardt 1906 im Deutschen Theater Berlin erstmals auf die Bühne brachte. Von dem Interesse an psychologischen Aspekten und der psychoanalytischen Interpretation des Mythos durch Sigmund Freud sind die Ödipus-Dramen *Die Höllenmaschine* von Jean Cocteau (1889–1963) und *Ein verdienter Staatsmann* von Thomas Stearns Eliot (1888–1965) geprägt. Der französische Schriftsteller André Gide (1869–1951) entfernte sich am weitesten von der antiken Vorlage. Er verwendet in seinem Theaterstück *Oedipus* die bekannte Sage, um seine Moral- und Lebensauffassung darzustellen. Ödipus und der Seher Teiresias sind hier die Hauptfiguren und treten als politische Gegenspieler auf.

Bildende Kunst: Ödipus und die Sphinx zeigen Bilder von Jean Auguste Dominique Ingres (1780–1867), Musée du Louvre, Paris, und Gustave Moreau (1826–1898), Metropolitan Museum, New York, sowie Francis Bacon (1909–1992), Privatbesitz, London. Johann Heinrich Füssli (1741–1825) malte *Ödipus auf Kolonos*, Walker Art Gallery, Liverpool, und Max Ernst (1891–1976) ein Gemälde mit dem Titel *Ödipus Rex*, Privatbesitz, Paris.

 EMPFEHLUNG

Lesenswert:

Sophokles: *König Oidipus*. Stuttgart 1977.

Sophokles: *Oidipus auf Kolonos*. Stuttgart 1954.

Lucius Annaeus Seneca: *Oedipus*. Lateinisch/Deutsch. Stuttgart 1974.

Hugo von Hofmannsthal: *Ödipus und die Sphinx*. In: Dramen II. Franfurt/Main 1986.

Jean Cocteau: *König Ödipus*. Frei nach Sophokles. Bad Homburg 1988.

Thomas Stearns Eliot: *Ein verdienter Staatsmann*. In: Werke I. Frankfurt/Main 1988.

André Gide: *Oedipus*. In: Lyrische und szenische Dichtungen. Stuttgart 1999.

Hörenswert:

Sophocles: *Oedipus the King*. Sprecher: Michael Sheen. 2 Audio-CDs, 1998.

Igor Strawinsky: *Oedipus Rex*, Schwedisches Radio-Sinfonieorchester/Salonen, 1991.

Modest Mussorgsky: *Oedipus in Athen*. Berliner Philharmoniker/Abbado, 1993.

 AUF DEN PUNKT GEBRACHT

Der Mythos von Ödipus ist uns am besten durch die wohl großartigste antike Tragödie überliefert. Er ist die treffendste Erläuterung zu Freuds Lehre vom Unbewussten und von der Bedeutung des Sich-etwas-bewusst-Machens.

Orakel

■ Als »Medien« fungierten in manchen Orakeln die Sibyllen. Michelangelo hat vier Sibyllen (hier die delphische) an der Decke der Sixtinischen Kapelle im Vatikan dargestellt.

Bis heute suchen die meisten Menschen Rat bei irgendeiner Art von Orakel, sei es bei einem Medium, das in Trance redet, sei es bei einem, der den Vogelflug, die Eingeweide von Opfertieren, das Rauschen der Bäume oder den Lauf der Sterne auf die darin enthaltenen Vorzeichen zu deuten weiß. Ob beim antiken Orakel oder beim modernen Horoskop – stets geht es darum, ein Stück weit in die Zukunft hineinzusehen, um rechtzeitig die Gunst des Schicksals nutzen und Missgeschick abwenden zu können. Zwar hat noch kein Orakel jemals unmissverständliche Handlungsanweisungen geben können, aber stets haben Orakel den Menschen geholfen, Entscheidungen zu treffen – richtige ebenso oft wie falsche.

Die ältesten griechischen Orakel waren die der Gaia, der Mutter Erde, deren Weisheit unerschöpflich war, weil sie von Anbeginn der Welt die Zeugin allen Geschehens war. Man musste in die Erde hineinhorchen, am besten dort, wo es Erdspalten gab, um zu erfahren, was die Erde raunte. Eine solche Spalte klaffte auch am Abhang des Parnass-Gebirges, in Delphi, dessen Orakel das berühmteste der Antike wurde. Es wurde von einer Schlange namens Python bewacht, denn Schlangen galten seit jeher als Wesen, die der Erde besonders nahe standen. Schon vor Urzeiten hatte Gaia das Orakel von Delphi ihrer Tochter, der Titanin Themis, abgetreten, die eine Erd- und Muttergottheit war wie sie. Die Wortwurzel »delph-« bedeutet übrigens »Mutterleib«.

Als die Griechen mit ihren patriarchalischen Göttern auf die Balkanhalbinsel einwanderten, muss es zu einem ideologischen Kampf zwischen den alten Muttergottheiten und ihren Orakeln und dem Herrschaftsanspruch der männlichen Götter gekommen sein. Im Mythos stellt sich diese Auseinandersetzung so dar: Großzügig überließen Gaia oder Themis ihr Orakel in Delphi

■ Blick auf die Ausgrabungen von Delphi und die Berge des Parnass

SCHLANGENGOTTHEITEN

Mit den Muttergottheiten der Urzeit sind immer wieder Schlangenwesen verbunden, denen eine besondere Nähe zur Erde nachgesagt wurde. Viele dieser Schlangen wurden zu Feinden der olympischen Götter. Dabei wurden sie zu grässlichen Ungeheuern umgedeutet, die die Weltordnung bedrohten, wie Typhoeus, der entweder ein Sohn der Gaia war oder ein Sohn der Hera. Hera soll ihn der (oder dem) Python von Delphi zur Aufzucht anvertraut haben. Zeus, so heißt es, habe ihn nach einem schrecklichen Kampf mit seinem Blitz zerschmettert. Trotz des schlechten Leumunds der Schlangenwesen im Mythos wurden heilige Schlangen an vielen Orten verehrt, vor allem im Heiligtum des Ärztegotts Asklepios (Äskulap), eines Sohns des Apoll, in Epidaurus. Die dem Äskulap heilige Schlange umringelt noch heute den Äskulapstab, das Wahrzeichen der Ärzte und Apotheker.

■ Ein römisches Orakel: Die heiligen Hähne. Kolorierter Holzstich aus dem Jahr 1866 nach einer Zeichnung von Heinrich Leutemann

■ Die Priesterin zu Delphi, wie sie, sehr dramatisch, das späte 19. Jh. sah. Kolorierter Holzstich nach einem Gemälde von Henri Motte (1846–1922)

dem jungen Gott Apoll, doch die Schlange, die das Orakel bewachte, Python, mochte sich dem neuen Herrn nicht fügen. Wutentbrannt tötete Apoll die Schlange. Doch damit brachte er die Muttergöttinnen gegen sich auf. Gaia verlangte von Zeus, dass sein Sohn Apoll Wiedergutmachung leistete. Zeus befahl daraufhin Apoll, sich bei fremden Gottheiten um Entsühnung zu bemühen und danach zu Ehren der Python einen sportlichen Wettbewerb zu stiften, die Pythischen Spiele.

Widerstrebend machte sich Apoll mit seiner Schwester Artemis auf den Weg nach Thessalien, aber er fand dort keine Reinigung von seinem Verbrechen. Schließlich sprang er in Gestalt eines Delphins an Bord eines Schiffes, das nach Kreta unterwegs war, und ließ sich dort entsühnen. Die Kreter errichteten ihm einen großartigen Tempel, und seitdem waren die Apollonpriester in Delphi stets Kreter.

Nachdem Apoll zum unbestrittenen Herrn des delphischen Orakels geworden war, wuchs ihm der Ruf eines Gottes der Weisheit zu. Er war es, der sich durch den Mund der Pythia äußerte. Pythia soll anfangs eine schöne junge Frau gewesen sein, die in Trance, benebelt durch die Dämpfe, die aus der Erdspalte aufstiegen, oder berauscht durch das Kauen der dem Apoll heiligen Blätter des Lorbeers, das Wissen und das Wollen des Gottes verkündete. Später war sie eine Greisin, weil Apoll verhindern wollte, dass die Besucher des Orakels von der Schönheit der Seherin abgelenkt wurden.

Die Pythia saß an der Erdspalte neben dem Stein, der den Nabel der Welt bezeichnete, denn Delphi befand sich genau in der Mitte des Erdkreises. Dieser Stein, der »Omphalos«, ist in Delphi bis heute zu sehen.

Was die Pythia verkündete, war stets dunkel, und die Priester des Apoll versuchten den Ratsuchenden ihre Reden zu erläutern

– was ihnen große Macht verlieh. Sie konnten aber nicht verhindern, dass manche Ratsuchende die Weissagungen der Pythia missverstanden – wie Ödipus, dem sie zu Recht riet, nicht in seine Vaterstadt zurückzukehren, wenn er nicht seinen Vater umbringen und mit seiner Mutter schlafen wolle, dem sie aber verhehlte, dass seine wahre Vaterstadt nicht, wie er glaubte, Korinth, sondern Theben war. Oder wie der mächtige und sagenhaft reiche Lyderkönig Krösus, dem die Pythia weissagte, er werde ein großes Reich zerstören, wenn er gegen die Meder zu Felde zöge, dem sie aber nicht sagte, dass dies sein eigenes Reich sein werde.

Später wurde die Pythia auch Sibylle genannt, nach einer berühmten Wahrsagerin, die in der Nähe von Troja gelebt haben soll. In der späteren Antike kannte man mehrere Sibyllen, deren berühmteste neben der in Delphi die von Cumae in Unteritalien war. Sie hatte ein Orakel, das für die Römer von besonderer Bedeutung war. Berühmte Orakelstätten neben Delphi und Cumae waren der Eichenhain des Zeus in Dodona, wo die Priester die Zukunft aus dem Rauschen der heiligen Eichen weis-

■ Die Pythia im Orakel von Delphi in der Vorstellung des 19. Jhs. Kolorierter Holzstich nach einer Zeichnung von Heinrich Leutemann, um 1865

■ Ödipus opfert dem delphischen Orakel vor einer Statue des Apoll. Marmorrelief von einem römischen Sarkophag des 3. Jhs.; Rom, Vatikanische Museen

■ Die delphische Sibylle aus einem Zyklus von Sibyllenbildern des Renaissancemalers Ludger tom Ring (1496–1547)

■ Antikes Orakel im neugermanischen Gewand: Erda warnt Wotan vor dem Fluch des Rings der Nibelungen. Eine von Richard Wagners *Rheingold* inspirierte Farblithographie von Franz Stassen aus dem Jahr 1914

> **SIBYLLEN**
>
> In der späteren Antike war von drei, vier oder auch zehn Sibyllen als den großen Wahrsagerinnen die Rede. So gab es offenbar in jeder der vier Weltgegenden eine Sibylle: In Asien, Libyen (Afrika) sowie in Griechenland und im italischen Westen. In Rom wurden die Bücher mit den Weissagungen der Sibylle von Cumae immer wieder zu Rate gezogen. Noch in der christlichen Zeit spielten die Sibyllen eine große Rolle, weil sie angeblich vorausgesagt hatten, dass Christus das Heil bringen würde. So kommt es, dass neben Heiligen und Propheten auch Sibyllen die von Michelangelo ausgemalte Decke der Sixtinischen Kapelle in Rom schmücken.

sagten, oder das dem Apoll geweihte Orakel im kleinasiatischen Didyma. Das dem Zeus Ammon heilige Orakel in der ägyptischen Oase Siwa genoss in der Zeit des Hellenismus großes Ansehen. Nicht an einen bestimmten Ort gebunden waren die Orakelpraktiken der Römer. Deren wichtigste Seher waren die Auguren, die aus der Beobachtung des Himmels, vor allem des Vogelflugs, ihre Vorhersagen und Ratschläge ableiteten. »Auguri« sagen die Italiener noch heute, wenn sie sich Glück wünschen: Die Menschen heute sind nicht weniger abergläubisch als die der Antike – obwohl es schon im alten Rom kritische Stimmen gab, die vom »Augurenlächeln« sprachen, dem verschwörerischen Grinsen der Auguren angesichts der Leichtgläubigkeit des Volks.

ORAKEL

 ÜBERLIEFERUNG

Quellen: Die Gründung des Heiligtums in Delphi ist das Thema des Hymnos *An den pythischen Apollon*, der Homer (um 700 v. Chr.) zugeschrieben wurde. Er ist mit 368 Versen einer der längsten homerischen Hymnen und das älteste Zeugnis der Orakelstätte. Als Werk eines ionischen Dichters deckt sich der Hymnos großenteils nicht mit der delphischen Sage. Er beginnt mit der Schilderung einer ausgelassenen Götterversammlung auf dem Olymp. Die Musen singen von den himmlischen Gaben der unsterblichen Götter und von der Mühsal, die diese den Menschen auferlegten, »wie sie so unbesonnen und ratlos leben und können nicht dem Alter entfliehen und nicht vom Tode genesen«. Auch Apoll ist bei dem Fest anwesend; es wird erzählt, dass er sich schließlich aufmacht, um den Menschen ein Orakel zu suchen. Lange zieht er umher und sieht sich nach einem geeigneten Ort um, bis er ihn zu zuletzt am Fuß des Parnass findet. Homer zufolge trifft Apollo erst nach der Errichtung des Tempels durch die Menschen auf den Drachen Pytho und überwältigt ihn. Anschließend holt er sich kretische Kaufleute als Priester in das neugegründete Heiligtum. Der Apollotempel in Delphi ist der Schauplatz der Tragödie *Die Eumeniden* des griechischen Dichters Aischylos (525–456 v. Chr.). Zu Beginn wird Gaia dort als erste Prophetin von Delphi genannt. Nach ihrer Tochter Themis wurde als dritter Apoll Inhaber des Orakels; er erhielt den Ort als Geburtsgeschenk. In Aischylos' Drama begegnen uns in dem Heiligtum der Muttermörder Orest und die ihn verfolgenden Rachegöttinnen, die Erinnyen. Apoll sichert seinen Schutz zu und prophezeit ihm, dass er in Athen von seiner Schuld freigesprochen werde. Auch Euripides' (um 480–406 v. Chr.) Tragödie *Ion* spielt im Tempel des Apoll in Delphi. Apolls Überwältigung der Pythonschlange schildert der römische Dichter Ovid (43 v. Chr. – 18 n. Chr.) im 1. Buch der *Metamorphosen*.

Bildende Kunst: Apoll bei der Überwindung des Python malten Peter Paul Rubens (1577–1640), Museo del Prado, Madrid, Joachim von Sandrart (1606–1688) Galleria degli Uffizi, Florenz, William Turner, National Gallery, London, Eugène Delacroix (1798–1863), Musée du Louvre, Paris. Apoll und die Sibylle von Cumae bildeten der italienische Maler und Dichter Salvatore Rosa (1615–1673), Wallace Collection, London, und William Turner (1775–1851), Tate Gallery, London, ab.

 EMPFEHLUNG

Lesenswert:
Aischylos: *Die Orestie (Agamemnon/Die Totenspende/Die Eumeniden)*. Übersetzt von Emil Staiger. Stuttgart 1958.

Sophokles: *König Oidipus*, Stuttgart 1977.

Ovid: *Metamorphosen*. In der Übertragung von Johann Heinrich Voss. Mit Radierungen von Pablo Picasso und einem Nachwort von Bernhard Kytzler. Frankfurt/Main 1990.

Giovanni Boccaccio: *De claris mulieribus/Die großen Frauen*. Lateinisch/Deutsch. Ausgewählt und kommentiert von Irene Erfen und Peter Schmitt. Stuttgart 1995.

Christa Wolf: *Kassandra*. Erzählung. München 1993.

Hörenswert:
Sophocles: *Oedipus the King*. Sprecher: Michael Sheen. 2 Audio-CDs, 1998.

Ovid: *Metamorphosen*. In Prosa neu übersetzt von Gerhard Fink. Specher: Peter Simonischek. 6 Audio-CDs, Düsseldorf 1999.

 AUF DEN PUNKT GEBRACHT

Orakel sind so alt wie die Menschheit und werden auch heute noch befragt. Ohne die Anrufung des berühmtesten der griechischen Orakel, dessen von Delphi, kommt kaum ein Mythos aus.

Pan, Satyrn und Silene

■ *oben:* Pan, Bronzeverzierung eines Möbelstücks, römisch, 1./2. Jh.; gefunden im heutigen Rumänien

Die alten Griechen fühlten sich den Göttern nahe, und es konnte bei ihnen geschehen, dass ein Mensch, ein Sterblicher, unter die Himmlischen aufgenommen wurde. Ebenso nahe fühlten sie sich aber auch den Tieren, und sie liebten und verehrten den Pan mit seinen Bocksbeinen und -hörnern, den Silen und die Satyrn, die Hufe statt Füßen und einen Pferdeschweif hatten.

Pan war ein alter Hirtengott, von einem Gott gezeugt und doch halb Tier. Meist galt der Ziegengott als Sohn des Hermes, des schlauen und gewitzten Gottes der Diebe, der ihm ganz augenscheinlich etwas von seinem eigenen Charakter vererbt hatte. Pan lebte meist in den Tag hinein und wurde erst munter, wenn er einer jungen Frau begegnete. Eines der Mädchen, denen er nachstellte, war die Nymphe Syrinx. Sie floh vor ihm, doch ein Fluss schnitt ihr den Weg ab. In ihrer Not ließ sie sich von den Flussnymphen in Schilfrohr verwandeln. Pan brach das Rohr ab und entdeckte, dass er den Halmen wunderbare Töne entlocken konnte, die je nach Länge eines Rohrstücks höher oder tiefer waren. Er verband mehrere Rohrstücke miteinander und erfand so die Panflöte oder, wie sie auch heißt, die Syrinx. Er war bald

■ *rechts:* Franz von Stuck (1863–1928), *Pan*, um 1920

schon so stolz auf seine Virtuosität auf dem Instrument, dass er sogar Apoll, den Lyra spielenden Gott der Musik, zu einem musikalischen Wettstreit herausforderte – den er schimpflich verlor.

Er hatte Glück, dass er von dem strengen Gott nicht ebenso hart bestraft wurde wie der Satyr Marsyas, der den Aulos, die schalmeienähnliche Doppelflöte, gefunden hatte. Sie war von Athene fortgeworfen worden, weil sie fand, dass das Blasen der Flöte ihr Gesicht entstellte. Marsyas war bald schon ein Meister des Flötenspiels und verhöhnte Apoll, sein Lyraspiel sei doch nichts gegen das, was er dem Aulos entlockte. Apoll ließ sich auch hier auf einen Wettstreit ein, den er erwartungsgemäß gewann, war aber so zornig über die Herausforderung, dass er den Marsyas bei lebendigem Lieb häutete wie einen Ziegenbock.

Sieht man von dieser Ausnahme ab, so führten die Satyrn ein friedliches und lustiges Leben. Sie waren wie ihre römischen Vettern, die Faune, von Haus aus Waldgeister, also sehr der Natur verbunden. Sie lehnten aber auch die Segnungen der Zi-

PANIK

Pan hatte die Kriegstechnik entwickelt, für seine Gegner überraschend einen gellenden Schrei auszustoßen, der diese in panischen Schrecken, in panische Angst – kurz: in Panik versetzte. Während der entscheidenden Schlacht im Kampf der Götter mit den Titanen soll der Schrei des Pan sogar den Ausschlag für den Sieg der Götter gegeben haben.

■ Arnold Böcklin (1827–1901), *Nymphe auf den Schultern Pans*

■ Abraham Janssens (1575–1632), Herkules vertreibt Pan vom Lager der Omphale, der er lange Zeit dienen musste und die er schließlich vielleicht heiratete. Kopenhagen, Statens Museum for Kunst

vilisation nicht ab; jedenfalls dem Wein waren sie sehr zugetan. Und so finden wir sie musizierend und in munteren Sprüngen tanzend im Gefolge des Weingotts Dionysos.

Mit zum Gefolge des Dionysos gehörten die Silene. Silen – zuweilen ist auch nur in der Einzahl von ihm die Rede – gehörte schon zu den Begleitern des Gotts, als dieser noch in der Gestalt eines Zickleins aufgezogen wurde, die sein Vater Zeus ihm verliehen hatte, um ihn dem eifersüchtigen Blick seiner Stiefmutter Hera zu entziehen. Silen – oder die Silene – unterschieden sich von den Satyrn dadurch, dass sie älter und noch mehr als diese dem Wein zugetan waren. Den jugendlicheren Satyrn dagegen stand der Sinn nicht zuletzt nach sexuellen Vergnügungen. Deshalb finden wir sie oft mit aufgerichtetem Geschlechtsteil dargestellt. Ein Satyr, bei dem dies ganz extrem ausgeprägt war, ist Priapos, den die Griechen und Römer mit einem riesigen Phallus darstellten. Von ihm ist die Geschichte überliefert, dass er mit einem Esel – auch Esel waren berühmt für ihr großes Geschlechtsteil – gewettet habe, wer »den größeren« habe, und schmählich unterlag.

Es gehört zu den erstaunlichen Seiten der griechischen Kultur, dass dieselben Wesen, die das Animalische im Menschen verkörpern, die Satyrn, auch untrennbar mit der großen Kunst der Tragödie und der Komödie verbunden sind. In der Satire – den witzigen und ironischen Texten, die lateinische Dichter den Satyrn in den Mund legten – halten sie den Menschen bis heute den Spiegel vor und machen sich gleichsam über sie lustig, wenn sie so tun, als seien sie über ihre animalische Natur ganz und gar erhaben.

DIONYSOS UND DIE SATYRN

Dionysos, dem Gott des Sinnenrauschs, weihten die Griechen nicht allein ihre Trinkgelage. Aus den Kultspielen zu seinen Ehren, während deren neben den wild tanzenden Mänaden auch die Satyrn Gestalt annahmen, entwickelte sich die klassische Tragödie, wörtlich »Bocksgesang«, auf die stets ein Satyrspiel folgte.

PAN, SATYRN UND SILENE

 ÜBERLIEFERUNG

Quellen: Homer (um 700 v. Chr.) wurde ein Hymnos *An Pan* zugeschrieben, den »lärmerfreuten, bocksfüßigen, doppelgehörnten« Gott, der sich hoch in den Bergen, auf steinigen Pfaden und in dichten Gebüschen leichtfüßig herumtrieb. In Ovids (43 v. Chr. – 18 n. Chr.) *Metamorphosen* begegnet uns Pan zuerst bei seiner Verfolgung der Nymphe Syrinx (1. Buch). Vom Wettstreit zwischen Apoll und Pan berichtet Ovid im 11. Buch. Im nächsten Buch taucht Pan nicht allein, sondern in Gesellschaft auf: Man glaubte teils an den einen Hirtengott, teils an ein ganzes Geschlecht bocksfüßiger Pane.

Literatur: Der norwegische Schriftsteller Knut Hamsun (1859–1952) verarbeitete den Mythos in seinem Roman *Pan. Aus Lieutenant Glahns Papieren*. Die Hauptperson Glahn ist ein Einzelgänger, ein leidenschaftlicher Jäger, der ganz in der Natur zu Hause ist. Bei einem seiner seltenen Besuche in einer Kleinstadt verliebt er sich in die Kaufmannstochter Edvarda. Die unterschiedlichen Charaktere des Naturschwärmers, der das gesellschaftliche Leben meidet und auch nicht schätzt, und der etwas kapriziösen Edvarda führen zu Auseinandersetzungen und Verbitterung. Die Geschichte einer unglücklichen Liebe nimmt ein tragisches Ende. Glahn bleibt immer ein Fremder unter den Menschen.

Musik: Johann Sebastian Bach (1685–1750) griff das Thema *Streit zwischen Phoebus und Pan* in einer Kantate auf. Auf den Pan-Mythos beziehen sich außerdem der französische Komponist Claude Debussy (1862–1918) mit einem Klavierstück zu vier Händen und der finnische Komponist Jean Sibelius (1865–1957) in einem kleinen Orchesterstück. Der Engländer Benjamin Britten (1913–1976) widmete Pan ein Stück für Solo-Oboe, das in seinem Werk *Sechs Metamorphosen nach Ovid* enthalten ist.

Bildende Kunst: Nach der Darstellung auf einer Vase aus dem 5. Jahrhundert v. Chr., die Pan bei der Verfolgung eines von ihm begehrten Schafhirten zeigt, erhielt der Pan-Maler seinen Namen. Der flämische Maler Peter Paul Rubens (1577–1640) malte *Pans Aufnahme in den Olymp*, Musée d'Art Ancien, Brüssel, sowie *Pan und die Nymphe Syrinx*, Queen's Gallery, Buckingham Palace, London. Letztere bildeten auch Jacob Jordaens (1593–1678), Musée d'Art Ancien, Brüssel, Nicolas Poussin (1594–1665), Gemäldegalerie Alte Meister, Dresden, und der schweizerische Maler Arnold Böcklin (1827–1901), Neue Pinakothek, München, ab. Der dänische Bildhauer Bertel Thorvaldsen (1770–1844) stellte Pan auf einem Marmorrelief dar, Thorvaldsen Museum, Kopenhagen. Außerdem gibt es eine Marmorskulptur des Hirtengottes von Auguste Rodin.

 EMPFEHLUNG

Lesenswert:
Ovid: *Metamorphosen*. In der Übertragung von Johann Heinrich Voss. Mit Radierungen von Pablo Picasso und einem Nachwort von Bernhard Kytzler. Frankfurt/Main 1990.

Knut Hamsun: *Pan. Aus Lieutenant Thomas Glahns Papieren*. München 1999.

Hörenswert:
Johann Sebastian Bach: *Streit zwischen Phoebus und Pan*, Kantate BWV 201. Kammerorchester Berlin/Schreier, 1979–81.

Jean Sibelius: Kleine Orchesterstücke: *Pan und Echo*, op. 53 u.a. Göteborger Sinfoniker/Järvi, 1986.

Carl August Nielsen: Orchesterstücke: *Pan und Syrinx* u.a. Dänisches Rundfunk-Sinfonieorchester/Roshdestvensky, 1993.

Benjamin Britten: *6 Metamorphoses after Ovid for Oboe solo*, op. 49 u.a. Medici String Quartett, 1997.

 AUF DEN PUNKT GEBRACHT

Die volkstümlichen und drastischen Darstellungen des Pan und der Satyrn gehören ebenso zur griechischen Kultur wie die hohe Kunst.

Das Urteil des Paris

Eine Situation, die den kühnsten Träumen eines Mannes entspricht: Die schönsten Frauen, mehr noch, Göttinnen, führen ihm ihre Reize vor, bitten ihn zu entscheiden, wer von ihnen die schönste sei, und versprechen ihm für ein günstiges Urteil das Blaue vom Himmel. Aber auch eine gefährliche Situation, ein Albtraum: Diejenigen, die er nicht erwählt, werden ihn ein Leben lang mit der Rache der Verschmähten verfolgen. Beides, Traum und Albtraum, erlebte Paris, der zweite Sohn des Königs Priamos von Troja und seiner Frau Hekabe.

Als Hekabe mit Paris schwanger war, träumte sie einen schrecklichen Traum: Sie sah ihre Stadt in Flammen untergehen. Sie erzählte ihrem Mann davon, und der fragte einen Seher um Rat. Der bestätigte, was der Traum angedeutet hatte: dass der Sohn, den Hekabe gebären sollte, das schreckliche Ende des mächtigen Troja herbeiführen werde. Schweren Herzens ließ Priamos seinen Sohn in der Wildnis aussetzen, doch Paris wurde von einer Bärin gesäugt und wuchs zu einem tapferen und wunderschönen jungen Mann heran. Als er an den Königshof in Troja gelangte, wurde er mit offenen Armen aufgenommen, und die düsteren Prophezeiungen aus der Zeit seiner Geburt gerieten in Vergessenheit.

Als Paris eines Tages am Berg Ida die reichen Rinderherden seines Vaters hütete, stand auf einmal Hermes, der Götterbote, vor ihm und kündigte ihm die Göttinnen Hera, Athene und Aphrodite an.

Mit diesem hohen Besuch hatte es folgende Bewandtnis: Bei der Hochzeit des Peleus, der der Vater des Achill werden sollte, mit der schönen Nymphe Thetis waren alle Götter eingeladen – bis auf Eris, die Göttin des Streits, denn es sollte friedlich zugehen bei dem Fest. Eris aber war über ihre Nichteinladung beleidigt

■ Das Parisurteil hat die Phantasie der Künstler durch alle Epochen beschäftigt. Hier ist es als Wunschtraum eines Rittersmanns dargestellt. Gemälde von Lucas Cranach d.Ä. (1472–1553); Gotha, Landesmuseum

und sann erst recht darauf, wie sie die Götter gegeneinander aufbringen könne. Als alle beim Mahle saßen, warf sie einen goldenen Apfel unter sie, der die Aufschrift »der Schönsten« trug. Sofort begannen sich Hera, Athene und Aphrodite um den Apfel zu zanken. Zeus war klug genug, nicht als Schiedsrichter aufzutreten, sondern schlug vor, dass der Schönste unter den Sterblichen in ihrem Schönheitswettstreit das Urteil fällen sollte. Und das war ohne Zweifel der trojanische Königssohn Paris. Nun also standen die Göttinnen auf einer Wiese am Berge Ida vor Paris, und jede versuchte, ihn auf ihre Seite zu ziehen. Hera, die mächtige Göttermutter, wollte ihm die Herrschaft über große Reiche verschaffen, die kriegerische Athene den Sieg in jedem Kampf; Aphrodite aber versprach ihm – gewissermaßen an Stelle ihrer selbst – die Schönste unter den Sterblichen: Helena, die junge Gemahlin des Königs Menelaos von Sparta. Paris zöger-

ZANKAPFEL

Der »Zankapfel« ist der oft nebensächliche und zufällige Anlass eines Streits, der gewaltige Ausmaße annehmen kann. Die Redensart geht auf den goldenen Apfel zurück, mit dem Eris, die Göttin des Zanks, ein friedliches Göttermahl zu einem erbitterten Streit werden ließ. Und wenn die Großen sich streiten, haben es die einfachen Leute auszubaden; in diesem Falle die Menschen, die die Göttinnen im trojanischen Krieg gegeneinander ins Feld führten.

■ Im Barockzeitalter mit seinen Schäferidyllen ist Paris ein naturverbundener Schäfer: Francesco Albani (1578–1660), *Das Urteil des Paris*; Madrid, Prado

- Göttinnen im Modeputz der Renaissance: Niklaus Manuel (um 1484–1530), *Das Urteil des Paris*; Basel, Kunstsammlung

- Girolamo di Benvenuto di Giovanni del Guasta (1470–1424) hebt auf seinem *Parisurteil* Aphrodite durch ihre Nacktheit hervor. (Paris, Louvre)

WANDEL DES SCHÖNHEITSIDEALS

Auf alten Darstellungen des Parisurteils bis zur klassischen Zeit Griechenlands sieht man Hera, Athene und Aphrodite reich geschmückt in prächtigen Gewändern vor Paris, dem Schönheitsrichter, stehen. Reichtum war vor allem anderen das, was begehrenswert und schön machte. Anders in der hellenistischen Epoche: Schönheit ist jetzt die erotische Anziehungskraft des nackten Körpers; und die Göttinnen zeigen sich Paris in dieser körperlichen Schönheit. Seit der Spätrenaissance, in der das antike Motiv wieder aufgegriffen wurde, war das Urteil des Paris in der europäischen Malerei ein äußerst beliebter Vorwand, die Schönheit weiblicher Körper darzustellen. An diesen Bildern lässt sich der Wandel des Schönheitsideals im Laufe der Zeiten gut beobachten.

te nicht lange; er entschied sich für Helena und sprach den goldenen Apfel der Aphrodite zu.

Damit hatte er sich eine Freundin unter den Göttern erworben und zwei Feindinnen. Aphrodite sorgte dafür, dass Paris die Gunst der Helena errang und sie aus Sparta entführen konnte; Hera und Athene aber trugen dafür Sorge, dass sein Liebesglück nicht lange währte. Sie unterstützten Menelaos und die griechischen Helden, die er für seinen Rachefeldzug anwarb, als sie vor Troja um die Herausgabe Helenas kämpften.

Viele Helden ließen ihr Leben in dem Krieg, dessen himmlische Ursache die Eifersucht der Göttinnen aufeinander gewesen war, zuletzt auch der schöne Paris. Der Albtraum seiner Mutter aber wurde Wirklichkeit, als Troja brannte.

DAS URTEIL DES PARIS

ÜBERLIEFERUNG

Quellen: Für die Geschichten um Paris ist neben Homers *Ilias* (um 700 v. Chr.) die Mythensammlung des griechischen Gelehrten Apollodor (2. Jahrhundert v. Chr.) ein wichtige Quelle. Durch sie vor allem sind Themen wie Paris' Jugend und der Schönheitswettbewerb überliefert. In der Tragödie *Die Troerinnen* von Euripides (um 485–406 v. Chr.) erfahren wir durch Helena von den Versprechen der drei Göttinnen und vom Urteil des Paris. Sie spricht in diesem Zusammenhang auch von Hekabes Traum von der Geburt einer Fackel, die Troja in Brand stecken werde. Das Urteil des Paris erwähnt außerdem der römische Schriftsteller Apuleius (um 125–um 180) im 10. Buch seines Hauptwerkes *Metamorphosen*, das auch unter dem Titel *Der goldene Esel* bekannt ist. Es handelt sich dabei um die komische Geschichte des jungen Griechen Lucius, der in einen Esel verwandelt wird und in dieser Gestalt verschiedene Abenteuer erlebt. Die Nymphe Oenone begegnet uns in Ovids (43 v. Chr. – 18 n. Chr.) Werk *Heroinen*, das fünfzehn fiktive Liebesbriefe von Frauen aus mythischer Vorzeit enthält. Einen der Briefe schreibt Oenone an Paris. Die geläufigen Mythen stellen sich dem Leser hier durch die subjektive Perspektive der Schreibenden in einem ungewohnten Licht dar.

Literatur: An Oenone erinnert sich der englische Schriftsteller Alfred Lord Tennyson (1809–1892) mit seinem gleichnamigen Trauergesang. In einem seiner späten Gedichte geht es um Oenones Tod. William Morris (1834–1896) erwähnt ihre Geschichte in seinem langen epischen Gedicht *Das irdische Paradies*.

Bildende Kunst: Das Urteil des Paris stellten u.a. der italienische Maler und Baumeister Giulio Romano (1499–1546), Palazzo del Tè, Mantua, und der deutsche Maler, Zeichner und Kupferstecher Lucas Cranach d. Ä. (1472–1553), Staatliches Kunstmuseum, Kopenhagen, dar sowie Paolo Veronese (1528–1588), Museo del Prado, Madrid, Peter Paul Rubens (1577–1640), Louvre, Paris, und die französischen Maler Claude Lorrain (1600–1682), National Gallery, Washington, Jean Antoine Watteau (1684–1721), Musée du Louvre, Paris, Jean Honoré Fragonard (1732–1806), Museum Los Angeles, Paul Gauguin (1848–1903), Nationalgalerie, Prag, und Auguste Renoir (1841–1919), Halvorsen Collection, Oslo, der außerdem ein Gipsrelief zum selben Thema anfertigte. Paris und Oenone stellte der italienische Künstler Tizian (um 1488–1576) auf einem Gemälde dar, Kunsthistorisches Museum, Wien, und der französische Maler Theodore Géricault (1791–1824) auf Zeichnungen. Eine der seltenen Darstellungen von dem Liebespaar Helena und Paris stammt von Jacques Louis David (1748–1825), Louvre, Paris.

EMPFEHLUNG

Lesenswert:
Homer: *Ilias*. Aus dem Griechischen von Johann Heinrich Voss. Zürich 1999.

Walter Jens: *Ilias und Odyssee* (ab 8 Jahre). Ravensburg 1992.

Euripides: *Die bittflehenden Mütter/Der Wahnsinn des Herakles/Die Troerinnen/Elektra*. Düsseldorf 1972.

Ovid: *Liebesbriefe. Heroides, epistulae*. Düsseldorf 1995.

Apuleius: *Der goldene Esel*. Frankfurt 1994.

Die schöne Helena. Rezeptionsdokumente aus Musik und Film. Texte u.a. von Hygin, Ovid, Vergil, Seneca. Bearbeitet von Hans-Joachim Glücklich. Göttingen.

Hörenswert:
Christoph Willibald Gluck: *Paris und Helena* (Oper). La Stagione Frankfurt/Schneider.

AUF DEN PUNKT GEBRACHT

Eine Traumsituation für einen Mann, nämlich Schiedsrichter in einer Schönheitskonkurrenz von Frauen sein zu können, wird am Ende zum Albtraum, denn nur die Gewinnerin des Wettbewerbs wird es künftig gut mit ihm meinen.

Pegasus

Das geflügelte Pferd Pegasus ist zum Symbol der Dichtkunst geworden; es war ein Liebling der Musen, die gern die Quelle Hippokrene, das heißt »Pferdequelle«, an ihrem heiligen Berg Helikon aufsuchten, die Pegasus mit seinen Hufen aus dem Fels geschlagen hatte. Man spricht auch bildlich davon, dass Dichter ihren Pegasus reiten; der Mythos erzählt davon, wie gefährlich ein solcher kühner Ritt sein kann.

Als Perseus die schreckliche Medusa enthauptete, war sie von Poseidon schwanger, und ihrem kopflosen Rumpf entsprang das Wunderross Pegasus – denn der zumeist als Meeresgott bekannte Poseidon war auch ein Gott der Pferde.

Vielleicht stand Poseidon, vielleicht aber auch Athene hinter dem Geschenk für den Helden Bellerophon, als dieser dringend Pegasus' Beistand bedurfte und ihn bekam.

Bellerophon galt als Sohn eines Königs namens Glaukos, nach Meinung anderer aber war er ein Sohn des Poseidon selbst; in diesem Falle wäre er ein Halbbruder des Pegasus gewesen. In seiner Jugend gelangte Bellerophon an den Hof des Königs Proitos von Tiryns. Anteia, die Gemahlin des Königs, verliebte sich in den gut aussehenden jungen Mann, der aber wollte die Gastfreundschaft des Proitos nicht verletzen und lehnte ihre Angebote höflich ab. Die verschmähte Anteia verhielt sich nun wie das Weib des Potiphar in der Josephsgeschichte der Bibel: Sie beschuldigte den Standhaften, er habe sie vergewaltigen wollen.

Proitos konnte den vermeintlichen Frevler nicht von eigener Hand töten, denn auch dies hätte gegen die heiligen Gesetze der Gastfreundschaft verstoßen. Also schickte er ihn mit einem Brief, der wie ein Empfehlungsschreiben aussah, zu seinem Schwiegervater Iobates ins kleinasiatische Lykien. Iobates

■ Pegasus öffnet mit seinem Hufschlag den Felsen, sodass die Quelle Hippokrene entsteht. Jacob Jordaens (1593–1678) hat dies Bild als Allegorie der Dichtkunst geschaffen. Antwerpen, Koninklijk Museum voor Schone Kunsten

empfing Bellerophon freundlich und beherbergte ihn neun Tage lang, und jeden Tag opferte er ihm zu Ehren einen Stier. Als er am zehnten Tage den Brief des Iobates öffnete, las er, Bellerophon habe sich an seiner Tochter vergangen. Der Lyker sann natürlich auf Rache, allerdings musste er zu einer List greifen, denn schließlich stand Bellerophon auch bei ihm unter dem Schutz des Gastrechts.

Iobates schmeichelte dem Bellerophon und meinte, ein tapferer Held wie er werde gewiss die Chimaira besiegen können, ein Ungeheuer, das Angst und Schrecken im Lande verbreitete. Er hatte Grund anzunehmen, dass ein Kampf mit der Chimaira für Bellerophon den sicheren Tod bedeuten würde. Wie die vielköpfige Hydra, die Herakles in einem schrecklichen Kampf besiegte, und der Höllenhund Zerberus gehörte die Chimaira zu den scheußlichen Kindern der Urweltschlangen Typhon und Echidna. Sie hatte den Leib einer Ziege, der mindestens einen Löwenkopf trug, und ihr Schwanz war eine Schlange. Sie verschlang Vieherden und setzte mit ihrem Feueratem Felder in Brand.

Bellerophon konnte den Auftrag des Iobates nicht ablehnen, wusste jedoch nicht, wie er es mit dem Ungeheuer aufnehmen sollte. Er rief Poseidon und Athene an und befragte einen Seher. Der riet ihm, sich am Altar der Athene schlafen zu legen. In dieser Nacht schickte ihm

■ Gustave Moreau (1826–1898), *Perseus und Andromeda*. Moreau erlaubt sich die künstlerische Freiheit, die Mythen von Perseus und von Bellerophon zusammenzuziehen: Perseus stand kein Pegasus zur Verfügung, und Bellerophon befreit keine schöne Prinzessin.

CHIMÄREN

Schon in der Antike galt die Chimaira als Fabelwesen, und jemand, der – so die latinisierte Form des Namens – »Chimären« sieht oder gegen Chimären kämpft, wurde belächelt. In diesem Sinn ist auch im modernen Sprachgebrauch noch von Chimären die Rede.

TRÄUME

Die Griechen maßen, wie andere Völker auch, den Träumen große Bedeutung zu. In Träumen konnte jeder einer Gottheit begegnen. Träume konnten Unglück ebenso wie Glück verheißen, sie hatten eine ähnliche Bedeutung wie Orakel. Und weil Träume so wichtig waren, spielte auch der ausführliche träumereiche Heilschlaf in der griechischen Medizin eine große Rolle. »Kurorte« wie Epidaurus verfügten über besondere Heil-Schlaf-Räume.

die Göttin einen Traum, in dem sie ihm einen goldenen Zaum schenkte. Am nächsten Morgen wachte er mit dem Zaumzeug auf und fand Pegasus, der sonst gewöhnlich durch die Lüfte eilte, friedlich an einer Quelle weiden. Er ließ sich ohne Widerstand reiten.

Mit Hilfe des Pegasus gelang es Bellerophon, die Chimaira zu töten. Der Plan des Iobates war also missglückt. Dafür waren die Lyker das Ungeheuer los und verehrten Bellerophon als Wohltäter.

Nachdem Bellerophon mit seinem Wunderross noch weitere Proben bestanden hatte, sah Iobates ein, dass er es mit einem Liebling der Götter zu tun hatte. Er offenbarte Bellerophon endlich, was in dem Brief des Proitos gestanden hatte, und die

■ Bellerophon zuliebe zäumt Athene mit Hilfe des Hermes den Pegasus auf. Gemälde von Jan Boeckhorst (1604–1668)

Wahrheit über die Verleumdung der Anteia kam ans Licht. Sie tötete sich aus Scham selbst.

Der reuige Iobates machte den Bellerophon zu seinem Schwiegersohn und Nachfolger, und der regierte weise und hochgeachtet von seinem Volk.

Bellerophon hätte nun glücklich und zufrieden sein können. Aber er strebte nach mehr. Irgendwann schwang er sich auf den Pegasus und ritt auf ihm zum Olymp hinauf. Mit ihm fühlte er sich stark genug, um sich auch in den Kreisen der Götter zu bewegen und an ihrem Rat teilzunehmen. Zeus war erbost über den Übermut, die Hybris des Sterblichen, und schickte eine Stechfliege, die Pegasus stach, so dass das Pferd seinen Herrn abwarf.

■ Die Hochzeit Bellerophons mit der Tochter des Iobates, römisches Mosaik; Nabeul (Tunesien), Museum

■ Hermes und Pegasus; Holzschnitt aus der *Iconologia* des Cesare Ripa, die 1593 in Rom erschien

HYBRIS

Übermut der Menschen gegen die Götter nannten die Griechen Hybris. Wer zu hoch hinauswollte oder auch nur zu viel Glück hatte, bedrohte den Machtbereich der Götter und erweckte ihren Neid. Menschen, die allzu übermütig waren, ereilte deshalb die Strafe der Götter. Erst später wurde die Warnung vor der Hybris, die noch zu Homers Zeiten nicht mehr als ein Rat zur Vorsicht war, zur moralischen Verdammung menschlicher Überheblichkeit.

Damit war der Ritt in den Himmel zu Ende, und Pegasus kehrte zu den Göttern zurück; von nun an begleitete er zumeist die Musen. Bellerophon überlebte den Sturz, aber als Krüppel. Den Rest seines Lebens verbrachte er als humpelnder Bettler, und niemand wagte mehr, ihn, den die Götter so sichtbar gestraft hatten, als Gast aufzunehmen.

In der Neuzeit aber wurde Bellerophons Pegasusritt hinauf in den strahlenden Himmel zum Sinnbild der Kühnheit von Künstlern und Wissenschaftlern, die keine durch das Herkommen gezogenen Grenzen ihres Schaffens und Denkens anerkennen wollten. Wer den Pegasus reitet, hieß es nun, fürchtet nicht den Neid der Götter.

■ Pegasus als Symbol der Kraft und Würde des Künstlers: Gustave Moreau, *Der reisende Dichter*, um 1891; Paris, Musée Gustave Moreau

PEGASUS

 ÜBERLIEFERUNG

Quellen: Die Geburt des geflügelten Pferdes Pegasus aus dem abgetrennten Kopf der Medusa erwähnen Hesiod (um 700 v. Chr.) in seiner *Theogonie* und Ovid (43 v. Chr. – 18 n. Chr.) im 4. Buch der *Metamorphosen*. Der korinthische Held Bellerophon begegnet uns im 6. Buch der *Ilias* Homers (um 700 v. Chr.). Dort wird erzählt, wie er die Liebe der Anteia – der Gemahlin des Königs Proitos von Tiryns – zurückweist und damit zum Opfer ihrer Rache wird, die ihm sein weiteres Schicksal erschwert. Zur Ausführung von Anteias Mordauftrag können sich weder ihr Mann Proitus noch der König von Lykien durchringen. Letzterer beauftragt ihn, die Chimaira zu töten, in der Hoffnung, Bellerophon werde dabei selbst ums Leben kommen. Doch dieser überwältigt nicht nur das feuerspeiende Ungeheuer, sondern geht auch aus weiteren Kämpfen als Sieger hervor. So wird er in Lykien gefeiert und erhält die Tochter des Königs zur Frau. Von Bellerophon berichten auch der griechische Gelehrte Apollodor (2. Jahrhundert v. Chr.) in 1. und 2. Buch seiner Mythensammlung sowie der griechische Lyriker Pindar (um 520–446 v. Chr.) in den *Olympien* (13. Gesang). Es handelt sich dabei um eine Sammlung von Liedern, in denen der Dichter die Sieger sportlicher Wettkämpfe preist, um ihnen auf diese Weise Unsterblichkeit zu verleihen.

Literatur: Die Vorstellung von Pegasus als einem »Musenross«, das den Dichter himmelwärts trägt, beruht auf der Verbindung des Pferdes mit der Quelle Hippokrene auf dem Musenberg Helikon. Der Sage nach entstand die Quelle durch den Hufschlag des Pegasus. Friedrich Schiller (1759–1805) schrieb ein Gedicht mit dem Titel *Pegasus im Joche*. Ein armer Dichter bringt das Musenross auf den Markt, um es zu verkaufen. Dort wird es allgemein bewundert, nur die Flügel stossen auf Ablehnung. Schließlich findet sich ein Käufer, der meint, man könne die Flügel zusammenbinden oder stutzen. Aber das Götterpferd eignet sich nicht zum Ziehen des Fuhrwagens noch der Postkutsche, und vor den Pflug gespannt bricht es schließlich zusammen. Erst unter der Führung des Dichters gewinnt es seine Kräfte zurück und entschwindet in den Himmel. Der englische Kunsthandwerker und Schriftsteller William Morris (1834–1896) nimmt in zwei Gedichten in seinem Werk *Das irdische Paradies* die Geschichte von Bellerophon auf.

Bildende Kunst: Bellerophons Ritt auf dem Pegasus malte der Italiener Giovanni Battista Tiepolo (1696–1770), Palazzo Sandri, Venedig. Eine Ölskizze des flämischen Malers Peter Paul Rubens (1577–1640) zeigt Bellerophons Kampf mit der Chimäre, Musée Bonnat, Bayonne.

 EMPFEHLUNG

Lesenswert:
Hesiod: *Theogonie*. Griechisch/Deutsch. Herausgegeben und neu übersetzt von Otto Schönberger. Stuttgart 1999.

Homer: *Ilias*. Aus dem Griechischen von Johann Heinrich Voss. Zürich 1999.

Pindar: *Siegeslieder*. Griechisch und deutsch. Herausgegeben, übersetzt und mit einer Einführung von Dieter Bremer. Düsseldorf 1992.

Ovid: *Metamorphosen*. In der Übersetzung von Johann Heinrich Voss. Mit Radierungen von Pablo Picasso und einem Nachwort von Bernhard Kytzler. Frankfurt/Main 1990.

Friedrich Schiller: *Pegasus im Joche*. In: Gedichte, Erzählungen, Übersetzungen. Sämtliche Werke, Band III. München 1968.

Hörenswert:
Ovid: *Metamorphosen*. In Prosa neu übersetzt von Gerhard Fink. Specher: Peter Simonischek. 6 Audio-CDs, Düsseldorf 1999.

 AUF DEN PUNKT GEBRACHT

Das Flügelross Pegasus ist seit der Antike ein Wahrzeichen der Dichtkunst mit tieferer Bedeutung.

Perseus und Andromeda

Die romantische Geschichte von Perseus, der einen Drachen tötet und dadurch eine wunderschöne Prinzessin erlöst, ist durch die Zeiten in immer neuen Varianten überliefert worden. Welcher junge Mann wünscht sich nicht, durch eine Heldentat die immerwährende Dankbarkeit und Liebe einer schönen Frau zu erringen?

Perseus, der Sohn des Zeus und der Danaë, hatte seine erste große Heldentat schon hinter sich: Mit Hilfe der Athene hatte er die schreckliche Medusa enthauptet. Das Haupt der Medusa, bei dessen Anblick jeder zu Stein erstarrte, trug er in einem Beutel bei sich, und er trug auch noch die wunderbaren Flügelschuhe, mit deren Hilfe er den Gorgonen, den Schwestern der Medusa, entkommen war. Sein Weg führte ihn durch die Lüfte über Libyen und Ägypten nach Äthiopien, wo der König Kepheus herrschte, an seiner Seite die eitle Kassiopeia. Sie hatte sich gerühmt, noch schöner zu sein als die Nerëiden, die anmutigen Meeresnymphen. Die Nerëiden beschwerten sich bei ihrem Beschützer, dem Meeresgott Poseidon, und der schickte ein Meeresungeheuer, das ganz Äthiopien verwüstete. Kepheus befragte das Orakel des Zeus Ammon in Ägypten, wie er sein Volk retten könne. Er habe keine andere Wahl, als seine Tochter Andromeda zu opfern, lautete die Antwort. Seine eigenen Untertanen zwangen Kepheus, das Mädchen nackt an einen Felsen am Meer schmieden zu lassen, als Fraß für das scheußliche Ungeheuer.

Als Perseus aus den Lüften die schöne junge Frau erblickte, ver-

■ Die an den Fels gefesselte Andromeda, barocke Marmorplastik von Pierre-Étienne Monnot (1657–1733); New York, Metropolitan Museum

■ Der Mythos von Perseus und Andromeda lebte in der Legende des heiligen Georg fort: Paolo Uccello (um 1397–1475), *Der heilige Georg im Kampf mit dem Drachen*; London, National Gallery

liebte er sich sofort in sie. Er landete und hörte sich die Geschichte der weinenden Eltern an. Sie erwarteten jeden Moment die Ankunft des Seeungeheuers. Perseus versprach ihnen, das grässliche Wesen zu töten, wenn sie ihm Andromeda zur Frau gäben und obendrein ihr halbes Reich. In ihrer Not gingen die Eltern auf beide Bedingungen ein, zumal das Untier gerade aus dem Meer auftauchte. Perseus schwang sich auf seinen Flügelschuhen in die Luft, stürzte sich von oben auf den Drachen und tötete ihn nach einem heftigen Kampf. Dankbar für seinen Sieg brachte er Zeus, Athene und Hermes Brandopfer dar.

Kepheus und Kassiopeia wiederum dankten dem Helden von Herzen für die Befreiung ihrer Tochter und veranstalteten zu seinen Ehren ein großes Festmahl. Als auch Phineus, der Bruder des Kepheus, mit einem großen Gefolge Bewaffneter zu dem Fest anrückte, mussten sie dem tapferen Bräutigam aber gestehen, dass Andromeda bereits ihrem Onkel versprochen war. Also stand Perseus mit nur wenigen Äthiopiern an seiner Seite dem Phineus und seinen zahlreichen Kriegern gegenüber; es kam zum Kampf, und Perseus, der wie ein Löwe kämpfte, wäre mit den Seinen sicher unterlegen, wenn er nicht zu seinem letzten Mittel gegriffen hätte: Mit abgewandtem Blick zeigte er den Gegnern das Haupt der Medusa und verwandelte sie so zu Stein.

Nach einem Jahr kehrte Perseus mit seiner geliebten Andromeda auf die Insel Seriphos zurück, wo seine Mutter Danaë auf ihn wartete. Wiederum mit Hilfe des Medusenhauptes hielt er dort ein Strafgericht über den König Polydektes, der Danaë nachstellte, und setzte an seiner statt den redlichen Dik-

> **SANKT GEORG, DER DRACHENTÖTER**
> Sankt Georg war im Mittelalter einer der beliebtesten Heiligen. Er war das Vorbild der Ritter und ist der Schutzpatron Englands. In der Legende, die über ihn berichtet wird, lebt der Mythos von Perseus und Andromeda fort: Er rettet eine wunderschöne Prinzessin namens Aja oder Kleodolinde vor dem Drachen, dem sie geopfert werden sollte, und erringt ihre Liebe.

■ Perseus befreit Andromeda, Gemälde von Peter Paul Rubens (1577–1640); Madrid, Prado

■ Aus einem Zyklus von Entwürfen zur Perseusgeschichte von Edward Burne-Jones (1833–1898). Oben: Perseus, von den Gorgonen verfolgt; unten: Athene beruft Perseus; ganz unten: Perseus und die Nymphen

tys als Herrscher ein. Dann gab er die kostbaren Flügelschuhe an die Nymphen zurück, die sie ihm zur Verfügung gestellt hatten, und weihte das Haupt der Medusa Athene, deren Schild es fortan zierte.

Schließlich kehrte er mit Andromeda und seiner Mutter Danaë nach Argos, in seine ursprüngliche Heimat, zurück. Andromeda aber gebar ihm viele Kinder, von denen einige bedeutende Helden und Stammväter mächtiger Geschlechter wurden. So hatte die romantische Liebesgeschichte von Perseus und Andromeda auch ein gutes Ende.

STERNBILDER

Als Kepheus und Kassiopeia starben, versetzte sie Poseidon als Sternbilder an den Himmel, wo sie ihren Platz neben der Schlange haben, dem Seeungeheuer, das der Gott ihnen zur Strafe geschickt hatte. Der Kassiopeia hatte er auch da noch nicht ganz verziehen, denn sonst hätte er es nicht so eingerichtet, dass sie für den größten Teil des Jahres mit den Füßen nach oben am Himmel hängt. Perseus und Andromeda wiederum wurden von Athene als Sternbilder unsterblich gemacht.

PERSEUS UND ANDROMEDA

 ÜBERLIEFERUNG

Quellen: Von Perseus berichtete bereits der griechische Dichter Hesiod (um 700 v. Chr.) in der *Theogonie*. Er erwähnt die Enthauptung der Medusa und die Entstehung des Riesen Chrysaor und des Pegasuspferdes aus ihrem abgetrennten Kopf. Eine ausführlichere Schilderung des Mythos findet sich im 2. Buch der großen Mythensammlung des griechischen Gelehrten Apollodor (2. Jahrhundert v. Chr.). Der römische Dichter Ovid (43 v. Chr.–18 n. Chr.) erzählt von Perseus im 4. und 5. Buch der *Metamorphosen*. Er gibt dort Perseus' Bericht von der Überwältigung der Medusa wieder und schildert, wie dieser auf seinem Rückweg mit dem Medusenhaupt den Titan Atlas in Stein verwandelte und Andromeda aus der Gewalt des Seeungeheuers befreite.

Literatur: In der Literatur der Neuzeit wurde besonders die Geschichte von Andromedas Befreiung bevorzugt, und sie war auch ein beliebtes Thema in der Operndichtung. Der französische Dramatiker Pierre Corneille (1606–1684) sah für die Aufführung seiner von Gesängen durchsetzten Tragödie *Andromeda* eine imposante Inszenierung vor. Der französische Komödiendichter und Schauspieler Jean-Baptiste Molière (1622–1673) übernahm einst die Rolle des Perseus in diesem Stück.

Bildende Kunst: Eine der bekanntesten Perseus-Darstellungen in der bildenden Kunst ist ein hohes Bronzestandbild des italienischen Bildhauers und Goldschmieds Benvenuto Cellini (1500–1571) in Florenz, Loggia dei Lanzi. Der Mythos von Perseus inspirierte den englischen Maler Sir Edward Coley Burne-Jones (1833–1898) zu einer ganzen Serie von Bildern mit folgenden Themen: *Perseus erhält den Spiegel von Athene, Perseus verwandelt Atlas in einen Stein, Andromedas Befreiung,* alle in der Art Gallery, Southampton, sowie *Das Haupt der Medusa* und *Perseus zeigt Andromeda das Medusenhaupt im Wasserspiegel,* Staatsgalerie Stuttgart. Die Befreiung Andromedas war auch in der bildenden Kunst der Neuzeit ein beliebtes Thema. Außer von Burne-Jones gibt es zu diesem Abenteuer des Perseus Bilder von Giorgio Vasari (1511–1574), Palazzo Vecchio, Florenz, Tintoretto (1518–1594), Peter Paul Rubens (1577–1640), beide Eremitage, St. Petersburg, Tizian (um 1488–1576), Wallace Collection, London, Rembrandt (1606–1669), Königliches Bilderkabinett, Den Haag, und Eugène Delacroix (1798–1863), Staatsgalerie Stuttgart. Im 20. Jahrhundert stellte Max Beckmann (1884–1950) Andromedas Befreiung dar, Folkwang-Museum, Essen.

 EMPFEHLUNG

Lesenswert:
Hesiod: *Theogonie.* Griechisch/Deutsch. Herausgegeben und neu übersetzt von Otto Schönberger. Stuttgart 1999.

Ovid: *Metamorphosen.* In der Übertragung von Johann Heinrich Voss. Mit Radierungen von Pablo Picasso und einem Nachwort von Bernhard Kytzler. Frankfurt/Main 1990.

Hörenswert:
Michael Haydn: *Andromeda e Perseo.* Oreada SO/Rimbu, 1994.

Tales from the Greek Legends: Perseus, Gods and Titans, The Labours of Herakles, Adventures of Theseus, Jason and the Argonauts. Sprecher: Edward Ferrie. 2 Audio-CDs 1993.

Jim Weiss: *Greek Myths: Perseus and Medusa, King Midas and the Golden Touch, Arachne, Adventures of Herakles.* CD für Kinder, 1998.

Ovid: *Metamorphosen.* In Prosa neu übersetzt von Gerhard Fink. Specher: Peter Simonischek. 6 Audio-CDs, Düsseldorf 1999.

 AUF DEN PUNKT GEBRACHT

Die Erzählung von dem Drachentöter, der eine wunderschöne Prinzessin befreit, ist seit der Geschichte von Perseus und Andromeda stets ein beliebtes Märchenmotiv geblieben.

Poseidon und die Gottheiten des Meeres

Poseidon war neben Zeus der mächtigste der olympischen Götter. Er war ein Wettergott, der die schlimmsten Stürme entfachte, der schreckliche Gott der Erdbeben – der »Erderschütterer«, wie er bei Homer heißt – und der Gott der Pferde. Vor allem aber war er der Gott des Meeres – oder besser: Er wurde dazu. Zu erkennen ist er an seinem Dreizack, der Waffe, die die Fischer bis heute gegen größere Fische einsetzen.

Poseidon war keineswegs der älteste Meeresgott; vielmehr trat er die Nachfolge des Okeanos an, der Verkörperung des Ozeans jenseits des Mittelmeers. Genau genommen war Okeanos kein Meer, sondern ein gewaltiger Fluss, der in der Unterwelt entsprang und die Erdscheibe an ihrem Rand umfloss. Nacht für Nacht fuhr Helios, der Sonnengott, in seinem goldenen Nachen auf diesem Strom von West nach Ost, um morgens wieder

■ Die mythischen Bewohner des Meeres in der Sicht des 19. Jhs.: Arnold Böcklin (1827–1901), *Spiel der Wellen*; München, Neue Pinakothek

seine Fahrt durch den Taghimmel antreten zu können. Alle Flussgötter waren Söhne des Okeanos und seiner Gemahlin Tethys, doch mussten sie die Oberherrschaft des Poseidon anerkennen. Die Töchter des Okeanos und der Tethys, die Okeaniden, sind leicht mit den Töchtern eines anderen alten Meeresgotts namens Nereus, den Nereiden, zu verwechseln. So ist es nicht ganz klar, ob Amphitrite, die Poseidon mithilfe eines Delphins, der ihm als Brautwerber diente, als Gattin gewinnen konnte, eine Okeanide oder eine Nereide war. Zu den Kindern des Poseidon mit Amphitrite gehörte Triton, der unterhalb der Körpermitte den Leib eines Fisches hatte und zumeist mit einem Muschelhorn dargestellt wird, das er bläst. In späterer Zeit wurden auch Okeaniden und Nereiden als Seejungfern dargestellt, die halb Mensch, halb Fisch waren. Poseidon selbst gleicht auf Bildern aus späterer Zeit eher einem wilden Wassermann als einem Olympier, vor allem, seitdem die Römer ihn mit ihrem Meeresgott Neptun gleichgesetzt hatten, der weit weniger bedeutend war als der Griechengott – schließlich lag die Seefahrt den römischen Bauern nicht gerade im Blut.

Wenn Poseidon sich in seinem unterseeischen Palast aufhielt, suchte er die Gesellschaft der anmutigen Nereiden. Die schönste unter ihnen war Thetis, und Poseidon hatte vor seiner Vermählung mit Amphitrite heftig um sie geworben – bis ihm der Orakelspruch zu Ohren kam, ihr Sohn werde dereinst berühmter werden als sein Vater. So überließ er sie dem Peleus, einem Sterblichen, mit dem sie einen in der Tat außerordentlich berühmten Sohn hatte, nämlich Achill.

Die Herrschaft über das Meer war Poseidon zugefallen, nachdem die olympischen Götter, die er zusammen mit seinen Brüdern Zeus und

■ Neptun umarmt Amphitrite. Ausschnitt aus einem römischen Mosaik des 4. Jhs. aus Karthago; Karthago (Tunesien), Museum

VOM PFERDEGOTT ZUM HERRSCHER DER MEERE

Als die Vorfahren der Griechen in den Süden der Balkanhalbinsel vordrangen, hatten sie noch nicht einmal ein Wort für Meer, geschweige denn einen eigenen Meeresgott. Sie waren Nomaden aus der Steppe, die Himmelsgottheiten verehrten wie den Zeus; ihre wichtigste Waffe aber war der von Pferden gezogene Streitwagen. Ein Pferdegott muss bei ihnen eine große Rolle gespielt haben. Damit er seine Bedeutung auch weiterhin behielt, in einer Zeit, in der die Seefahrt für die Griechen eine viel größere Rolle zu spielen begann als die Pferdezucht, musste er neue Aufgaben zugeschrieben bekommen.
So erklärt sich Poseidons Wandel vom ländlichen Pferdegott zum Gott des Meeres und der Schiffer.

■ Poseidon/Neptun, der Wassergott, wurde in der Renaissance zur beliebten Brunnenfigur. Das Bild zeigt die Brunnenstatue des Giambologna (1529–1608) in Bologna.

■ Triumph des Neptun, römisches Mosaik des 3. Jhs. aus Sousse in Tunesien; Sousse, Museum

Hades anführte, über das alte Göttergeschlecht der Titanen gesiegt hatten. Die Brüder losten untereinander aus, wer über welchen Bereich herrschen sollte; Zeus gewann für sich den Himmel, Poseidon das Meer und Hades die Unterwelt. Auf der Erdoberfläche herrschten sie gemeinsam; allerdings beanspruchte Zeus als der oberste Anführer der Götter im Kampf gegen die Titanen hier die Oberhoheit – auch im Namen seiner Frau Hera und seiner Kinder. Poseidon fiel es schwer, sich mit dem Herrschaftsanspruch seines jüngeren Bruders Zeus abzufinden. Einmal gelang es ihm sogar, sich mit Hera und Athene gegen Zeus zu verbünden und ihn zum Gefangenen zu machen. Es war die von Poseidon verschmähte Nereide Thetis, die Zeus' Herrschaft rettete, indem sie einen hundertarmigen Riesen aus der Unterwelt zu Hilfe holte, der den Göttervater befreite.

Aber auch danach gab Poseidon seine Ansprüche auf bestimmte Gegenden des griechischen Festlands nicht auf, obwohl die anderen Götter versuchten, seinen Herrschaftsbereich auf das Meer zu beschränken. So stritt er sich mit Hera um die Herrschaft über Argos und trocknete die Flüsse aus, die sich für Hera entschieden hatten. Mit seinem Dreizack ließ er, der Erderschütterer, Flüsse entspringen, die das Land überfluteten; oder er ließ das Land verdorren, indem er die Flüsse austrocknen ließ. Dennoch musste er sich aus Argos zurückziehen. Ähnlich

■ Erasmus II. Quellinus und Peter Boel, *Neptun mit den Gaben des Meeres*, um 1655; Prag, Nationalgalerie. Die Holländer des 17. Jhs. liebten Neptun und sein Gefolge besonders, waren sie doch ein Volk von Seefahrern und Fischern.

ging es ihm in Athen. Auf der Akropolis spaltete er die Erde und ließ eine Quelle mit Meerwasser entspringen, um seine Macht zu zeigen. Seine Konkurrentin, die kluge Athene, freilich machte den Athenern ein weit nützlicheres Geschenk: den Olivenbaum, und so zogen sie es vor, sich unter ihren Schutz zu stellen. Wütend setzte der Meeresgott die Ebenen Attikas unter Wasser und erreichte immerhin, dass die Athener seinen Kult hinfort mit besonderer Sorgfalt versahen. Theseus, ihr größter König, galt sogar als Sohn des Poseidon.

Die Herrschaft über Korinth musste er mit Helios, dem Sonnengott, teilen, doch die Meerenge, der Isthmus von Korinth, gehörte ihm. Hier fanden zu seinen Ehren die Isthmischen Spiele statt, in deren Zentrum ein Wagenrennen stand. Denn Poseidon war ein Gott der Pferde. Manche sagen, er habe sogar das erste Pferd erschaffen, und wenigstens ein Mal nahm er selbst Pferdegestalt an. Als er nämlich lüstern die Muttergottheit Demeter verfolgte, verwandelte sich die bedrängte Göttin in eine Stute, um ihm zu entgehen; es half ihr nichts, denn Poseidon hatte keine Hemmungen, sich ihr als Hengst zu nähern. Deme-

SCHICKSAL EINES GÖTTERNAMENS

De-meter, das heißt »Da-Mutter«, ist eine uralte vorgriechische Fruchtbarkeitsgöttin. Der Name Poseidon oder Posei-da-on soll, so sagen die Philologen, soviel wie »Begleiter der Da« bedeuten. In diesem Fall wäre Poseidon eine vorgriechische Gottheit, die mit einem urgriechischen Pferdegott verschmolzen ist, bevor sie zum griechischen Meeresgott wurde.

■ Einer der größten Schätze des Archäologischen Nationalmuseums von Athen ist die großartige klassische Bronzestatue des Poseidon aus der Zeit um 450 v. Chr., die im Meer bei Kap Artemision gefunden wurde.

ter gebar daraufhin das wunderbare Pferd Areion.

Poseidon zeugte noch ein weiteres Zauberpferd, den Pegasus. Dessen Mutter war die schöne Medusa, mit der der Gott im Heiligtum der Athene auf der Akropolis von Athen schlief – gewiss auch, um seinen Besitzanspruch auf die Stadt zu erneuern. Athene bestrafte an Poseidons statt Medusa, indem sie sie in ein grässliches Ungeheuer verwandelte und dem Perseus half, sie zu töten.

Zu Homers Zeiten spielte Poseidon als Pferdegott schon keine große Rolle mehr; er war der Meeresgott und damit auch der der Seefahrer. Vielleicht war aber das hölzerne Pferd, mit dessen Hilfe die Griechen Troja einnehmen konnten, dem Poseidon geweiht. Dafür spricht, dass der Gott gewaltige Meeresschlangen sandte, die den trojanischen Priester Laokoon mit seinen Kindern erwürgten, als dieser sein Volk vor dem hölzernen Pferd warnte. Im einträchtigen Zusammenwirken mit Athene war Poseidon der beste Verbündete der Griechen, doch nahm er ihnen übel, dass ihr Held Aias den Tempel der Göttin in Troja entweiht hatte, als er die schutzflehende Kassandra von ihrem Altar zerrte. So erschwerte er ihnen die Heimfahrt und ließ viele ihrer Schiffe zerschellen. Mit besonderer Hartnäckigkeit verfolgte er Odysseus, zumal der seinem wilden Sohn, dem Zyklopen Polyphem, das Augenlicht geraubt hatte. Odysseus konnte erst nach Hause zurückkehren, nachdem er den Gott mit Opfern besänftigt hatte.

Wie Odysseus bemühten sich die Griechen, als sie zu einem Volk der Seefahrer wurden, stets um ein gutes Verhältnis zu Poseidon; als echte Seefahrer erzählten sie wie ihr Lieblingsheld aber auch allerhand Seemannsgarn über die Gefahren des Meeres und seine erstaunlichen Bewohner.

POSEIDON UND DIE GOTTHEITEN DES MEERES

ÜBERLIEFERUNG

Quellen: Der griechische Dichter Hesiod (um 700 v. Chr.) erzählt von der Herkunft Poseidons in der *Theogonie* und nennt ihn als Vater des geflügelten Pferdes Pegasus, das aus dem enthaupteten Leib der Medusa hervorsprang. Auch in seinem Gedicht *Werke und Tage* erwähnt ihn Hesiod: als Herrscher über das Meer, der über das Schicksal der Seefahrer entscheidet. In den *Metamorphosen* des römischen Dichters Ovid (43 v. Chr. – 18 n. Chr.) ist im 6. Buch von Poseidons Wettstreit mit der Göttin Athene um die Schutzherrschaft der Stadt Athen die Rede, aus dem die Göttin als Siegerin hervorging: Sie beeindruckte die Götter, indem sie einen Ölbaum wachsen ließ, während Poseidon, der mit seinem Dreizack ein Loch in einen Stein geschlagen hatte, »nur« eine Quelle hervorbrachte. Im 2. Buch gibt Ovid die Sage von der Königstochter Coronis wieder, in die sich Poseidon verliebte, als er sie allein am Strand spazieren gehen sah. Da er feststellen musste, dass er sie trotz langer Bitten nicht für sich gewinnen konnte, wollte er Gewalt anwenden. Coronis lief hilflos umher, bis schließlich Athene sie rettete: Sie verwandelte das Mädchen in eine Krähe, sodass es davonfliegen konnte. Der griechische Dichter Homer (um 700 v. Chr.) berichtet in der *Odyssee*, wie Poseidon mehrfach versuchte, Odysseus auf dem Meer in Gefahr zu bringen, da er ihm nicht verzeihen konnte, dass er seinen Sohn, den Zyklopen Polyphem, geblendet hatte. Homer richtete daneben eine seiner kleinen Hymnen an Poseidon, der mit seinem Dreizack Felsen spaltet, Erdbeben verursacht und die Meeresfluten in Bewegung bringt und dem die Götter zwei Ämter verliehen: die Führung der Pferde und den Schutz der Schiffe. Eine Dankeshymne an Poseidon schrieb außerdem ein unbekannter Dichter im Namen des griechischen Lyrikers und Sängers Arion (7. Jahrhundert v. Chr.).

Bildende Kunst: In der bildenden Kunst wird Poseidon mit seinem Dreizack, oft im Muschelwagen, vor den Seepferde gespannt sind, dargestellt. Neptun und Amphitrite bildete z.B. der Baumeister und Maler Baldassare Peruzzi (1481–1536) ab, Villa Farnesina, Rom, sowie Peter Paul Rubens (1577–1640), Neue Gemäldegalerie, Berlin, Nicolas Poussin (1594–1665), Museum of Art, Philadelphia, und der französische Maler Noel Coypel (1628–1707), Musée des Beaux-Arts, Marseille. Pellegrino Tibaldi (1527–1596) malte Poseidon und das Schiff des Odysseus, Palazzo Poggi, Bologna, und Peter Paul Rubens (1577–1640) eine Szene aus der Sage des Helden Aeneas – *Neptun besänftigt die Wogen*, Museo del Prado, Madrid.

EMPFEHLUNG

Lesenswert:
Hesiod: *Theogonie*. Griechisch/Deutsch. Herausgegeben und neu übersetzt von Otto Schönberger. Stuttgart 1999.

Hesiod: *Werke und Tage*. Griechisch/Deutsch. Übersetzt und herausgegeben von Otto Schönberger. Stuttgart 1996.

Homer: *Odyssee*. Nachwort von Egon Friedell, herausgegeben von Peter von der Mühl, übersetzt von Johann Heinrich Voss. Zürich 1986.

Franz Kafka: *Poseidon und andere kurze Prosa*. Frankfurt 1999.

Hörenswert:
Homer: *Die Odyssee* (Auszüge). Aus den Gesängen 1, 5, 9, 13, 14. Gelesen von Mathias Wiemann. 2 CDs, 1959.

Homer: *Die Odyssee*. In eine moderne Form gebracht und gelesen von Christoph Martin. 21 CDs (14 Std. Spielzeit), 1996.

AUF DEN PUNKT GEBRACHT

Poseidon und sein römisches Pendant Neptun, Triton, die Nereiden und ihre Abkömmlinge in der späteren Literatur und Kunst sind bis heute nicht aus der maritimen Bilderwelt fortzudenken.

Das Prokrustesbett und andere Jugendabenteuer des Theseus

Wenn etwas mit Gewalt passend gemacht wird, so sprechen wir von einem Prokrustesbett. Ein journalistischer Text etwa wird in das Prokrustesbett eines vorgegebenen Umfangs und Layouts gesteckt; was an ihm zuviel ist, wird abgeschnitten, und wenn der nötige Umfang nicht erreicht ist, wird er entsprechend gedehnt.

Die Erzählung, aus der die Redensart vom Prokrustesbett stammt, gehört zu den Berichten über die Jugendabenteuer des Theseus, die das beinahe fröhliche Vorspiel zu seinen späteren großen Taten darstellen. Diese Abenteuer bestand der athenische Nationalheld auf seiner ersten großen Reise, die ihn von seinem Geburtsort Troizen in der Argolis auf der Peloponnes nach Athen führte.

Ägeus, der athenische König, hatte in Troizen unter einem schweren Stein sein Schwert und ein Paar Sandalen hinterlassen, nachdem er mit der troizenischen Prinzessin Aithra geschlafen hatte. Wenn sie einen Sohn gebären und dieser kräftig genug sein sollte, den Stein aufzuheben, möge sie ihn mit dem Schwert und den Sandalen als Erkennungszeichen zu ihm schicken, hatte er Aithra aufgetragen.

Tatsächlich gebar sie einen Sohn, nämlich Theseus, und zog ihn in dem Glauben auf, er sei der Sohn des Königs von Athen – obwohl dies keineswegs gewiss war, denn in derselben Nacht wie Ägeus hatte auch der gewaltige Gott Poseidon mit Aithra geschlafen.

■ Theseus tötet den Riesen Sinis, der des Wegs Kommende zu bitten pflegte, ihm beim Beugen eines Baums zu helfen. Attische rotfigurige Schale, um 490 v. Chr.; München, Staatliche Antikensammlung

EIN WENIG GEOGRAPHIE

Griechenland ist ein kleines Land mit wenigen fruchtbaren Ebenen, die durch steile Gebirge getrennt sind, und tief ins Land schneidenden Meeresbuchten. Von Troizen, das auf der Halbinsel der Peloponnes liegt, die sozusagen den Daumen ihrer vier »Finger« bildet, war es über das Meer, den Saronischen Golf, nur ein Katzensprung bis Athen. In der klassischen Zeit hätte jeder ein Schiff für die Reise benutzt. Der Landweg dagegen, den Theseus wählte, führt bis Eleusis durch unwegsame Gebirge und an den schwindelerregenden Klippen von Steilküsten entlang.

Mit sechzehn war Theseus stark genug, um den geheimnisvollen Stein anzuheben, nahm die Andenken seines Vaters an sich und machte sich auf die Reise in die Stadt des Ägeus. Die Wanderung war gefährlich, denn damals wimmelte es in Griechenland nur so von wilden Räubern und gefährlichen Untieren; aber Theseus, der die Erzählungen von den Taten des großen Herakles schon in seiner Kindheit begierig aufgenommen hatte, brannte auf Abenteuer.

Schon das erste hätte ihn um ein Haar das Leben gekostet: In Epidauros wollte ihm Periphetes, ein missratener Sohn des Schmiedegotts Hephaistos, mit seiner Bronzekeule den Schädel einschlagen, wie er es zu tun pflegte, wenn jemand sich in diese

■ Griechische Betten dienten nicht nur zum Schlafen: Bankettszene, griechische Wandmalerei aus Paestum, Anfang des 5. Jhs.

Gegend verirrte. Geschickt entwand ihm Theseus die Keule, erschlug den Angreifer und nahm die Keule mit – schließlich pflegte ja auch Herakles eine solche Keule zu tragen.

Am Isthmos von Korinth traf Theseus auf einen noch übleren Wegelagerer, einen Riesen namens Sinis. Der hatte die Gewohnheit, Vorüberkommende zu bitten, ihm beim Biegen einer Tanne zu helfen. Wenn sie den Baum fest umklammert hielten, ließ er los, und die getäuschten Helfer wurden durch die Luft geschleudert und zerschmettert. Theseus wandte die Methode auf den Übeltäter selbst an. Sinis hatte eine hübsche Tochter, die Theseus verführte und mit der er einen Sohn zeugte. Theseus mochte sie offensichtlich wirklich, denn er kümmerte sich später darum, dass sie einen ordentlichen Mann bekam.

Als Nächstes erlegte Theseus eine gewaltige Wildsau, die die Felder der Gegend verwüstete und die Bauern tötete, die ihr Wüten zu beenden versuchten. Dann nahm er sich einen Straßenräuber namens Skeiron vor, der an einer steilen Klippe über dem Meer hauste. Skeiron zwang jeden, der des Weges kam, ihm die Füße zu waschen, und stieß ihn dann mit den Füßen über die

■ Die Bedeutung des Betts in der Antike unterstreicht der etruskische Brauch, Sarkophage als Bett zu gestalten: Sogenannter Ehegatten-Sarkophag aus Cerveteri; Paris, Louvre

■ Theseus und Prokrustes, im Hintergrund das »Prokrustesbett«. Attische Vasenmalerei, um 470 v. Chr.; Wien, Kunsthistorisches Museum

■ Diese Szene von einem wilden römischen Gastmahl mit Gladiatorengefecht zeigt moderne Rekonstruktionen antiker Betten. Holzstich nach einer Zeichnung von Heinrich Leutemann (1824–1904)

Klippe ins Meer, wo er von einer stets hungrigen Riesenschildkröte gefressen wurde. In Megara oder Eleusis, nicht mehr weit von Athen, besiegte Theseus dann den gewalttätigen König Kerkyon, der sich für einen unüberwindlichen Ringer hielt und seine unterlegenen Gegner regelmäßig umbrachte. Er rang ihn nieder und tötete ihn, vergewaltigte seine Tochter Alope und zog weiter.

Auf seiner letzten Etappe, auf dem Weg von Eleusis nach Athen, begegnete Theseus schließlich dem Prokrustes, der ihn freundlich in seine Hütte einlud und ihm sein Bett anbot. Er pflegte aber diejenigen, denen sein Bett zu groß war, solange mit Gewalt zu strecken und zu dehnen, bis sie das Bett ausfüllten. Dieser üblen Angewohnheit verdankte er auch seinen Namen, denn Prokrustes heißt »Dehner«. Mit denjenigen, denen sein Bett zu klein war, ging der Unhold keineswegs besser um; er schnitt von ihnen einfach ab, was über das Bett hinausreichte. Auch bei Prokrustes blieb Theseus seinem zuvor schon mehrfach bewährten Grundsatz treu, dass ein Übeltäter das als Strafe verdient, was er anderen antut. Also zwang er den Prokrustes selbst in das Prokrustesbett.

BETT

Das Bett war wohl das wichtigste Möbelstück in griechischen Haushalten. Es bestand aus einem stabilen Rahmen auf vier oft kunstvoll gedrechselten oder mit bronzenem Schmuck beschlagenen Beinen, über den elastische Riemen gespannt waren. Darauf lag eine mit pflanzlichem Polstermaterial gestopfte Matratze. Das Kopfteil war als erhöhte Kopfstütze ausgebildet. Das Bett diente nicht nur zum Schlafen, sondern auch als Sofa, zum Beispiel bei Mahlzeiten, zumindest, seit sich im 6. Jahrhundert v. Chr. auch auf dem griechischen Festland die Sitte ausgebreitet hatte, im Liegen zu speisen. Wie wir vor allem von steinernen Nachbildungen in Gräbern wissen, konnte ein Bett zwischen 1,60 m und 2,50 m lang sein – ein einheitlich langes Prokrustesbett gab es nur im Mythos.

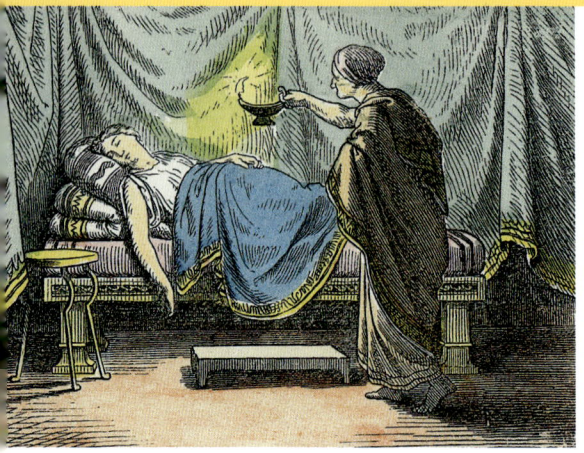

■ Antikes Bett als Nachtlager: Stich nach einer Zeichnung von Heinrich Leutemann

Die Kunde von seinen Heldentaten war Theseus nach Athen vorausgeeilt, und so wurde er freundlich von König Ägeus empfangen, der noch nichts davon wusste, dass sein rechtmäßiger Erbe vor ihm stand. Sofort im Bilde war dagegen Ägeus' Frau, die Zauberin Medea, und sie sann sogleich darauf, wie sie Theseus wieder loswerden könne, denn sie wünschte, dass ihr eigener Sohn, Medos, dem alten König auf dem Thron nachfolgte. Sie redete Ägeus ein, Theseus sei mit seinem aufrührerischen Bruder Pallas im Bunde, und brachte ihn dazu, dass er dem jungen Fremden aufgab, ein stiergestaltiges Ungeheuer zu fangen, das die Ebene von Marathon im Osten Attikas unsicher machte. Noch nie war jemand mit dem Leben davongekommen, der sich dem wilden Stier entgegenstellte, doch Theseus brachte ihn lebend nach Athen, wo er feierlich geopfert wurde.

Bei der Feier gab Medea dem Ägeus einen Becher mit vergiftetem Wein, den dieser dem Bezwinger des Stieres weiterreichen sollte. Doch gerade als Theseus den Becher zum Trinken ansetzte, erkannte Ägeus das Schwert des Helden als sein eigenes und umarmte ihn als stolzer Vater so heftig, dass der Becher zu Boden fiel. Medeas Ränke wurden offenbar, und sie musste mit ihrem Sohn Athen verlassen.

Theseus aber hatte noch sein größtes Abenteuer zu bestehen, nämlich den Kampf mit dem schrecklichen Minotaurus in seinem kretischen Labyrinth, bevor er in Athen die Nachfolge des Ägeus antreten und die Königswürde erringen konnte. Dagegen war die Sache mit dem Prokrustesbett beinahe ein Kinderspiel gewesen – eben ein Jugendabenteuer.

■ Bett und Tisch als Mittelpunkt der Familie: Hellenistisches Relief von einem Sarkophag mit der Darstellung einer Familienmahlzeit; Istanbul, Archäologisches Museum

DAS PROKRUSTESBETT UND ANDERE JUGENDABENTEUER DES THESEUS

 ÜBERLIEFERUNG

Von Theseus' Jugendabenteuern erzählt der griechische Historiker und Philosoph Plutarch (um 45–125 n. Chr.) in seinen Parallelbiographien. Plutarch war im Mittelalter und in der Renaissance einer der meist gelesenen antiken Autoren. In seinem umfangreichen biographischen Werk stellt er in zweiundzwanzig Beispielen je einen berühmten Griechen und Römer gegenüber und würdigt abschließend im Vergleich ihre Persönlichkeiten und Taten. Er beginnt seine Sammlung mit den Biographien von Theseus und Romulus, dem Gründer und ersten König von Rom. Theseus galt nach Herakles als der größte griechische Held in der Zeit vor dem Trojanischen Krieg. Wie Herakles strafte Theseus die Angreifer in derselben Weise, wie sie anderen Unrecht getan hatten. So überwand er auf seinem Weg nach Athen Peripethes, Sinis, die Wildsau, Skeiron, Kerkyon und zuletzt Prokrustes mit ihren eigenen grausamen Methoden. Von der Wildsau, die den Namen Phaia trug, sagten – Plutarch zufolge – manche, dass sie eine blutrünstige Räuberin gewesen sei, die aufgrund ihres Charakters und ihrer Lebensweise eine Sau genannt wurde. In Plutarchs Theseus-Biographie wie auch in der Mythensammlung des griechischen Gelehrten Apollodor (2. Jahrhundert v. Chr.) ist im Zusammenhang mit Prokrustes nicht nur von einem, sondern von zwei Betten die Rede. Demnach hatte Prokrustes ein kleines und eine großes Bett. Kleine Wanderer zwang er, sich auf das große Bett zu legen, und schlug sie dann mit seinem Hammer so lange, bis sie das Bett ausfüllten. Die großen Reisenden mussten sich in das kleine Bett legen – was überhing, hieb Prokrustes ab. Den »Quäler Prokrustes« und auch die anderen gefährlichen Gestalten, die Theseus begegnen, erwähnt der römische Dichter Ovid (43 v. Chr. – 18. n. Chr.) im 7. Buch der *Metamorphosen*. Unter der Überschrift »Lob des Theseus« würdigt er dessen Heldentaten.

Bildende Kunst: Theseus' Abenteuer wurden in der Antike hin und wieder auf Vasen und Schalen abgebildet. Meistens wurden gleich mehrere seiner Taten thematisiert. Das Prokrustesbett – auf Darstellungen in der bildenden Kunst ist gewöhnlich nur ein Bett zu sehen – wird entweder als eine Mulde in einem Felsen oder als gezimmertes Bett gezeigt, oft fehlt es auch. Die Theseus-Geschichte gibt ein Freskenzyklus von Luca Cambiaso (1527–1585) wieder, Palazzo della Meridiana, Genua. Francesco de Mura (1696–1782) malte *Die Jugend des Theseus*, Palazzo Reale, Turin. Als Kämpfer gegen das Unrecht zeigt Theseus eine Skulptur des italienischen Bildhauers Antonio Canova (1757–1822) und ein Gemäldezyklus von Pelagio Palagi (1775–1860), Palazzo Torlonia, Rom.

 EMPFEHLUNG

Lesenswert:
Ovid: *Metamorphosen*. In der Übertragung von Johann Heinrich Voss. Mit Radierungen von Pablo Picasso und einem Nachwort von Bernhard Kytzler. Frankfurt/Main 1990.

Hörenswert:
Ovid: *Metamorphosen*. In Prosa neu übersetzt von Gerhard Fink. Specher: Peter Simonischek. 6 Audio-CDs, Düsseldorf 1999.

Tales from the Greek Legends: Adventures of Theseus, The Labours of Herkules, Gods and Titans, Perseus, Jason and the Argonauts. Specher: Edward Ferrie, 1993.

 AUF DEN PUNKT GEBRACHT

Die Geschichte vom sprichwörtlich gewordenen Prokrustesbett und die anderen Erzählungen von den Jugendabenteuern des Theseus gehören zu den unterhaltendsten und beliebtesten Berichten des Mythos.

Prometheus

«Prometheisch« werden die kühnsten Taten der Menschen genannt, mit denen sie die Ordnung der Natur umstießen und die Götter herausforderten. »Ich kenne nichts Ärmeres/Unter der Sonne als euch, Götter«, ruft Prometheus in einem Gedicht Goethes aus, das vielleicht das berühmteste der »Sturm-und-Drang«-Periode ist, und drückt damit die Verachtung der Jugend seiner Zeit für die herkömmlichen Werte in Staat, Kirche und Gesellschaft aus. Der Titel eines Dramas des englischen Dichters Percy B. Shelley, *Der entfesselte Prometheus,* das zu Beginn des 19. Jahrhunderts erschien, wurde zum Symbol für den Aufbruch ins Industriezeitalter. Aus derselben Zeit stammt auch ein Roman von Shelleys Frau Mary, der den Titel *Frankenstein oder Der moderne Prometheus* trägt. Hier geht es um das Unheil, das ein Forscher heraufbeschwört, der sich mit Gott vergleicht, indem er die Schöpfung des Menschen zu wiederholen versucht.

Wenn Frankenstein der »moderne Prometheus« ist, so ist Prometheus gewissermaßen der antike Frankenstein, eine zwiespältige Gestalt, gewaltiger Neuerer und skrupelloser Aufrührer zugleich – und sein Geschöpf ist der Mensch.

Prometheus gehört zu den Titanen, die vor den olympischen Göttern die Erde beherrschten. Als es zur Schlacht zwischen Göttern und Titanen kam, schlug er sich auf die Seite der Götter und wurde damit belohnt, dass er an ihren wissenschaftlichen und handwerklichen Entdeckungen teilhaben durfte. Insbesondere mit der Weisheitsgöttin Athene, auf die zahlreiche Erfindungen zurückgehen, verstand er sich gut. Wie Prometheus bereits mit seiner Parteinahme für die Olympier bewiesen hatte, war er der klügste

■ Prometheus erschafft den Menschen. Von einem römischen Sarkophag, um 220 n. Chr.; Paris, Louvre

und vorausdenkendste unter den Titanen – Prometheus heißt »Vorausdenker«. Dass sein Bruder Epimetheus – »der, der hinterher denkt« – sehr viel weniger klug war, sollte sich für die Menschen als verhängnisvoll erweisen.

Die zweifellos bedeutendste Tat des Prometheus war es, dass er die ersten Menschen nach seinem Ebenbild und dem der Götter aus Lehm formte und Athene veranlasste, ihnen Leben einzuhauchen.

> **DIE ERSCHAFFUNG DES MENSCHEN**
>
> Der griechische Mythos von der Erschaffung des Menschen schöpft aus denselben orientalischen Quellen wie die Bibel. Auch Adam wurde aus Lehm geknetet, und das Leben wurde ihm eingehaucht. Bei den Israeliten wie bei den Griechen wurde die Frau erst nach dem Mann geschaffen, und hier wie da kommt erst durch sie das Übel in die Welt. Dem ersten Menschenpaar der Bibel, Adam und Eva, entspricht im griechischen Mythos das Paar Deukalion und Pyrrha.

Nach einer anderen Überlieferung zeugte Prometheus den ersten Menschen, Deukalion, mit einer Titanin, nämlich mit Pronoia, deren Name nichts anderes bedeutet als der des Prometheus. Der erste Mensch, das Geschöpf oder der Sohn des Prometheus, war ein Mann; die erste Frau aber, Pandora, war ein Geschöpf der Götter. Zeus, der die Experimente des Prometheus argwöhnisch betrachtete, hatte sie bei seinem Sohn Hephaistos, dem kunstvollen Handwerker, in Auftrag gegeben und sie mit allen schlechten Eigenschaften der Menschen ausgestat-

■ Eine Renaissancedarstellung des Prometheus-Mythos von Piero di Cosimo (1461/62–1521): In der Mitte steht die noch unbelebte Tonfigur des ersten Menschen; rechts begrüßt Epimetheus Pandora. München, Alte Pinakothek

tet; zudem trug sie die berühmte Büchse der Pandora bei sich, in der alle möglichen menschlichen Gebrechen und alle Plagen der Menschheit verschlossen waren. Hermes brachte Pandora zu Epimetheus und machte sie, deren Namen so viel wie »Geschenk aller Geschenke« bedeutet, ihm zum Geschenk. Der törichte Bruder des Prometheus fand sogleich Gefallen an der schönen Pandora und zeugte mit ihr Pyrrha, die die Gemahlin des Deukalion wurde und damit die Urmutter der Menschheit. Pandora aber öffnete ihre verhängnisvolle Büchse und entließ all das, was bis heute die Geißeln der Menschheit sind: Krankheit und Naturkatastrophen, Krieg und Verbrechen. Eines hatte

■ Herakles befreit den vom Adler gequälten Prometheus. Gravur auf einem in Palestrina bei Rom gefundenen bronzebeschlagenen Kästchen, etruskisch, 5. Jh. v. Chr.; Paris, Louvre

sie jedoch ebenfalls mitgebracht, etwas, das die Menschen bis heute befähigt, trotz aller Übel weiterzuleben: die Hoffnung.
Als die Menschen mehr und mehr die Erde bevölkerten, verlangten die Götter von ihnen, gewissermaßen als Mietzins für den Boden, den sie ihnen überließen, dass sie ihnen von allem, was die Erde hervorbrachte, Opfer darbrachten. Und da sie den Göttern lästig waren, verlangten sie mehr Opfer, als die Menschen an Lebensmitteln erübrigen konnten. Vor allem verlangten sie nach Opfertieren. In dieser Situation griff Prometheus zugunsten seiner Geschöpfe ein. Er wurde bei Zeus vorstellig und überredete ihn, sich hinfort mit dem besten Teil der Tiere zu-

frieden zu geben. Um Zeus selbst entscheiden zu lassen, welches der beste Teil sei, zerlegte er ein Rind. In der trockenen Haut verbarg er die besten Fleischstücke, in eine dicke Fettschicht aber wickelte er die Knochen und die Innereien. Zeus entschied sich sofort für die von Fett triefenden Teile des Tiers und überließ damit den Menschen für alle Zukunft die besten Stücke der Opfertiere. Seinen Zorn über Prometheus musste der Göttervater herunterschlucken, denn er konnte schlecht zugeben, dass er überlistet worden war.

Prometheus aber sann weiter darauf, wie er die Lage seiner Schützlinge, der Menschen, verbessern könne. Und so verfiel er darauf, den Göttern das Feuer zu stehlen, das sie auf dem Olymp eifersüchtig hüteten. Seine und der Menschen Freundin Athene verschaffte ihm Zugang zur Wohnung der Götter; der Titan verbarg glimmende Kohlestücke aus dem himmlischen Herdfeuer in einem Rohr, trug es auf die Erde hinab und übergab das Feuer den Menschen, die seitdem nicht mehr wie die Tiere rohes Fleisch essen mussten und ihre Lebensmittel durch Backen und Kochen haltbar und schmackhaft machen konnten.

■ Dirck van Baburen (um 1595–1624), *Vulkan legt Prometheus in Ketten*; Amsterdam, Rijksmuseum.

Zeus hatte nun endgültig genug von den Dreistigkeiten des Menschenfreundes; er ließ ihn von zwei mächtigen Riesen ergreifen und zum fernen Kaukasus schleppen, wo ihn Hephaistos an einen Felsen schmiedete. Damit war sein Rachedurst aber noch nicht gestillt: Täglich sandte er einen Adler, der die Leber des Titanen zerhackte. Die Todesqualen, die Prometheus litt, erneuerten sich Tag für Tag, denn in der Nacht wuchs die Leber wieder nach.

Der Aufrührer war also der gerechten Strafe zugeführt – womit der Mythos in seiner ältesten Version auch endet. Die Griechen fanden sich aber nicht damit ab, dass der Schöpfer und Wohltä-

■ Jacob Jordaens (1593–1678), *Der gefesselte Prometheus*; Köln, Wallraf-Richartz-Museum. Für die absolutistischen Fürsten der Barockzeit, die sich gern mit Zeus verglichen, war die Szene, in der der ärgste Widersacher des Gottes in Ketten geschlagen ist und von Zeus' Adler heimgesucht wird, ein Lieblingsmotiv.

ter der Menschheit auf ewig verdammt sein sollte. So entstand die Sage, Herakles habe Prometheus nach dreißigtausend Jahren von seinem Felsen befreit. Andere berichten sogar, Prometheus habe Zeus erpresst, indem er seine Befreiung zur Bedingung für die Preisgabe eines Geheimnisses von großer Bedeutung für den Göttervater machte. Das Geheimnis bestand darin, dass es der schönen Nymphe Thetis, die der Göttervater begehrte, vorherbestimmt war, einen Sohn zu gebären, der mächtiger sein werde als sein Vater. Zeus ließ erschrocken von Thetis ab, die Nymphe gebar, mit dem Sterblichen Peleus als Erzeuger, den strahlenden Achill, und Prometheus war frei.

Am eindrucksvollsten ist die Version dieser Geschichte, die der Dichter Aischylos in seinem nur in Fragmenten erhaltenen Zyklus von Prometheus-Tragödien wiedergibt: Hier verweigert Prometheus zunächst aus Stolz Zeus die Antwort auf die Frage, welcher seiner künftigen Söhne seine Herrschaft infrage stellen könne. Es kommt zu einem Ringen zwischen dem Anwalt der Menschen und dem obersten Gott, das nur in einem Kompromiss enden kann: Der Menschheit wird das Recht zugestanden, über sich selbst zu bestimmen und ihre Kräfte zu entfalten, solange sie nicht die Grundlagen der Weltordnung infrage stellt. Vielleicht verleiht damit Aischylos dem Prometheus-Mythos eine immer noch zeitgemäße Moral.

PROMETHEUS

 ## ÜBERLIEFERUNG

Quellen: Die wichtigste Quelle für den Mythos von Prometheus sind Hesiods (um 700 v. Chr.) Dichtungen *Theogonie* und *Werke und Tage*. In späterer Zeit griff der griechische Gelehrte Apollodor (2. Jahrhundert) die Sage in seiner Mythensammlung auf. Dort kommt er in den Büchern 1–3 mehrfach darauf zurück. Als Schöpfer des ersten Menschen wird Prometheus auch in den *Metamorphosen* des römischen Dichters Ovid (43 v. Chr. – 18 n. Chr.) erwähnt. Die bekannteste dramatische Verarbeitung des Mythos in der Antike ist die Tragödie *Der gefesselte Prometheus* von Aischylos (525–456 v. Chr.). Das Stück setzt damit ein, dass Hephaistos – Gott des Feuers und der Schmiedekunst – Prometheus im Auftrag von Zeus an eine Felswand schmiedet. Bis zum Ende der Tragödie bleibt Prometheus angekettet und erhält verschiedene Besuche.

Literatur: Die Sage von Prometheus wurde in der Literatur von der Antike bis heute vielfach bearbeitet. Eine frühes Beispiel ist die Dichtung *Prometheus oder Der Kaukasus* des griechischen Satirikers Lukianos aus Samosata (um 120–185). In dem Drei-Personen-Stück – außer Prometheus treten noch die Götter Hephaistos und Hermes auf – hält der durch Zeus Bestrafte eine lange Verteidigungsrede, in der er darlegt, dass Zeus' Zorn grundlos und lächerlich ist. Weitere Prometheus-Texte gibt es u.a. von Goethe (1749–1832), Percy Bysshe Shelley (1792–1822), *Der entfesselte Prometheus*, André Gide (1869–1951), *Der schlecht gefesselte Prometheus*, Albert Camus (1913–1960) und Heiner Müller (1929–1995).

Musik: Ludwig van Beethoven (1770–1827) komponierte ein Ballett mit dem Titel *Die Geschöpfe des Prometheus oder Die Macht der Musik und des Tanzes*, das Prometheus in seiner Eigenschaft als Schöpfer der Menschen in den Mittelpunkt stellt. Weitere musikalische Werke, die auf dem Mythos beruhen, stammen z. B. von Franz Liszt (1811–1886), Alexander Skriabin (1872–1915) und Carl Orff (1895–1982).

Bildende Kunst: Der italienische Maler Piero di Cosimo (um 1462–1521) stellte den Mythos auf drei Bildern dar: *Prometheus formt Menschen*, *Prometheus stiehlt das Feuer* und *Der gefesselte Prometheus*, Alte Pinakothek, München und Musée des Beaux-Arts, Straßburg. Den gefesselten Prometheus malten auch Tizian (um 1488–1576), Prado, Madrid, Gustave Moreau (1826–1898), Musée Gustave-Moreau, Paris, Anselm Feuerbach (1829–1880), Gemäldegalerie der Akademie der Bildenden Künste, Wien, und Arnold Böcklin (1827–1901), Hessisches Landesmuseum, Darmstadt. Annibale Carracci (1560–1609) bildete Prometheus' Befreiung durch Herkules ab, Palazzo Farnese, Rom.

 ## EMPFEHLUNG

Lesenswert:
Aischylos: *Der gefesselte Prometheus/Die Schutzsuchenden*. Nachwort, Anmerkungen und Übersetzung von Walther Krauss. Stuttgart 1999.

André Gide: *Der schlecht gefesselte Prometheus und andere Erzählungen*. Herausgegeben von Raimund Theis. München 1999.

Mythos Prometheus. Texte von Hesiod bis René Char. Herausgegeben von Wolfgang Storch und Burghard Damerau. Leipzig 1995.

Hörenswert:
Claudio Abbado – *Prometheus. The Myth in Music.* Ludwig van Beethoven: *Die Geschöpfe des Prometheus*, op. 43, Franz von Liszt: *Prometheus*, Alexander Skriabin: *Promethee – Le poème du feu*, Luigi Nono: *Prometeo-Suite*. Berliner Philharmoniker unter der Leitung von Claudio Abbado.

Carl Orff: *Prometheus*. Symphonieorchester des Bayerischen Rundfunks/Kubelik. 2 Audio-CDs, 1975.

 ## AUF DEN PUNKT GEBRACHT

Der Prometheus-Mythos hat das Machtverhältnis zwischen Menschen und Göttern zum Thema; an ihm wird bis heute die Frage versinnbildlicht, wie weit es dem Menschen erlaubt sein darf, die von ihm vorgefundene Ordnung der Welt zu verändern.

Pygmalion

Es gibt bis heute nicht wenige Männer, die sich vor Frauen so sehr fürchten, dass es ihr größter Wunsch ist, sich selbst ein weibliches Wesen zu schaffen, das genau ihren Idealen entspricht. Wenn sie ihren Wunsch in die Tat umsetzen, etwa indem sie beginnen, eine viel jüngere Frau zu »erziehen«, pflegen sie allerdings bitter enttäuscht zu werden.

Glück mit seinen Männerphantasien von der selbstgeschaffenen Idealfrau hatte allerdings der zyprische König Pygmalion.

Pygmalion, so erzählt der römische Dichter Ovid, war abgestoßen von den Frauen Zyperns, die Venus, der Schutzgöttin der Insel, nicht den nötigen Respekt erwiesen hatten und deshalb von der Liebesgöttin dazu verdammt worden waren, alle Scham zu verlieren und sich öffentlich zu prostituieren. Sie waren darüber so starr und anmutslos geworden, dass einige von ihnen sich sogar in Steine verwandelten.

Der romantische Junggeselle sehnt sich gleichwohl nach einer Schönen, die das Lager mit ihm teilt, und in seiner Not beginnt er, sich sein Idealbild einer Frau selbst zu schnitzen – aus Elfenbein, dem edelsten Material. Sein Werk gelingt, und das Bild ist so schön, dass der Künstler es immer wieder mit seinen Händen abtastet, ja, mit seinem Mund küsst.

Schließlich ist er vollkommen in Liebe zu der Statue entbrannt, die er selbst geschaffen hat. Er phantasiert, er dürfe sie nicht zu heftig drücken, damit sie keine blauen Flecken bekomme, und kauft für sie Gold und Geschmeide. Er legt sie sogar in

■ Anton Graff (1736–1813), *Der Schauspieler Iffland als Pygmalion*; Berlin, Schloss Charlottenburg

sein Bett – doch dies lässt seine Sehnsucht nur noch wachsen, sie atmen und sich bewegen zu spüren. Am Festtag der Venus bringt Pygmalion ein besonders prächtiges Opfer dar, wirft sich auf den Stufen zum Altar der Göttin nieder und betet, sie möge ihm eine Gattin geben, die dem geliebten Bild gleicht.

Als er heimkehrt und wie gewohnt als erstes seine elfenbeinerne Geliebte küsst, erwidert sie den Kuss und umschlingt ihn mit ihren Armen. Ihr Körper ist warm und weich ihre Haut. Die Göttin hat Pygmalion erhört! – Und sie gewährt ihrem Schützling auch eine glückliche Ehe, aus der Kinder hervorgehen, deren Namen auf Zypern noch lange hoch geachtet sind.

Soweit Ovid; in älteren Versionen der Geschichte ist es ein Bild der Aphrodite/Venus selbst, das der König in sein Bett legt, und nicht unbedingt eines, das er selbst geschaffen hat. Der alte Kern des Mythos scheint das besondere Verhältnis des Königs zu einer Muttergottheit zum Thema zu haben, das in seiner »heiligen Hochzeit« mit ihrer Priesterin Ausdruck fand.

In der Neuzeit reizte die durch Ovid überlieferte Pygmalion-Geschichte eine Reihe von Künstlern, Frauenkörper zu malen, die

ASSOZIATIONSPRINZIP

In den *Metamorphosen*, der großen mythologischen Dichtung des Römers Ovid, für die der alte griechische Mythos als Steinbruch für herrlich ausgeschmückte und häufig sehr modern wirkende Erzählungen dient, sind die einzelnen Geschichten kunstvoll so verknüpft, dass jede von ihnen zwanglos die vorhergehende fortzusetzen scheint. Vor der Geschichte von Pygmalion steht die von der Bestrafung der ehrfurchtslosen Zyprer durch Venus, und auf sie folgt die Erzählung von Myrrha, deren Ahnherr Pygmalion ist. Sie wird darin zur Mutter des Adonis, dem wiederum die dann folgende Geschichte gewidmet ist. Wie bei Pygmalion und bei Adonis spielt Venus in Ovids Dichtung immer wieder eine wichtige Rolle. Dies gibt ihm nicht nur die Gelegenheit, eine Fülle von erotischen Geschichten zu erzählen, sondern auch die, seinen Erzählzyklus in einer Lobrede auf Kaiser Augustus gipfeln zu lassen, dessen Familie behauptete, von Venus abzustammen.

■ Audrey Hepburn als Eliza und Rex Harrison als Professor Higgins in Cukors Verfilmung von Lerners und Loewes Musical *My Fair Lady* nach G.B. Shaws *Pygmalion*

- Galathea ist der Überlieferung nach der Name der von Pygmalion geschaffenen Frau: Auguste Rodin (1840–1917), *Pygmalion und Galathea*; Paris, Musée Rodin

- Jean-Léon Gérôme, *Pygmalion und Galathea*; New York, Metropolitan Museum

KOKOSCHKA ALS PYGMALION

Oskar Kokoschka, der zu einem der berühmtesten Maler der Moderne werden sollte, gab in jungen Jahren allen Ernstes bei einer Textilkünstlerin eine lebensgroße Puppe in Auftrag, an der ausdrücklich nichts fehlen durfte, was zu einer Frau gehört. Ihre Haut sollte fleischfarbenes Leder sein, ihre Haare echtes Menschenhaar. Die Künstlerin mühte sich redlich, doch was sie zustande brachte, vermochte Kokoschka keineswegs zu – befriedigen.

so lebendig wirkten, dass es glaubhaft erschien, wenn sie ihrem Schöpfer, dem Künstler, um den Hals fielen. Auch die Dichter nahmen sich des Themas an; so veröffentlichte der deutsche Romantiker E. T. A. Hoffmann 1816 die Erzählung *Der Sandmann*, in der sich ein schwärmerischer junger Mann in Olimpia verliebt, eine Frau, die in Wahrheit ein Automat ist. Jacques Offenbach machte die Geschichte durch seine Oper *Hoffmanns Erzählungen* populär.

Im 20. Jahrhundert kam der Pygmalion von George Bernhard Shaw auf die Bühne, in dem der Sprachwissenschaftler Professor Higgins ein Londoner Blumenmädchen, Eliza Doolittle, dazu abrichtet, eine Dame von Welt zu spielen, bis sie erwacht und ihn nicht etwa küsst, sondern ihm seine Pantoffeln an den Kopf wirft und mit ihm abrechnet. Daraus wurde das 1963 verfilmte und von vielen Millionen Menschen gesehene Musical *My Fair Lady*. Darin wird freilich auf die kritische Moral Shaws verzichtet: Professor Higgins verliebt sich in Eliza, sie sich in ihn, und es kommt zum Happy End wie bei Ovid. Die Attraktivität der von dem römischen Dichter gestalteten Männerphantasie scheint bis heute – selbst für die Zuschauerinnen – ungebrochen.

PYGMALION

 ÜBERLIEFERUNG

 EMPFEHLUNG

Quellen: Pygmalion ist bekannt durch den römischen Dichter Ovid (43 v. Chr. –18 n. Chr.), der die Geschichte von der Verlebendigung einer Statue sehr anschaulich im 10. Buch seiner *Metamorphosen* erzählt. Der begeisterte Bildhauer überhäuft das elfenbeinerne Standbild mit Geschenken wie Muscheln, runden Steinen, Vögeln, bunten Blumen, Schmuck und kleidet es in Gewänder.

Literatur: In William Shakespeares (1564–1616) *Wintermärchen* erinnert die letzte Szene an die Verlebendigung des Standbilds: Die Statue der lange tot geglaubten Hermione bewegt sich plötzlich und steigt von ihrem Sockel herab. Ein von seinem eigenen Kunstwerk begeisterter Künstler begegnet uns in dem Gedicht *Der Dichter* von Michail Lermontow (1814–1841): Nachdem der Maler Raffael das Gemälde eines Mädchens vollendet hat, bricht er, von seiner Kunst entzückt, vor dem Bild zusammen. Der irische Schriftsteller George Bernard Shaw (1856–1950) verarbeitete den Mythos in seiner beliebtesten Komödie, *Pygmalion*. Die Hauptfigur in dem Stück ist der Professor Henry Higgins, der sich leidenschaftlich für die Reinheit der Sprache interessiert und der Ansicht ist, dass die gesellschaftliche Stellung eines Engländers allein von seiner guten Aussprache abhängt. Eines Tages begegnet Higgins Eliza Doolittle, einem Blumenmädchen von der Straße, das ihm vor allem durch ihren Gossenjargon auffällt. Mit seinem Kollegen Colonel Pickering schließt er eine Wette ab, dass er Eliza nur aufgrund ihrer sprachlichen Umerziehung aus ihrem Milieu herauslösen und in die gehobene Gesellschaft als Dame einführen könne. Da es ihm aber selbst oft an den geeigneten Umgangsformen fehlt, kommt es so weit, dass Eliza ihn schliesslich an Bildung und menschlichem Taktgefühl übertrifft. Higgins gibt sich ganz seinem Triumphgefühl hin, hat dabei aber kein Gespür für Eliza. So erlebt sie selbst ihre Wandlung bei einem Botschaftsempfang, den sie erfolgreich besteht, nur als Erniedrigung. Sie rechnet mit ihrem »Schöpfer« ab und gibt ihm zu verstehen, dass nicht er ihre »Menschwerdung« bewirkt hat, sondern Colonel Pickering, der sich ihr gegenüber immer als Gentleman verhielt.

Musik: Auf Shaws Pygmalion-Komödie geht das Musical *My Fair Lady* des amerikanischen Komponisten Frederic Loewe (1904–1988) zurück, das ein Welterfolg wurde. Die Uraufführung fand 1956 in New York statt, die deutsche Erstaufführung 1961 im Theater des Westens in Berlin. In den deutschsprachigen Ländern ist *My Fair Lady* eines der meistgespielten Musicals und bedeutete dort praktisch den Durchbruch des Musicals überhaupt.

Lesenswert:
Ovid: *Metamorphosen*. In der Übertragung von Johann Heinrich Voss. Mit Radierungen von Pablo Picasso und einem Nachwort von Bernhard Kytzler, Frankfurt/Main 1990.

William Shakespeare: *Wintermärchen*. Stuttgart 1977.

George Bernard Shaw: *Pygmalion*. Gesammelte Stücke in Einzelausgaben. Frankfurt 1990.

Hörenswert:
Frederic Loewe: *My Fair Lady*. Wiener Fassung in deutscher Sprache 1969/75. Orch. Theater an der Wien/Fehring.

My Fair Lady, Originalsoundtrack zum Film (Regie: George Cukor). 1964.

Sehenswert:
My Fair Lady, USA 1963. Regie: George Cukor, Darsteller: Andrey Hepburn, Rex Harrison u. a. Originalversion mit deutschen Untertiteln 1994.

 AUF DEN PUNKT GEBRACHT

In seiner Version des Pygmalion-Mythos hat Ovid eine Männerphantasie gestaltet, die heute noch genauso attraktiv zu sein scheint wie zu seiner Zeit.

Sirenengesänge

Nichts ist verlockender als die Gesänge der Sirenen; sie sind eine gefährliche Musik, weil sie uns schmeicheln und uns darüber die Wirklichkeit vergessen lassen. Die Wirkung der Sirenengesänge beruhe darauf, dass sie vom Wissen über die Zukunft raunten, heißt es. Gibt es eine bessere Umschreibung für die Macht der Musik, die uns die Gegenwart vergessen lässt, uns in ein zeit- und raumloses Ungefähr versetzt und in uns eine unstillbare Sehnsucht nach etwas Unbekanntem erweckt?

> **SCHIFFSSIRENEN**
>
> Nur unmusikalische Ingenieure konnten auf die Idee verfallen, die lauttönenden Signalhörner der Schiffe und Alarmanlagen nach den Sirenen zu nennen. Immerhin aber waren sie gebildet genug, um zu wissen, dass Sirenen etwas mit Schiffen und mit Tönen zu tun haben.

Die Sirenen waren geflügelte Frauen oder Vögel mit Frauenköpfen, die auf einer Insel vor der Küste Italiens hausten. Zuerst ist von ihnen als zwei oder drei Sängerinnen die Rede, später kamen noch weitere Sirenen dazu, die die Sängerinnen auf Flöten und Saiteninstrumenten begleiteten. Es gab nur ein Musikensemble, das sich mit den Sirenen messen konnte, und das waren die göttlichen Musen. Einmal forderten die Sirenen die Musen zum musikalischen Wettstreit heraus und unterlagen. Zur Strafe für ihren Übermut wurden sie

■ Odysseus lauscht von seinem Schiff aus den Gesängen der Sirenen, hier auf einem Fresko von Alessandro Allori (1535–1607); Florenz, Palazzo Salviati

von den Musen kräftig gerupft, die sich aus ihren bunten Federn Kränze wanden.

Im Unterschied zu den Musen, die nur für die Götter sangen, waren die Sirenen für die Sterblichen gefährlich. Sobald sich ein Schiff ihrer Insel näherte und die Besatzung ihren Gesang vernahm, hielt es die Seeleute nicht länger an Bord; von Sehnsucht erfüllt schwammen sie ans Ufer und verhungerten jämmerlich auf der kargen Insel, die von den bleichen Knochen unglücklicher Schiffer übersät war.

Es hieß, die Sirenen müssten sich ins Meer stürzen, sobald es einem Schiff gelänge, heil an ihrer Insel vorbeizukommen. Das ist aber so bestimmt nicht richtig, denn dies Kunststück gelang mindestens zwei Schiffen.

Das erste war die Argo, die sich unter dem Kommando des Jason mit Medea und dem Goldenen Vlies an Bord auf ihrer abenteuerlichen Rückfahrt von Kolchis ins heimatliche Griechenland befand. Als von fern die ersten Sirenengesänge ertönten und die Argonauten unruhig zu werden begannen, griff der Sänger Orpheus, der zur Besatzung des Schiffs gehörte, zu seiner Leier und sang dazu, so laut er konnte, um den Gesang der Sirenen zu übertönen. Die Seeleute legten sich in die Riemen und kamen wohlbehalten an der gefährlichen Insel vorbei. Nur einer von ihnen, Butes, sprang über Bord und gelangte auf das kahle Eiland. Er war verliebt und daher empfänglich für die

■ Der an den Mast seines Schiffes gebundene Odysseus mit einer Sirene; schwarzfigurige attische Vasenmalerei, um 500 v. Chr.

■ Nach den Abenteuern mit den Sirenen und mit Skylla und Charybdis wird Odysseus, allein und nackt, an den Strand der Insel der freundlichen Phäaken gespült. Hier entdeckt ihn die Prinzessin Nausikaa. Aus dem Freskenzyklus zur Odyssee von Alessandro Allori im Palazzo Salviati, Florenz

> **ICH WEISS NICHT, WAS SOLL ES BEDEUTEN …**
>
> Eine berühmte Sirene aus neuerer Zeit ist die blonde Fee Loreley, die auf einem Fels über dem Rhein saß und den Schiffern mit ihrem Gesang so sehr die Köpfe verdrehte, dass ihre Boote am Ufer jämmerlich zerschellten. Das romantische Lied, das Heinrich Heine ihr widmete, erzählt von der süßen Lockung einer schwer zu beschreibenden Gefahr: »Ich weiß nicht, was soll es bedeuten …«.

■ Odysseus' Heimkehr: Nach seinen vielen Abenteuern gelangt Odysseus unerkannt in seine Heimat Ithaka zurück, wo seine treue Gemahlin Penelope auf ihn wartet. Er gibt sich ihr zu erkennen und berichtet von seinen Abenteuern. Johann Heinrich Wilhelm Tischbein (1751–1829), *Odysseus und Penelope*; Dortmund, Museum für Kunst und Kulturgeschichte

sehnsuchtsvollen Laute. Genauer gesagt war er wohl verliebt in die Liebe, denn Aphrodite selbst, die Verkörperung der Liebe, hatte ein Einsehen mit ihm und entrückte ihn an einen weniger unwirtlichen Ort nach Sizilien, wo sie mit ihm schlief und ihm einen Sohn gebar.

Das zweite Schiff, das die Insel der Sirenen ohne größeres Unglück passierte, war das des Odysseus. Die Zauberin Circe,

■ Auf dem Gemälde von Henry James Draper aus dem Jahre 1909 sind die Lockungen der Sirenen weniger musikalisch als schwül-erotisch.

deren Insel nicht weit von der der Sirenen entfernt lag, hatte den klugen Helden rechtzeitig gewarnt, und der hatte alle nötigen Vorsichtsmaßnahmen ergriffen.

Die Ohren der Gefährten verstopfte er mit Wachspfropfen; er selbst aber ließ sich mit Stricken an den Mast des Schiffes binden, damit er dem Sirenengesang gefahrlos lauschen konnte – denn natürlich wollte Odysseus wissen, was es mit der gefährlichen Musik auf sich hatte. Als das Schiff sich der Insel näherte und der Gesang der Sirenen das Plätschern der Wellen übertönte, wurde er unruhig. Er hörte, wie die Sängerinnen ihm versprachen, er werde noch nie Gehörtes hören und ein Wissen erlangen, das noch niemand besessen habe, wenn er näher käme. Da bat Odysseus seine Gefährten, ihn loszubinden, er flehte sie an, er befahl es ihnen. Doch zu seinem Glück taten sie, was Circe geraten hatte und was für diese Situation verabredet

■ Francesco Primaticcio (1505–1570), *Odysseus und die Sirenen*. Im Hintergrund des Bildes drohen bereits die Gefahren von Skylla und Charybdis.

war: Sie banden ihn noch fester. Und so gelangten Odysseus und die Gefährten an der Insel der Sirenen vorüber.

Der wache Realitätssinn des Odysseus hatte über die romantischen Gefahren der Musik gesiegt, doch es gab einen Augenblick, in dem er sein Leben für die Musik geopfert hätte.

SKYLLA UND CHARYBDIS UND ANDERE GEFAHREN DES MEERES

Zu allen Zeiten wussten Seefahrer erstaunliche Geschichten von den Gefahren zu erzählen, die auf dem Meer und an den Küsten lauerten. Eine dieser Geschichten aus der Antike ist die von der Insel der Sirenen, eine andere die von Skylla und Charybdis, zwischen denen die Argonauten sowie Odysseus und seine Gefährten die einzige mögliche, enge Passage finden mussten. Skylla war ein Fels, der sich in ein vielköpfiges Ungeheuer verwandelte, Charybdis ein Meerwunder, das Wasser abwechselnd einsog und ausspie und damit einen schrecklichen Strudel erzeugte. Skylla und Charybdis, die bis heute sprichwörtlich sind für zwei Gefahren, zwischen denen man seinen Weg finden muss, erinnern an die Symplegaden, zwei schwimmende Felsen, die immer wieder zusammenstoßen und dabei jedes Schiff zertrümmern, das nicht schnell genug zwischen ihnen hindurchfährt. Die Argo entging den Symplegaden nur um Haaresbreite.

Ähnliches Seemannsgarn begegnet uns bereits in dem altägyptischen Abenteuerroman des Seefahrers Sinuë, auf den die arabischen Erzählungen von Sindbad dem Seefahrer zurückgehen.

SIRENENGESÄNGE

 ÜBERLIEFERUNG

Quellen: In der *Odyssee* des griechischen Dichters Homer (um 700 v. Chr.) sind es zwei Sirenen, die versuchen, Odysseus in ihren Bann zu ziehen. Außer mit dem Klang ihrer Stimme locken sie den Helden mit ihrem Wissen: Ihren eigenen Worten zufolge wissen sie über alles, was auf der Erde geschieht, Bescheid. Nachdem Odysseus diese Gefahr an den Mast seines Schiffes gebunden bestanden hat (12. Buch), ist er sogleich dem nächsten Abenteuer ausgesetzt: Er muss die brausende Meerenge zwischen Skylla und Charybdis passieren. Dabei verliert er sechs seiner Begleiter. In dem Epos *Die Argonauten* von Apollonius Rhodios (um 295–215 v. Chr.), das die Sage von der Fahrt der Argonauten unter Jasons Führung aufgreift, schützt Orpheus die Gefährten durch seinen Gesang vor den Lockrufen der – hier sind es drei – Sirenen. Der römische Dichter Ovid (43 v. Chr. – 18 n. Chr.) erzählt im 5. Buch der *Metamorphosen*, wie die Sirenen zu ihrer besonderen Gestalt kamen. Sie waren einst die Gefährtinnen der Göttin der Unterwelt, Proserpina, und waren dabei, als diese von Hades beim Blumenpflücken geraubt wurde. Nachdem sie alle Länder vergeblich nach der Göttin durchsucht hatten, wünschten sie sich, dass ihre Sorge auch über die Meere hinaus bekannt werde. Die Götter ermöglichen ihnen dies, indem sie den Sirenen Federn und Flügel verliehen. Wie das Meerungeheuer Skylla, einst ein schönes Mädchen, zu seiner Gestalt kam, berichtet Ovid im 14. Buch. Demnach war es die Zauberin Circe, die Skylla aus Eifersucht verwandelte, da der Meergott Glaukos, den Circe begehrte, sich in das Mädchen verliebte. Ein Gift der Zauberin bewirkte, dass Skylla beim Baden in einer Bucht von bellenden Hunden angefallen wurde und sich in ein Ungeheuer verwandelte. Sie blieb an dem Ort und rächte sich an Circe, indem sie Odysseus' Gefährten verschlang.

Bildende Kunst: In Darstellungen der bildenden Kunst variiert die Gestalt der Sirenen. Früheste Abbildungen in der Antike zeigen sie als Vögel mit Menschenköpfen, später mit geflügelten Mädchenoberkörpern oder auch ganz in Menschengestalt. Im Mittelalter wurden sie auch mit einem oder zwei Fischschwänzen abgebildet. Die Sirenen malten z. B. der italienische Künstler Annibale Carracci (1560–1609), Palazzo Farnese, Rom, und Pablo Picasso (1881–1973), Musée Picasso, Antibes. Bilder, auf denen Skylla dargestellt ist, gibt es u.a. von dem niederländischen Maler Bartholomäus Spranger (1546–1611), Kunsthistorisches Museum, Wien, und dem Engländer William Turner (1775–1851), Kimbell Art Foundation, Fort Worth (Texas).

 EMPFEHLUNG

Lesenswert:
Homer: *Odyssee*. Nachwort von Egon Friedell, herausgegeben von Peter von der Mühl, übersetzt von Johann Heinrich Voss. Zürich 1986.

Ovid: *Metamorphosen*. In der Übertragung von Johann Heinrich Voss. Mit Radierungen von Pablo Picasso und einem Nachwort von Bernhard Kytzler. Frankfurt/Main 1990.

Hörenswert:
Joseph Strauß: Edition Vol. 17, *Die Sirene* u.a. Slovak State Philharmonic Orchestra/ Märzendorfer, 1995.

Reinhold Glière: Symphony No.1 und *The Sirens*, Slovak State Philharmonic Orchestra/ Gunzenhauser, 1985.

Homer: *Die Odyssee*. In eine moderne Form gebracht und gelesen von Christoph Martin. 21 Audio-CDs (14 Std. Spielzeit), 1996.

Ovid: *Metamorphosen*. In Prosa neu übersetzt von Gerhard Fink. Specher: Peter Simonischek. 6 Audio-CDs, Düsseldorf 1999.

 AUF DEN PUNKT GEBRACHT

Die Geschichte von den Sirenen ist einerseits unterhaltsames Seemannsgarn, wie es zu allen Zeiten gesponnen worden ist; andererseits ist sie ein wunderbares Gleichnis für die Macht der Musik.

Eine Sisyphusarbeit

Es gibt Arbeiten, die wollen überhaupt kein Ende nehmen; kaum meint man, sie seien vollendet, so stellt sich heraus, dass am Anfang etwas nicht stimmte, und man muss von vorn anfangen. Das sind Sisyphusarbeiten. Und ist nicht das ganze Leben eine Sisyphusarbeit, in der man niemals zur Ruhe kommt, sondern immer wieder neu beginnen muss, weil das schon Erreichte stets nicht mehr genügt?

Sisyphus war dazu verdammt, unten im Tartarus auf ewig einen riesigen Felsbrocken einen Berg hinauf zu wälzen, der jedes Mal, wenn er fast den Gipfel erreicht hatte, wieder an den Fuß des Berges hinabrollte.

Angesichts der Hoffnungslosigkeit, die diese Arbeit begleitete, war dies eine schreckliche Strafe, vergleichbar nur den Qualen, die die Götter für Prometheus und Tantalus vorgesehen hatten. Über die Art dieser schrecklichen Strafen weiß der Mythos allerdings viel Genaueres zu berichten als über die Missetaten, die sie begründeten.

Sicher, Sisyphus war kein Unschuldslamm. In der *Ilias* wird er »der durchtriebenste unter den Männern« genannt. Aber das konnte auch ein Ehrentitel sein, der an die schmückenden Beiworte für den klugen Odysseus erinnert, von dem manche sagen, er sei der Sohn des Sisyphus gewesen, und zwar von Antikleia, der Tochter des Meisterdiebs Autolykos.

■ Auf diesem Kupferstich nach einer Zeichnung von Abraham van Diepenbeeck (1596–1675) gehen christliche Höllenvorstellungen und antiker Mythos durcheinander, denn es ist ein kleiner Teufel, der dafür sorgt, dass der Fels, den Sisyphus zum Gipfel des Berges geschafft hat, wieder heruntergerollt. Teufel aber kennt der Mythos nicht.

Wenn Autolykos eine Viehherde entführte, so war es stets zwecklos, sie zu verfolgen, weil er den Tieren immer wieder andere Gestalten gab. Sisyphus aber brandmarkte die Hufe seiner Herdentiere und konnte ihre Spuren dadurch bis zu den Weiden des Diebes verfolgen. Um den Übeltäter zu bestrafen, nahm er nicht nur dessen gesamtes Vieh an sich, sondern verführte auch seine Tochter. Odysseus stammte demnach von dem »durchtriebenen« Sisyphus und einem Meisterdieb ab, und der seinerseits führte seine Herkunft auf den Diebesgott Hermes zurück.

Dass Sisyphus gewitzter war als ein Meisterdieb, hätten die Griechen und ihre Götter ihm wohl kaum übel genommen. Problematischer war da schon, dass er einen Bruder, nämlich Salmoneus, hatte, der mindestens ebenso gerissen war wie er selbst und die Götter weit mehr herausforderte. Salmoneus machte sich einen Spaß daraus, mit einem von vier Pferden gezogenen Wagen herumzufahren und als Zeus verkleidet die schönsten Frauen zu verführen – bis der Göttervater seinen sterblichen Konkurrenten mit seinem Blitz vernichtete. Für den Bruder konnte man Sisyphus jedoch kaum verantwortlich machen, denn er war dessen erbittertster Feind, seit Salmoneus ihm die Königswürde in Korinth streitig gemacht hatte. Sisyphus hatte sogar das Orakel in Delphi befragt, wie er sich seines Bruders entledigen könne, und die Pythia hatte geantwortet, dass Salmoneus von seinen Enkeln getötet würde, wenn seine Tochter Tyro Kinder bekäme. Sisyphus verführte nun seine Nichte, und sie gebar auch zwei Söhne. Doch Tyro erfuhr von dem Orakelspruch und tötete ihre eigenen Kinder, um ihren Vater zu schützen. Damit hatte Sisyphus zweifellos Schuld auf sich geladen, aber keine, die nach den Maßstäben des Mythos nicht hätte gesühnt werden können. Vielleicht war es sein Verhängnis, dass er um seiner Stadt Korinth willen eines der heimlichen Liebesabenteuer des Zeus vereitelte.

> **DIE HERKUNFT DES ODYSSEUS**
> Zumeist wird Odysseus als Sohn der Antikleia und des Laërtes, des Königs von Ithaka, angesehen. Doch auch Mythenhelden haben ihre Feinde, und die waren der Ansicht, der wenig geschätzte Sisyphus habe mit Antikleia den Odysseus gezeugt, bevor sie die Gemahlin des Laërtes wurde.

Zeus hatte sich in Aigina verliebt, die Tochter des Flussgottes Asopos, und sie entführt. Der verzweifelte Vater machte sich auf die Suche nach seiner Tochter und bat den klugen Sisyphus um Rat. Dem war tatsächlich nicht entgangen, was vorgefallen war, und er gab sein Wissen preis, im Austausch für einen Rat, wie er die Quelle Peirene auf dem Marktplatz von Korinth vor dem Austrocknen bewahren konnte. Dank der Hinweise, die Sisyphus ihm gegeben hatte, gelang es Asopos, Zeus waffenlos mit seiner Tochter zu überraschen; der Gott konnte sich der Rache des zornigen Flussgotts nur dadurch entziehen, dass er sich in einen Felsen verwandelte, an dem der Speer des Asopos abprallte.

■ Die Arbeit des Sisyphus, griechische Vasenmalerei aus Unteritalien, um 330 v. Chr.; München, Staatliche Antikensammlungen

DIE ÜBERLISTUNG DES TODES

Märchenhafte Schwänke von der Überlistung des Todes sind auch in der Neuzeit immer wieder erzählt und von den Brüdern Grimm und anderen festgehalten worden. Sie gehen, wie die Sisyphus-Überlieferung zeigt, bis in die Antike zurück. Allerdings gehören sie nicht zu der ältesten Schicht des Mythos.

Der Zorn des Zeus war dem Sisyphus nun gewiss, doch um zu erklären, warum er eine so außerordentliche Strafe erdulden musste, musste der Mythos in späterer Zeit noch weiter fortgesponnen werden. Wütend habe Zeus, so hieß es, dem Unterweltgott befohlen, Sisyphus in den Tartarus zu schaffen, die unterste Unterwelt. Doch Sisyphus sei es gelungen, Thanatos, den Tod, als er ihn holen wollte, zu überlisten und zu fesseln. Da nun keine Menschen mehr starben und die Erde übervölkert zu werden drohte, sandten die Götter den Kriegsgott Ares aus, der den gefangenen Tod befreite.

Nun sei es endgültig aus gewesen für Sisyphus, möchten wir denken. Doch Sisyphus gab noch nicht auf: Sterbend schärfte er seiner Frau ein, die rituellen Totenopfer für ihn zu unterlassen. Dies verschaffte ihm den Grund, sich bei der Unterweltsherrin Persephone zu beklagen und sie um Urlaub auf Ehrenwort zu bitten, damit er auf die Erde zurückkehren, seine Frau ausschelten und sich um ein ordentliches Leichenbegängnis kümmern könne. Persephone gewährte ihm großzügig die Bitte und ließ ihn ziehen. Natürlich dachte er gar nicht daran, wieder in die Unterwelt zurückzukehren. Erst Hermes, der es an Durchtriebenheit mit Sisyphus aufnehmen konnte, schaffte es, ihn endgültig in den Tartarus zu bringen, wo der berühmte Felsbrocken ihn schon erwartete.

Auch die märchenhafte spätere Überlieferung über das Ende des Sisyphus gibt keine befriedigende Erklärung für seine schreckliche Bestrafung. Und gerade darin mag man den tiefen Sinn des Mythos sehen, wie der französische Schriftsteller Albert Camus, der Sisyphus als Symbol für die Absurdität des menschlichen Lebens betrachtete, in dem es niemals gerecht zugeht und alles nur den Sinn hat, den wir selbst ihm geben, indem wir unverdrossen immer wieder von neuem unsere Felsen den Berg hinaufrollen.

■ Tizian (um 1476–1576) gelingt es, deutlich zu machen, wie schwer Sisyphus an seiner Last zu tragen hat. Gemälde aus dem Prado, Madrid

EINE SISYPHUSARBEIT

 ÜBERLIEFERUNG

Quellen: Für seine Klugheit wird Sisyphus, der Gründer und erste König Korinths, in den frühen Werken der griechischen Literatur noch bewundert. Nicht nur Homer (um 700 v.Chr.) nennt ihn in der *Ilias* den schlauesten aller Männer (16. Buch), auch der Lyriker Pindar (um 520–nach 446 v. Chr.) erwähnt ihn in seinem Werk *Olympien* als annähernd so schlau wie ein Gott. In einem Fragment des griechischen Dichters Hesiod (um 700 v. Chr.) heisst es noch deutlicher: »Zwar den Seligen, die olympische Häuser besitzen, war sein Verstand unterlegen… Doch übertraf er die Menschen an Plänen und klugen Gedanken.« Später galt er als schlauer Betrüger. In Hesiods Fragment geht es um einen Rechtsstreit zwischen Sisyphos und dem athenischen König Aithon, dessen Anlass Aithons Tochter Mestra ist. Die Göttin Athene schlichtet den Streit durch ihr Urteil. In Homers *Odyssee* befindet sich Sisyphus bereits in der Unterwelt. Odysseus sieht ihn bei seinem Aufenthalt im Hades unter anderen Verdammten – wie Tantalus –, wie er sich unter größten Qualen mit dem riesigen Felsblock abmüht (11. Buch).

Literatur: Den Titel *Sisyphusarbeit* gab der polnische Schriftsteller Stefan Zeromski (1864–1925) einem Roman über die politische Lage Polens Ende des 19. Jahrhunderts. Es ist vor allem die Geschichte einer Jugendgeneration, vertreten durch den Schüler Marcin Borowicz. Albert Camus' (1913–1960) Essay *Der Mythos von Sisyphos. Ein Versuch über das Absurde* wurde zu einem wegweisenden Werk für Camus selbst sowie die französische Gegenwartsphilosophie überhaupt. Der schweizerische Dramatiker und Erzähler Friedrich Dürrenmatt (1921–1990) nannte eine Erzählung, die 1945 erschien, *Das Bild des Sisyphos*. Gedichte, die sich auf den Mythos beziehen, schrieben im 20. Jahrhundert u.a. Hans Magnus Enzensberger (geb. 1929), *anweisung an sisyphos*, und Ulla Hahn (geb. 1946), *Ballade von S*.

Bildende Kunst: Sisyphus, der im Hades den Felsblock bergauf wälzt, ist eines der Motive, die auf einer Amphora des Bucci-Malers (6. Jahrhundert v. Chr.) aus Vulci abgebildet sind, Glyptothek, München. Eine Wandmalerei aus der Zeit um 40 v. Chr. aus den sogenannten Odysseus-Fresken eines republikanischen Hauses auf dem Esquilin, die Sisyphus, Orion, Tityos und Danaiden als Göttergestrafte in der Unterwelt zeigt, ist heute im Vatikanischen Museum zu sehen. Auf einem Bild des italienischen Malers Tizian (um 1488–1576) trägt Sisyphus den Stein auf seinem Rücken, Museo del Prado, Madrid.

 EMPFEHLUNG

Lesenswert:
Homer: *Ilias. Odyssee.* Übertragen von Johann Heinrich Voss. Zürich 1999.

Pindar: *Siegeslieder.* Griechisch/Deutsch. Düsseldorf 1992.

Hesiod: *Werke in einem Band.* Berlin 1994.

Albert Camus: *Der Mythos von Sisyphos. Ein Versuch über das Absurde.* Reinbek 1997.

Friedrich Dürrenmatt: *Das Bild des Sisyphos.* In: Gesammelte Werke, Band 5: Erzählungen. Zürich 1996.

Hans Magnus Enzensberger: *Gedichte.* Frankfurt/Main 1999.

Ulla Hahn: *Unerhörte Nähe.* Stuttgart 1988.

Hörenswert:
Christa Wolf/Vytante Zylanskaite: *Aus »Kassandra« und »Sisyphos und die Wächter«.* Käthe Reichel liest. Audio-CD, 1998.

Griechische Sagen für Kinder: Die unendliche Arbeit des Sisyphos u.a. (ab 7 Jahre). 2 Audio-CDs, 1990.

 AUF DEN PUNKT GEBRACHT

Die sprichwörtliche Sisyphusarbeit war eine schreckliche Strafe für einen Helden, der eher ein Schelm war als ein Missetäter. Aber vielleicht liegt die tiefere Bedeutung des Mythos gerade darin, dass es Strafen gibt, die sinnlos sind.

Tantalusqualen

Nichts ist quälender als Hunger, wenn ein reich gedeckter Tisch greifbar nahe und doch unerreichbar ist, als Durst, wenn er leicht zu stillen wäre und doch unstillbar ist, oder ein Leben in Elend, wenn rings umher Überfluss herrscht. Solche Qualen sind Tantalusqualen. Tantalus musste sie in der Unterwelt auf ewig erdulden.

Tantalus galt für die meisten als Sohn des Zeus und der Pluto, einer Tochter des Titanen Kronos, deren Name von Überfluss und Reichtum kündet. Er war ein Sterblicher, König im kleinasiatischen Lydien, aber er verkehrte unter den Göttern, als sei er ihresgleichen. Dies war zu seiner Zeit nicht völlig ungewöhnlich; der Mythos berichtet auch von anderen, die mit den Göttern tafelten, von Peleus, dem Vater des Achill, etwa, bei dessen Hochzeit mit der vielbegehrten Nymphe Thetis die Götter zu Gast waren, oder von Kadmos, dem Gründer von Theben, dem die Musen bei seiner Heirat mit Harmonia in Anwesenheit der Götter ein Hochzeitsständchen darbrachten.

■ Auf diesem Kupferstich von Hendrik Goltzius (1558–1617) wird der *Sturz des Tantalus* dargestellt: Der Künstler der Barockzeit assoziierte bei dem Schicksal des Tantalus die christliche Überlieferung vom Höllensturz Luzifers und der anderen gefallenen Engel.

Tantalus ging auf dem Olymp ein und aus und genoss wie die Götter Nektar und Ambrosia. Er fühlte sich wie ein Gott und war doch ein Mensch, den es trieb, sich unter den Menschen mit seiner Sonderstellung zu brüsten. Er stahl von der himmlischen Tafel Nektar und Ambrosia und nahm die Götternahrung mit auf die Erde, und er erzählte Geheimnisse des Zeus herum. Während Tantalus sich den Göttern immer ähnlicher fühlte, begann er umgekehrt an ihrer übermenschlichen Macht zu zweifeln, und weil er sie nicht fürchtete, schreckte er auch vor Hehlerei und Meineid nicht zurück. Für den Dieb Pandareos verbarg er einen goldenen Hund, den dieser aus einem Tempel des Zeus gestohlen hatte. Hephaistos hatte ihn dereinst geschmiedet, damit er Zeus beschützte, als dieser noch ein Kind war. Als Pandareos das Diebesgut zurückverlangte, schwor Tantalus beim Zeus, dass er es nicht habe. Zeus sandte seinen klugen Boten Hermes aus, um der Sache auf den Grund zu gehen, und der fand den kostbaren Hund bei Tantalus.

Um die Allwissenheit der Götter endgültig auf die Probe zu stellen und sie zu erniedrigen, verfiel Tantalus auf einen grausigen Plan. Er zerstückelte seinen eigenen Sohn Pelops, kochte ihn und setzte ihn als Speise den Göttern vor. Denen aber blieb nicht verborgen, womit sie da bewirtet werden sollten – außer Demeter, die von ihrer Trauer um ihre Tochter Persephone abgelenkt war und ein Stück von Pelops' Schulter aß. Die Götter machten Tantalus' Verbrechen an seinem unschuldigen Sohn schnell wieder gut, indem sie Pelops wieder zusammensetzten und zum Leben erweckten; Demeter ersetzte das fehlende Stück von seiner Schulter durch eine Prothese aus Elfenbein.

Tantalus aber verbannten sie empört auf immer von ihrer Tafel. Vielleicht wäre es Strafe genug für ihn gewesen, wenn er sich von nun an nach den himmlischen Speisen hätte verzehren müssen, die er ewig weiter hätte genießen können, wenn er nicht in seinem Übermut die Götter einmal zu viel herausgefordert hätte. Doch die Götter sind grausam. Sie versetzten ihn in der Unterwelt in einen See, in dem er bis zum Hals stand, von dessen Wasser er jedoch nie trinken konnte, um seinen schreckli-

■ Niobe versucht eines ihrer Kinder zu schützen; römische Kopie einer griechischen Plastik; Florenz, Uffizien

■ Teil einer Gruppe mit dem Wagenrennen zwischen Pelops und Oinomaos, vom Zeustempel in Olympia

NIOBE

Niobe, die Tochter des Tantalus, war den Göttern gegenüber nicht weniger herausfordernd als ihr Vater. Sie war die stolze Mutter von wenigstens sechs wohlgeratenen Söhnen und mindestens ebenso vielen Töchtern. Übermütig verspottete sie Leto, die Mutter des Apoll und der Artemis: Leto könne es mit ihr als Mutter und mit ihrer stolzen Kinderschar doch wohl nicht aufnehmen! Tief gekränkt bat Leto ihren Sohn und ihre Tochter, sie zu rächen, und die göttlichen Geschwister töteten alle Kinder der Niobe mit ihren Pfeilen.

■ Die Qualen des Tantalus, Kupferstich nach Abraham van Diepenbeeck (1596–1675)

> **PELOPS' WEITERES SCHICKSAL**
>
> Pelops, der Sohn des Tantalus, war so schön, dass Poseidon sich in ihn verliebte, und wäre da nicht die Erinnerung an die Verbrechen seines Vaters gewesen, hätten ihn die Götter in den Olymp aufgenommen. Poseidon, der auch der Pferdegott war, half ihm dafür, Hippodameia, die schöne Tochter des Königs Oinomaos von Elis, als Frau zu erringen. Oinomaos war der Besitzer der besten Pferde; er forderte alle, die um seine Tochter freiten, zu Wagenrennen auf und durchbohrte sie mit seinem Speer, wenn er sie überholte. Pelops aber bestach Myrtilos, den Wagenlenker des Oinomaos, der die bronzenen Nägel, die verhindern sollten, dass die Wagenräder sich von der Achse lösten, durch solche aus Wachs ersetzte. Oinomaos wurde von seinen Rossen zu Tode geschleift; Pelops aber folgte ihm auf dem Thron von Elis und wurde der mächtigste König auf der gesamten Halbinsel, die nach ihm bis heute Peloponnes heißt. Von ihm und Hippodameia stammen Atreus und die Atriden ab, zu denen Agamemnon und Menelaos, Orest und Iphigenie gehören.

■ Ohnmächtig muss Tantalus zusehen, wie das Wasser vor ihm zurückweicht. Detail einer griechischen Vasenmalerei aus Unteritalien, um 330 v. Chr.

chen Durst zu stillen. Jedes Mal nämlich, wenn er sich bückte, um Wasser zu schöpfen, zog der See sich zurück. Nicht geringer als sein Durst war sein Hunger, und zum Greifen nahe vor sich sah er die schönsten Früchte an einem Zweig hängen. Doch jedesmal, wenn er sich davon eine nehmen wollte, erhob sich ein Wind und bog den Zweig zurück. Über ihm aber hing ein Fels, der jeden Augenblick herabzustürzen und ihn zu zerschmettern drohte. So lebte er in beständiger Todesangst weiter, denn richtig sterben konnte er nicht, wegen seiner göttlichen Herkunft und weil er so lange Nektar und Ambrosia genossen hatte, womit die Götter ihre Unsterblichkeit stets erneuern. Wer durch zu viel Glück übermütig geworden ist, den trifft jede Strafe härter als den Unglücklichen, der das Glück nie gekannt hat.

TANTALUSQUALEN

ÜBERLIEFERUNG

Quellen: Als Grund für Tantalus' Bestrafung geben die antiken Quellen verschiedene Untaten an. Die Sage vom Göttermahl, bei dem Tantalus den Anwesenden seinen zerstückelten Sohn Pelops vorsetzte, erzählt der griechische Lyriker Pindar (um 520 – nach 446 v. Chr.) in dem Werk *Olympien*. Er schildert außerdem, wie Tantalus den Göttern Nektar und Ambrosia stahl und an seine Freunde verteilte. Der römische Dichter Ovid (43 v. Chr. – 18 n. Chr.) berichtet im 6. Buch der *Metamorphosen*, dass Tantalus die Götter durch seine Reden beleidigte. Auch Ort und Art seiner Strafe variieren in der Überlieferung. In der *Odyssee* Homers (um 700 v. Chr.) steht Tantalus in einem See in der Unterwelt. Die Wellen reichen ihm bis ans Kinn, aber immer, wenn er versucht, zu trinken, weicht das Wasser zurück, bis der Grund ganz freigelegt und ausgetrocknet ist. Über ihm hängen an Bäumen die schönsten Früchte, die er jedoch nie erreichen kann (11. Buch). Bei Pindar besteht Tantalus' Strafe darin, dass er unter einem schwebenden Felsblock ausharren muss. Der griechische Tragödiendichter Euripides (um 485–406 v. Chr.) erwähnt diese Version der Sage in seinem Drama *Orest*. Hier schwingt der Fels, der sich zwischen Himmel und Erde schwebend hält, an goldenen Ketten im Kreis.

Literatur: Der österreichische Schriftsteller Felix Braun (1885–1973) verarbeitete den Mythos in einer Tragödie, die 1926 in Karlsruhe uraufgeführt wurde. Ort des Geschehens ist Mykene. König Tantalus, dem seine Macht und das private Glück keine wirkliche Zufriedenheit bereiten können, begehrt, die olympischen Götter zu sehen. Trotz aller Warnungen steigt er auf den Olymp. Dort erhält er die Borschaft, dass Zeus und Hermes als Menschen verkleidet an einem Gastmahl in seinem Schloß teilnehmen werden. Von dem Dämon Barbaros angestiftet, erprobt Tantalus die Allmacht der Götter, indem er ihnen seinen Sohn als Speise vorsetzt. Die Einsicht seiner Schuld kann ihn nicht vor Zeus' Fluch bewahren, auch wenn dieser den Sohn zum Leben wiedererweckt. Am Ende des Stücks wird Tantalus jedoch von seiner Strafe erlöst. Die fünf Akte der Tragödie markieren die Etappen der seelischen Wandlung; sie zeigen Tantalus als Melancholiker, Kämpfer und Frevler, Einsichtigen, Büßenden und Erlösten.

Bildende Kunst: Der italienische Baumeister und Maler Baldassare Peruzzi (1481–1536) stellte Tantalos auf einem Fresko dar, Villa Farnesina, Rom. Außerdem zeigen ihn Bilder der spanischen Künstler José de Ribera (1591–1652), Museo del Prado, Madrid, und Francisco José de Goya (1746–1828).

EMPFEHLUNG

Lesenswert:
Homer: *Odyssee*. Nachwort von Egon Friedell, herausgegeben von Peter von der Mühl, übersetzt von Johann Heinrich Voss. Zürich 1986.

Pindar: *Siegeslieder*. Griechisch/Deutsch. Düsseldorf 1992.

Ovid: *Metamorphosen*. In der Übertragung von Johann Heinrich Voss. Mit Radierungen von Pablo Picasso und einem Nachwort von Bernhard Kytzler. Frankfurt/Main 1990.

Hörenswert:
Franz von Suppé: *Ouvertures Vol. 2, Tantalusqualen* u.a. Slovak State Philharmonic Orchestra/Walter, 1990/93.

Griechische Sagen für Kinder: Die Bestrafung des Tantalos u.a. (ab 7 Jahre). 2 Audio-CDs, 1990.

AUF DEN PUNKT GEBRACHT

Tantalusqualen, so lehrt der Mythos, muss der leiden, der am meisten Glück genossen und sich dessen unwürdig gezeigt hat.

Titanen und Giganten

In der Mythologie vieler Völker wimmelt es von Ungeheuern und ungeschlachten Riesen der Vorzeit, die von tapferen und gewitzten Göttern oder Helden in gewaltigen Kämpfen bezwungen werden. Je gewaltiger und wilder dabei die Mächte der Finsternis dargestellt werden, die sich gegen die herrschende Ordnung der Welt aufbäumen, desto strahlender stehen die Götter und Helden da, die sie in ihre Schranken verweisen. Dies erklärt die Beliebtheit der Schilderungen und bildlichen Darstellungen von Titanen- und Gigantenschlachten bei den Griechen. Natürlich feierten sie darin den Sieg ihrer Götter und damit ihrer olympischen Religion, ihrer, wie sie glaubten, überlegenen Kultur. Immer wieder aber sympathisierten sie mehr oder minder heimlich auch mit den Entrechteten unter den Gottheiten und denen, die gegen die Herrschaft des Zeus revoltierten.

■ Die Skulpturen des Pergamonfrieses (Berlin, Pergamonmuseum) mit der Darstellung des Kampfes der Götter mit den Giganten gehören zu den großartigsten Werken hellenistischer Kunst.

Die Titanen und Titaninnen waren die Kinder der Gaia und des Uranus, der Erde und des Himmels. Unter der Führung des Kronos entmannten und entmachteten sie den Uranus, der sie nicht an seiner Herrschaft teilhaben lassen wollte, und herrschten über die Welt: Kronos im Himmel, wo Hyperion über den Lauf

der Sonne gebot, Okeanos mit seiner Gemahlin Tethys in den Meeren, die Muttergottheiten Rhea und Themis auf der Erde. Offenbar schon Kinder von Titanen waren Prometheus, der die Menschen erschaffen sollte, und der Riese Atlas.

Ganz anders geartet als die Titanen, die viel mit den olympischen Göttern gemein hatten und ähnlich wie sie von den Menschen verehrt wurden, waren die einäugigen Zyklopen und die drei Hekatoncheiren, die »Hundertarmigen«, die Gaia später dem Uranus gebar: Sie waren schreckliche Ungeheuer mit unglaublichen Kräften. Sie halfen Kronos bei seinem Aufstand gegen Uranus, wurden aber von ihm bald wieder in den Tartarus, die tiefste Unterwelt verbannt, wo schon Uranus sie festgehalten hatte. Als Zeus, der Sohn des Kronos und der Rhea, mit seinen Geschwistern, darunter Poseidon, Hades und Hera, den Kampf mit den Titanen wagte, um selbst die Herrschaft über die Welt zu ergreifen, befreite er die ungeheuren Riesen erneut, und sie waren es, die ihm zum Sieg verhalfen. Nun wurden die Titanen im Tartarus gefangen gesetzt, damit sie niemals die Macht der olympischen

ALTE GÖTTER

Die meisten Titanen tragen Namen, die nicht griechischen Ursprungs nicht. Offenbar handelt es sich bei ihnen um Gottheiten, die die Griechen schon vorfanden, als sie auf den südlichen Balkan einwanderten. Dies erklärt auch, weshalb die Titanen im Mythos für älter angesehen werden als die olympischen Götter.

■ Die schreckliche Keto, ein Meeresungeheuer, im Getümmel des Gigantenkampfs

■ Der Hund der Artemis tötet einen Giganten; vom Pergamonfries

Götter infrage stellten. Lediglich Rhea, die Mutter des Zeus und seiner Geschwister, und Themis, die Gottheit der Ordnung und Gesittung und Zeus' erste Frau, blieben unbehelligt. Okeanos wurde von Poseidon an den Rand des Erdkreises verdrängt und Hyperion allmählich von Helios, dem neuen Sonnengott, abgelöst. Prometheus hatte sich rechtzeitig mit den Olympiern verbündet, wurde von den Göttern aber weiter mit Misstrauen betrachtet; sein Bruder Atlas wurde dazu verdammt, auf seinen Schultern das Himmelsgewölbe zu tragen.

Kaum hatten die Götter gegen die Titanen gesiegt, mussten sie gegen die Giganten in die Schlacht ziehen, ein Riesengeschlecht, das Gaia empfangen hatte, als das Blut des entmannten Uranus in ihren Schoß sickerte.

Vielleicht hatte die Erde die Giganten aus Zorn über die brutale Unterdrückung der Titanen durch die Götter geboren. Jeden-

DIE MOIREN UND ANDERE GOTTHEITEN

Aus dem Blut, das Uranus vergoss, als er von Kronos entmannt wurde, erwuchsen außer den Giganten auch die schrecklichen Rachegöttinnen, die Erinnyen; aus seinem abgeschnittenen Geschlechtsteil selbst aber wurde der Schaum, dem Aphrodite, die Göttin der Liebe, entstieg.

Vielleicht aus der Verbindung des Blutes des Uranus mit Nyx, der Nacht, entstanden die Schicksalsgöttinnen, die Moiren Klotho, Lachesis und Atropos, die den Menschen ihr »Los« – das besagt ihr Name – zuteilten: Klotho spann den Lebensfaden, Lachesis teilte ihn den Menschen zu und Atropos schnitt ihn am Ende ab oder ließ ihn zerreißen. Auf Lateinisch hießen die Moiren, die an die Nornen der Germanen erinnern, Fata – von fatum, das heißt »Los« oder »Schicksal«. Von Fata wiederum stammt das Wort »Fee« ab.

falls verbündeten sich die Giganten mit den Titanen – was auch daraus zu erklären ist, dass schon in der Antike die Schlachten der Götter mit den Titanen und den Giganten durcheinandergeworfen wurden. Die Erde bebte, als die Giganten riesige Felsen und brennende Bäume gegen den Himmel schleuderten, um ihn zum Einsturz zu bringen. Die Götter blieben ihnen nichts schuldig; Zeus schleuderte seine Blitze, Hephaistos glühendes Eisen, und Athene und Poseidon begruben ihre Gegner unter ganzen Inseln. Dennoch konnten die Götter nicht siegen, so hatte es ein Orakel ihnen vorhergesagt, solange nicht auch ein Sterblicher an ihrer Seite kämpfte. Dieser Sterbliche war Herakles, der in die Schlacht eingriff und, Seite an Seite mit Apoll und Artemis, viele der Riesen mit seinen Pfeilen tötete.

Als die Giganten endlich besiegt und in den Tartarus geworfen waren, gab Gaia noch keineswegs auf. Sie gebar dem Tartarus selbst, der Gottheit der finstersten Unterwelt, den Typhoeus oder Typhon, das grässlichste Wesen, das die Erde je gesehen hatte: ein Ungeheuer mit hundert Köpfen, die Feuer spien. Typhoeus zog gegen die ihm verhassten Götter und belagerte den Olymp. Die Blitze, die Zeus auf ihn schleuderte, taten ihm lange nichts an, obwohl selbst die Titanen, die in den Tiefen der Unterwelt gefangen waren, von dem Schlachtenlärm vor Angst erschauerten. Erst nach langem Kampf gelang es Zeus, Typhoeus mit einem Berg zu zermalmen und seinen unsterblichen Körper zu seinem Vater in den Tartarus zu verbannen. Von Typhoeus stammten weitere grässliche Ungeheuer ab wie der Nemeische Löwe, den Herakles bezwang, die Chimaira, die Bellerophon mit Hilfe des Pegasus tötete, die Sphinx, die von Ödipus dazu gebracht wurde, sich selbst zu töten, und nicht zuletzt der schreckliche Adler, der

■ Giganten türmen Felsen aufeinander, um den Olymp stürmen zu können. Gemälde von Giuseppe Cesari (1568–1640); Wien, Kunsthistorisches Museum

■ Wie die Titanen, so ging auch das nach ihnen benannte gigantische Schiff, die *Titanic*, unter. Zeitgenössisches Aquarell der Katastrophe vom 14. April 1912

die Leber des an den Kaukasus gefesselten Prometheus zerhackte.

Die letzten, die die Herrschaft der Götter infrage stellten, waren die Riesen Otos und Ephialtes, Söhne der Sterblichen Iphimedeia und des Poseidon. Sie waren so groß und fühlten solche Kraft in sich, dass sie den Ossa auf den Pelion türmten, Berg auf Berg, und so den Himmlischen bedrohlich nahe kamen. Kühn begehrten sie Artemis und Hera zu ihren Frauen und drohten damit, den Himmel einzureißen, wenn sie ihren Willen nicht bekämen. Nun wurden sie für die Olympier ernsthaft zu einer Bedrohung. Apoll und Artemis töteten sie schließlich mit den Pfeilen, die sie von ihren Bögen schnellen ließen.

Seitdem herrschten die Götter unangefochten. Sie konnten aber nicht verhindern, dass die Menschen zuweilen wehmütig des grausamen Schicksals gedachten, das die Olympier ihrem Schöpfer Prometheus zugedacht hatten und dass sie sich der Zeit, als der Titan Kronos noch herrschte, als eines Goldenen Zeitalters erinnerten.

TITANEN UND GIGANTEN

 ÜBERLIEFERUNG

Quellen: Die wichtigste Quelle für den Mythos der Titanen ist Hesiods (um 700 v. Chr.) *Theogonie*, der einzige griechische »Schöpfungsbericht«. Das Epos, das aus 1022 Versen besteht, erzählt von der Entstehung der Welt aus dem Chaos und vom Ursprung der Götter. Es schildert die Geburt der Titanen, der sechs Söhne und Töchter der Gaia und des Uranus, berichtet von den Titanenehen und den Kindern, die daraus hervorgingen, und schließlich ausführlich vom zehnjährigen Titanenkampf, der »Titanomachie« genannt wird. Auch die Überwindung des hundertköpfigen feuerspeienden Ungeheuers Typhoeus durch Zeus erzählt Hesiod in Einzelheiten. Aus dem unter Zeus' Blitzen zusammengebrochenen Drachen schlugen Flammen, die die ganze Erde ringsherum zum Schmelzen brachte. Der Sage nach geschah dies am Ätna, der seitdem Feuer speit. Ausbrüche dieses Vulkans, der unter sich das Ungeheuer begräbt, deutet man traditioneller Weise als Typhoeus' Befreiungskämpfe. Die Giganten, »waffenleuchtende Riesen, die ragende Lanze in Händen«, erwähnt Hesiod dagegen nur beiläufig. Sie begegnen uns im 1. Buch der *Metamorphosen* des römischen Dichters Ovid (43 v. Chr – 18 n. Chr.): Als sie den Himmel erobern wollten und zu diesem Zwecke immer höhere Berge bis zu den Sternen auftürmten, zerschlug Zeus das Gebirge durch einen Blitz. Die Giganten wurden darunter erdrückt und die Erde von ihrem Blut getränkt. Nach Ovid entstanden aus diesem Blut menschliche Nachfahren der Giganten, die ebenfalls die Götter nur verhöhnten und begierig waren zu morden. Zeus' Kampf gegen die Giganten trägt die Bezeichnung »Gigantomachie«.

Bildende Kunst: Von Giorgio Vasari (1511–1574), dem italienischen Maler, Baumeister und Kunstschriftsteller, gibt es eine Darstellung der Entmannung des Uranus durch seinen jüngsten Sohn, den Titanen Kronos, Palazzo Vecchio, Florenz. Den Kampf bzw. den Sturz der Titanen zeigen u.a. Bilder von Peter Paul Rubens (1577–1640), Musée d'Art Ancien, Brüssel, und Jacob Jordaens (1593–1678), Museo del Prado, Madrid, sowie der deutsche Künstler Anselm Feuerbach (1829–1880), Gemäldegalerie der Akademie der Bildenden Künste, Wien, und Wilhelm Trübner (1851–1917), Kunsthalle Karlsruhe. Die berühmteste antike Darstellung der Gigantomachie in der bildenden Kunst zeigt das große Fries des Zeusaltars von Pergamon (2. Jahrhundert v. Chr.), Museumsinsel, Berlin. In späterer Zeit malte z.B. der italienische Maler und Baumeister Giulio Romano (1499–1546) den Kampf mit den Giganten, Palazzo del Tè, Mantua.

 **EMPFEHLUNG**

Lesenswert:
Hesiod: *Theogonie*. Griechisch/Deutsch. Herausgegeben und neu übersetzt von Otto Schönberger. Stuttgart 1999.

Ovid: *Metamorphosen*. In der Übertragung von Johann Heinrich Voss. Mit Radierungen von Pablo Picasso und einem Nachwort von Bernhard Kytzler. Frankfurt/Main 1990.

Hörenswert:
Ovid: *Metamorphosen*. In Prosa neu übersetzt von Gerhard Fink. Specher: Peter Simonischek. 6 Audio-CDs, Düsseldorf 1999.

Tales from the Greek Legends: Gods and Titans u.a. Sprecher: Erward Ferrie. 2 Audio-CDs, 1993.

 AUF DEN PUNKT GEBRACHT

Die Erzählungen von den Schlachten der Götter mit Titanen und Giganten erinnern daran, wie die Götter und mit ihnen die griechische Zivilisation ihre Herrschaft errichtet haben, aber auch an die Revolten, die es gegen diese Herrschaft immer wieder gab.

Das Trojanische Pferd

■ Sogenannte Grabmaske des Agamemnon, aus Mykene, 16. Jh. v. Chr.; Athen, Archäologisches Nationalmuseum

■ Das Trojanische Pferd, Holzstich, um 1880

Das hölzerne Pferd, mit dessen Hilfe die Griechen über die Trojaner triumphierten, ist wohl die berühmteste Kriegslist aller Zeiten. Noch heute spricht man von »Trojanischen Pferden«, wenn es einer Organisation – das kann ein Geheimdienst ebenso gut sein wie ein Wirtschaftsunternehmen – gelingt, ihre eigenen Leute in die Reihen des Gegners einzuschleusen.

Schon seit zehn Jahren wogte die Schlacht unter den Mauern von Troja hin und her, Griechen wie Trojaner hatten schreckliche Verluste erlitten, ihre größten Helden, Achill auf Seiten der Griechen und Hektor auf Seiten der Trojaner, waren gefallen. Doch ein Ende des Krieges war nicht abzusehen. Ein gefangener trojanischer Seher namens Helenos hatte Troja für unbesiegbar erklärt, solange sich das Palladion, eine hölzerne Weihestatue der Athene, in seinen Mauern befinde. Odysseus und ein weiterer Anführer der Griechen, Diomedes, schlichen sich daraufhin als Bettler verkleidet in die Stadt und stahlen das Palladion. Doch Trojas Mauern standen so fest wie zuvor. Helenos hatte auch geraten, Achills Sohn Neoptolemos an Stelle seines Vaters vor Troja kämpfen zu lassen. In der Rüstung des Toten leistete Neoptolemos Wunder an Tapferkeit. Aber Troja wankte immer noch nicht. Da verfiel Odysseus auf die List mit dem hölzernen Pferd.

Einer der griechischen Helden, Epeios, war ein großer Kunsthandwerker. Mit Athenes Hilfe verfertigte er aus Baumstämmen vom Berg Ida das gewaltige Standbild eines mächtigen Pferdes, in dem Platz für einen Stoßtrupp schwer bewaffneter Krieger war.

Als das hölzerne Pferd fertig im Lager der Griechen stand, verbargen sich die besten Kämpfer unter der Führung des Odysseus in seinem Inneren. Die übrigen Griechen brachen ihre Zelte ab und stachen mit ihren Schiffen in See. Allerdings ging die Reise nur bis zur nahe gelegenen Insel Tenedos.

Die Trojaner strömten nun voller Freude über den Abzug der Griechen zu dem verlassenen Lager und betrachteten neugierig das riesige Pferd, das eine Aufschrift trug, die es Athene weihte. Die Göttin, so stand zu lesen, möge die Griechen bei ihrer Rückkehr schützen.

■ Troja als mittelalterliche Burg und das hölzerne Pferd; französische Buchmalerei aus dem 15. Jh.; Paris, Bibliothèque Nationale

DANAERGESCHENKE

»Was es auch ist, ich fürcht' die Danaer, selbst ihre Geschenke«, lässt Vergil den Laokoon ausrufen, als er das hölzerne Pferd erblickt. Mit »Danaern« sind die Griechen gemeint, und mit dem Geschenk das hölzerne Pferd. »Danaergeschenke« sind zur sprichwörtlichen Bezeichnung für Geschenke geworden, mit denen etwas nicht stimmt, denen man misstrauen muss.

- Plan der Ausgrabungen in Troja (1870–1882) durch Heinrich Schliemann, aus dem 1884 veröffentlichten Grabungsbericht

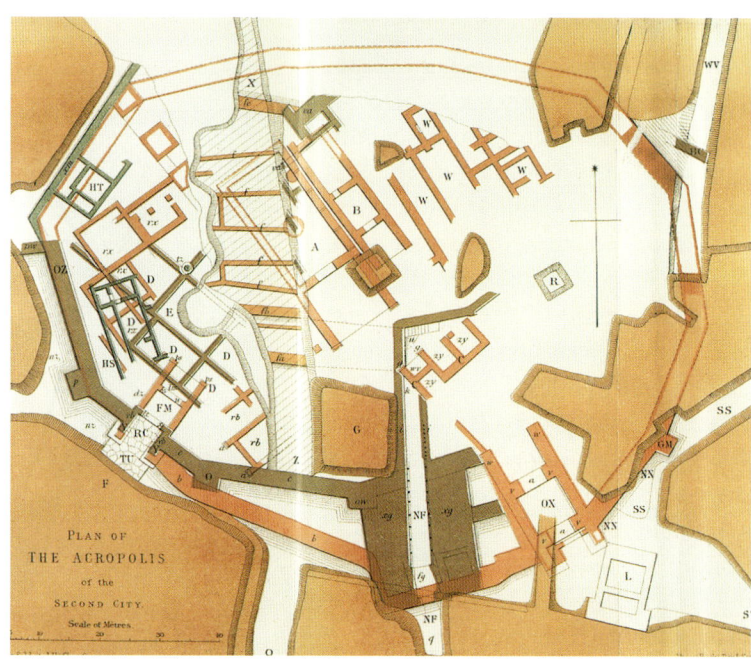

- Auf dem Ausgrabungsgelände in Troja

Die Trojaner wussten nicht so recht, was sie von dem Geschenk der Griechen halten sollten. Viele von ihnen wollten das Pferd in die Stadt holen; eine solch gewaltige Weihegabe für Athene, meinten sie, werde ihnen gewiss Glück bringen. Andere warnten, allen voran natürlich die Unglücksprophetin Kassandra. Der Poseidonpriester Laokoon führte vor, dass die Statue im Inneren hohl war, indem er seinen Speer gegen sie schleuderte. Schon wurden Stimmen unter den Trojanern laut, man solle die unheimliche hölzerne Statue verbrennen.

Doch Odysseus hatte bedacht, dass bei den Trojanern noch Überzeugungsarbeit zu leisten sein würde. Er hatte einen Spion namens Sinon zurückgelassen, der von den Trojanern aufgegriffen und ins Kreuzverhör genommen wurde. Seine Kleider hingen ihm in Fetzen vom Leibe, und so klang seine Aussage recht überzeugend, dass er den Griechen nur mit Mühe entkommen sei, als sie ihn auf den Rat des fürchterlichen Odysseus hin opfern wollten, um die Götter für ihre Heimfahrt gnädig zu stimmen. Mit dem hölzernen Pferd, führte er aus, hätten die Griechen den Zorn

Athenes über den Diebstahl des Palladion aus Troja besänftigen wollen, und sie hätten es so groß gemacht, damit es nicht durch die Stadttore Trojas passe. Es sei nämlich geweissagt, dass es den Trojanern Glück bei künftigen Feldzügen gegen die Griechen bringen werde, sobald es seinen Platz auf ihrer Burg gefunden habe.

Diese raffinierte Lügengeschichte überzeugte die Trojaner, zumal sie mit ansehen mussten, wie der Warner Laokoon mit seinen Söhnen von den Seeschlangen verschlungen wurde, die Poseidon gesandt hatte: Die Götter wollten offenkundig, dass sie das Pferd in ihre Stadt aufnahmen. Und so machten sie sich sogleich daran, eine Bresche in die Stadtmauer zu reißen, durch die sie es zogen. Als das Pferd oben auf der Burg seinen Platz gefunden hatte, dankten die Trojaner den Göttern für ihre Gunst und gaben sich einem rauschenden Siegesfest hin.

In der Nacht aber kehrten die Griechen in aller Stille mit ihren Schiffen zurück und schlichen zur Stadtmauer; zur selben Zeit

> **DAS ENDE TROJAS IN DER LITERATUR**
> Homer berichtet davon, wie die einst mächtigen Anführer der Trojaner bei dem Fall der Stadt zu Tode kamen und welche der vornehmen Troerinnen die Sklavin welches griechischen Helden wurde. Er zeigt dabei weder großes Mitleid mit den Besiegten noch besondere Sympathie mit den Siegern; so geht es im Krieg eben zu, scheint er allein sagen zu wollen. Bei Euripides am Ende des 5. Jahrhunderts ist es anders: In seiner Tragödie *Die Troerinnen* weckt er unser Mitgefühl für die ins Elend gestürzten Frauen Trojas. Vergil in seiner *Äneis* wiederum lässt uns mit dem trojanischen Helden Äneas empfinden, dem ruhmreichen Vorfahren des römischen Kaisergeschlechts der Julier.

■ Lovis Corinth (1858–1925), *Das Trojanische Pferd*, 1924; Berlin, Nationalgalerie

■ Jan Brueghel d.Ä. (1568–1625), *Das brennende Troja*. Links vorn Äneas mit seinem Vater Anchises auf dem Rücken; im Hintergrund das hölzerne Pferd. München, Alte Pinakothek

kletterten die ausgewählten Krieger, die im Inneren des hölzernen Pferdes ausgeharrt hatten, ins Freie, besetzten die strategisch wichtigen Punkte der Stadt und öffneten ihren Kameraden die Tore. Die Trojaner waren die hilflosen Opfer des Gemetzels, das nun begann. Die Männer unter ihnen wurden umgebracht, die Frauen versklavt. Nur Äneas entkam mit seinem alten Vater Anchises auf dem Rücken und seinem Sohn Ascanius an der Hand als freier Mann aus der brennenden Stadt.

DAS TROJANISCHE PFERD

 ÜBERLIEFERUNG

Quellen: In Homers (um 700 v. Chr.) *Odyssee* erinnert Menelaos, König von Sparta, seine Frau Helena an das Trojanische Pferd (4. Buch). Er – wie auch Odysseus – hatte selbst im Innern des Holzpferdes ausgeharrt. Als er hörte, dass Helena dreimal um es herumging und er ihre Stimme wahrnam, fiel es ihm schwer, sich ruhig zu verhalten. Im 8. Buch bittet Odysseus den Sänger Demodokos, vom Bau des hölzernen Pferdes zu singen. Eine ausführliche Schilderung der Sage aus der Sicht der Trojaner findet sich im 2. Buch der *Aeneis* des römischen Dichters Vergil (70–19 v. Chr.).

Literatur: Die Trojasage gehörte im Mittelalter zu den beliebtesten Erzählstoffen, teils galt sie sogar als der bedeutendste Erzählgegenstand überhaupt. Aus der Spätantike gibt es drei anonyme Prosawerke, die den Untergang Trojas beschreiben und als Vorlage für eine Reihe weiterer Trojaromane dienten; Homers *Ilias* existierte damals nur in einer schlechten Kurzfassung. Die wichtigste der anonymen Quellen war die Geschichte vom Untergang Trojas, ein angeblicher Augenzeugenbericht. Dieser Schilderung zufolge gelang es den Griechen, durch das skäische Tor nach Troja einzudringen und die Stadt zu zerstören. Auf das Tor war ein Pferdekopf gemalt. Die erfolgreichste Verarbeitung der Sage im Mittelalter wurde der Trojaroman des altfranzösichen Dichters Benoît de Sainte-More (12. Jahrhundert). Die Wiederentdeckung Homers in der Renaissance beendete die Tradition der Trojaromane.

Musik: Das Ende des Trojanischen Krieges ist Gegenstand der Oper *Die Trojaner* des französischen Komponisten Hector Berlioz (1803–1869). Die Handlung setzt ein mit dem vorgetäuschten Rückzug der Griechen, die das hölzerne Pferd vor den Toren Trojas hinterlassen. Auch die Warnung Kassandras, die im ersten Teil der Oper im Mittelpunkt des Geschehens steht, kann nicht verhindern, dass die Trojaner auf die Kriegslist hereinfallen. Im Übrigen folgt die Opernhandlung der Sage des trojanischen Helden Aeneas, dem eine Prophezeiung gebietet, fortzugehen und in Italien ein neues Reich zu gründen.

Bildende Kunst: Das Trojanische Pferd malten z. B. die italienischen Künstler Giulio Romano (1499–1546), Palazzo del Tè, Mantua, Lodovico Carracci (1555–1619), Palazzo Fava, Bologna, und Giovanni Battista Tiepolo (1696–1770), National Gallery, London, sowie der deutsche Maler und Graphiker Lovis Corinth (1858–1925), Neue Nationalgalerie, Berlin. Von Giulio Romano gibt es außerdem ein Bild, das Apolls Priester Laokoon zeigt, Palazzo Ducale, Mantua. Auch der spanische Maler El Greco (1541–1614) stellte ihn dar, National Gallery of Art, Washington.

 EMPFEHLUNG

Lesenswert:
Homer: *Ilias. Odyssee.* Übertragen von Johann Heinrich Voss. Zürich 1999.

Walter Jens: *Ilias und Odyssee* (ab 8 Jahre). Ravensburg 1992.

Vergil: *Aeneis.* Stuttgart 1989.

Franz Fühmann: *Die Sage von Trojas Fall.* München 1999.

Christa Wolf: *Kassandra. Erzählung.* München 1993.

Christa Wolf: *Voraussetzungen einer Erzählung: Kassandra.* Frankfurter Poetik-Vorlesungen. München 1993.

Hörenswert:
Hector Berlioz: *Les Troyens.* Chœur et Orchestre Symphonique de Montréal/Dutoit. 4 Audio-CDs, 1993.

Homer: *Die Odyssee.* In eine moderne Form gebracht und gelesen von Christoph Martin. 21 Audio-CDs (14 Std. Spielzeit), 1996.

 AUF DEN PUNKT GEBRACHT

Die unterhaltsame Geschichte von der Kriegslist des hölzernen Pferdes ist aufs engste verknüpft mit der Erzählung von den Schrecken des Untergangs von Troja; im Mythos steht das Tragische oft unvermittelt neben dem Komischen.

Venus und Amor

Noch heute kennt jeder Venus als Göttin der Liebe, und der geflügelte Gott Amor mit seinem Bogen ist allgegenwärtig, wo es um Liebe, Flirt und Sex geht. Amor, amour, amore ist noch in den modernen romanischen Sprachen das Wort für Liebe, und seine griechische Entsprechung Eros ist in fast alle Sprachen eingegangen.

Wenn heute von Venus und Amor die Rede ist, so geschieht dies meistens in einem eher frivolen Zusammenhang: Eine nackte Schöne wird eine Venus genannt, und Amor verschießt seine Liebespfeile auf der Neonreklame einer Striptease-Bar. Der Unernst, mit dem dabei mit den Urmächten der Liebe umgegangen wird, hat etwas von einem mythischen Abwehrzauber. Wir tun so, als sei eine Sache lustig und damit harmlos, von der wir wissen, dass sie uns mehr umtreibt als alles andere im Leben.

Im ältesten Mythos dagegen gehören Venus – oder Aphrodite, wie die Griechen sie nannten – und Eros oder Amor zu den ältesten und mächtigsten Göttern. Eros, die Macht der Liebe, war für die Griechen mindestens ebenso alt wie Gaia, die Mutter Erde. Eros war es, der die Erde in Liebe zu Uranus, dem Himmel, entbrennen ließ und damit die Schöpfung erst vollendete, denn aus der Verbindung von Himmel und Erde ging das Geschlecht der Titanen hervor, das sowohl Götter wie Menschen zeugte. Auch Aphrodite war älter als die anderen Götter: Sie wurde aus dem Schaum geboren, in den der Samen des Uranus sich verwandelte, nachdem sein Sohn, der Titan Kronos, ihn entmannt und sein abgeschnittenes Geschlechtsteil ins Meer geworfen hatte. In Zypern stieg sie an Land und machte es dadurch zu ihrer heiligen Insel. Zypern nun liegt näher am asiatischen Festland als an der Küste Griechenlands, und dies brachte bereits Herodot, den berühmten Reiseschriftsteller der klassischen Zeit, auf den Gedanken, dass Aphrodite eine asiatische Göttin war, dieselbe, die die Syrer und Babylonier unter den Namen Ischtar oder Astarte verehrten.

■ Ein schelmischer Amor schnitzt auf dem Gemälde von Parmigianino (1503–1540) den Bogen, mit dem er seine gefährlichen Liebespfeile verschießen wird. Wien, Kunsthistorisches Museum

Wir wissen heute, dass sie in ihrer ältesten Gestalt zu den mütterlichen Fruchtbarkeitsgöttinnen zählte, die im ganzen Mittelmeerraum und im vorderen Orient verehrt wurden. Auch die italische Göttin Venus, die die Römer mit Aphrodite gleichsetzten, war ursprünglich eine Fruchtbarkeitsgöttin.

In der klassischen Zeit Griechenlands war Aphrodite eine der olympischen Gottheiten. Ihre große Macht bestand darin, dass sie Götter wie Sterbliche in den Bann der Liebe schlagen konnte – zu ihrem Glück oder ihrem Unglück, ob sie es wollten oder nicht. Zugleich war sie die Schutzgöttin aller Liebenden. Zeus selbst, der oberste der Götter, musste sie immer wieder bei seinen zahlreichen Liebschaf-

VENUS UND APHRODITE

Viele der antiken Gottheiten haben sowohl lateinische als auch griechische Namen, wie Venus, die bei den Griechen Aphrodite hieß. Die Römer übernahmen von den Griechen die Göttermythen und übertrugen sie auf diejenigen unter ihren eigenen Gottheiten, zu denen sie am besten passten. Dabei gingen zumeist die ursprünglichen italischen Göttermythen unter. So war zur Zeit des Augustus wohl kaum noch einem Römer bewusst, dass Venus ursprünglich eine für den Gartenbau zuständige Fruchtbarkeitsgöttin war; sie war längst mit der griechischen Aphrodite verschmolzen.

■ Il Guercino (1591–1666), *Venus, Mars und Cupido*; Modena, Galleria Estense

VENUS IN DER KUNST

Keine Gottheit ist häufiger abgebildet worden als Venus, das Ideal weiblicher Schönheit. Erst seit der hellenistischen Zeit allerdings wird sie nackt dargestellt, früh auch schon in ausgesprochen erotischen Posen. Bis ins 19. Jh. galt es als schicklich, das Bild einer nackten Schönheit als »Venus« zu bezeichnen.

ten um Hilfe bitten, und die Sterblichen flehten Tag für Tag um ihren Beistand.

Sie selbst war natürlich die schönste unter den Göttinnen – das hatte auch das Urteil eines Sterblichen, nämlich des Paris, festgestellt –, und sie wurde von manchem Gott begehrt. Hermes, der Götterbote, war so verliebt in sie, dass er Zeus anflehte, ihm zu einer Liebesnacht mit ihr zu verhelfen. Weil Zeus Hermes als Liebesboten brauchte, verwandelte er sich in einen Adler, entwendete der Göttin – sie badete gerade, denn sie achtete stets auf ihr Äußeres – eine ihrer goldenen Sandalen und gab sie Hermes. Und der bestand darauf, dass Aphrodite die Sandale nur gegen eine Nacht mit ihm einlösen könne. Aus der kurzen Beziehung ging der zweigeschlechtliche Hermaphroditos hervor.

Auch Amor sei, so hieß es später zumeist, ein Sohn der Aphrodite oder Venus und des Kriegsgotts Mars gewesen, mit dem sie ein Liebesverhältnis unterhielt. Das Dauerverhältnis zu Mars war nicht unproblematisch, denn eigentlich war Venus mit dem Handwerkergott Vulcanus verheiratet. Vulcanus war zwar meist in seiner unterirdischen Schmiede beschäftigt, doch eines Tages kam ihm zu Ohren, dass er regelmäßig betrogen werde. Da-

■ Vulcanus entdeckt, dass Mars bei Venus gelegen hat; der Kriegsgott hat sich versteckt, der kleine Amor schreit in seinem Bettchen. Die Szene ist von Tintoretto (1518–1594) festgehalten worden.
München, Alte Pinakothek

Venus besucht ihren Gemahl Vulcanus in seiner Schmiede, um die Waffen für ihren Sohn Äneas in Auftrag zu geben. Gemälde von Barholomäus Spranger 1546–1611); Wien, Kunsthistorisches Museum

Die berühmte Venus von Milo, ein hellenistisches Werk aus der Zeit um 100 v. Chr.; Paris, Louvre

raufhin konstruierte er ein kunstvolles Netz, das er über dem Bett der Venus anbrachte. Als sie das nächste Mal ihren Liebhaber empfing, fiel das Netz herab und machte die Liebenden zu Gefangenen, die Vulcanus höhnisch den anderen Göttern zur Schau stellte. Venus muss Mars ernsthaft geliebt haben, denn sie war eifersüchtig, als er sich einer anderen zuwandte, nämlich Aurora oder Eos, der schönen Göttin der Morgenröte. Sie bestrafte ihre Nebenbuhlerin auf unnachahmliche Weise: Sie verdammte sie dazu, immerfort die Qualen unerfüllter Liebe erdulden zu müssen.

Mars seinerseits raste vor Eifersucht, als Venus sich dem schönen Adonis hingab. Er verwandelte sich in einen wilden Eber

■ Giorgione oder Tizian, *Venus von Urbino*; Dresden, Gemäldegalerie

■ Kallipygos, »die mit dem schönen Hintern«, nannten die Griechen Aphrodite. Rückansicht einer römischen Figur aus dem 2. Jh.

und tötete den Schönen während der Jagd. Venus war untröstlich und erreichte, dass Adonis wenigstens für einen Teil des Jahres aus der Unterwelt erlöst wurde und diese Zeit bei ihr verbringen durfte.

Dies hielt sie nicht davon ab, sich in einen weiteren Sterblichen zu verlieben, nämlich den Trojaner Anchises. Der zögerte, sich mit einer Göttin einzulassen, doch Venus verwandelte sich in ein hübsches Mädchen vom Lande und verführte ihn. Anchises zuliebe gewährte sie den Trojanern ihren Schutz, besonders dem leichtsinnigen Paris, der ihr mit seinem Urteil geschmeichelt hatte. Sie konnte sich jedoch gegen die Götter, die auf der Seite der Griechen standen, allen voran Athene, nicht durchsetzen, um Troja zu retten. Sie rettete aber Äneas, den Sohn, den Anchises mit ihr hatte, und geleitete ihn sicher nach Italien, wo er zum Stammvater des römischen Geschlechts der Julier wurde, aus dem Cäsar und Augustus hervorgingen.

Venus wurde in der späteren Antike immer wieder von Bildhauern und Malern als Inbegriff weiblicher Schönheit dargestellt und von Dichtern als die liebreizendste aller Frauen gepriesen. Trotz ihrer Bedeutung für den römischen Staatskult verlor sie über dieser erotischen Vermenschlichung viel von ihrer mythischen Gewalt. Nicht anders erging es Amor, vor dessen Macht einstmals selbst die Götter zitterten und den die älteren Dichter noch den »Schrecklichen« nennen. Er wurde zu einem hübschen Knaben, von dem man sich märchenhafte Geschichten erzählte. Die schönste darunter ist die von Amor und Psyche, in der sich der Liebesgott in die schöne Prinzessin Psyche verliebt, die er eigentlich im Auftrag seiner Mutter Venus bestrafen soll, weil sie sich ihrer Schönheit allzu bewusst gezeigt hat. Psyche wird mit Gewalt zu einer steilen Felsklippe gebracht, doch von Zephyr, einem sanften Wind, in Amors prunkvollen Palast geweht. Sie fällt in einen tiefen Schlaf, und als sie aufwacht, ist sie hocherfreut, als sie sich nicht, wie ihr angekündigt worden ist, in den Fängen eines grässlichen Ungeheuers, sondern in den liebenden Armen des Gottes wiederfindet. Ihr Liebhaber, der jede Nacht zurückkehrt, nimmt ihr das Versprechen ab, dass sie ihn niemals anschauen wird: Niemand darf wissen, dass er sich in sie verliebt hat. Psyches neidische Schwestern, die sie hat kommen lassen, damit sie ihr Gesellschaft leisten, reden ihr nun ein, dass ihr Geliebter wahrscheinlich ein Ungeheuer sei, und dass sie ihn unbedingt bei Licht betrachten müsse. Also verbirgt sie unter ihrem Bett eine Lampe. Als sie Amor in deren Schein das erste Mal sieht, ist sie von seiner Schönheit überwältigt und von tiefer Liebe ergriffen. Bei dem ungestümen Versuch, ihn zu umarmen, verbrennt sie seine Schulter mit dem heißen Öl der Lampe. Verletzt und unglücklich muss der Gott sie verlassen, Psyche aber bleibt untröstlich zurück. Damit nicht genug: Sie ist es, die den Zorn der Venus darüber, dass Amor ihren Auftrag nicht ausgeführt

> **ÄNEAS: DICHTUNG, RELIGION UND POLITIK**
>
> Dass Venus die mythische Vorfahrin des Augustus war, erwies sich als außerordentlich hilfreich, als in Rom die Vergöttlichung der Kaiser auf der politischen Tagesordnung stand. Der Dichter Vergil übernahm die Aufgabe, in einem großen Epos nach dem Vorbild Homers das Schicksal des Äneas zu beschreiben, des Sohns der Venus und des Anchises, der aus dem brennenden Troja entkommen ist und sich später schweren Herzens von seiner Geliebten, der karthagischen Königin Dido, trennt, um sich in Italien niederlassen und zum Ahnherrn des römischen Kaiserhauses werden zu können. Die *Äneis* des Vergil gehört zu den größten Werken der antiken Literatur, obwohl sie auch der politischen Propaganda diente. Immerhin ermöglichte die Gunst des Kaisers dem Dichter, lange Jahre ungestört an seinem Werk zu arbeiten.

■ Antonio Canova (1757–1822), *Amor und Psyche*; Paris, Louvre

■ Venus mit einer Statue des Sexgotts Priapus, hellenistisch

hat, erdulden muss. Die Göttin stellt ihr eine schier unlösbare Aufgabe nach der anderen, die sie alle auf wunderbare Weise erfüllt, weil die Tiere, ja, selbst leblose Dinge mit ihr Mitleid haben. Zuletzt holt sie für Venus sogar den Schminkkasten der Proserpina aus der Unterwelt. Sie kann aber ihren Wunsch nicht bezähmen, die göttlichen Schönheitsmittel zu benutzen, um ihren Geliebten zur Rückkehr zu bewegen, und öffnet ihn. Da übermannt sie ein todesähnlicher Schlaf, aus dem Amor sie erst erwecken kann, nachdem Zeus sich der Liebenden erbarmt, Psyche unsterblich gemacht und dem Liebesgott gestattet hat, die Schöne zu seiner Gemahlin zu machen.

Die Geschichte von Psyche und Amor zeigt einen zärtlichen, aber nicht besonders eindrucksvollen Liebesgott, dessen Begehren – »Begehren« heißt auf lateinisch Cupido, dies ist ein anderer Name für Amor – etwas Kindliches hat. Schon in der Antike wurde Cupido nicht nur als schöner Junge, sondern oft sogar als kleinkindliche Putte dargestellt. Von diesen Putten oder »Amoretten« stammen die Barockengelchen ab, die auch viele christliche Kirchen bevölkern.

Amor ist verniedlicht worden, so wie Venus zur Werbeträgerin der Kosmetikindustrie gemacht worden ist; die Macht des Eros über die Menschen ist dadurch aber keineswegs geringer geworden.

VENUS UND AMOR

ÜBERLIEFERUNG

Quellen: Aphrodites Geburt aus dem Schaum schildert Hesiod (um 700 v. Chr.) in der *Theogonie*. Kaum war sie in Zypern an Land gestiegen, begleitete Eros sie hinauf zu den Göttern; von Anfang an zeigte sie sich in ihren Eigenheiten: »Jungfräuliches Gekose und frohes Lachen und Arglist, süßes Ergötzen und Wonne und Liebe und schmeichelnde Milde.« Immer lächelnd erscheint Aphrodite auch bei Homer (um 700 v. Chr.), der ihr zwei Hymnen widmete. Der längere *Hymnos an Aphrodite* schildert die Liebe der Göttin zu dem sterblichen Anchises. Die bedeutendste Lyrikerin des Altertums, Sappho (um 600 v. Chr.), dichtete ein Gebet an Aphrodite. Es ist das älteste lyrische Gedicht, das vollständig erhalten blieb. Sappho bittet die Göttin um Erfüllung ihrer Liebe. Ein anderes, unvollständiges Gedicht von ihr trägt die Überschrift *Macht des Eros*. Den Gott der Liebe nennt Sappho »das bittersüße, unüberwindliche Ungetüm«. Die Sage von Venus' Liebesverhältnis mit Mars, das durch das von Vulcanus kunstvoll geschmiedete Netz aufgedeckt wurde, erzählt Ovid im 4. Buch der *Metamorphosen*.

Literatur: In Verbindung mit Liebe und Leidenschaft, in hoher wie in niedriger Bedeutung, ging Aphrodite in zahlreiche Werke der Literatur ein. Zwei Erzählstoffe, die in der Literatur oft verarbeitet wurden, sind die mittelalterliche Sage von dem Minnesänger Tannhäuser, die sich mit der Legende vom Venusberg verbindet, und das Motiv der Liebesverwirrung eines Mannes durch eine Venusstatue, dessen Tradition bis in die Spätantike zurückreicht. Es findet sich z.B. in der Novelle *Das Marmorbild* von Joseph von Eichendorff (1788–1857). In der Novelle *Die Venus von Ille* des französischen Schriftstellers Prosper Mérimée (1803–1870) verlobt sich die Hauptfigur Alphonse mit einer Venusstatue.

Bildenden Kunst: Aphrodite wurde in der antiken Skulptur oft dargestellt; berühmt ist die Aphrodite von Knidos des attischen Bildhauers Praxiteles (4. Jahrhundert), die nur in Kopien überliefert ist, wie u.a. in den Vatikanischen Sammlungen. In der Renaissance entstanden viele Bilder der Aphrodite als Studien des nackten Körpers oder der weiblichen Schönheit. Die Geburt der Aphrodite malten z.B. Sandro Botticelli (1445–1510), Galleria degli Uffizii Florenz, Tizian (um 1488–1576), Bridgewater Gallery, London, Peter Paul Rubens (1577–1640), National Gallery, London, Jean Auguste Dominique Ingres (1780–1867), Musée Condé, Chantilly. Aphrodite und Eros stellten u.a. der italienische Maler Giorgione (1478–1510), National Gallery, Washington, François Boucher (1703–1770), Neue Gemäldegalerie, Berlin, und Arnold Böcklin (1827–1901), Landesmuseum Münster, dar.

EMPFEHLUNG

Lesenswert:
Hesiod: *Theogonie*. Griechisch/Deutsch. Herausgegeben und neu übersetzt von Otto Schönberger. Stuttgart 1999.

Ovid: *Metamorphosen*. In der Übertragung von Johann Heinrich Voss. Mit Radierungen von Pablo Picasso und einem Nachwort von Bernhard Kytzler. Frankfurt/Main 1990.

Joseph von Eichendorff: *Das Marmorbild*. Düsseldorf 1998.

Prosper Mérimée: *Meistererzählungen*. Zürich 1992.

Heinrich Mann: *Die Göttinnen oder Die drei Romane der Herzogin von Assy, III. Venus*. Frankfurt/Main 1987.

Hörenswert:
Richard Wagner: *Tannhäuser*. Orchester der Staatsoper Wien/Karajan, 3 Audio-CDs, 1998.

Franz Liszt: *The Complete Wagner Transcription*, Tannhäuser u.a. Francesco Libetta (Klavier). 2 Audio-CDs, 1998.

AUF DEN PUNKT GEBRACHT

Venus und Amor sind die bis heute bekanntesten antiken Gottheiten; allerdings ahnen wir kaum noch, dass sie einst zu den mächtigsten und schrecklichsten Göttern gehörten.

Die Weltalter

Es gab einmal eine Zeit, in der alles besser war als heute, da alles schlecht ist. Aber vielleicht kehrt einmal das paradiesische Goldene Zeitalter des Anfangs zurück – dies ist eine Sicht auf die Geschichte der Welt, die vielen Völkern gemeinsam ist.

Was für die Bibel das Paradies war, stellte sich den Griechen als Goldenes Zeitalter dar. In ihm lebten die Menschen in Frieden und im Einklang mit der Natur unter der Herrschaft des Kronos oder, wie ihn die Römer nannten, Saturn. Es herrschte ewiger Frühling, und die Erde gab den Menschen, was sie zum Leben brauchten, ohne dass sie sich mit Saat und Ernte mühen mussten. Das Goldene Zeitalter ging mit der Herrschaft des Kronos unter, als er von seinem Sohn Zeus gestürzt wurde; vielleicht aber haben sich die Menschen dieser Zeit nur auf die Inseln der Seligen zurückgezogen, wo sie heute noch glücklich und un-

■ Friedlich leben Mensch und Tier im goldenen Zeitalter zusammen; was die Menschen zum Leben brauchen, pflücken sie sich von den Bäumen. Kupferstich von Matthäus Merian (1593–1650) aus einer Weltchronik

■ Als erotisches Paradies stellte sich Pauwels Franck (genannt Paolo Fiammingo, 1540–1596) das Goldene Zeitalter vor. Wien, Kunsthistorisches Museum

sterblich unter der weisen Regierung des alten Gottes leben. Auf das Goldene Zeitalter folgte das Silberne, das sehr viel schlechter war. Die Menschen brauchten in dieser Zeit hundert Jahre, um erwachsen zu werden, und sie mussten sich mit Mühe hinter dem Pflug ihren Lebensunterhalt erarbeiten. Die Menschen des Silbernen Zeitalters wurden schlecht und versäumten es, die Götter zu ehren, weshalb Zeus sie mit seinen Blitzen vernichtete. Das Menschengeschlecht des Bronzenen – oder »Ehernen« – Zeitalters war wild und kriegerisch. Alle Gegenstände verfertigte es aus Bronze, dem Metall, aus dem seine Waffen gemacht waren, selbst die Häuser bestanden aus diesem Metall. Am Ende vernichteten die Menschen dieser Epoche sich in ihren fortwährenden Kämpfen selbst.

Dem uralten Dichter Hesiod zufolge, der als erster von den Weltaltern berichtete, folgte auf das Bronzene das Heroische Zeitalter.

GRIECHISCHER MYTHOS UND BIBEL

Zu den vielen Ähnlichkeiten zwischen dem griechischen Mythos und den orientalischen Mythen, die in die Bibel eingegangen sind, gehört die Überlieferung vom Goldenen Zeitalter, das dem Paradies der Bibel entspricht, und die von der Sintflut. Auf weite Strecken teilen Mythos und Bibel auch das »zyklische« Geschichtsbild von immer neuen Zeitaltern, die jedes Mal in einer Katastrophe enden und von einem neuen abgelöst werden, bis vielleicht die Abfolge der Zeitalter selbst sich wiederholt. Diese Sichtweise finden wir am besten ausgearbeitet bei den Indern, aber auch bei den Germanen und im alten Mexiko. Erst im späteren Judentum kommt die dann von den Christen übernommene Sichtweise auf, dass die Geschichte einen Anfang und ein Ziel, nämlich die Erlösung der Menschheit, habe.

■ In Lucas Cranachs (1472–1553) Gemälde *Das Goldene Zeitalter* wirkt die mittelalterliche christliche Vorstellung vom »Paradiesgärtlein« nach. München, Alte Pinakothek

Dies war immer noch eine Zeit der Kriege – so fällt der Krieg um Troja ins Heroische Zeitalter –, aber die Menschen waren edler und gottesfürchtiger als die des vorhergehenden Zeitalters. Umso schlimmer war es, als das fünfte, das Eiserne Zeitalter begann, in dem die Menschen immer schlechter wurden. Sie waren nicht friedlicher als die der vorangegangenen Zeitalter,

GESCHICHTSDEUTUNG UND POLITISCHE PROPAGANDA

Die Propagandamaschinerie des Augustus, der auch so bedeutende Dichter wie Ovid und Vergil dienten, nutzte die uralte Sehnsucht der Menschen nach einer Rückkehr des Goldenen Zeitalters, indem sie verkündete, das augustäische Friedenszeitalter sei ein neues Goldenes Zeitalter. Wenig später aber bereits bedienten andere sich der Weltalterlehre, um antirömische Gefühle zu schüren, so der jüdische Gelehrte Josephus, der die vier Weltalter mit den vier Weltreichen der Assyrer, Perser, Makedonen und Römer gleichsetzte, wodurch die Zeit der römischen Weltherrschaft mit dem verdorbenen und dem Untergang geweihten Eisernen Zeitalter eins wurde. In ähnlicher Form übernahmen auch christliche Kirchenlehrer diese Argumentation.

dazu noch voller Heimtücke und Hinterlist. Was sie taten, taten sie um des Goldes willen, und sie teilten den Boden unter sich auf, der zuvor wie die Luft und das Wasser allen gehört hatte, und machten ihn zu privatem Eigentum, um das sich immer wieder neuer Streit erhob. Das Eiserne Zeitalter währt bis heute, aber es kann in Anbetracht der Schlechtigkeit der Menschen nicht mehr lange andauern. Und was kommt, wenn es zu Ende geht, weiß niemand.

Vielleicht aber gab es keine fünf, sondern nur vier Weltalter, das Goldene, das Silberne, das Bronzene und das Eiserne, und das heutige Menschengeschlecht, das des Eisernen Zeitalters, wurde nach der Sintflut, in der das Bronzene Zeitalter unterging, durch Deukalion und Pyrrha neu geschaffen.

Deukalion war der Sohn oder das Geschöpf des Prometheus, des klugen und menschenfreundlichen Titanen. Als Prometheus erfuhr, dass Zeus das Menschengeschlecht, das nichts taugte, mit einer Sintflut vernichten wollte, trug er Deukalion auf, eine Arche zu bauen, sie mit Vorräten anzufüllen und sich mit seiner Frau darauf zurückzuziehen. Als die Schleusen des Himmels geöffnet wurden und das Wasser unaufhaltsam stieg, waren sie die einzigen Menschen, die überlebten. Nach neun Tagen und neun Nächten begann das Wasser wieder zu sinken, und die Arche landete auf dem Parnass in der Nähe des Orakels von Delphi, das damals noch nicht dem Apoll, sondern der Muttergöttin Themis unterstand. Deukalion und Pyrrha befragten nun die Göttin, wie sie die Erde wieder bevölkern könnten. Sie sollten die Knochen ihrer Mutter über ihre

■ Die christliche Vorstellung vom Paradies, hier mit Gottvater sowie Adam und Eva, verdankt vieles der antiken Überlieferung vom Goldenen Zeitalter. Hieronymus Bosch (um 1450–1516), *Das Paradies*, vom Weltgerichtstriptychon in der Akademie der Bildenden Künste, Wien

■ Die Erde als Paradies stellt dieses Bild aus einer Serie mit den vier Elementen von Jan Brueghel d. Ä. (1568–1625) dar. Paris, Louvre

Schultern hinter sich werfen, erhielten sie zur Antwort. Pyrrha war entsetzt, doch Deukalion deutete den Orakelspruch richtig: Die Knochen ihrer Mutter waren Steine, das Gebein der Mutter Erde. Also taten sie wie geheißen; aus den Steinen aber, die Deukalion hinter sich warf, wurden Männer, aus denen, die Pyrrha hinter sich warf, Frauen. Dies also war der Anfang des gegenwärtigen Menschengeschlechts.

■ Im Silbernen Zeitalter müssen die Menschen für ihren Lebensunterhalt arbeiten. Stich von Matthäus Merian (1593–1650) aus einer Weltchronik

DIE WELTALTER

 ÜBERLIEFERUNG

Quellen: Die Vorstellung einer Abfolge von vier bzw. fünf Welt- oder Zeitaltern und vor allem die von dem am Beginn stehenden »Goldenen Zeitalter« ist in vielen Kulturkreisen belegt. In der griechischen Kultur begegnet sie uns erstmals in dem Gedicht *Werke und Tage* des Dichters Hesiod (um 700 v. Chr.). Wie Götter lebten demnach die ersten Menschen, glücklich, sorglos und ohne die Beschwernisse des Alterns, bis sie irgendwann im Schlaf starben. Später, als das heroische Zeitalter bereits angebrochen war, währte das Goldene Zeitalter weiter auf den seligen Inseln, einem jenseitigen Ort. Die Seelen derjenigen, die dreimal ein Erdenleben ohne Sünde gelebt hatten und dreimal am Ort der Gerechten gewesen waren, wurden des Daseins auf der Insel der Seligen für würdig befunden. Für die anderen stand im Ende nur der Tod. In der Dichtung und Philosophie spielte das Goldene Zeitalter eine große Rolle, wie bei dem Philosophen Platon (427–348/347 v. Chr.). Von der Insel der Seligen spricht z.B. auch der Lyriker Pindar (um 520– nach 446 v. Chr.) in seinem Werk *Olympien*. Das Ende des Goldenen Zeitalters schildert der römische Dichter Vergil (70– 19 v. Chr.) in vielen Einzelheiten in dem Lehrgedicht *Landleben*. Ovid (43 v. Chr. – 18 n. Chr.) erzählt im 1. Buch der *Metamorphosen* von den vier Zeitaltern und der großen Flut, die Jupiter den Menschen schickte. Er gibt auch die Sage von Deukalion und Pyrrha ausführlich wieder. Als Jupiter die beiden auf dem Parnass als einzige Überlebende nach der Flut erblickt und sie als gottesfürchtig erkennt, lässt er das Meer sich beruhigen, das Wasser sinkt, Hügel tauchen auf, Wälder, Küsten und Ufer werden sichtbar. Die Erde kommt wieder zum Vorschein, aber sie ist leer und verlassen. So machen sich Deukalion und Pyrrha auf, um Themis um Rat zu fragen, wie ein neues Menschengeschlecht erschaffen werden kann.

Bildende Kunst: Das Goldene Zeitalter stellten u.a. der deutsche Maler Hans Rottenhammer (1564–1625), Kunsthalle Hamburg, die niederländischen Künstler Hendrik Goltzius (1558–1617), Musée d'Arras, und Cornelis Cornelisz (1562–1638), Schloss Grunewald, Berlin, dar sowie Pietro da Cortona (1596–1669), italienischer Baumeister und Maler, Galleria Palatina di Palazzo Pitti, Florenz, der Franzose Jean Auguste Dominique Ingres (1780–1867), Schloss Dampierre, und Jacopo Zucchi (um 1541 – um 1589), Galleria degli Uffizi, Florenz. Deukalion und Pyrrha zeigen Darstellungen von Baldassare Peruzzi (1481–1536), Villa Farnese, Rom, Domenico Beccafumi (1486–1551), Palazzo Bindi Sergardi, Siena, Tintoretto (1518–1594), Galleria Estense, Modena, und Peter Paul Rubens (1577–1640), Museo del Prado, Madrid.

 EMPFEHLUNG

Lesenswert:
Hesiod: *Werke und Tage*. Griechisch/Deutsch. Übersetzt und herausgegeben von Otto Schönberger. Stuttgart 1996.

Pindar: *Siegeslieder*. Griechisch/Deutsch. Düsseldorf 1992.

Vergil: *Georgica. Vom Landleben*, Lateinisch/Deutsch. Stuttgart 1994.

Ovid: *Metamorphosen*. In der Übertragung von Johann Heinrich Voss. Mit Radierungen von Pablo Picasso und einem Nachwort von Bernhard Kytzler. Frankfurt/Main 1990.

Hörenswert:
Franz Schubert: *Die vier Weltalter*. Sämtliche Lieder Vol. 16. Thomas Allen und Graham Johnson, 1992.

Dmitri Schostakowitsch: *Sinfonie Nr. 10/Das Goldene Zeitalter-Suite*. Philharmonia Orchestra London/ Efrem Kurtz, 1996.

Ovid: *Metamorphosen*. In Prosa neu übersetzt von Gerhard Fink. Specher: Peter Simonischek. 6 Audio-CDs, Düsseldorf 1999.

 AUF DEN PUNKT GEBRACHT

Seit dem paradiesischen Goldenen Zeitalter war die Menschheitsgeschichte ein fortwährender Abstieg. Und noch nie waren die Menschen so schlecht wir heute – sagt der Mythos.

Zentauren

Sie gehören zu den merkwürdigsten Wesen der griechischen Mythologie: die Zentauren, deren menschlicher Kopf und Oberkörper auf dem Leib eines Pferdes sitzt. Die Bildhauer der klassischen Zeit haben sie in ihren Darstellungen des Kampfes der Lapithen mit den Zentauren auf den Friesen der Tempel so natürlich gestaltet, dass man glauben möchte, es habe diese wilden Kerle wirklich gegeben. Wie die siegreiche Schlacht der Götter mit den Giganten, die ebenso oft abgebildet wurde, symbolisierte der Sieg der Lapithen über die Zentauren für die Griechen ihre Überlegenheit über die Barbaren.

■ Kampf eines Lapithen mit einem Zentauren; Metope vom Parthenon in Athen, aus der Werkstatt des berühmten Bildhauers Phidias, um 430 v. Chr.; London, British Museum

Die Zentauren waren von ihrem Ahnherrn Kentauros, der vielleicht ein Sohn Apolls war, mit den wilden Stuten des thessalischen Berglands gezeugt worden. Thessalien im Norden Griechenlands war die Grenzregion zwischen Griechen und wilden Barbarenstämmen. Entsprechend erhoben sowohl die Zentauren als auch die griechischen Lapithen Anspruch auf die Gegend.

Nach einer Reihe gewalttätiger Auseinandersetzungen hatten sie ihren Streit begraben, und Peirithoos, der König der Lapithen, lud zum Zeichen der Versöhnung die Zentauren als Gäste zur Feier seiner Vermählung mit der schönen Prinzessin Hippodameia ein. Auch die Götter waren eingeladen, außer dem Kriegsgott Ares und Eris, der Göttin des Streits; sie waren beide als Festgäste berüchtigt und sollten den Frieden des Festes nicht stören. Die Zentauren kamen, ohne böse

Hintergedanken. Aber sie waren Barbaren und kannten beim Wein kein Maß. Bald waren sie völlig berauscht. So kam es, dass ihr Häuptling Eurytion Hippodameia ergriff, als sie zur Begrüßung der Gäste erschien, und sie auf seinem Rücken fortschleppte. Die anderen Zentauren folgten seinem Beispiel: Sie stürzten sich auf die übrigen Frauen und schönen Knaben. Die Lapithen ergriffen ihre Waffen, und es kam zu einem wilden Kampfgetümmel. Peirithoos rettete Hippodameia und schnitt dem Eurytion zur Strafe für ihre Entführung Ohren und Nase ab. Aus diesem Streit entstand ein langwieriger Krieg zwischen Lapithen und Zentauren, an dessen Ende die Zentauren gänzlich aus Thessalien vertrieben wurden. Angezettelt aber hatten den Streit, so meinten die meisten, Ares und Eris, aus Ärger darüber, dass sie nicht zur Hochzeit des Peirithoos geladen waren. Bei der Überwältigung des Eurytion, des Anführers der Zentauren, und der Rettung seiner Braut Hippodameia hatte Peirithoos die tatkräftige Unterstützung seines besten Freundes, des athenischen Königssohns Theseus.

> **REITERVÖLKER**
>
> Die Vorfahren der Griechen hatten zwar das Pferd mit nach Griechenland gebracht, und die Helden des Mythos waren oft große Pferdezüchter und Streitwagenlenker. Hervorragende Reiter aber waren die Griechen nicht, und erst in späterer Zeit erlangte die Reiterei bei ihnen eine militärische Bedeutung. Umso unheimlicher müssen ihnen die Reitervölker des Nordens erschienen sein, deren Krieger aussahen, als seien sie mit ihren Pferden zusammengewachsen. Wahrscheinlich ist hier der Ursprung des Mythos von den Zentauren zu suchen.

■ Arnold Böcklin (1827–1901), *Kampf der Zentauren*; Basel, Kunsthalle

■ Herakles tötet den Zentauren Nessos, der im Begriff ist, seine Braut Deianeira zu entführen: Franz von Stuck (1863–1928), *Herkules und Nessos*

Und Theseus war nicht der Einzige unter den berühmtesten Helden Griechenlands, der gegen die Zentauren kämpfte; auch Herakles tat sich im Kampf mit ihnen hervor. Er begegnete ihnen in Arkadien, wohin sie sich anscheinend nach ihrer Vertreibung aus Thessalien zurückgezogen hatten. Hier war er zu Gast bei einem freundlichen und zivilisierten Zentauren namens Pholos. Zugegen war auch der berühmteste und weiseste der Zentauren, Chiron, der Lehrer des Helden Achill und des Jason, der die Fahrt der Argonauten anführte. Von seinem Wissen hatte auch Asklepios, der Gott der Heilkunst, profitiert.

Es war wiederum der Wein, der das Gastmahl zum blutigen Streit entarten ließ: Die Zentauren der Nachbarschaft hatten ihn gerochen, strömten herbei und begannen sogleich, gegen den Gast gewalttätig zu werden. Herakles wehrte sich, indem er seine tödlichen Pfeile verschoss, die mit dem Gift der grässlichen Schlange Hydra getränkt waren, die er vor geraumer Zeit besiegt hatte. Unglücklicherweise fielen auch Pholos und Chiron den Giftpfeilen zum Opfer. Pholos starb qualvoll wie die anderen Zentauren, Chiron hingegen litt zwar entsetzliche Schmerzen, konnte aber nicht sterben, weil er göttlicher Abstammung und deshalb unsterblich war. Erst der freundliche Titan Prometheus erlöste ihn von seinen Qualen, indem er ihn von seiner Unsterblichkeit befreite.

Schließlich war es ein Zentaur, der das Ende des Herakles herbeiführte. Dies war Nessos, der bei dem schrecklichen Ende des Gastmahls des Pholos den Giftpfeilen entgangen war und seinen Lebensunterhalt inzwischen damit verdiente, dass er Reisende über die Furt eines Flusses trug. Eines Tages gelangte auch Herakles, der gerade seine junge Braut Deianeira heimführte, an die Furt. Er übergab ihm arglos die Schöne, damit er sie trockenen Fußes ans andere Ufer brachte. Nessos sah die Gelegenheit, Rache zu nehmen, und stürmte mit seiner kostbaren Fracht davon. Doch ihn ereilte ein Giftpfeil des Herakles. Sterbend überredete der Zentaur die junge Frau, sein blutgetränktes Gewand an sich zu nehmen; es werde als unwiderstehlicher Lie-

■ Dieser galoppierende Zentaur von einer attischen rotfigurigen Schale, um 520–510 v. Chr., ist mit einem ganzen Baum und einem Felsbrocken bewaffnet. Karlsruhe, Badisches Landesmuseum

■ Sandro Botticelli (1445–1510), *Minerva bändigt einen Zentauren*; Florenz, Uffizien

beszauber wirken. Es dauerte nicht lange, und Deianeira hatte Anlass, an der Treue ihres Gatten zu zweifeln. Als der eines Tages nach frischen Kleidern verlangte, erinnerte sie sich an die Versprechungen des Zentauren und schickte ihm das Gewand des Nessos. Sobald Herakles es übergeworfen hatte, begann das Gift der Hydra zu wirken, das durch seinen Pfeil ins Blut des Zentauren gelangt war. Es fraß sich in die Haut, und als Herakles sich das Gewand vom Leib zu zerren versuchte, riss er sich ganze Stücke seines Fleisches aus. Er starb unter entsetzlichen Schmerzen.

Der Triumph der Griechen über die Barbaren, der in den heldenhaften Siegen des Peirithoos, des Theseus und des Herakles über die Zentauren gefeiert wird, bleibt, das zeigt die Überlieferung vom Ende des Herakles, stets mit der Angst vor der Rache der Besiegten und Unterworfenen verbunden.

■ Der weise Zentaur Chiron mit dem Arzt Hippokrates, der hier seinen Schüler Asklepios vertritt, und Apoll, dem Vater des Asklepios. Römisches Wandgemälde aus Pompeji; Neapel, Museo Nazionale

ZENTAUREN

 ÜBERLIEFERUNG

Quellen: Chiron, »der gerechteste aller Zentauren«, wird in der *Ilias* Homers (um 700 v. Chr.) als Lehrer des Achill genannt. Die Sage vom Kampf mit den Lapithen, der auch »Kentauromachie« genannt wird, erwähnt Homer im 12. Buch der *Odyssee*. In dieser Version war nur einer der Zentauren – Eurytion – beim Fest des König Peirithoos zugegen. Vom Wein berauscht, reizte er die anderen Anwesenden, sodass sie ihn schließlich hinausschleiften und ihm Ohren und Nase abschnitten. Eurytion verharrte danach in geistiger Verwirrtheit und Stumpfsinn. Ohne den genauen Anlass des Streits zu nennen, war dieser Homer zufolge die Ursache für die Feindschaft zwischen Zentauren und Menschen. Eine ausführlichere Schilderung der Geschichte findet sich im 12. Buch der *Metamorphosen* des römischen Dichters Ovid (43 v. Chr. – 18. n. Chr.). Bei Peirithoos' und Hippodameias Hochzeit sind unter den Gästen auch die Zentauren, die sich im Rausch auf die Frauen stürzen, allen voran Eurytion, der Hippodameia mit sich fortzieht. Theseus ist es, der sie ihm wieder entreisst und, nachdem er dafür einen kräftigen Faustschlag vor die Brust erhält, Eurytion mit einem Krug erschlägt. Daraufhin beginnt ein regelrechtes Gemetzel zwischen Zentauren und Menschen, das Ovid in allen Einzelheiten beschreibt. In der *Aeneis* des Römers Vergil (70–19 v. Chr.) taucht »Kentauros« im 5. Buch als Name eines Schiffes auf.

Bildende Kunst: Den Kampf zwischen Zentauren und Lapithen stellten z.B. der flämische Maler Peter Paul Rubens (1577–1640), Prado, Madrid, der Italiener Francesco Solimena (1657–1747), Gemäldegalerie Alte Meister, Dresden, und der schweizerische Künstler Arnold Böcklin (1827–1901), Öffentliche Kunstsammlung/ Kunstmuseum, Basel, dar. Weitere Abbildungen mehrerer oder einzelner Zentauren gibt es u.a. von Albrecht Dürer (1471–1528), Louvre, Paris, Charles Le Brun (1619–1690), Pavillon d'Aurore, Sceaux, Sebastiano Ricci (1659–1734), High Museum of Art, Atlanta, Odilon Redon (1840–1916), J. Dubourg Collection, Paris, Peter Paul Rubens (1577–1640), Museum Boymans van Beuningen, Rotterdam. Ein bekanntes Gemälde von Sandro Botticelli (1445–1510) zeigt Athene, die einen Zentauren bändigt, Galleria degli Uffizi, Florenz. Auch in der Bildhauerei ist der Zentaur mehrfach dargestellt worden, wie von Michelangelo (1475–1564), Museo Nazionale, Florenz, Adrian de Vries (1560–1626), Garten des Wallenstein-Palastes, Prag, Antonio Canova (1757–1822), Kunsthistorisches Museum, Wien, Auguste Rodin (1840–1917), Louvre, Paris, und Hans Arp (1887–1966), Kunstmuseum, Winterthur. Pablo Picasso (1881–1973) griff das Motiv mehrfach auf.

 EMPFEHLUNG

Lesenswert:

Homer: *Ilias. Odyssee*. Übertragen von Johann Heinrich Voss. Zürich 1999.

Walter Jens: *Ilias und Odyssee* (ab 8 Jahre). Ravensburg 1992.

Ovid: *Metamorphosen*. In der Übertragung von Johann Heinrich Voss. Mit Radierungen von Pablo Picasso und einem Nachwort von Bernhard Kytzler. Frankfurt/Main 1990.

Hörenswert:

Homer: *Die Odyssee*. In eine moderne Form gebracht und gelesen von Christoph Martin. 21 Audio-CDs (14 Std. Spielzeit), 1996.

Ovid: *Metamorphosen*. In Prosa neu übersetzt von Gerhard Fink. Specher: Peter Simonischek. 6 Audio-CDs, Düsseldorf 1999.

 AUF DEN PUNKT GEBRACHT

Die Zentauren sind Fabelwesen, die für die Griechen die unzivilisierten Barbaren symbolisierten. Sie unterliegen den überlegenen Helden der Griechen, aber sie bleiben doch bedrohlich.

Zyklopen

Von »zyklopischen Kräften« wird noch heute gesprochen, etwa wenn von der Leistung riesiger Maschinen die Rede ist. Die Zyklopen des Mythos waren ungeheure Riesen, die tief unten in der Erde mit gewaltigen Hämmern die Blitze des Zeus schmiedeten. Die Griechen hielten nicht viel von den Zyklopen, schätzten sie doch Klugheit viel höher ein als rohe Kraft, und deshalb gehört zu den schönsten mythischen Erzählungen auch die, wie der kluge Odysseus den wilden Zyklopen Polyphem überlistete.

Ursprünglich gab es drei Zyklopen, nämlich Arges, Brontes und Steropes. Uranus, der Himmel, hatte sie nach den Titanen und zusammen mit den Hekatoncheiren, den »Hundertarmigen«, mit Gaia, der Erde, gezeugt. Sie waren Riesen mit je einem kreisrunden Auge – Zyklop heißt »der mit dem runden Auge« – mitten auf der Stirn. Uranus waren diese wilden Kerle sogleich unheimlich, und er sperrte sie in den Tar-

> **ZYKLOPENMAUERN**
>
> Die Griechen schrieben den Bau der gewaltigen Mauern, die die uralten Festungen von Mykene und Tiryns umgürten und heute noch zu sehen sind, den Zyklopen zu: Nur Riesen traute man es zu, die mächtigen Steine aufeinander getürmt zu haben. Diese Mauern werden bis heute »Zyklopenmauern« genannt.

■ Der Zyklop, ein lüsterner Riese, als schwüler Albtraum: Odilon Redon (1840–1916), *Der Zyklop*; Otterlo, Rijksmuseum Kröller-Müller

Odysseus, scheinbar sicher auf seinem Schiff, verspottet den Zyklopen Polyphem. Gemälde von William Turner (1775–1851); London, Tate Gallery

tarus, die unterste Unterwelt. Als die Titanen unter Führung des Kronos gegen Uranus revoltierten, standen die Zyklopen ihnen zur Seite, doch Kronos verbannte sie wieder in die Unterwelt, kaum dass er Uranus überwältigt hatte.

Doch als Zeus sich mit den olympischen Göttern daranmachte, die Herrschaft des Kronos und der Titanen zu stürzen, befreite er sie erneut, und sie dankten es ihm, indem sie ihm in der Schlacht gegen die Titanen beistanden. Sie waren es, die seine mächtigsten Waffen, die Blitze, schmiedeten. Einer dieser Blitze war es, mit dem Zeus den großen Arzt Asklepios, den Sohn Apolls, niederstreckte, weil der es gewagt hatte, Verstorbene wieder zum Leben zu erwecken. Voll Trauer und ohnmächtigem Zorn rächte Apoll seinen Sohn an denen, die das Mordwerkzeug verfertigt hatten, und tötete die Zyklopen.

Doch offenbar gab es noch mehr Zyklopen als die ursprünglichen drei. So ist von Zyklopen als den rußigen Gehilfen in der unterirdischen Schmiede des Hephaistos oder Vulcanus die Rede, die die Römer im Inneren des Vulkans Ätna ansiedelten. Andere Zyklopen lebten auf der Oberfläche der Erde, so auf einer Insel, zu der Odysseus während seiner Irrfahrten verschlagen wurde.

Odysseus war vorsichtig genug, erst einmal auf einem dieser

■ Der Mythos von den Zyklopen lebt! Szene aus einem amerikanischen Monsterfilm mit dem Titel *Sindbads 7. Reise.* Hier vermischen sich Motive aus der *Odyssee* mit solchen aus den Geschichten von seinem Nachfolger in der arabischen Literatur, Sindbad dem Seefahrer.

Insel vorgelagerten, nur von Ziegen bewohnten Inselchen an Land zu gehen, den größten Teil seiner Schiffe in einer windgeschützten Bucht zu verstecken und sich mit seiner Mannschaft ein paar Tage auszuruhen. Dann setzte er mit nur einem Schiff und einer ausgesuchten Mannschaft auf die große Insel über. Mit zwölf Männern, die einige Lebensmittel und einen Schlauch voll Wein mit sich führten, machte er sich daran, das Inselinnere zu erkunden. Die Griechen gelangten zu einer riesigen Höhle voller begehrenswerter Vorräte: frischer Milch und Käse vor allem. Die Gefährten hätten am liebsten genommen, was sie tragen konnten, und sich so schnell wie möglich aus dem Staub gemacht. Doch der stets wissbegierige Odysseus wollte erfahren, was für ein Wesen die Höhle bewohnte. Der Abend nahte, und der Höhlenbewohner ließ nicht lange auf sich warten: ein wilder Zyklop namens Polyphem, von dem Homer sagt, er sei ein Sohn des gewaltigen Meeresgotts Poseidon gewesen.
Polyphem trieb seine Herde in die Höhle und verschloss sie, indem er einen riesigen Felsen vor den Eingang wälzte, den

nicht einmal fünfzig Männer hätten wegräumen können. Dann machte er sich daran, seine Schafe und Ziegen zu melken. Endlich bemerkte er die Griechen, die sich am Herd wärmten. Odysseus stellte sich und seine Gefährten als Schutzsuchende vor und wies das Ungeheuer in wohlgesetzten Worten auf die göttlichen Gesetze der Gastfreundschaft hin. Dem Polyphem imponierte das wenig; er nahm zwei von Odysseus' Gefährten, schlug ihnen den Schädel ein, indem er sie mit dem Kopf auf den Felsboden schlug, und verspeiste sie roh, samt den Knochen. Dann schlief er ein.

Odysseus sann auf Rache, aber es hätte keinen Sinn gehabt, den Zyklopen im Schlaf zu ermorden: Niemand hätte dann den Stein vom Höhleneingang wegwälzen können. So musste er auch tatenlos zusehen, wie der Riese am nächsten Morgen zwei weitere seiner Gefährten zum Frühstück verspeiste, bevor er die Tiere wieder auf die Weide trieb – nicht ohne die Höhle zuvor wieder mit dem Stein verschlossen zu haben.

Doch inzwischen hatte Odysseus einen Plan, wie er und seine Gefährten fliehen konnten. Sie spitzten einen Olivenstamm zu, härteten die

■ Der geblendete Polyphem tastet seine Schafe ab, doch die unter ihnen festgebundenen Griechen und Odysseus, der sich an einen Schafbock klammert, entschlüpfen ihm. Holzstich aus einer illustrierten Weltgeschichte von 1868

Spitze im Feuer und versteckten den Pfahl im Mist. Am Abend erschien Polyphem und verspeiste zum Abendessen erneut zwei Griechen. Odysseus machte gute Miene zum bösen Spiel und bot dem Riesen den Wein aus dem mitgebrachten Weinschlach an. Polyphem trank gierig, fragte, vom Wein angeregt, nun ganz

> **WEIN IN »SCHLÄUCHEN«**
>
> »Schlauch« bedeutet eigentlich Tierhaut, und in zusammengenähten Tierhäuten bewahrten die Griechen der mythischen Zeit den Wein auf. Vom »alten Wein in neuen Schläuchen« spricht auch die Bibel. Später wurde es üblich, Wein in verschlossenen keramischen Gefäßen, zumeist Amphoren, zu lagern und zu transportieren. Erst in der späteren Antike kommen auch Weinfässer auf. Sie sind anscheinend eine Erfindung der Kelten.

freundlich nach dem Namen seines Gastes und versprach ihm ein Gastgeschenk.

»Oudeís ist mein Name«, gab Odysseus zur Auskunft. Das klang ganz ähnlich wie sein wirklicher Name, bedeutet auf Griechisch aber »Niemand«. Dann fragte er kaltblütig nach dem versprochenen Gastgeschenk. »Ich werde dich als Letzten fressen, das ist mein Gastgeschenk«, grölte der Zyklop, bevor er völlig betrunken einschlief. Odysseus und seine Gefährten hielten nun

■ Odysseus und seine Gefährten blenden den Polyphem mit der glühenden Spitze eines Pfahls. Umrisszeichnung nach einer griechischen Vasenmalerei

■ Der Zyklop greift an. Szene aus dem amerikanischen Monsterfilm *Sindbads 7. Reise*

den Baumstamm ins Feuer, bis seine Spitze glühte, und trieben sie dem Riesen ins einzige Auge. Brüllend vor Schmerz erwachte Polyphem und rief klagend nach den anderen Zyklopen. Die kamen vor den verschlossenen Eingang der Höhle und fragten, wer ihm denn Gewalt antue. »Niemand tut mir Gewalt an!«, schrie Polyphem. Da meinten die anderen Zyklopen, er sei verrückt geworden, und trollten sich wieder. Odysseus und seine Gefährten warteten, bis der Morgen graute. Denn dann musste Polyphem seine Tiere wieder zur Weide treiben. Der listenreiche Odysseus band die sechs überlebenden Gefährten mit Weidenbast unter den Bauch von jeweils drei kräftigen Schafen und klammerte sich selbst an den Bauch eines großen Widders. Bei Tagesanbruch wälzte der blinde Zyklop den Stein am Höhleneingang beiseite und tastete den Rücken jedes der hinausdrängenden Tiere ab, nicht jedoch deren Unterseite; die

■ Polyphem wirft einen Felsbrocken auf Odysseus, der ihn von seinem Schiff aus verspottet. Gemälde von Arnold Böcklin (1827–1901)

Griechen entkamen und eilten zu ihrem Schiff. Schnell ruderten sie aufs offene Meer hinaus, doch kaum wähnten sie sich in Sicherheit, begann Odysseus mit lauter Stimme den Zyklopen zu verhöhnen. Da warf Polyphem mit riesigen Felsbrocken nach ihnen und traf sogar das Heck des Schiffes. Nur mit knapper Not entrannen die Griechen für dieses Mal dem Tod.

Später ereilte sie jedoch der Fluch des Polyphem, der seinen Vater Poseidon angefleht hatte, ihn zu rächen. Nur Odysseus kam davon und blieb für die Griechen der wichtigste Zeuge dafür, wie man mit einem wachen Verstand auch der gröbsten Gewalttäter Herr werden kann.

ZYKLOPEN

ÜBERLIEFERUNG

Quellen: Von der Geburt der Zyklopen berichtet der griechische Dichter Hesiod (um 700 v. Chr.) in der *Theogonie*. Es sind drei an der Zahl: Brontes, Steropes und Arges, die Söhne von Gaia und Uranus. Hesiod zufolge unterschieden sie sich nur durch ihr einziges Auge auf der Stirn von den Göttern. In Homers (um 700 v. Chr.) *Odyssee* treten die Zyklopen als ganzes Volk in Erscheinung, das in Höhlen unterhalb der Berggipfel wohnt. Dort leben sie isoliert in kleinen Familien; über diese überschaubaren Gemeinschaften hinaus zeigen sie kein Interesse aneinander. Odysseus' Begegnung mit den Zyklopen und die Blendung des Polyphem schildert Homer im 9. Buch. Der griechische Tragödiendichter Euripides (um 485–406 v. Chr.) verarbeitete die Sage von Odysseus und Polyphem in seinem Satyrspiel *Kyklops*. Als Odysseus auf den Riesen Polyphem stößt, hält dieser gerade Silenos und seine Kinder, die Satyrn, in Gefangenschaft. Durch die Blendung des Riesen befreit Odysseus nicht nur sich und seine Gefährten, sondern auch die Waldgeister. Euripides verband auf diese Weise die abenteuerliche Geschichte des Odysseus mit dem auffälligsten Merkmal des Satyrspiels: dem Chor aus Satyrn oder Silenen, der sich um einen Anführer schart und das Stück tanzend und singend begleitet. In dem Nachspiel der klassischen griechischen Tragödientrilogie parodierte der Chor der als Mischwesen aus Mensch und Tier verkleideten Darsteller den Stoff der vorangegangenen Stücke und erzeugte damit einen heiteren Ausklang der Theateraufführung. Von Theokrit (um 310–um 250) ist ein Gedicht erhalten mit dem Titel *Der verliebte Kyklop*, das von Polyphems unerfüllter Liebe zu Galateia erzählt. Drei Kyklopen begegnen uns wieder in der *Aeneis* des römischen Dichters Vergil (70–19 v. Chr.). Hier heißen sie Brontes, Steropes und Pyrakmon. In einer großen Höhle schmieden sie an einem Blitz für Jupiter: »Angefügt hatten sie jeweils bereits drei Strahlen von Hagel, strömendem Regen, rötlichem Feuer und Sturmwind. Grad setzten sie das entsetzliche Aufleuchten zu …« Für den Helden Aenaes schmieden sie einen gewaltigen Schutzschild aus sieben Platten (8. Gesang).

Bildende Kunst: Odysseus und Polyphem stellten der englische Maler William Turner (1775–1851), National Gallery, London, und der italienische Künstler Pellegrino Tibaldi (1527–1596) auf Bildern dar. Letzterer malte die Blendung Polyphems durch Odysseus, Palazzo Poggi, Bologna. Von Tintoretto gibt es ein Fresko, das die Zyklopen mit Hephaistos bei der Herstellung der Waffen für Achill zeigt, Palazzo Ducale, Venedig.

EMPFEHLUNG

Lesenswert:

Hesiod: *Theogonie*. Griechisch/Deutsch. Herausgegeben und neu übersetzt von Otto Schönberger. Stuttgart 1999.

Homer: *Odyssee*. Nachwort von Egon Friedell, herausgegeben von Peter von der Mühl, übersetzt von Johann Heinrich Voss. Zürich 1986.

Walter Jens: *Ilias und Odyssee* (ab 8 Jahre). Ravensburg 1992.

Euripides: *Fragmente, Der Kyklop, Rhesos*. Düsseldorf 1981.

Vergil: *Aeneis*. Stuttgart 1989.

Hörenswert:

Homer: *Die Odyssee* (Auszüge). Aus den Gesängen 1, 5, 9, 13, 14. Gelesen von Mathias Wiemann. 2 Audio-CDs, 1959.

Homer: *Die Odyssee*. In eine moderne Form gebracht und gelesen von Christoph Martin. 21 Audio-CDs (14 Std. Spielzeit), 1996.

AUF DEN PUNKT GEBRACHT

Die Zyklopen sind ungeschlachte Riesen der Vorzeit. Was die Griechen von ihrer rohen Kraft ohne Verstand hielten, wird herrlich in der Geschichte von Odysseus und dem Zyklopen Polyphem erzählt.

ABWEICHENDE NAMEN WICHTIGER MYTHISCHER GESTALTEN

DEUTSCH	GRIECHISCH	LATEINISCH
Achill	Achilleus	Achilles
Ägisth	Aigisthos	Aegisthus
Äneas	Aineias	Aeneas
Apoll	Apollon	Apollo
Äskulap	Asklepios	Aesculapius
Athene, Athena	Athene	Minerva
Aurora, Eos	Eos	Aurora
Bakchus, Dionysos	Dionysos	Bacchus
Chariten, Grazien	Charites	Graciae
Chimäre	Chimaira	Chimaera
Circe	Kirke	Circe
Dädalus	Daidalos	Daedalus
Demeter, Ceres	Demeter	Ceres
Diana, Artemis	Artemis	Diana
Dioskuren	Dioskuroi	Dioscuri
Erin(n)yen, Furien	Erin(n)yes	Furiae
Eros, Amor	Eros	Amor, Cupido
Gaia	Gaia, Ge	Tellus
Hades, Pluto	Hades, Pluton	Pluto
Hekabe, Hekuba	Hekabe	Hecuba
Helios	Helios	Sol
Hera, Juno	Hera	Iuno
Herkules, Herakles	Herakles	Hercules
Ikarus	Ikaros	Icarus
Iphigenie	Iphigeneia	Iphigenia
Kastor	Kastor	Castor
Klytämnestra	Klytaim(n)estra	Clytaemnestra
Kybele	Kybele	Cybele

DEUTSCH	GRIECHISCH	LATEINISCH
Latona, Leto	Leto	Latona
Mars, Ares	Ares	Mars
Medea	Medeia	Medea
Merkur, Hermes	Hermes	Mercurius
Moiren, Parzen	Moirai	Parcae
Musen	Musai	Musae
Narziss	Narkissos	Narcissus
Nike, Victoria	Nike	Victoria
Ödipus	Oidipus	Oedipus
Odysseus, Ulyss	Odysseus	Ulixes/Ulysses
Okeanos (Ozean)	Okeanos	Oceanus
Orest	Orestes	Orestes
Pollux, Polydeikes	Polydeikes	Pollux
Poseidon, Neptun	Poseidon	Neptunus
Proserpina, Persephone	Persephone	Proserpina
Saturn, Kronos	Kronos	Saturnus
Satyr, Faun	Satyros	Satyrus, Faunus
Semele, Luna	Semele	Luna
Silen	Seilenos	Silenus
Tartarus, Orkus	Tartaros	Tartarus, Orcus
Venus, Aphrodite	Aphrodite	Venus
Vulcanus (Vulkan), Hephaistos	Hephaistos	Vulcanus
Zentauren	Kentauroi	Centauri
Zerberus	Kerberos	Cerberus
Zeus, Jupiter	Zeus	Iup(p)iter
Zyklopen	Kyklopes	Cyclopes

PERSONENREGISTER
(Mythische Gestalten sind gerade gesetzt, historische Personen *kursiv*)

Aachen, Hans von 185
Abraham 149
Absyrtos 165
Achill 12, **22–25**, 35–37, 112, 117, 120–122, 149, 212, 227, 242, 258, 268, 269, 290
Achmatowa, Anna 181
Adam 239
Adonis 8, **26–31**, 186, 245, 277, 278
Agamemnon 22, 23, 25, 53, 93, 99–101, 117, 120, 125, 148–151, 154, 260, 268
Agenor 13, 108, 109
Ägeus 156, 157, 160, 167, 232, 236
Ägisth 99, 101, 117, 150, 154
Aiakos 114
Aias 230
Aietes 162–164, 167
Aigina 255
Aischylos 16, 17, 45, 57, 99, 101, 129, 133, 155, 201, 206, 242, 243
Aison 162
Aithra 156, 232
Aja 223
Ajax 22
Akimow, Iwan A. 137
Akrisios 76, 77
Aktäon 80–83
Albani, Francesco 53, 213
Alexander der Große 17, 108
Alkmene 38–43, 76, 116, 132, 134
Allori, Alessandro 66, 117, 248, 249
Alope 235
Amazonen **32–37**, 87
Amigoni, Jacopo 28, 91, 123
Ammon 206
Amor, s.a. Cupido, Eros 8, 100, 185, **274–281**
Amphitrite 227
Amphitryon **38–43**, 76, 116, 134
Anchises 272, 278, 279
Andromache **120–123**
Andromeda 174, **222–225**
Äneas 17, 272, 277–279
Anouilh, Jean 47, 49, 169
Antäus 56, 138
Anteia 216, 218
Antigone **44–49**, 197, 198
Antikleia 116, 254, 255
Antiope 33, 35
Aoide 177
Aphrodite, s.a. Venus 10, 19, 26–31, 80, 110, 125, 144–146, 164, 186, 190, 212–214, 245, 250, 264, 274–276
Apoll 19, 23, 24, **50–53**, 80–82, 99, 100, 102, 141–144, 152, 153, 179, 180, 197, 203–206, 209, 259, 265, 266, 285, 288, 292, 295

Apollodor 11, 75, 139, 215, 221, 225, 237, 243
Apollonius Rhodius 69, 253
Apuleius 215
Arachne 104
Archimedes 71
Areion 230
Ares, s.a. Mars 28, 31, 34, 104, 133, 144, 186, 256, 288, 289
Arges 294
Argonauten 94, 162, 164–166, 249, 290
Argus 131, 132, 143, 145
Ariadne 89, 117, 156–160
Ariost 74
Aristophanes 91, 119
Aristoteles S. 201
Arktinos von Milet 37
Arp, Hans 293
Artemis, s.a. Diana 51, 52, 80, 82, 100, 144, 148–150, 186, 204, 259, 264, 265, 266
Ascanius 272
Asklepios, Äskulap 51, 203, 290, 291, 295
Asopos 255, 256
Astarte 110, 274
Astyanax 120, 121
Athamas 86
Athene, s.a. Minerva 19, 24, 55, 99, 100, **102–107**, 144, 163, 170, 172, 174, 209, 212–214, 216–218, 222–224, 228–230, 238, 239, 241, 269–271, 278
Atlas **54–57**, 138, 174, 263, 264
Atreus 260
Atropos 264
Attis 186
Auden, Wystan Hugh 75
Augias 134, 136, 137
Augustus 17, 245, 275, 278, 279, 284
Aurora, s.a. Eos 277
Autolykos 254
Baburen, Dirck van 241
Bacchus 84, 87, 185
Bach, Johann Sebastian 211
Bacon, Francis 201
Barca, Pedro Calderon de la 193
Baudelaire, Charles 74
Beccafumi, Domenico 287
Beethoven, Ludwig van 243
Beier, Ottohans 118
Bellerophon 216–221, 265
Benn, Gottfried 74
Berlioz, Louis Hector 155, 273
Bernini, Gian Lorenzo 52, 115
Biermann, Wolf 74, 75
Biton 96

Blok, Alexander 181
Blow, John 31
Boccaccio, Giovanni 83, 97, 155, 161, 207
Böcklin, Arnold 68, 151, 209, 211, 226, 243, 281, 289, 293, 300
Boeckhorst, Jan 218
Boel, Peter 229
Bordone, Paris 51
Bosch, Hieronymus 285
Botticelli, Sandro 281, 291, 293
Boucher, François 281
Brancusi, Constantin 193
Braun, Felix 261
Brecht, Bertolt 49
Briseïs 22–24
Britten, Benjamin 53, 63, 111, 133, 193, 211
Brontes 294
Brueghel, Jan d. Ä. 81, 82, 187, 272, 286
Brueghel, Pieter d. Ä. 75
Brun, Charles Le 293
Burne-Jones, Sir Edward Coley 57, 114, 175, 224, 225, 261
Butes 249
Callas, Maria 164
Cambiaso, Luca 237
Camerini, Mario 65
Camus, Albert 243, 256, 257
Canova, Antonio 70, 159, 173, 237, 279, 293
Caravaggio 84, 170, 175, 193
Carracci, Agostino 57
Carracci, Annibale 57, 69, 83, 243, 253
Carracci, Lodovico 273
Carstens, Jakob Asmus 46, 60
Cäsar, Julius 278
Cellini, Benvenuto 174, 225
Ceres, s.a. Demeter 184, 185, 187
Cesari, Giuseppe 265
Chaos **58–63**
Chariten 176
Charon 114, 118
Charybdis 249, 252
Cherubini, Luigi 169
Chimaira 217, 218, 265
Chione 82
Chirico, Giorgio de 123
Chiron 11, 22, 290–292
Chrysaor 173
Chryses 53
Chthonie 63
Circe **64–69**, 115, 116, 118, 162, 251
Clerck, Hendrick de 213
Cocteau, Jean 201
Colonne, Guido delle 97
Commodus 17
Corinth, Lovis 271, 273
Corneille, Pierre 169, 201, 225

Cornelisz, Cornelis 287
Correggio 78, 79, 130, 133
Cortona, Pietro da 287
Cosimo, Piero di 239, 243
Costa, Lorenzo 163
Coypel, Antoine 123
Coypel, Noel 231
Cranach, Lucas d.Ä. 212, 215, 284
Crespi, Giuseppe Maria 22
Cukor, George 245
Cupido, s.a. Amor, Eros 280
Dädalus **70–75**, 158
Dalí, Salvador 193
Danaë **76–79**, 170–172, 222–224
Danaos 16
Dante Alighieri 83
Daphne 52, 53
David, Jacques Louis 126, 215
Debussy, Claude 211
Deianeira 290–292
Deidameia 25
Deiphobos 126
Delacroix, Eugène 168, 169, 207, 225
Demeter, s.a. Ceres 112, 116, 132, 144, 184, 185, 229, 230, 259
Demodokos 178
Demophon 185, 186
Dene, Dorothy 47
Deukalion 239, 240, 285, 286
Diaghilew, Sergei 53
Diana, s.a. Artemis **80–83**
Dido 279
Diepenbeeck, Abraham van 254, 260
Dike 10, 11
Diktys 223
Diomedes 138, 268
Dionysos 16, **84–91**, 159, 186, 210
Dioskuren 78, **92–97**, 117, 124, 163
Doolittle, Hilda 31
Draper, Henry James 251
Dryaden 191, 192
Dryden, John 43
Dürer, Albrecht 75, 293
Dürrenmatt, Friedrich 139, 257
Dyck, Anthonis van 75
Echidna 221
Echo 190, 191
Eetion 121
Egk, Werner 69
Eichendorff, Joseph von 281
Eileithya 133
El Greco 152, 273
Elektra 99, 100, 150
Elektryon 38
Elfen 192
Elliot, Thomas Stearns 201
Elpenor 115, 116, 118
Éluard, Paul 79
Enkelados 104
Enzensberger, Hans Magnus 257
Eos, s.a. Aurora 277

Epaphos 132
Epeios 269
Ephialtes 266
Epikaste 116
Epimetheus 239, 240
Erato 180
Erechtheus 106
Erichthonios 106
Erinnyen 10, **98–101**, 150, 264
Erinys 101
Eris 9, 78, 186, 212, 213, 288, 289
Ernst, Max 193, 201
Eros, s.a. Amor, Cupido 59, 113, 164, 274
Erymanthischer Eber 136
Eteokles 44, 45, 197
Eumeniden 100
Euripides 15, 17, 45, 57, 79, 83, 91, 97, 101, 107, 123, 139, 148, 150, 155, 160, 166, 168, 169, 201, 207, 215, 261, 271, 301
Europa 11–1376, **108–111**
Euryale 173, 174
Eurydike 29, 115, 119
Eurylochos 65, 66
Eurystheus 55, 56, 134, 136–138
Eurytion 289
Euterpe 180
Eva 239
Exekias 36
Fata 264
Feuerbach, Anselm 57, 148, 151, 162, 166, 169, 243, 267
Filarete 83, 119, 133, 189
Fiammingo, Paolo Franck, Pauwels
Fontebasso, Francesco 149
Fragonard, Honoré 215
Franck, Pauwels 283
Freud, Sigmund 90, 194, 200, 201
Fühmann, Franz 273
Furien 98, 100
Füssli, Johann Heinrich 24, 37, 161, 201
Gaia 52, 56, 58, 60, 103, 113, 183–185, 202, 203, 262–265, 274, 294
Galathea 246
Ganymed 78
Gauguin, Paul 215
Ge Gaia
Genelli, Bonaventura 122
Gentileschi, Artemisia 189
Géricault, Theodore 215
Gérôme, Jean-Léon 246
Giambologna 141, 228
Gide, André 161, 201, 243
Giganten 32, 54, 183, **262–267**, 288
Giordano, Luca 80
Giorgione 278, 281
Giraudoux, Jean 39, 43, 53, **123**, 129
Glauke 167
Glaukos 216
Glière, Reinhold 253
Gluck, Christoph Willibald 119, 151, 215

Goethe, Johann Wolfgang von 20, 25, 36, 37, 49, 79, 101, 129, 150, 175, 238, 243
Goltzius, Hendrik 258, 287
Gorgo 170, 173
Gorgonen 171, 173, 222
Goya, Francisco José de 59, 63, 261
Gozzoli, Benozzo 129
Graff, Anton 244
Graien 172
Grazien 140, 176
Grillparzer, Franz 169
Grimm, Jacob und Wilhelm 40, 164, 256
Guasta, Girolamo di Benvenuto di Giovanni del 214
Hacks, Peter 43
Hades **112–119**, 183, 184, 228, 263
Hahn, Ulla 257
Haimon 46, 47, 49
Hamsun, Knut 211
Händel, Georg Friedrich 25, 53, 139
Harmonia 78, 258
Hasenclever, Walter 49
Hauptmann, Gerhart 151
Haydn, Michael 225
Hebe 90, 133
Hegel, Friedrich Wilhelm 49, 106
Heine, Heinrich 250
Heintz, Joseph d. Ä. 113
Hekabe 120, 122, 152, 212
Hekatoncheiren 59, 60, 263, 294
Hektor 23, 24, **120–123**, 268
Helena 8, 24, 78, 92, 93, 95, 117, 120, 122, **124–129**, 153, 213
Helenos 268, 269
Helios 9, 41, 64, 136, 184, 226, 229, 264
Hephaistos, s.a. Vulcanus 24, 70, 103, 106, 144, 163, 187, 233, 239, 241, 259, 265, 295
Hera, a. Juno 55, 77, 80, 85, 86, 90, **130–133**, 134, 138, 140, 144, 164, 166, 186, 187, 191, 203, 210, 212–214, 228, 263, 266
Herakles 17, 33, 42, 54–56, 94, 115, 116, 132, **134–139**, 163, 167, 234, 240, 242, 265, 290–292
Herkules Herakles
Hermaphroditos 146, 276
Hermes, s.a. Merkur 12, 51, 57, 66, 67, 78, 82, 85, 86, 114, 131, **140–147**, 172, 208, 212, 218, 219, 223, 240, 254, 256, 259, 276
Hermes Trismegistos 146
Hermione 122, 125
Herodot 129, 274
Herostratos 82
Hesiod 10, 11, 14, 57, 60, 62, 63, 107, 119, 133, 175, 177, 181, 189, 221, 225, 231, 243, 257, 267, 281, 283, 287, 301
Hesperiden 55, 57, 138
Hesse, Hermann 193

Hestia 144
Hilaeira 95
Hippodameia 260, 288, 289
Hippokrates 292
Hippolyte 32–35, 138
Hippolytos 34
Hochhuth, Rolf 49
Hoffmann, E.T.A. 246
Hofmannsthal, Hugo von 79, 91, 129, 161, 201
Hölderlin, Friedrich 49, 87, 91
Homer 13–15, 17, 20, 22, 24, 25, 35, 37, 53, 59, 64, 65, 69, 75, 79, 83, 91, 97, 101, 107, 116, 119, 121, 123, 129, 139, 140, 147, 148, 155, 161, 176, 177, 179, 181, 189, 207, 211, 215, 221, 226, 230, 231, 253, 257, 261, 271, 273, 279, 281, 293, 296, 301
Honegger, Arthur 49
Hosemann, Theodor 121
Huxley, Aldous 79
Hyakinthos 179
Hydra 135, 290, 292
Hyperion 59, 262, 264
Iasion 184
Idas 95
Idomeneus 148
Ikarus **70–75**
Il Guercino 275
Ilario, Pier Giacomo 138
Inachos 130
Ingres, Jean Auguste Dominique 25, 201, 281, 287
Ino 86
Io 77, **130–133**
Iobates 216–219
Iokaste 194–199
Iphigenie 100, **148–151**, 260
Iphimedeia 266
Isaak 149
Ischtar 110, 274
Isherwood, Christopher 75
Isis 132, 183, 187
Ismene 45, 46, 197, 198
Jahnn, Hans Henny 169
Janitschek, Maria 37
Janssens, Abraham 210
Jason 94, 162–169, 249, 290
Jeffers, Robinson 169
Jens, Walter 25, 69, 107, 139, 147, 215, 273, 293, 301
Jordaens, Jacob 189, 211, 216, 242, 243, 267
Josephus 284
Joyce, James 20, 69, 75
Juno, s.a. Hera 83, 101, 186
Jupiter, s.a. Zeus 39, 41, 130
Kadmos 85, 109, 258
Kafka, Franz 231
Kaiser, Georg 111
Kalchas 148, 153

Kallimachos 53, 83, 189
Kalliope 28, 179, 180
Kallisto 80, 81
Kalypso 68
Kandinsky, Wassily 34
Kanellopoulos, Kanellos 70
Kassandra 122, **152–155**, 230, 270
Kassiopeia 222–224
Kastor 92–97, 124
Kauffmann, Angelika 64
Keats, John 31, 53
Kentaurus 288
Kephalos 39
Kepheus 222–224
Kephissos 190
Kerkyon 235
Kerynitische Hirschkuh 135
Keto 263
Kinyras 26
Kirchner, Ernst Ludwig 129
Kirke Circe
Kleist, Heinrich von 36, 37, 39, 41–43
Kleobis 96
Kleodolinde 223
Klimt, Gustav 105
Klinger, Max 153
Klio 178–180
Klotho 264
Klytämnestra 93, 99, 101, 117, 120, 125, 148–150
Kokalos 72
Kokoschka, Oskar 246
Kortner, Fritz 198
Korybanten 179, 186
Krafft, Johann Peter 44
Křenek, Ernst 119, 151
Kreon 38, 44–49, 134, 167, 196–198
Kronos, a. Saturn 59–61, 63, 98, 102, 103, 183, 258, 262, 263, 264, 266, 274, 282, 295
Krösus 205
Kybele 179, 183, 186, 187
Lachesis 264
Ladon 55, 56
Laërtes 255
Lafosse, Charles de 151
Lailaps 39
Laios 194–199
Laokoon 152–154, 230, 269–271
Leda 78, 92, 93, 97, 117, 124
Leighton, Frederic 47, 116
Leiriope 190
Leonardo da Vinci 71, 77, 175
Lermontow, Michail 247
Leto 51, 259
Leukippos (Apoll und Daphne) 52
Leukippos (Dioskuren) 95
Leutemann, Heinrich 199, 203, 205, 235, 236
Liszt, Franz 243, 281
Loewe, Frederic 245, 247

Lorrain, Claude 111, 193, 215
Ludwig XIV. 53
Lukianos aus Samosata 243
Lully, Jean-Baptiste 25
Lykomedes 23
Lykophron aus Chalkis 155
Lykurgos 87
Lynkeus 95
Maffei, Francesco 172
Maia 57, 140, 141
Mänaden 87–90, 186, 210
Mangano, Silvana 65
Mann, Heinrich 83, 107, 281
Mantegna, Andrea 179
Manuel, Niklaus 214
Marcks, Gerhard 111
Marino, Giambattista 31
Marlowe, Christopher 129
Mars, s.a. Ares 30, 276–278
Marsyas 51, 53, 209
Medea **162–169**, 236, 249
Medos 167, 236
Medusa 55, **170–175**, 216, 222–224, 230
Megaira (Megäre) 98
Megara 134
Melete 177
Melpomene 178, 180
Mendelssohn, Eleonore von 198
Menelaos 120, 122, 125–128, 149, 153, 213, 214, 260
Meredith, George 83
Merian, Matthäus 282, 286
Mérimée, Prosper 281
Merkur, s.a. Hermes 41, 140, 145, 276
Merope 195, 199
Metaneira 185
Metis 102, 103, 183
Michelangelo 202, 206, 293
Midas 51
Mieris, Frans van 189
Minerva, s.a. Athene 104, 106
Minos 71, 73–75, 109, 114, 156–160
Minotaurus 71, 109, 138, 157, 158, 236
Mithras 187
Mneme 177
Mnemosyne 177, 178
Moiren 264
Molière 38, 42, 43, 225
Monnot, Pierre-Étienne 222
Monteverdi, Claudio 119, 160
Mopsos 153
Moreau, Gustave 85, 128, 161, 163, 201, 217, 220, 243
Morris, William 214, 221
Moschos aus Syrakus 111
Moses 110
Motte, Henri 204
Müller, Heiner 139, 243
Mura, Francesco de 237
Musen **176–181**, 248, 249, 258

Mussorgsky, Modest 201
Müthel, Lothar 198
Myron 102
Myrrha 26, 27, 245
Myrtilos 260
Najaden 191, 192
Narkissos Narziss
Narziss **190–193**
Nausikaa 249
Nemeischer Löwe 135, 137
Nemesis 79
Neoptolemos 117, 121, 269
Neptun, s.a. Poseidon 227, 228
Nereiden 24, 192, 222, 227
Nereus 227
Nero 135
Nessos 290–292
Nielsen, Carl August 211
Nietzsche, Friedrich 90, 91
Nike 107
Niobe 51, 259
Nonnos aus Panopolis 31, 91
Nornen 264
Nymphen 80, 86, 91, 173, 191, 192, 224
Nyx 264
O'Casey, Sean 133
Ödipus 44, 46, 117, **194–201**, 205, 245
Odysseus 15, 22, 23, 35, 64–69, 102, 115–118, 120, 125, 126, 149, 176, 178, 230, 248–252, 254, 255, 268–270, 294–300
Offenbach, Jacques 246
Oinomaos 259, 260
Okeaniden 192, 227
Okeanos 59, 226, 227, 263, 264
Opitz, Martin 49
Oreaden 192
Orest 99–101, 150, 260
Orff, Carl 49, 119, 243
Orion 81
Orpheus 29, 115, 163, 179, 187, 249
Osiris 164
Otos 266
Ovid 18, 27, 30, 31, 52, 57, 63, 69, 75, 79, 83, 91, 101, 111, 133, 147, 161, 175, 189, 193, 207, 211, 215, 221, 225, 231, 237, 243, 244, 245, 247, 253, 261, 267, 281, 284, 287, 293
Palagi, Pelagio 237
Pallas 236
Pallas Athene, a. Athene 70
Palma il Giovane 180
Pan **208–211**
Pandareos 258
Pandora 239, 240
Paris 24, 120, 121, 125–128, 153, **212–215**, 276, 278
Parmigianino 274
Partch, Harry 97
Pasiphaë 71
Patroklos 22–25

Pausanias 193
Pegasus 173, **216–221**, 230, 265
Peirithoos 35, 124, 288, 289, 292
Pelasgos 16
Peleus 22, 122, 212, 227, 242, 258
Pelias 163–166
Pelops 259, 260
Penelope 64, 116, 120, 250
Penthesilea 34–37
Pentheus 88
Pergamos 122
Periphetes 233, 234
Persephone, s.a. Proserpina 26, 28, 29, 31, 86, 112, 115, 116, 124, 183–186, 256, 259
Perses (Bruder Hesiods) 63
Perses (König von Kolchis) 167
Perseus 54, 55, 77, 89, 170–174, 216, 217, **222–225**, 230
Peruzzi, Baldassare 177, 189, 231, 261, 287
Petrarca, Francesco 53, 79
Phädra 159
Phaeton, Stier 137
Pherekydes aus Syros 63
Phidias 35, 107, 288
Phineus 223
Phoibe 95
Pholos 290, 291
Phrixos 162
Phyleus 136, 137
Picasso, Pablo 161, 253, 293
Piëros 178, 179
Pindar 79, 107, 139, 221, 257, 261, 287
Pittheus 156
Platon 287
Plautus 42, 43
Pleiaden 140
Plutarch 237
Pluto(n), a. Hades 258
Plutos 184
Pollaiuolo, Antonio del 53
Pollux 78, 92–97, 124
Polybos 195, 199
Polydektes 170, 171, 223
Polydeukes Pollux
Polyhymnia 180
Polyneikes 44, 45, 197
Polyphem 230, 294–300
Poseidon, a. Neptun 56, 64, 71, 144, 152, 156, 159, 166, 170, 173, 216, 222, 224, **226–231**, 232, 260, 263–266, 271, 296, 300
Pound, Ezra 69, 139
Poussin, Nicolas 27, 29, 31, 192, 193, 207, 231
Praxiteles 147, 178, 281
Priamos 24, 35, 120, 152, 212
Priapos 210, 280
Primaticcio, Francesco 252
Proitos 76, 216–218

Prokrustes 232, 235
Prometheus 56, 132, **238–243**, 254, 263, 264, 266, 285, 291
Pronoia 239
Proserpina, s.a. Persephone 113, 280
Psyche 100, 279, 280
Pterelaos 39
Purcell, Henry 43
Puschkin, Alexander 181
Pygmalion **244–247**
Pylades 100, 150
Pyrrha 239, 240, 285, 286
Pythia 52, 204, 205, 255
Python 202–204
Quellinus, Erasmus 23, 229
Racine, Jean 123, 151, 161
Raffael 57, 83
Rameau, Jean Philippe 97
Redon, Odilon 293, 294
Regnault, Jean-Baptiste 176
Rembrandt 79, 119, 189, 225
Reni, Guido 23
Renoir, Auguste 215
Rexroth, Kenneth 31
Rhadamanthys 114
Rhea 59, 61, 85–87, 183, 184, 186, 263, 264
Ribera, José de 261
Ricci, Marco 151
Ricci, Sebastiano 293
Rilke, Rainer Maria 53, 79, 147, 193
Ring, Ludger tom 206
Ripa, Cesare 219
Rodin, Auguste 193, 211, 246, 293
Romano, Giulio 30, 61, 111, 181, 215, 267, 273
Ronsard, Pierre de 97
Rosa, Salvatore 193, 207, 253
Rossetti, Dante Gabriel 183
Rottenhammer, Hans 287
Rubens, Peter Paul 25, 37, 57, 63, 75, 94, 97, 110, 119, 123, 132, 133, 143, 171, 175, 189, 193, 207, 211, 215, 221, 223, 225, 231, 267, 281, 287, 293
Saint-Saëns, Camille 181
Sainte-More, Benoît de 273
Salmoneus 255
Sandrart, Joachim von 207
Sandys, Frederick 167
Sankt Georg 222, 223
Sappho 281
Saraceni, Carlo 71, 72, 74
Sartre, Jean-Paul 101
Saturn, a. Kronos 59, 282
Satyr 89–91, **208–211**
Scaiaro, Giovanni 127
Schiller, Friedrich 49, **123**, 151, 155, 189, 221
Schliemann, Heinrich 270
Schoeck, Othmar 31, 37
Schostakowitsch, Dmitri 287

Schubert, Franz 79, 123, **189**, 287
Schwab, Gustav 20, 197
Schwind, Moritz von 100
Scriabin, Alexander 243
Semele 85, 90
Seneca, Lucius Annaeus 139, 169, 201
Shakespeare, William 25, 29, 31, 123, 161, 247
Shaw, George Bernard 246, 247
Shelley, Mary 238
Shelley, Percy Bysshe 31, 238, 243
Sibelius, Jean 211
Sibylle 205, 206
Silen(e) 86, 91, **208–211**
Sinis 234
Sinon 270
Sirenen 178, **248–253**
Sisyphus 118, **254–257**
Skeiron 234
Skylla 249, 252
Sokolow, Pjotr Iwanowitsch 145
Solimena, Francesco 293
Solomon, Simeon 172
Solon 10
Sophokles 17, 45, 46, 47, 49, 101, 139, 147, 161, 194, 197–199, 201
Sphinx 18, 196, 197, 200, 265
Spranger, Bartholomäus 30, 69, 181, 253, 277
Stassen, Franz 120, 154, 206
Statius, Publius Papinius 25
Steropes 294
Stesichoros 128, 129
Stheno 173, 174
Strauß, Johann 253
Strauss, Richard 53, 79, 91, 129, 151, 160, 169
Strawinsky, Igor 31, 53, 119, 189, 201
Stuck, Franz von 32, 125, 190, 200, 208, 290
Stymphalische Vögel 137
Suppé, Franz von 261
Swift, Jonathan 53
Syrinx 208
Talos 70
Tantalus 118, 254, **258–261**
Tartarus 112, 113, 265

Teiresias 41, 48, 105, 106, 115–117, 153, 190, 198
Telemach 64
Teniers, David d.Ä. 130, 133
Tennyson, Alfred Lord 215
Terpsichore 180
Teschendorff, Emil 48
Tethys 59, 227, 263
Thalia S. 178–180
Thamyris 178
Thanatos 256
Theisiphone 101
Themis 202, 203, 204, 263, 264, 285
Theokrit 97, 301
Thersites 35
Theseus 33–35, 46, 90, 95, 115–117, 124, **156–161**, 167, 198, **232–237**, 290, 292
Thetis 22–24, 212, 227, 228, 242, 258
Thoas 150
Thorvaldsen, Bertel 211
Tibaldi, Pellegrino 181, 301
Tieck, Friedrich 96
Tiepolo, Giovanni Battista 53, 83, 111, 151, 221, **273**
Tintoretto 75, 79, 91, 129, 140, 193, 225, 276, 287, 301
Tippett, Sir Michael 123
Tischbein, Johann Heinrich Wilhelm 150, 250
Titanen 54, 59, 61, 85, 113, 183, 209, 228, 239, **262–267**, 274, 294, 295
Tizian 26, 31, 76, 79, 83, 215, 225, 243, 256, 257, 278, 281
Tomásek, Václav Jan 123
Toth 146
Triptolemos S. 186
Triton 227
Tros 78
Trübner, Wilhelm 267
Tscherepnin, Nicolai 193
Turner, William 62, 193, 207, 253, 295, 301
Tyndareos 92, 94, 97, 124, 125
Typhoeus 203, 265
Typhon 265
Tyro 255
Uccello, Paolo 222

Urania 178, 180
Uranos 59, 60, 98, 103, 183, 262–264, 274, 294, 295
Vasari, Giorgio 63, 111, 175, 189, 225, 267
Venus, s.a. Aphrodite 8, 17, 30, 31, 100, 244, 245, **274–281**
Vergil 17, 57, 77, 79, 119, 155, 269, 271, 273, 279, 284, 287, 293, 301
Veronese, Paolo 31, 111, 169, 215
Vogel, Henriette 36
Voltaire 201
Vouet, Simon 191
Vries, Adrian de 293
Vulcanus, s.a. Hephaistos 276, 277, 295
Wagner, Richard 206, 281
Watteau, Jean Antoine 215
Watts, George Frederic 58
Weber, Carl Maria von 97
Wedekind, Frank 139
Weiss, Jim 225
West, Benjamin 123
Woestijne, Karel van de 37
Wolf, Christa 154, 155, 169, 207, 257, **273**
Wolf, Hugo 37, 79
Yeats, William Butler 31, 79
Zeffirelli, Franco 164
Zelotti, Giambattista 54
Zentauren 32, 136, 159, **288–293**
Zerberus 115, 138
Zeromski, Stefan 257
Zeus Ammon 222
Zeus, s.a. Jupiter 9, 11–13, 17, 23, 24, 28, 29, 39, 41, 42, 51, 59, 61, 63, 68, 76–79, 80, 84, 85, 92, 93, 96, 102–104, 109, 110, 112, 116, 124, 127, 130–132, 134, 140, 141, 143–145, 170, 177, 178, 183, 184, 186, 191, 203, 204, 206, 210, 213, 219, 222, 223, 226–228, 239–242, 255, 256, 258, 259, 264, 265, 275, 276, 280, 282, 283, 285, 295
Zick, Alexander 197
Zieritz, Grete von 155
Zucchi, Jacopo 287
Zurbarán, Francisco de 119
Zyklopen 59, 60, 263, **294–301**

BILDNACHWEIS

Der Verlag dankt allen, die uns Bilder zur Verfügung gestellt haben, für die freundliche Genehmigung zum Abdruck. Leider war es uns nicht in allen Fällen möglich, die Rechteinhaber ausfindig zu machen; alle Ansprüche bleiben gewahrt.

akg images Berlin: S. 8, 11, 12, 14 und Umschlag hinten, 17, 22, 23, 24, 26–29, 30 oben, 32, 34, 38, 39 unten, 41, 42, 44, 45, 46, 47, 48, 51, 54, 55, 56, 58–60, 61, 64, 66, 67, 68, 70, 71 und Umschlag vorn, 72, 73 oben, 74, 76 oben, 80–82, 84, 87, 92, 93 oben, 94 und Umschlag hinten, 95, 96 unten, 98–100, 105, 108, 109, 110 unten, 112–114, 116–118, 120–122, 124–127, 130, 135 und Umschlag vorn, 136–138, 140, 142–145, 149, 150, 152, 153, 154 rechts, 157, 158, 163 unten, 165–167, 168 links und rechts, 171 oben und unten, 172 oben und unten, 174 oben, 177, 178 links und rechts, 180, 183, 184, 185 links, 186, 187, 188 unten, 190–192, 194, 195, 197–199, 203 unten, 204, 205 oben und unten, 206 oben und unten, 208 oben, 208 unten, 209, 210, 212, 213, 214 oben und unten, 219 oben, 222 unten, 224, 227, 228 unten, 229, 230, 232, 233, 234 oben und unten, 235, 236 oben und unten, 238–241, 244, 246 oben, 248, 249 oben und unten, 250, 251 und Umschlag vorn, 252, 254–256, 258–260, 262–266, 268, 269, 270 oben, 271, 272, 274, 277 oben, 278, 279, 282–286, 288–292, 294–298, 300 · Blauel/Gnamm-ARTOTHEK: S. 276 · Filmbild Fundus Herbert Klemens: S. 19, 39 oben, 40, 65, 164, 245, 299 · Galerie Lingenauber, Düsseldorf: S. 218, 302–303 · Hartwig Koppermann, Staatliche Antikensammlung, München: S. 90 oben · Joachim Blauel, Gauting: S. 226/Neue Pinakothek, München: S. 162 · Koninklijk Museum voor Schone Kunsten, Antwerpen: S. 216 · Kunsthistorisches Museum, Wien: S. 78, 159 unten · Mercurius Art Publishing: S. 200 · Michael Jeiter, Römisch-Germanisches Museum, Köln: S. 90 unten · Musée Gustave Moreau, Paris: S. 220 · Museum Stiftung Oskar Reinhart, Winterthur: S. 148 · Schirn Kunsthalle, Frankfurt: S. 275 · Staatliche Antikensammlung, München: S. 146 · Wallraf-Richartz-Museum, Köln: S. 242

Lizenzausgabe mit freundlicher Genehmigung
Copyright © 2000 Gerstenberg Verlag, Hildesheim
Titel der Originalausgabe:
50 Klassiker Mythen. Die bekanntesten Mythen der griechischen Antike

Die Deutsche Nationalbibliothek verzeichnet diese Publikation
in der Deutschen Nationalbibliografie; detaillierte bibliografische Daten
sind im Internet unter http://dnb.d-nb.de abrufbar.

© dieser Ausgabe 2016 Anaconda Verlag GmbH, Köln
Alle Rechte vorbehalten.
Umschlaggestaltung: Druckfrei. Dagmar Herrmann, Bonn
Printed in Slovenia 2016
ISBN 978-3-7306-0383-3
www.anacondaverlag.de
info@anacondaverlag.de